U0100038

曹聚仁作品集

國學十二講

曹聚仁　著

見證文壇萬里行
—— 曹聚仁作品集導讀

曾卓然

為什麼我們現在還要閱讀曹聚仁？

曹聚仁是香港文學史上的重要作家，是五十年代香港散文的重要代表，他「一生的著作有五分之四是在香港完成[1]」，大部分作品都在香港成書。對有興趣於人文學科的普通讀者而言，有一個重要的問題：畢竟五十年代也已經是七十多年前的事了，為什麼我們現在還要閱讀曹聚仁？

我們可以先了解他的人生經歷，曹聚仁出生於一九○○年清光緒年間，出生於浙江浦江一小山村蔣畈。父親曹夢岐是名秀才，曾參加清末科舉考試，落第回鄉後興辦新式學堂，不收報酬，自力籌備學校經費。父親既是校長又是老師，對曹聚仁在教學上甚為嚴格，七歲時，讀〈大學〉、〈中庸〉、《論語》、《孟子》，還能背默《詩經》[2]，他有良好的古文根底，六歲左右便能寫出四五百字的文言長文。青年曹聚仁進浙江省立第一師範讀預科，接觸新學，學弟施存統把

---

1 參羅孚：〈曹聚仁在香港的日子〉，鄧珂雲、曹雷編：《曹聚仁卷》（香港：三聯書店〔香港〕有限公司，1998 年），頁 283。

2 曹聚仁童年事可參見李偉：《曹聚仁傳》（鄭州：河南人民出版社，2004 年），頁 1-22。

《新青年》介紹給曹閱讀，曹亦成了新思想的支持者。後經歷五四運動衝擊，「一師」的學生亦響應活動，曹聚仁為當時學生運動領袖。曹聚仁在成長時期受來自不同方向的思想所影響，既有舊學又有新知，「通古今中外」也是那一代處於變革期的知識分子的常態。

一九二五年，曹聚仁受暨南大學校長邀請，擔任中學部國文教師，後來又改到大學部，正式展開他往後十多年的大學教授生涯。一九二七年四一二清黨後，曹聚仁的老師單不庵[3]請他到浙江省立圖書館西湖分館文瀾閣參與《四庫全書》的編修工作，他便答應下來，在文瀾閣居住了大約半年[4]。一九二八年春，他再次回到暨南大學[5]。曹聚仁晚年於香港撰寫的《我與我的世界》中，便說到自己從一九二七年到一九三一年期間，差不多沉默了五個年頭[6]。

三十年代是他的第一個爆發期，一九三一年，曹聚仁在上海創辦了《濤聲》週刊，以敢言著稱，並以烏鴉作為標記，明言「報憂不報喜」。一九三四年至一九三七年間，他在《申報‧自由談》、《太白》等多份刊物上發表文章，也曾擔任《太白》編輯[7]。一九三五年三月，與徐懋庸合辦《芒種》

3　單不庵是曹聚仁在浙江省立第一師範學校就讀時的國文教師，曹聚仁對他十分敬佩。參李偉：《曹聚仁傳》，頁 196-198。

4　李偉：《曹聚仁傳》，頁 56-57。

5　同上，頁 57。

6　曹聚仁：《我與我的世界 浮過了生命海（上）》（北京：生活‧讀書‧新知三聯書店，2011 年），頁 396。

7　盧敦基、周靜：《自由報人：曹聚仁傳》（杭州：浙江人民出版社，2009 年），頁 97-101。

半月刊[8]，這年起《筆端》、《國故零簡》、《文筆散策》、《元人論曲》和《文思》等多部文集陸續出版[9]。

一九三五年十二月二十九日，曹聚仁加入了上海文化界救國會[10]。一九三七年夏，九一八事變後，他毅然放下教學事業，投身戰場任隨軍記者，不久後受聘為中央通訊社戰地記者[11]，自此走遍戰地，在多份報刊發表通訊，廣為人所尊敬。曹聚仁與香港的因緣，即從抗戰這段時期開始，他作為隨軍記者在香港的《立報》和《星島日報》發表戰地通訊和軍情分析[12]。四十年代，他受蔣經國之邀主持《正氣日報》，後轉到《前線日報》任總主筆，一直至抗戰勝利[13]。曹聚仁的報導廣受歡迎，因他曾參與八一三事變及台兒莊戰役，出版了《中國抗戰畫史》及《大江南線》等書，取得很高的評價，在國人心目中有一定地位。據曹聚仁本人所記，他在《前線日報》任職同時，也持續為香港的《星島日報》撰寫通訊，而且是他發表新聞報導的重心[14]，只在香港淪陷時一度

8　同上，頁 105。

9　同上，頁 346-347。

10　同上，頁 148。

11　陳振平：〈曹聚仁兄的自由主義思想及其報業活動〉，《曹聚仁先生紀念集》（上海：上海市政協文史資料編輯部，2000 年），頁 141。

12　參曹聚仁：《採訪外記 採訪二記》（北京：生活·讀書·新知三聯書店，2007 年），頁 72。另見曹聚仁的〈千頭夢緒從何說起〉一文，他說：「我和星字系報紙發生關係，最早還是星粵日報（一切籌備就緒，已經準備出版，並已試報三天，牽於戰局變動，不曾出版）」，曹聚仁：《採訪外記 採訪二記》，頁 294。

13　盧敦基、周靜：《自由報人：曹聚仁傳》，頁 214-225。

14　曹聚仁：〈國共之間〉，曹聚仁：《採訪外記 採訪二記》，頁 295。

中斷[15]。一九四五年八月抗戰結束，九月曹聚仁便從杭州回到上海。在上海逗留三個月後，曹聚仁到了南京、九江、蕪湖作短期旅行，為他五十年代的一系列行記作了充足的準備[16]，寫下了他的「採訪」系列文集。戰後他藉「戰地記者」的身份，更猶如明星，在出版界擔任重要的角色，他的社會影響力更大。因為身為記者，他與公眾接觸的機會多，知名度亦較高，戰地通訊作為戰爭時期重要的娛樂與全國人關注的重點，使他在四十年代有更高的知名度。

一九四六年初，國共談判臨近破裂之時，台灣當局邀請南京與上海新聞界人士到台採訪，曹聚仁作為《前線日報》代表前往當地，由當局安排下參與十天環島遊的訪問[17]。國共內戰爆發後，他繼續觀察着國共兩方面的情勢，把通訊發表在福州的《星閩日報》及香港的《星島日報》上[18]，同時於上海法學院報學系和蘇州國立社會教育學院新聞系任教職[19]。

15　曹聚仁在〈南來〉一文說：「我個人和香港的一家報社，從創辦那天起，也有了十多年的歷史，中間也經過了很多變動，除了太平洋事變以後那個淪陷時期，一直寫着通訊的。」這家報社即「星島」。引文見曹聚仁：〈南來〉，曹聚仁：《採訪三記 採訪新記》（北京：生活·讀書·新知三聯書店，2007年），頁204。

16　曹聚仁：〈上海三月記〉，曹聚仁：《採訪外記 採訪二記》，頁284。

17　曹聚仁：〈台灣行〉，曹聚仁：《採訪外記 採訪二記》，頁355。

18　趙家欣：〈記曹聚仁先生〉，《曹聚仁先生紀念集》，頁31。

19　袁義勤發表的〈曹聚仁在虹口〉，簡述了曹聚仁在抗戰結束至解放初期的情況：「居住在虹口時期，由於在外地兼職，曹聚仁經常要風塵僕僕於滬寧（即南京）線上。他是上海法學院報學系教授，也是蘇州國立社會教育學院新聞系教授，所以要跑蘇州；他是《前線日報》主筆，也是香港《星島日報》駐京滬特約記者，要寫『南京通訊』，所以要跑南京。（此外他還有一個兼職，是『前進中學』校長，該校為《前線日報》同人所辦，校址就在報社大樓內。）」見袁義勤：〈曹聚仁在虹口〉，《曹聚仁先生紀念集》，頁110。

一九四九年《前線日報》社長馬樹禮給曹聚仁一家送來船票，請他們共赴台灣，但曹聚仁拒絕了[20]。一九五〇年八月，曹聚仁選擇南下香港，從此執筆為生，在港出版著作近四十部[21]。

曹聚仁是被遺忘的寶庫

對我來說，曹聚仁是被互聯網一代遺忘的寶庫，在二〇二三年的網上世界，我驚訝於在「維基百科」竟沒有他基本的傳記描述。如果你嘗試了解曹聚仁，便會發現他創造了一個廣博的知識世界。他的一生可以用勤奮兩字來形容，著作種類繁多，有文學史、學術思想史、人物傳記、年譜、歷史著作、採訪報導、政論、雜論、遊記、小說、散文、回憶錄等。綜觀其一生，更會發現其閱歷之豐富。這位活躍於五六十年代的文化人，在不同報刊上發表文章，結集出版著作，直到一九七二年去世為止，總共出版超過五十本作品，一生寫作超過四千萬字。

閱讀曹聚仁的作品，可說是體驗了他在五十年代香港不斷寫作，波瀾壯闊的著述旅程。若聚焦於香港文學與文化，必能發現曹聚仁其實是一位「文化多面手」，種類計有文學史、學術思想史、人物傳記、年譜、歷史著作、採訪報導、政論、雜論、遊記、小說、散文和回憶錄等等。在五十年代以前，曹聚仁擔任學者、大學教授，研究文學史、學術思想，整理人物傳記及年譜。

20　李偉：《曹聚仁傳》，頁 267。

21　參郭珂雲、曹雷編：《曹聚仁卷》，頁 304-310。

曹聚仁的散文特色

在《香港文學大系（一九五〇－一九六九）：散文卷一》的序中，編者樊善標提出一個有趣現象，就是一九五〇年時重要的香港散文作者當中，年齡最大的分別是左舜生、陳君葆、易君左、曹聚仁等，都是五十至六十歲左右。[22] 這也可能是五十年代的雜感隨筆帶有一種中年味道的原因，更可說是曹聚仁寫作的基調。

曹聚仁總能在不同類型著述上保持閒談式隨筆風格，就算是討論國學或其他深刻內容的書，亦會向讀者訴說個人經驗。顯然他有意避開一種高蹈的論調，而用和讀者「談談」的方法，站在與讀者同樣的高度，以免沉悶呆滯之感。在行文方面，曹聚仁自言行文受桐城派古文所影響，自言別人「洋洋灑灑，下筆萬言，我們則短短六七百字，所謂『以少許勝人多許』也」。[23] 可見他自覺習得桐城派散文的簡約；這也是曹聚仁在報刊專欄寫作如魚得水的原因，既能配合各種文藝園地，又不為其所限。

曹聚仁又擅於反映各地人文特色，遊遍大江南北的他，寫下了不少地方書寫，別具理趣。他也精於月旦人物，寫作很多評人論物的文章，也寫下了如《魯迅評傳》這種反映個人見解的人物傳記，不單有史學及文學研究方面的價值，在寫人敘事的方法上也值得關注。陳平原亦曾稱許曹的自傳

22　樊善標：〈導言〉，樊善標主編：《香港文學大系（一九五〇－一九六九）：散文卷一》（香港：商務印書館〔香港〕有限公司，2021 年），頁 53。

23　參見曹聚仁：《魚龍集》（香港：香港激流書店，1954 年），頁 2。

《我與我的世界》:「將《朝花夕拾》與《師友雜憶》合而為一,兼具史學價值與文章趣味,最值得稱道。」[24] 也許可作為對曹聚仁記傳文字的一個中肯評價。

「知識人」在今天的價值

在《小說新語》後記中作家曾說:「年紀一年年增加了,勇氣一年年減退了,也慢慢明白我所能寫的,也只是劄記一類的東西而已。」[25] 不過劄記寫下的讀書心得,往往是一位知識人的精華所在。一位好的作者,必須是一位好的讀者。曹聚仁的「通才」特性,也使他閱讀的角度比一些「專家」更為廣闊。對今天新一代的普通讀者而言,各門各類的知識在網上世界都有答案,但曹聚仁這類知識人的好處,就是融會貫通,把所知與我們的生活及面對的困難結合,並且用易懂的、有趣味的方式寫下來。閱讀曹聚仁,總比與人工智能對話,更有所得。

---

24 參陳平原:《中國現代學術之建立:以章太炎、胡適之為中心》(台北:麥田出版有限公司,2000 年),頁 441。

25 參曹聚仁:〈後記〉,曹聚仁:《小說新語》(香港:南苑書屋,1964 年),頁 164。

凡例

一　《國學十二講》內文採用香港三育圖書文具公司於 1972
　　年 8 月出版的初版本。

二　內文大體依原文直錄。由於原文偶有手民之誤，逕予修
　　改，不另注出。

三　內文錯誤涉及引文、專有名詞（如書名、人名等）等，
　　或譯名與現行名稱不同，將以注釋說明（即「編者
　　注」），以作修正、補充之用。

四　內文提及的書本典籍、篇章，會分別加上書名號《》，
　　和篇名號〈〉。

五　書中年份涉及年號 / 帝號、歲次，予以標上公元年份，
　　例如「南宋孝宗淳熙二年（一一七五年）」。作者亦於
　　部分人名標上其生卒年份，除了確定在特定人物首次出
　　現處標示年份外，其餘不再補上。

六　原文每用異體字，如「于」、「歎」、「蹟」等，現一律
　　改用通行字體，而引文、專有名詞除外。

目錄

第一講

一　從一件小事談起

幾年前，我曾經患了一場大病，在廣華醫院動手術，臥病時期依舊看報讀書。一位護士小姐，她特地從家中帶了一部錢穆（賓四）先生的《國學概論》給我看，說：「這部書，乃是我在高中三時期唸的，為了高中畢業會考，國文老師要我們仔細地看，可是，我們看不懂。」她又問我：「甚麼叫做『國學』？這部書，你要不要看？」病中看《國學概論》，似乎不太合口味；不過，這位小姐給我帶來一個極有意義的課題：究竟中學畢業會考，該不該在語文科附加「國學常識測驗」？年青這一代，該不該唸《國學概論》？這是一個我們該注意的問題。當時，我告訴她：「錢先生的《國學概論》並不壞，坊間還有許多同一課題的書；不過，全國大中學採用最多的，還是章太炎師講演，我所筆錄的那部《國學概論》，上海泰東版，重慶文化服務版，香港創墾版，先後發行了三十二版，日本也有過兩種譯本。但我並不主張中學生唸《國學概論》的。」

我先後和她談到「國學」的問題。我說：「假如朱熹或是程氏兄弟活了過來，問他們：『甚麼是國學？』他們也一定答不出來。『國學』，乃是外來語，並非國產。日本人原

有『支那學』、『漢學』這樣的名詞,因此,十九世紀後期,留學日本歸來的學人,譯之為『國學』,也就是『中國學術』之意。日譯章師的《國學概論》,便是《支那學概論》。在我國古代,『國學』即『國子學』,也稱『太學』,便是今日的國立大學,不可混為一談。『國學』,這名詞,仔細考校起來,頗有毛病,因此有人稱之為『國粹』,章太炎師稱之為『國故』,他的《國故論衡》,便是談中國學術的專著。我曾稱之為『國故學』,也曾為國內學人所共許。(見《東方雜誌》:〈國故學之意義與價值〉。)可是,『國學』一詞,已經約定俗成,一直和『國故』一同流傳着,也就算了。以類推之,乃有國樂、國劇、國術、國醫等名詞,大家心中明白,這便是中樂、中國戲、中國武術、中醫的意思,不待細說了。」

一方面,「國學」、「漢學」、「中學」這一類名詞,有着和「西學」對抗的意味,所謂「中學為體,西學為用」,「西學是物質文明,中學是精神文明」,都有着阿 Q 型的誇大狂心理作用。清末維新志士們,有過這樣的話:「這國故的臭東西,他本同小老婆吸鴉片相依為命,小老婆、吸鴉片,又同升官發財相依為命。國學大盛,政治無不腐敗。」有人嘲笑國粹派的復古頭腦:「倘真正是國粹,何必急急去保?」都是一針見血的諷語。如今是要「破舊立新」、「古為今用」,當然不會讓年青的一代埋葬到古人的屍骨中去;叫中學生讀《國學概論》的開倒車觀點,不該再保存着了。因此,我在醫院裏,便立下心願,要寫一部教育海外文史教師們的書,要他們明白「國學」究竟是甚麼?

讓我先談一段積古相傳的老話，這段老話，見於田汝成《西湖遊覽志餘》：「曹元寵題村學堂圖云：『此老方捫蝨，眾雛爭附火，想當訓誨間，都都平丈我。』語雖調笑，而曲盡社師之狀。杭諺言：社師讀《論語》『郁郁乎文哉』，訛為『都都平丈我』。委巷之童，習而不悟。一日，宿儒到社中，為正其訛，學童皆駭散。時人為之語云：『都都平丈我，學生滿堂坐；郁郁乎文哉，學生都不來。』曹詩蓋取此也。」這雖是笑話，卻說到文化思想界的一種實情。

　　明初，國家用科舉制藝取士，試題限於四書五經的小範圍中，而朱熹《四書集注》成為儒說的典型，以明祖也是姓朱的，凡是不合朱說的，便在排斥之列。日前有人向某報探問「伏鄭」的學說，答者謂鄭氏有鄭眾、鄭玄二家，那是不錯，可是一般人便不知道鄭眾其人其說。假使漢代鄭眾生到一千五百年後的明代，到試場去應試，試題為「當仁不讓於師」，如他自己所說的，把「師」解作「眾」，即是說：在正確的觀點上，即算多數人反對，我還是堅持下去，那他非落第不可；因為朱注是把「師」作為「老師」解的。又如《論語》：「君子恥其言而過其行」，朱熹訓「恥」為「不足」，乃是望文生義，不足為訓。據高麗本，「而」字乃「之」之誤，「君子恥其言之過其行」，豈非十分通順？假使清代大經師，如阮元、戴東原、焦循他們，依高麗本來寫制藝，糾正了朱注的錯誤，他們能考得取嗎？這是「都都平丈我」的世界，有人把錯誤舉出來，改正為「郁郁乎文哉」，一般人一定引為異談奇說呢！

　　香港文化界的情形，看來也差不了多少。歷年來語文科

會考試題，以及國學常識測驗題，我大體看了一過。像我這樣做幾十年語文教師，還寫過《國學概論》[1] 的，參加這樣的中學會考或大學入學考試，未必會及格。即算如周予同、朱自清、錢賓四諸先生來參加會考，也未必會及格呢！何以呢？

我們都是從反對讀經觀點，來研究「國學」的；而香港的教育當局，包括若干文史教師在內，他們都是從提倡讀經觀點來談「國學」的。三十年前左右，香港大學教授許地山先生曾經寫了〈國粹與國學〉，表明他的反對讀經，和當時的提倡讀經派作正面的爭論。直到今日，香港教育當局站在「都都平丈我」的觀點上主持會考，我們這些「郁郁乎文哉」派，即算說得正確，也無補於事的。所以，我們還得把當前的文史教師喚醒起來，否則新一代的青年，依舊在科舉的會考中薰陶着，永遠脫不了「都都平丈我」的糊塗夢，那才流毒後世，不可救藥了。

科舉考試的廢除，八股制藝的丟棄，迄今不及八十年，後一代談文習史的人，大都脫不了塾師們的科舉觀點；五四運動以後，大家敢於在孔聖神座前翻觔斗，但「狗抓地毯」，要脫掉這一套傳統的外衣，實在不容易的。

三十多年前，我曾經做過上海中學會考的主考，參加了教育部語文科教材綱領的編訂，編選過《開明活葉文選》，也曾教過「國文教學法」、「歷史研究法」這類課程，還在《中學生》寫過〈粉筆屑 —— 中學語文教學〉的連載。因此

1　編者注：《國學概論》著者為章太炎，曹聚仁負責筆錄，並非曹氏著作。

我一直搜集這一方面的資料作進一步的研究（可惜大部分資料都不在手邊）。

我且舉幾個實例來談談：有一回，××大學新生入學考試，語文常識測驗試題之一，是「何謂今古文？」，考生的答案，都說：「今文是白話文；古文是文言文，唐宋八大家的文章。」可說「全軍盡墨」，沒一個及格的。後來，我搜集了十七種中學會考、大學入學考試試題，有着這一試題的答案答得正確的不及百分之五。依我們的語文教學觀點說，不知道甚麼是今古文，算不得甚麼了不得的事；就國學常識來說，不知道甚麼是今古文，那就說不過去了。我們反對中學生讀經、讀《國學概論》，即在於此。

在國學常識測驗中，有一個極普通的試題：「甚麼是五經？」依香港教育當局的尺度來看，那些答案，大半是及格的。依懂得國學常識的人看來，這些試卷，一大半還是不及格的。因為依今文學家的說法，六經的順序是：《禮》、《樂》、《詩》、《書》、《春秋》、《易》，這是三種不同的教育課程。依古文學家的說法，六經是：《易》、《詩》、《書》、《禮》、《樂》、《春秋》，依着六經的時代順序來說的。閱卷的人，是今文家？還是古文家？他的評分大有不同，總是各有各的順序，不能亂寫。而香港教育當局的評卷人，並不着眼在這一要點的。

把歲月倒流六七十年，我們那位章太炎師，他是古文派大師，而和他對立的維新志士康有為和梁啟超，他們是今文派大師。今文學家之中心在《公羊》，公羊家言，真所謂「其中多非常異義可怪之論」。清儒既遍治古經，戴東原弟子

孔廣森始著《公羊通義》。繼之的有武進莊存與，著《春秋正辭》，求所謂「微言大義」，為今文學啟蒙大師。其同縣後進劉逢祿繼之，著《春秋公羊經傳何氏釋例》，凡何氏所謂非常異義可怪之論，如「張三世」、「通三統」、「絀周王魯」、「受命改制」諸義，次第發明，這便是後來康有為維新變法的政治理論的根源。段玉裁外孫龔自珍（定庵），好今文學，說經宗莊、劉，往往引《公羊》義譏切時政，詆排專制，清末光緒年間（一八七五至一九〇九年），所謂新學家，人人都經過崇拜龔定庵的階段。夏曾佑贈梁啟超詩云：「璱人（龔）申受（劉）出方耕（莊），孤緒微茫接董生（仲舒）。」即是說了「今文學」的淵源。在十九世紀之後期，今文學乃是我國學術思想之主潮；到了我們這一代，已經覺得今古文學派之分，已非必要，難怪年青人不知道今古文是甚麼了。

二　章太炎：《國故論衡》

首先，我要鄭重複述我們對於研究國故學的觀點：（一）我們是反對中學生讀經的，也不贊成中學生會考及大學入學考試，要在語文科添加國學常識測驗的。但我們認為把中國學術思想，作為大學文科學生的研究專題，好好地整理出一部中國學術思想史來，那是有意義的。（二）七八十年前，成為中國思想史的晨星的今文學，早已煙消霧歇，被大家所遺忘。一般人記起了龔定庵，只是為了他的詩詞，而不是為了他的今文學。我們雖是古文派大師的弟子，卻不是站在古

文家的立場來批判今文學；而是打破了今古文學的門戶之見，來研究「國故」的。錢玄同如此，顧頡剛也是如此；正如梁啟超一樣，他到了民國初年，已經走出今文學的小圈子，從學術為公的觀點來談中國學術思想的。

梁啟超《清代學術概論》第二十八節云：「在清學蛻分與衰落期中，有一人焉，能為正統派大張其軍者，曰：餘杭章炳麟（太炎）。……所著《文始》及《國故論衡》中論文字音韻諸篇，其精義多乾嘉諸老所未發明，應用正統派之研究法，而廓大其內容，延闢其新徑，實章氏一大成功也。章氏用佛學解老莊，極有理致；所著《齊物論釋》，確能為研究莊子哲學者開一新國土。其《菿漢微言》，深造語極多。……蓋章氏中歲以後所得，固非清學所能限矣；其影響於近年來學界者亦至鉅。」因此，我站在新的觀點上，先談談章太炎師的《國故論衡》。

四十多年前，我追隨單丕（不庵）師在杭州孤山文瀾閣西湖圖書館做整理工作。文瀾閣便是清乾隆年間（一七三六至一七九六年）藏《四庫全書》之所。圖書館築新樓於中山公園西角，文瀾閣便是我們的宿舍。我住在第一進右舍，後面便擺着一大批黑色大木箱，便是當年放《四庫全書》的所在。那批木箱，每一疊下面都有木架托着，其中有一特點，即是襯「經」部木箱的腳架高了一大截，表示尊經之意。我們是依着古文學家的「六經皆史」的觀點來看儒家經典的，因此，我們並不「尊經」。這一方面，我們和今文學家所說的「孔子微言大義」頗有距離。太炎師說：「經字原意是一經一緯的經，即是一根線。所謂經書，只是一種古代的線裝

書罷了。明代有線裝書的名目，即別於那種一頁一頁散着的八股文墨卷，因為墨卷沒有保存的價值。古代記事書於簡，不及百名者書於方。事多，一簡不能盡，遂連數簡以記之。這連綴若干簡的線就是『經』。」（「名」等於字，「方」等於木板。）可見「經」不過是當代記述較多而常要翻讀的幾部書而已。這話說得多麼平實。試問會考中，國學常識測驗題，如有「甚麼是經」的試題，我們該怎樣來作答案呢？

三十年前，章太炎師在蘇州逝世，我曾經立下心願，要把他的《國故論衡》箋注起來。一經着手，便知道這不是我的學力所能應付得了的。我勉強能把中卷〈文學論略〉[2]注起來。上卷〈小學略說〉，談文字音韻學的，得讓錢玄同來做。下卷〈原學〉，乃是談道家、佛家思想的，怕的連周氏兄弟都動不了手呢！

西湖圖書館的前任館長龔未生，原是章太炎師的女婿，因此，「章氏叢書」便有了西湖圖書館木刻本。我手邊的《國故論衡》、《檢論》、《菿漢微言》、《齊物論釋》便是叢書本。康梁的著作，有了那麼多的鉛印本，卻沒有一種是木刻的。省立圖書館藏了那麼多的書刊，卻沒有一部康梁的著作，此中不僅有着政見不同的痕跡，也有著今古文學派的矛盾在其中。直到我們接收了王克敏的八屋藏書，才把《新民叢刊》、《庸言》這幾種啟蒙時期的刊物找了出來，再把康梁的著作補購齊全，也正是我們泯消了今古文派系成見的新措

2　編者注：《文學論略》為筆誤，應是《文學總略》。

施。從這些瑣屑的事上看來，學人們的胸襟，可以想見了。

《國故論衡》，自是不朽之作；論者把它和王充《論衡》、劉知幾《史通》、章實齋《文史通義》相提並論，並非過譽。可是，要年青學生研讀這樣的專著，似乎太艱深一點。或許作為研究院文史系學生的主要讀物，較為適宜。我在這兒，為甚麼提到這部專著呢？三十多年前，許地山在討論「國粹與國學」這一課題，他鄭重指出一般人所謂的「國粹」和「國渣」，並沒有甚麼不同，天天喊叫保存「國粹」的人，對於中國的學術文化，並無所知。他說到前人所謂「通經致用」的「用」字，只是研究如何做官。不久以前在美國逝世的張君勱氏，曾經對他感慨道：「看來中國人只會寫字作畫而已。」許氏說：「張氏是政論家，他嘆息政治人才的缺乏，士大夫都以清談雅集相尚，好像大人物必得是大藝術家，以為這就是發揚國光，保存國粹。……近幾年來，『保存國粹』的呼聲，好像又集中在書畫詩古文辭一類的努力上；於是國學家、國畫家，乃至『科學書法家』，都像負着神聖使命。」這話真是一針見血，也正道破了今日香港的風尚。

太炎師的《國故論衡》，至少有一個明白的交代，他告訴我們：「國故是甚麼？」他是清代考證學的大師。考證學（樸學）如戴東原所說的：「志存聞道，必空所依傍。漢儒訓詁，有師承，有時亦傅會。晉人傅會鑿空益多，宋人則恃胸臆以為斷，故其襲取者多謬，而不謬者反在其所棄。……宋以來儒者，以己之見硬坐為古聖賢立言之意，而語言文字實未之知。」他又說：「學有三難：淹博難，識斷難，精審

難。三者僕不足以與於其間，其私自持及為書之大概，端在乎是。」《國故論衡》上卷談小學（小學即研治語言、文字、音韻、義理之學），便是入門工夫。連古代文字的音訓都不懂，還談甚麼保存國粹，讀甚麼經典！

章氏本「六經皆史」之義，《國故論衡》中並沒有經學這一專題。中卷文學七篇，其次便是《原經》。（章氏說：「文學者，以有文字著於竹帛，故謂之文；論其法式，謂之文學。」乃廣義的文學，和我們所理會的狹義文學，稍有不同。）說：「經不悉官書，官書亦不悉稱經。（如世本之屬）《易》《詩》《書》《禮》《樂》《春秋》者，本官書，又得經名。」這麼一來，「經」便是史書，也只是文學的一部分，把前人的神聖外衣扯掉，還它一個本來面目，那就可以談經學了。——世人談經的，都不配談經。

我們面對着每小時印刷五萬份至二十四萬份報紙的轉輪機，再來回想當年木刻「章氏叢書」的舊景，真不知怎麼說才是。三本木刻《國故論衡》，總字數，不及一張對開的報紙，但要印成一千部書，就得化上一年工夫。另一方面，章氏的論著跟王國維的文史論文一般，短短幾千字一篇論文，濃縮了的內容跟近人幾十萬字的巨著差不多。（王國維的《殷周制度論》，約七千字，和郭沫若先生二十四萬字的《古史研究》，不相上下，即其一證。）

章氏《國故論衡》，我們該把它看作古人的著作，和《文心雕龍》、《史通》一類經典著作等量齊觀。時人即算寫了一百萬字的「中國學術思想史」，也未必有那麼豐富的內容。我在復旦、暨南各大學教二年級必修國文，每用中卷的

〈文學總略〉、〈論式〉、〈辨詩〉三篇作教材，已經夠一學年的教學了；有時添教應用文，那就添上了〈正齎送〉篇。這幾篇文章，總共不過一萬幾千字，教起來，卻已足夠得很了。我倒希望今日提倡讀四書五經，和主張中國文化復興的人，把這幾篇文章看一看，再跟學生們談一談。

有一個時期，我曾經想把《國故論衡》下卷諸子學幾篇作為講究中國學術思想的教材。我還化了暑期那幾個月來作準備工作，到了秋天開學，我還是放棄了這個吃力不討好的打算。我且把那一番經歷追述一下：時人每嘲笑胡適之氏，只寫了《中國哲學史大綱》上卷，中卷、下卷一直沒寫出來，說他是專寫「上卷」的思想家。（胡氏寫白話文學史，也只寫了「上卷」。）事實上，胡氏早已寫了中卷、下卷的一部分。關於兩漢經學家思想，已有北京大學的講義；禪宗思想和戴東原哲學也都有了專書，只是沒把全書串寫起來就是了。其中，最使他費心力的便是有關魏晉思想和隋唐佛學那一部分，真是茲事體大，不能輕率着筆的。何況，馮友蘭先生的《中國哲學史》出來，下卷談魏晉玄學、隋唐佛學、宋明理學，自成一家言；他若認第二的話，誰敢認第一呢！何況，錢賓四先生的《近三百年中國學術史》又已出版了，胡氏的中國哲學史下卷，更難於高人一等了。這些中國學術界新事，那些主張讀經的復古派，又知道得太少了。

本來談「國學」或「國故」的，總以為是中國獨有的學術思想；其實「國學」者，只是「在中國」的學術思想，並非只此一家的學術。正如今日所謂「國樂」，早有着「胡樂」以及「印度樂」的成分，成分比例也很重。佛學東來，不僅

成為我們的宗教信仰之一，且已滲入我們的社會文化中，成為我們生活方式的主流之一。章氏的思想和文章，有着魏晉的靈魂，一方面，他對佛學有湛深的研究。佛學東來，在我國分為十三宗，天台宗造詣，遠在印度各宗之上。章氏治唯識宗，和楊仁山論討諸篇，時人所共許。要研究隋唐佛學的話，章氏諸子學，該是入門書呢！

三　世道不同了

李佶人[3]《死水微瀾》結尾，那位鄧大爺在搖頭道：「世道不同了！世道不同了！」這是每一時代的人都會體會到的世道。我們看看九十老人包天笑先生的講故，其中的人物和當年士大夫的生活方式，也使我們有世道不同之感！

因為世道不同，幾乎每一個角落，都有它的變化痕跡。假使有人問我，研究國學該讀誰的書？我曾經和那位白衣天使談過這一問題。我問她：「知道不知道皮錫瑞其人？」她說：「不知道。」假如，國學常識測驗，問及皮錫瑞的生平和思想，看來十有八九會交白卷的。可是，要談「國學」可以不談皮錫瑞的經學觀點嗎？他是清末今文學派的大師呢！

皮錫瑞，字鹿門，湖南善化人。顏其居曰「師伏堂」，學者因稱師伏先生。何以說是「師伏」的呢？「伏」即西漢

3　編者注：此為筆誤，應是李劼人（1891-1962），中國小說家、翻譯家，其長篇小說《死水微瀾》為「大河小說三部曲」之一（另外兩部為《暴風雨前》和《大波》）。

《尚書》今文學大師伏生。《史記‧伏生傳》：伏生，山東濟南人，本來是秦代的博士。漢文帝時，欲求能研究《尚書》的，畢竟找不到。後來聽說伏生精通《尚書》，欲召之。那時伏生年九十多歲，太老了，不會出門了。乃詔太常派朝錯（即晁錯）到伏老門下去傳授其書。秦時焚書，伏生壁藏之。其後兵亂相繼，他隨處流亡。到了漢帝定天下，伏生找所藏《尚書》，已失去了數十篇，只得二十九篇，即以教於齊魯之間。說到這兒，我得補說幾句：西漢的書，既不是「紙」，也不是「帛」，乃是刻在竹簡上的書，大部的書就用一條線串連起來。伏生傳經的時候，他的弟子就用漢代的文字，即隸書記了下來，所以說是今文。「文」即「字」，「今文」便是隸書的記錄本。（伏生口傳本只有二十八篇，合後來所得的〈泰誓〉，共二十九篇。）後來，孔壁中找出來的《尚書》，那是先秦用篆文所刻寫的，因此稱為《古文尚書》。（這一「古文」，即是篆體字，和一般人所說的「古文等於文言文」絕不相干。我還得補說一句：唐代所謂古文運動，當時稱為「平文運動」，「平文」正是白話文，和唐初流行的駢體文對稱。又《史記》稱：「尚書，直言。」直言，恰又是白話。所以一般人的「古文」觀念，也是錯誤的。）

　　皮氏早歲頗有經世之志，留意郡國利病，想有所建樹。光緒戊戌政變時，因為提倡新制學校，大受頑舊派的疾視，甚至斥之為亂黨，交當地地方官管束（即是說他和談維新變法的康有為、梁啟超同黨）。皮氏治經，宗今文；但持論很平實，沒有康有為那麼武斷，也不像廖平那樣的怪誕。他所著的書，有《經學歷史》和《易》、《書》、《詩》、《三禮》、

《春秋》；《五經通論》，還有若干疏證群經的著作。如周予同先生所說的：「他的著作，雖沒有很偉大的創見，但學術門徑很清楚，善於整理舊說；所以如《經學歷史》、《五經通論》等書，對於初學者，可說是『循循善誘』。」因此，我對那位小姐道：「你們不一定要研究國學；有意研究的話，不妨先看皮氏的《經學歷史》。尤其是周予同氏的注釋本，更是極好的入門書。」老實說，不曾讀過皮氏的《經學歷史》，就不配談甚麼「讀經」或「整理國故」。

第一講

（注：《經學歷史》，有師伏堂刊本；後來上海群益書局、商務印書館都有鉛印本，今周注本由中華書局刊行。）

我這個古文學派的門徒，卻在這兒教有意研究國學的人，先讀皮鹿門的《經學歷史》。（皮氏是經今文學者，同時經古文學者都非難他。章太炎師駁皮錫瑞三書，訓斥得很利害。陳漢章在《經學通論》中也有所批評。）章氏謂：「《經學歷史》，鈔疏原委；乃妄以己意裁斷，疑《易》、《禮》皆孔子所為，愚誣滋甚。及為《春秋講義》，又不能守今文師說，糅雜三傳，施之評論，上非講疏，下殊語錄，蓋牧豎所不道。」那麼看輕皮氏的著作。章師在地下知道我在這兒這麼教人的話，他一定也嘆息「世道不同了」。

可是，我教人先讀皮氏《經學歷史》，並不是要後學們接受今文學家的觀點，而是和周予同氏的說法相同；我們是反對讀經的，但是要大家明白中國的學術思想是甚麼，所謂經學又是甚麼。我並不要人讀皮氏的《經學歷史》，而是要大家讀周予同氏注釋的《經學歷史》，尤其先要仔細讀周氏的序文。周氏說：「在現在，經學之繼承的研究大可不必，

而經學史的研究當先即開始，因為它一方面使二千多年來的經學得以結束整理，他方面為中國其他學術開一條便利的途徑。」這話說得對極了。我們並不是「國粹派」的傳教士，我們是解剖東方文化的外科醫生。

順着周予同氏的話說下去：第一、我們讀這本書時，不要忘記皮氏是經今文學者，因為他立場於今文學，所以他對於宋學是不滿意的，尤其是宋人的改經刪經的方法；我們只要看他對於王柏的譏斥，便可了然了。又因為他立場於今文學，所以他對於經古文學也不表示絕對的崇信，他對於清代考證學的發展，雖相當地讚許，但他絕不以為這是經學研究的止境。我們明白這一點，則皮氏所主張的六經斷定始於孔子，《易》、《禮》為孔子所作，以及其他排抑左氏，譏貶鄭玄等等的話，都可以有一貫的解釋了。第二、我們不要忘記，皮氏究竟只是一個經學家而不是史學家。因為他不是史學家，所以史料的搜集不完備，史料的排比不妥善，而且每每不能客觀地記述事實，而好加以主觀的議論。他這部書，假使隨手翻閱一遍，似乎不能把經古今文學、宋學的發生、變遷、異同、利弊一一顯示給我們。他不能超出一切經學的派別來記敘經學，而只是立在今文派的旗幟之下來批評反對派。誠然，就經學說，他是沒有失掉立場；但就史學說，他這部書就不免多一點宣傳的意味了。我曾經和年青學生們說過：「我早生幾十年，到師伏堂去拜門，皮氏一聽說我是章太炎師的弟子，怕的要逐出門庭，不許附於弟子之列呢！」

周予同氏曾經舉出皮氏經學觀點的幾種錯誤：「我以為最荒謬的，是所謂『孔教救國』之說。孔子學說的真相究竟

怎樣，後世儒家所描寫的孔子，後世君主所提倡的儒教，後世學者所解釋的儒學，究竟是否是真的孔子，都是絕大疑問。在這步工作還沒有完成以前，冒昧地將傳統的因襲的孔教來治國，這簡直是鬼話。今文學者尊崇孔子，以為孔子懷抱着偉大的政治思想，這是我們可以相當承認的；但不瞭解時代，不論地域，從他們主觀所得的孔教印象，冒失地應用着來拯救現世，這不是太危險了嗎？」—— 今日香港的復古派、孔教派，那就更荒謬了。

昨天，我下樓走出門口，在巴士站上看見幾位女生在那兒認真地一問一答。一位女生手中拿了一本《會考試題答案彙編》，翻着看。這些女生，大概十三四歲，都是門前那家女中的學生。她們在記誦甚麼呢？原來是古以色列、摩西、希伯來文化的聖經故事。其實，希伯來古文化，連歐洲人都沒弄清楚；摩西的傳說，也跟伏羲、神農的傳說差不多，卻要十三四歲的女生去記誦，還當作會考的主要科目之一。這樣的女中，這樣的教育，我們怎麼說才是？當時，我轉念一想，時代總在進步的，十九世紀後期，今古文學家爭論得那麼熱烈的大課題，到了我們這一代，還不給大家遺忘掉了？那位女中校長一心一意要毒害年青女生，她們真的會讓她穿了鼻子牽了走嗎？我不禁笑了起來。

言歸正傳：周予同氏指出經今文派以孔子為政治家，以六經為孔子政治思想所託，這話似乎有一部分理由，卻有該鄭重商榷之處。而今文學者那麼歡喜進一步探求「六經致用」的「微言大義」，於是對於西漢君主利用迂儒的策略，愚而且誣地在讚嘆着，仿效着。皮氏在《經學歷史》第三章

中說：「前漢今文學能兼義理訓詁之長。……其學極精而有為；以〈禹貢〉治河，以〈洪範〉察變，以《春秋》決獄，以《二百五篇》[4]當諫書，治一經得一經之益。……漢學所以有用者，在精而不在博，將欲通經致用，先求微言大義。」他們穿了紅翎帽外套講維新變法，將他們的理論策略，託之於孔老夫子的微言大義。同時，如康有為所說的「孔子改制」，連二千五百年前的鄹人之子也只是託古改制的。在今日，我們看來，不也太蠢太胡鬧了嗎？試問假使黃河決口了，他們把〈禹貢〉從首一字背誦到末一字，就能如靈咒似的使洪水平息嗎？（今日的治河，連清末那位以治水自負的劉鶚也不中用了。）孔子和六經的相關度，以及六經和致用的相關度，不僅相去得很遠，而且根本上的疑問太多了。周氏指出現在來研究經學，只能採取歷史的方法，決不可含有些微漢儒的致用觀念。

今文學家最荒謬的一點，便是主「緯候足徵」之說，尊孔子為素王，所謂「無冕的帝王」；而且相信歷代帝王欺罔民眾的技術，以為帝王必有瑞徵；於是孔子也有所謂「感生」，所謂「受命」，所謂「告成」，於是孔子不僅是政治家，而且是教主，也是一個「道士」了。（今文學家的尊孔，有着抵抗東來的「耶穌」的主要動機。）這些「感生」、「受命」等等的鬼話，多出於緯候，今文學家因為急於替素王找尋證據，便冒失地相信緯候了。這是第一原因。其次，今文

---

4 編者注：《經學歷史》原文應為《三百五篇》，即《詩經》。

學者以為「天人合一」之說出於西漢，如《易》的「占驗」，《書》的「五行」，《詩》的「五際六情」，《禮》的「明堂陰陽」，《春秋》的「災異」都是。今文學源出於西漢經師，為了擁護學統起見，自不能加以攻擊，於是又只得容忍這妖妄的緯候了。這類話，跟街頭的算命賣卜者流所說的並無不同的呢，我們對皮氏的經學觀點，自該重新加以批判的。

四　鵝湖之會

在我家門前那一角上，有三家很大的中學；每天，我會碰到這幾家中學的學生，男女生穿着校服，校服上繡着各自的校訓。一家的校訓，是「格物致知」。有時，我頗想問他們：「甚麼是格物致知？」我看他們未必懂得，他們的教師和校長懂得嗎？我看也未必，懂得的話，就不會用作校訓了。我知道，好幾回中學會考，國學常識測驗，都有這麼一個問答題；怕的是那些出題的和看卷的，都未必懂得。我想，他們一定會反詰我：「那麼，你懂得了嗎？」我且不先作答覆，先讓我談談鵝湖之會。

鵝湖在江西東邊，信州（今上饒）鉛山縣，峰頂山上。鵝湖書院卻在峰頂山腳。《千家詩》中，有一首唐人張演（一作張濱）的詩，云：

> 鵝湖山下稻梁肥，豚柵雞棲對掩扉；桑柘影斜春社散，家家扶得醉人歸。

便是這個鵝湖。南宋詩人陸放翁，也有〈鵝湖夜坐書懷〉詩。詞人辛稼軒也有〈鵝湖寺道中〉詞五首，調寄〈鷓鴣天〉。《鉛山縣志》：「鵝湖山在縣東北，周迴四十餘里。其影入於縣南西湖。諸峰聯絡，若獅象犀猊，最高者峰頂三峰挺秀。」《鄱陽記》云：「山上有湖多生荷，故名荷湖。」東晉人龔氏居山蓄鵝，其雙鵝育子數百，羽翮成乃去，更名鵝湖。唐大曆中，大義智孚禪師植錫山中，雙鵝復還。（「植錫」意即「出家修禪」）山麓有仁壽院，禪師所建，今名鵝湖寺。喻良能《香山集・鵝湖寺》詩：「長松夾道搖蒼煙，十里絕如靈隱前；不見素鵝青嶂里，空餘碧水白雲邊。氛埃斗脫三千界，瀟灑疑通十九泉；五月人間正炎熱，清涼一覺北窗眠。」所寫景物和辛詞中：「一榻清風殿影涼，涓涓流水響迴廊；千章雲木鉤輈叫，十里清風羃椏香。」相印證。

一九三八年冬天，我隨軍到了上饒，應信江師範之邀，到鵝湖去演講，那晚便宿在那理學家的勝地。——南宋孝宗淳熙二年（一一七五年），朱熹在那兒講學，陸九淵應約來此講學，與朱氏所論多不合；他們爭論的是甚麼？正是「格物致知」的解說，史稱「鵝湖之會」。第二天黎明我獨自踏霜上峰頂山，峰頂山為佛家勝地。在破殘的禪堂中走了一轉，便緩步下山。其時，朝陽初出，濃霧彌谷，白茶花夾道盛開，迎人作笑容，我為這美麗的大自然所迷醉；緬想朱陸當年攜手論學的情景，彼此有時默許，有時高聲爭論，甚至面紅耳赤。我下山後，回到上饒，便在信江中學作公開演講，說：「從峰頂山（佛家）說來是一種看法，鵝湖（儒家）呢，又是一種看法，書院後面的斜塔，彷彿成為兩家的界

國學十二講

線。當年，朱陸二氏站在斜塔邊上，他們對峰頂山是怎麼一種看法？峰頂山對他們的爭論，又是怎麼一種看法？我們且設想：朱陸生在現代的話，他們對方志敏是怎麼一種看法？方志敏對他們又是怎麼一種看法，我從峰頂山下來時，一邊走，一邊想，真是萬念如潮呢！」當時，我也做了一首詩，中有「千古異同空朱陸，百年興廢逐塵埃」之句。

南宋孝宗淳熙二年，由呂祖謙（東萊）邀約朱熹、陸九淵雙方到鉛山鵝湖寺舉行學術討論會。呂氏便是金華學派鉅子之一，所以鵝湖之會，可以說南宋理學三大學派的研討會。那年春天，呂氏訪朱氏於福建，回程時，朱子陪送他，遊經鉛山，在鵝湖寺留了幾天。呂氏便寫信給在金溪的陸九淵兄弟，邀約他們到鵝湖來聚會。那場學術討論會，規模相當大，不但朱陸雙方就近的很多朋友和門弟子，都參加了盛會，若干閩北、浙東、皖南的學者，也趕到了那兒去聽講，集會將近旬日，雙方討論的範圍也頗廣泛。（那幾天，主催的呂祖謙，倒因事不能趕到。）

他們爭論的內容，是從認識事物和治學方法開始；也是那回爭辯的中心論題。——從他們兩人的思想基點出發，在治學方法上，朱熹着重「道問學」，而陸九淵則着重「尊德性」；即是說朱熹的治學方法是「格物致知」，主張多讀書，多觀察事物，根據經驗，加以分析、綜合和歸納，然後得出結論。而陸九淵則主張「發明本心」，心明則萬事萬物的道理自然貫通，所以尊德性、養心神最為必要。這樣「執簡」可以「馭繁」而不必多讀書，也不必忙於考察外界事物，只要「去此心之蔽」，就可以通曉事理了。換句話說，朱陸二

氏，對於孔氏所謂「格物致知」的解釋，絕不相同，這就成為千古不相合的異同了。

當陸氏兄弟初到鵝湖時，他們對朱氏出示最近的詩作。象山詩中有「易簡工夫終久大，支離事業竟浮沉」之句，含意是譏刺朱氏做學問支離破碎，不能經久；而他們自己做學問卻是總賅大體，能夠經歷長久的。他們就這麼辯論起來了。朱子隨即和了詩，有「卻愁說到無言處，不信人間有古今」之句，便是譏笑二陸所學空洞無內容。接着，雙方不斷提出了各自的主張，反覆辯論，情況非常熱烈。那場集會對於那些爭論着的問題，並未曾明定是非，當然也就談不到消除歧見，直到最後，也未歸於一致。當時，朱熹四十六歲，陸九淵三十七歲，呂祖謙三十九歲，他們正當年富力強，難免有些意氣用事。陸氏更近於粗率，在理論上，偏於固執，以致朱氏大為不快。呂祖謙與陳同甫（亮）書中說：「某留建寧，凡兩月餘，復同朱元晦至鵝湖與二陸及劉子澄諸公相聚切磋，甚覺有益。元晦（朱）英邁剛明，而工夫就實入細，殊未可量；子靜（陸）亦堅實有力，但欠開闊耳。」從那以後，朱陸兩派，如黃梨洲（宗羲）所說的：「宗朱者詆陸為狂禪，宗陸者以朱為俗學。兩家各成門戶，幾如冰炭矣。……以致蔓延至今日（指明末），猶然借此辨同辨異，以為口實，寧非吾道之不幸哉！」（《宋元學案·象山學案》）

順着陸九淵學派發展開去，到了明代，乃有王陽明「致良知」之說。王氏指出孔氏所謂「格物」，並非「窮究事物之理」，而是「格除物欲」。（「格」等於除去，「物」等於物欲。）「致知」便是「致良知」，物欲一去則良知自明，和

朱氏所謂「一貫之道」，絕不相同。這一來，「格物致知」，便有兩種判然不同的解說了。鵝湖之會，可以說南宋學術界最重要的集會。但鵝湖之會，也引起了思想上的分歧。

我在這兒提醒大家一句，鵝湖之會，朱陸二氏的論點不相合，可是主催那一場學術討論會的呂祖謙，以及浙東學派的陳亮（同甫）、葉水心輩的觀點，也都和朱陸兩派不相合。我們稱浙東學派為經驗派。單就孔氏所謂「格物致知」一語來說，經驗派的論點，到了明末清初的顏元、李塨出來，更是成熟。顏氏（答安州陳天錫問）指出：「請畫二堂，子觀之，一堂上坐孔子，七子侍，或習禮，或鼓瑟琴，或羽籥舞文，干戚舞武，或問仁孝，或商兵農政事，服佩亦如之。一堂上坐程子，峨冠博帶，垂目坐如泥壻，如游（酢）楊（時）朱（熹）陸（九淵）者侍，或返觀靜坐，或執書伊唔，或對談靜敬，或搦筆著述。此二堂同否？」他指斥朱子論書，只是論讀書，「讀書愈多愈惑，審事愈無識，辦經濟愈無力。」（前人所謂「經濟」指經邦理國的政略）「心中惺覺，口中講話，紙上敷衍，不由身習，皆無用。」顏氏自號習齋，他認為「格物」乃是「手犯」，即親手去做的意思；「致知」的「知」，乃是切實的知識。說空話的士大夫，只是書癡子，一點用處也沒有的。

說到這兒，我可以向叫學生掛「格物致知」校徽的教師校長們，出題考試的委員們，當頭棒喝一下，你們自己對「格物致知」的三種說法研究過沒有？朱熹的說法，算得是孔子的本意嗎？連你自己都不懂，還可以把這一語用作校訓，叫學生們去記誦嗎？老實說要讀四書五經，沒通過考證

學的腐儒們就不配，不夠格！

　　當年，我從鵝湖回到了上饒，在信江中學講演，我曾向在場的教師學生說：「那時，空中隆隆聲近，敵機掠空而過，恍然有所啟悟。假如朱陸正在鵝湖登壇講學，呂祖謙也在座。敵機在天空盤旋時，他們將如何教弟子們去應付這現實問題呢？依陸王的說法，應當讓弟子們閉目靜坐，『泰山崩於前而目不瞬』，不為機聲所懾的。朱熹呢，他會教弟子們到書架上去翻查飛機的種類性能以及防空方法。呂祖謙會帶着那一群學生逃到峰頂山腳，在樹林崖石下掩蔽起來，臥倒不動。這是『格物致知』找答案的時候，哪條路走得通？在現實的天秤上顯出來了。」我呢，並不以為我是金華學派的兒子，才贊成經驗派的說法。我們從事實，知道校長、教師和考試委員的「格物致知」論點是錯誤的，你們可以這麼去害年青的一代嗎？

　　後來我從上饒到了鷹潭，上了龍虎山，看了道教的聖地。我又到了福建，到了朱氏講學的建陽和延平。但我在福州公開講演，主張現代的閩學，應當丟開朱熹的路子，改走鄭樵（漁仲）的路子。我又翻過了武夷山，沿旴水經金谿往臨川。臨川為王安石的故鄉，這位大政治家，他走的正是經驗派的路子。我在臨川，在西大街相近的若士路上訪了湯若士的玉茗堂，那是他寫《臨川四夢》的所在。他是在陸王派全盛時代，走反理學的路，他專幹無關聖學的勾當 —— 戲曲。他嚴正地說：「諸公所談者理，區區所談者情，各有千秋，不必相溷。」我從臨川回到了南城，便公開講演：〈在情與理的分界線上〉。這是鵝湖之會所不敢觸及的大課題。

五　回到文瀾閣去

三十多年前，《四庫全書》將由商務印書館影印行世，籌備此事的負責人說，這是「中國文化史之大成功」。這句話，倒像是古稀天子乾隆皇帝所說的。（《四庫全書》扉頁上，鈐了「古稀天子」之印。）這究竟是說乾隆皇帝修集《四庫全書》是中國文化史之成功？還是說國民政府交由商務印書館影印起來是中國文化史之大成功呢？說的人並未交代明白。當《四庫全書》完成之日，古稀天子明詔天下，曰：「國家荷天麻，承佑命，重熙累洽，同軌同文，所謂『禮樂百年而後興』，此其時也，……余搜四庫之書，非徒博右文之名，蓋如張子所云：『為天地立心，為生民立道，為往聖繼絕學，為萬世開太平，胥於是乎繫。……』浩如淵海，委若邱山，而總名之曰《四庫全書》。」那一件所謂大成功，乾隆皇帝自己已經讚過了。

究竟《四庫全書》是怎麼一回事呢？還是讓我回到文瀾閣去，一一說給你聽吧：第一部《四庫全書》，告成於乾隆四十七年（一七八二年）四月，其後置內庭四閣，又立江浙三閣。沈兆澐云：「書成繕寫七分，仿浙江范氏天一閣式，建閣藏庋。大內曰文淵，圓明園曰文源，熱河曰文津，盛京（瀋陽）曰文溯，並於揚州大觀堂之文匯閣，京口（鎮江）金山寺之文宗閣，杭州聖因寺之文瀾閣，亦各庀一分。俾江浙士子，得以就近鈔錄傳觀。」這都是手鈔本，在北京的有文淵、文津；在關外的有文溯。文源已毀於英法聯軍入京之役。江浙三閣，太平軍戰役中，毀了文匯文宗二閣；文瀾閣藏本散失了五分之二，戰後由杭州丁氏補鈔，也還差

十分之一上下。等到單不庵師主西湖圖書館館政，我們就把所缺部分，從北京文淵閣去鈔了來，可說鈔完全了。（北京的文淵閣本，倒缺少司空圖《詩品》一卷。有人說文瀾閣藏書已殘落不全，那是他們不知內情之故。文淵藏故宮博物館，今存台北。文津今存北京圖書館。）《四庫全書》共三千四百六十種，計七萬五千八百五十四卷。當年曾輯了《簡明目錄》行世，這便是世人常見的《四庫全書目錄提要》了。當年，西湖圖書館新屋建造告成，《四庫全書》便從文瀾閣移往新庫。文瀾閣便成為館員宿舍，我住在右舍，有機會從頭至尾翻看《四庫全書》一遍，也曾把曬衣的竹竿攔在乾隆御碑上，古稀天子對我們也已無可奈何了！

依我所知，《四庫全書》並不怎麼珍貴；全書中所有的，百分之九十五，我們可以在坊間買到，並非珍本。就拿《十七史》來說，商務版的百衲本，就比四庫本可寶貴得多。唯一不同的，那七部書，都是手鈔本，也就因為手鈔，所以錯字誤簡很多，不及木刻本精審。可是，為了修葺《四庫全書》，由各方進書，經磨勘結果，查出「抵觸清朝」、「違礙清朝」及「謬於是非」者，先後銷毀了二千三百四十三種，和保留着的差不了多少。清末鄧實跋《禁書目錄》說：「書厄，自秦火之後，大厄凡十有一，而以乾隆時禁毀之最後一厄為最慘烈。」真痛乎言之。我們希望年青的人，不要把《四庫全書》看得甚麼了不得的東西。我在文瀾閣做過這一部的整理工作，覺得世之談復興中國文化的人們，實在太淺陋了！

我到了北京，看了文津閣的《四庫》，到了瀋陽，看了

文溯閣的《四庫》，再到杭州西湖孤山，重看文瀾閣的《四庫》，覺得這麼一部叢書，對一般人，是尤其對青年學生並沒多大用處。我看到那一大批空着的大木箱，想起當年打開「四部分類」的老辦法，把《四庫全書》依着十進法分目，曾把經部依內容重新安排過，在當年可說是大膽；到了今日，誰都知道應該這麼分類的。「六經」也只是我們古代學術思想的資料，「六經皆史」的話，也是十分正確的。我們並不覺得那位十全老人要他的臣工編寫這部叢書，對中國文化有多大的貢獻；可是參與這個長期工作的乾嘉學人，他們有機會看到大內的藏書，在研究上有了長足進步；我們可以看到王念孫、戴震、邵晉涵、任大椿、朱筠，他們在考證學上的成就。我國的古代經典，經過了他們的整理，才可以讓現代人去瞭解，去接受。可惜，清代考證學家的辛勤研究，積累了那麼多的成果，卻和在科場寫八股制藝的書生毫不相干！甚至到了二十世紀七十年代，香港的教師所傳授，電台廣播所取材，還是科舉時代腐儒們所想所說的那一套。三十年代，何鍵、陳濟棠提倡「讀經」時，我們曾大聲疾呼，勸年輕人不要讀經的老話，到今日還得再說一遍。誠如吳稚老所嘆息的：「老狗教不會新把戲。」

這樣，我們首先得把所謂儒家的經典，來個明白的交代。我國的經學研究，秦漢以來，迄今綿延了二千多年，經部的書籍，單據《四庫全書總目》所著述，已達一千七百七十三部，二萬零四百二十七卷。我們且看看《清經解》和《續經解》的分量，估計總數有二千五百部至三千部那麼多，並不算過量吧。可是，很可奇怪的，「以我國這

樣重視史籍的民族，竟沒有一部嚴整的系統的經學通史。自然經學史料是異常豐富的。廣義的經學史或部分的經學史，也不是絕無僅有；但是，一說到經學通史，而且是嚴整點系統點的，那我們真不知如何回答了。皮錫瑞的《經學歷史》，劉師培的《經學教科書》第一冊，固然不能說不是通史，但他們兩位，都是近代著名的今古文學大師，而他們所敘述的竟這麼簡略，跟一篇論文或一部小史差不多，這就不能不使我們失望了。」（周予同語）（日本人本田成之，曾編了一部《支那經學史論》，東京弘文堂版，就比較完整、全面得多了。）依我看來，還是「尊經」的觀念在作怪，「離經叛道」、「非聖無法」的帽子在亂飛。五四運動時代，我們把孔老夫子的神位搬下去斫掉了，丟到垃圾堆裏去；我們的校長經子淵，國文教師陳望道二師，便被浙江省議員扣上離「經」、叛「道」的帽子給當局免職了。誰敢把儒家思想當作死屍來解剖呢？

　　在今天，我是要把儒家和儒家思想解剖一番的。我還記得，當何鍵在長沙、陳濟棠在廣州通令各中學學生讀經時，我們曾經幽他們一默，問他們：「不知是要讀宋朝以後的四書？還是讀宋朝以前的四書？」我們又問：「我們該讀程伊川的〈大學〉？還是得讀朱熹本的〈大學〉？還是要讀王陽明的古本〈大學〉呢？」他們就不知宋以前，並無四書，連北宋都沒有。他們根本不知「在新民」和「在親民」有何不同，他們更不知道西漢儒家讀《公羊春秋》，魏晉之間，才讀《左氏春秋》。要讀經的，就是一批糊塗蛋！

　　五四運動以後，我們把孔老夫子的神位劈掉，把他的

神的外衣撕掉，還他一個「人的本來面目」；把「經」的尊嚴打碎，回復它在文化思想的本來地位。這雖是「破」，但對中國學術思想，卻有更重要的「立」的意義。古文學派對現代文化的最大貢獻正在於此。我們的言論和行動，只要提早二三十年，不僅是要殺頭，甚至會抄家滅族；可是，我們不只在孔聖座前翻觔斗，還把二千年來的「士」的地位打碎了。禮教的骸骨和孔聖的幽靈，先後借何鍵、陳濟棠的軍閥外套還了魂，時代畢竟把他們揚棄掉了。

一九三二年五月九日，那正是「一·二八」淞滬戰爭的結尾，大津《大公報·文學副刊》載劉永濟〈續成滬戰雜感七首〉之一，云：

> 仲尼無父禹為蟲，大聖玄言總鑿空；
> 今日上邦文物盡，有誰流涕嘆為戎。

後面還有小注云：

> 輓近學風，務反舊說，自命新奇；頹波所被，舉凡先聖典謨，可以己立國者，皆視為陳腐迂闊，盡掃而空之。於是禮防大毀，人欲橫流，譎詐者得權勢，貪縱者為英豪；雖無外侮，已無以立國，一旦禍發，安得不倉皇失措哉！此今日之深憂大患也；失地辱國特其必食之果耳，有心者當於此致意焉！

新的考證學，與民族學、社會學帶我們瞭解遠古社會傳說的本意。顧頡剛氏提出「禹」字是一種民族的「圖騰」。「禹」即「蛇」，那民族以「蛇」為「圖騰」符記。這就有失先聖的尊聖。

　　我們把孔老夫子恢復人性以後，他的名字就叫作「丘」，不再諱作「某」，也不寫作「丘」了。說孔子是私生子，這也是事實，並不妨害孔氏的偉大。

　　仲尼究竟是不是私生子的問題（即「仲尼無父」之說），除非有新的史料出來，否則，我們只能接受彼此公認的《史記·孔子世家》、《禮記·檀弓》的史文記載。《史記·孔子世家》載：「紇與顏氏女野合而生孔子。……丘生而叔梁紇死，葬於防山，由是孔子疑其父墓處，母諱之也。」《禮記·檀弓》載：「孔子少孤，不知其父墓殯於五父之衢……問於耶曼父之母，然後得合葬於防。」孔母顏氏逝世時，仲尼年已二十四，「少孤」決不能說是「不知其父墓」的理由，《史記》說是「母諱之也」，方是不知的主因。顏氏為甚麼要諱言叔梁紇的葬處？此中必有一段隱痛，「野合」乃是隱痛的唯一線索。還有點可疑，叔梁紇死後，為甚麼殯於五父之衢？顏氏和叔梁紇，彷彿沒有正式的家族關係，而正式的家族又彷彿不理他的死活似的，也許叔梁紇是個逐子呢！（仲尼是不是私生子，對誰的尊嚴都不相關，又何必意氣用事呢？）

　　大概殷周婚姻制度不同，王國維說：「商人六世以後或可通婚，而同姓不婚之制，實自周始；女子稱姓，亦自周人始。」和異姓通婚姻，從周制為正軌；不許和異族通婚，保持血統的純粹，從殷制也是正軌。叔梁紇，宋國的貴族，和鄒人

之女相結，周人不以為異，宋人也許以為違背祖規，加以嚴厲的制裁呢？總之，仲尼的父母之間有一段悲劇是無疑的。

六　顧頡剛之言

我在這兒說「我如何如何」，帶着「我們」的意味；而我在說「我們」，也有「我」的成分在內。三十年代以來，我們反對讀經，反對把舊的文化傳統，壓在年輕一代的身上；這一點，一直沒有改變過。我們厚今薄古，我們要古為今用。「我們」之中，有着顧頡剛、周予同諸氏，也有朱自清、夏丏尊諸師在內。也該說到錢玄同、劉半農諸先生。

《讀書雜誌》（這不是王引之〔念孫〕父子的《讀書雜誌》，也不是神州國光社的《讀書雜誌》，而是《努力週刊》的《讀書雜誌》。）在考證古史方面，有不少新的成果，《古史辨》便是他們的成績。在第一冊開頭，顧頡剛氏寫了六萬多字的〈自傳〉[5]，正可以說明他們對古代經史的看法。（我在文瀾閣工作，顧氏曾來館座談，單不庵師對他那麼敬重，更不必說我們這些後生小子了。到了今日，我卻以批判態度來接受他們的研究。）顧氏在另外一本談秦漢儒生的專著序文，曾經說了他對經學的觀點，我在這兒，簡括地說一說。

顧氏說：清朝這一代，最高的統治者挾了種族成見，防止人民起義，屢興文字獄，讀書人每有滅門之禍。在那樣淫

5　編者注：顧頡剛於《古史辨》所撰的為〈自序〉，並非〈自傳〉。

威之下，逼得若干有些創造力的士大夫，把全部心思才力集中到故紙堆裏去，他們的學問完全脫離了人生實用。這種學風當然是畸形的、偏枯的，但因他們肯下苦功，一切踏實做去，也獲得了意外的收穫；就是在史料學的範圍裏開拓了一些新園地，幫助人們認識了若干未經前人揭出的史實。尤其是他們特別注意於兩漢的經學——所以他們的學問叫做「漢學」——經過了長時期的搜集材料、整理材料，竟把向來看不清楚的兩漢學術思想指出了一個輪廓。因為漢代學者是第一批整理中國歷史資料的人，凡是研究中國古代歷史和先秦各家學說的人們一定要先從漢人的基礎上着手，然後可以沿源溯流，得着一個比較適當的解釋，所以漢代學術享有極崇高的地位。清代學者本來只是為了反抗空談心性的宋明理學，而信仰漢代學術，但經他們深刻研究「漢學」的結果，竟使我們約略看出了那時代的黑暗的內幕，知道所謂權威的漢代學術的大部分，只是統治階級麻醉民眾和欺騙民眾的工具，它的基礎建立在宗教迷信之上。我們看出了這一點，當然要對於它的黑暗面激起了甚大的反感。這種反感，分明是清代學者提供給我們的，然而他們自己倒還沒有想到會發生這樣破壞性的後果呢！

顧氏，二十歲以前，便住在蘇州，那是清代漢學中心，引得他喜歡在那些書裏瞎摸。又因上了小學和中學，接受了一點資產階級的科學的皮毛，所以再不能相信漢代經師的神秘話頭（欲知其詳，可看《古史辨》第一冊〈自序〉）。（顧氏在新中國建國後，全力在整理《二十四史》及正續《通鑑》。那一專著，題為《秦漢的方士與儒生》，一九五七年

新版。我們且看他所標的章目:「陰陽五行說及其理想中的政治制度」、「封禪說」、「神仙說與方士」、「漢代受命改制的鼓吹與其實現」,……「黃老之言」、「尊儒學而黜百家」、「經書的編定」、「博士官」、「經學的今古文問題」── 這都有斬葛藤而清面目的意味。)

顧頡剛氏年輕時,正在戊戌政變之後,那次政變是由康有為的經今文學鼓動起來的,他假借了西漢所謂《春秋》大師董仲舒的「三代改制」的話做理由,要求統治階級變法自強。幫他吶喊的有譚嗣同、梁啟超、皮錫瑞、夏曾佑等人。同時和他取相反的立場的,是保守派張之洞、朱一新、王先謙、王仁俊、葉德輝等人,他們的言論,都載在蘇輿編的《翼教叢編》裏。戊戌以後,章太炎主張種族革命,反對康有為的保皇論,又站在經古文學的立場上來摧毀康氏的今文學。康氏說「新學偽經」出於劉歆一手所為,章氏便說劉歆是孔子以後的第一個人。其時,助章氏張目的有劉師培等人,他們的文字多數載在鄧實編的《國粹學報》。這是一場使人看得眼花繚亂的大戰!少年時代的顧頡剛,看他們打得這般熱鬧,精神上起了極大的興奮;但他還沒有本領去評判他們的是非得失,又懷着異常的苦悶。不過,今文家喜歡稱引讖緯,讖緯十分之九都是妖妄怪誕的東西!這是他早已認定了的,何況章氏站在革命的立場上來反對康氏的保皇呢;所以在他的理智上,認為古文家的思想是進步的,大家自該走向古文家的陣營。

且說,清代末年,全國的經學大師,俞樾(曲園)是最有聲望的一位。他擔任杭州詁經精舍的山長(從前書院設山

長等於今日的院長），培養了很多經學人才。他對於今文學和古文學採取兼容並包的態度，所以在他門下受業的人們也各就其性之所近走上了岔道：或專研古文，或篤信今文，或調和今古文。章太炎是他門下古文派中的一員健將，崔適則是他門下今文派中的一個專家。今文經中最重要的一部書是《春秋公羊傳》，那時別人多喜歡把《公羊》的話語，結合當前的政治，在變法自強運動中起了大小不等的波瀾；獨有崔氏，雖把《公羊》讀得爛熟，卻只希望恢復公羊學的原來面目，自身絕未參與過任何的政治運動，他只是一個本色的書生。為了崔氏極少寫單篇論文，發表他的主張，所以顧氏也不曾注意過他。（香港的腐儒們，說到了《春秋》，只知有《左氏傳》，根本不曾注意過《公羊傳》。有一回，會考的國學常識中，問及「甚麼是公羊」，一位中學畢業生說是雄的羊！這也不算是笑話。不懂經學卻要談經學，可笑的，比那位中學生差不了多少的。）

　　一九一六年，顧氏進了北京大學文科中國哲學門。這個門（即是後來的系），是清末京師大學中經科的化身，所以經學的空氣仍極濃厚。教他們中國哲學史的是主張不分今、古、漢、宋一切都容納了的陳漢章；教《春秋公羊傳》的就是那位嚴守專門之學的壁壘的崔適。崔氏發給他們的講義，是他用了畢生精力做成的一部《春秋復始》，他把《公羊傳》為主，輔之以董仲舒《春秋繁露》和何休《公羊解詁》等書，把一部《公羊傳》分類解釋，要使人們從這裏看出孔子的春秋大義。他說《穀梁傳》和《左氏傳》都是古文學。就都是偽經學，絕對不是孔子的意思。他年紀已七十，身體衰弱得

要扶了牆壁才能走路，但態度卻是這般地嚴肅而又勤懇，那一班學生都十分欽敬他的。

顧頡剛氏，他聽了今文學大師崔適的話，雖是十分欽佩，可是心中總想不明白：《春秋》本是一部魯國史書，為甚麼不該從東周的史實上講而必須在孔子的意思上講？就是說這部書真是孔子所筆削的魯國史書，一字一句裏都貫串着他的意思，為甚麼經中屢有闕文，如「夏五」、「郭公」之類，表明它保存了斷爛的史書的原樣？如果說《公羊傳》的作者確是孔子的門人，最能把握着孔子的微言大義，為甚麼傳中常說「無聞焉爾」，表明他並沒有捉住孔子的意思？這就開始了他的考證古史的新路向。直到一九二〇年，顧氏在北大畢業了，又和錢玄同氏相識了。錢氏留學日本時期，正是章太炎的弟子，回國之後，又是崔適的弟子。他兼通今古文而又對今古文都不滿意。他不止一次對顧氏說：「今文學是孔子學派所傳衍，經過長期蛻化而失掉它的真面目。古文經異軍突起，古文家得了一點古代材料，用自己的意思加以整理改造，七拼八湊而成其古文學，目的是用它做工具而和今文家唱對台戲。所以，今文家攻擊古文經偽造，這話說得對；古文家攻擊今文家不得孔子的真意，這話也說得對。我們今天，該用古文家的話來批評今文家，又該用今文家的話來批評古文家，把他們的假面目一齊撕破，方好顯露出他們的真相。《聊齋志異》上記着一段故事說有一個桑生，先後接納了兩個奔女，不久蓮香指李女為鬼，李女指蓮香為狐，桑生初疑她們是嫉妒性的攻擊，但經過了長時期的考驗，就證明了蓮香果真是狐，李女果真是鬼。我們今天，正該從今

古文兩派的相互指摘之下，接受他們雙方的結論。」這正是五四運動之後，談國故整理的新觀點。

不過，顧氏還有了如此的補充：「那番議論從現在看來，也不免有些偏狹，偏在都要撕破，容易墮入虛無主義。但在那時，當許多經學家在今古文問題上長期鬥爭之後，覺得這是一個極銳利、極徹底的批評，是一個擊碎玉連環的解決方法。我的眼前彷彿已經打開了一座門，讓我們進去對這個二千餘年來學術史上的一件大公案作最後的判斷了。」顧氏既已辨清了今古文學家原來面目，他又希望向前推進一步，要問為甚麼有今文家？為甚麼有古文家？他們出現的社會背景和歷史條件是甚麼？經過了他的分析，他認為：「兩漢經學的骨幹是『統治集團的宗教』的創造（統治者用以裝飾自己的宗教）。無論最高的主宰是上帝還是五行，每個皇帝都有方法證明他自己是一個『真命天子』，每個儒生和官吏也就都是幫助皇帝代天行道的孔子的徒孫。皇帝利用儒生們來創造有利於他們的宗教，儒生們也利用皇帝來推行有利於他們自己的宗教。皇帝有甚麼需要時，儒生們就有甚麼來供應。這些供應，表面上看都是由聖經和賢傳裏出發的，實際上卻都是從方士式的思想裏借取的。試問漢武帝以後為甚麼不多見方士了？原來儒生們已盡量方士化，方士們為要取得政治權力已相率歸到儒生隊裏來了。至於今文家和古文家，只是經書的版本不同，或是經書上的解釋不同，不是思想根本上有甚麼差異的。不過，古文家畢竟掌握了若干古代資料，又興起得較遲，到了東漢時期，讖緯的妖妄性已太顯著，不能取得腦子清醒的儒生們的信仰，所以流入訓詁一

途，比較有些客觀性了。」

七　鄒人之子

三十多年前，顧頡剛氏在廈門大學講演，題為〈春秋時的孔子和漢代的孔子〉。引起了熱烈的討論。那位鄒人之子，被形容為「皇皇如喪家之犬」的孔仲尼，到了漢代以後，送進了孔廟以後吃冷豬肉，被稱為大成至聖先師的孔聖人，完全變了質了。如康有為所說，孔子生前一直在託古改制。歷代所謂儒家，人人都把自己的觀點，穿了孔聖人的外衣出現，各自在託古以改制，不獨康有為一人如此的。

顧氏說：「孔子只有一個，為甚麼會變做兩個呢？唉，孔子哪裏止有兩個，各時代有各時代的孔子，即在一個時代中也有種種不同的孔子呢！例如戰國時代的孟子和荀子所說的，宋代的朱熹和陸九淵所說的。各時代的人，他們心中怎樣想便怎麼說，孔子的人格也就跟着他們變個不歇。害着一般人永遠摸不清頭路，不知道孔子的真面目究竟是怎麼樣的了。」他提到一個問題：孔子以前有沒有聖人呢？有，而且孔子以前的聖人多得很，但孔子以前的聖人，並不是孔子時代和孔子以後的聖人呢；在西周時代，無論誰都可以自居於聖人，正和現在無論哪個人都可以自居於聰明人一樣。北京有一句常語：「您聖明」意思是「你是明白人」，就是這個意思。

到了後來，「聖人」這一極普通的稱呼，變得成為「神化無方」不可捉摸的人。中間有這麼一個過程：我們讀《論語》，可以捉住它的中心問題是造成君子。一部《論語》，

提出君子的有一〇七次（說到聖人的，不過四條）。把孔子的話歸納起來，有這麼幾個主要的觀念：（一）有禮貌（恭敬），（二）有感情（仁惠），（三）有理智（知學），（四）有做人的宗旨（義、勇），這都是切實可行的人格陶冶。本來「君子」一名是從別種意義轉來的，「君子」本來指貴族的公子王孫而言。到了孔子時代，意義變了，凡是有貴族的優美的風度和德行的都可稱為君子，於是這君子便成了陶冶人格的目標。孔子說：「聖人，吾不得而見之矣，得見君子者斯可矣。」子夏云：「君子之道，孰先傳焉，孰後倦焉，譬諸草木，區以別矣，……有始有卒者其惟聖人乎！」孔子被許多人推為聖人，這是他自己所料想不到的。他在《論語》中，師弟親切談話，修養的意味極重，政治的意味極少，不像孟子那樣終日汲汲要行王政，要救民於水火之中的。孔孟並稱也是唐宋以後的事。儒家的思想，照說只能孟荀並稱；孔門最夠入室的是顏回和曾點。「點爾何如？」他只要春日者春服既成，陪同五六位成年人，六七個小孩子，在沂水裏洗洗澡，在舞雩台上吹吹風，一路唱歌，一路走着回來。孔老夫子說：「吾與點也。」這都是和後世的儒士們想法大不相同的。《春秋》，乃是魯國的國史，跟孔子毫無關係，《論語》上也沒有一字提及《春秋》，《左傳》上也沒有孔子作《春秋》的話。孟子首先有了「孔子懼作《春秋》」的說法，他只是憑着傳聞，未必可靠的。後人把這番話敷衍開去，說魯哀公十四年（前四八一年），西狩獲麟，於是孔子受天命，自號素王，作了《春秋》，變周制的神話產生了。又說他的「微言」，弟子口頭相傳，到漢代始寫出，便

是《公羊傳》。孔子是一個很切實的人，他所不說的有四種：「怪、力、亂、神。」又說：「我有知乎哉？無知也。」又說：「未知生，焉知死？」可見他是一個最誠實的學者，不說一句玄妙的話，他決不是一個宗教家！

我且說一個小小的故事：二百五十年前，安徽績溪產生了一位樸學大師：戴震（東原），他十歲時，到書塾去讀書，塾師教他以《大學章句》，到了「右經一章」以下，他便問塾師道：「此何以知為孔子之言而曾子述之，又何以知為曾子之意而門人記之？」塾師說：「這是先儒朱熹所注解，他這麼說的。」又問：「朱熹何時人？」師云：「南宋人。」又問：「孔子、曾子何時人？」曰：「東周。」又問：「東周離開南宋多少年？」師云：「約二千年。」又問：「那末朱子怎麼知道是這麼傳下來的呢？」塾師默不作聲，答不出話來。這一故事，正說明清代樸學家治經的精神。後來戴氏對後學們說，「學者當不以人蔽己，不以己自蔽，不為一時之名，亦不期後世之名」。「志存聞道，必空所依傍。」「學有三難：淹博難、識斷難、精審難。」他治經空所依傍，不獨淹博過人，而且識斷細密，立論精審，開一代的學風。他們真正做到了把孔丘的還給孔丘，孟荀的還給孟荀，董劉的還給董劉，馬鄭的還給馬鄭，魏晉的還給魏晉，隋唐的還給隋唐，宋明的還給宋明；這樣恢復了本來面目，我們才可以來談經學的研究。

因此，我要介紹錢玄同氏的說法（錢氏也是太炎師的大弟子）：「我很喜歡研究所謂『經』也者，但我是很『惑經』的。……近來看葉適的《習學記言》、萬斯同《群書疑辨》、

姚際恆《詩經通論》和《禮記通論》、崔述《考信錄》等書，和其他書籍中關於『惑經』的種種議論，乃恍然大悟：知道『六經』並非周公（姬旦）的政典，也非孔丘的託古著作（其中有一部分是後來儒者託古的成分），六經的大部分，並沒有信史的價值，也沒有甚麼哲理和政論的價值。我現在以為：

（一）孔丘並無刪述或製作『六經』之事。

（二）《詩》、《書》、《禮》、《易》、《春秋》，本是各不相干的五部書。（《樂經》本無此書）

（三）把各不相干的五部書，配成了一部而名為『六經』的原故，我以為是這樣的：因為《論語》有『子所雅言，《詩》《書》執禮』和『興於《詩》，立於《禮》，成於《樂》』兩節，於是生出『孔子以《詩》《書》《禮》《樂》《教》』（《史記》）之說；又因此而造出了『樂正崇四術、立四教、順先王《詩》《書》《禮》《樂》以造士，春秋教以《禮》《樂》，冬夏教以《詩》《書》』（《禮記》）之說。這一來便把《詩經》、《尚書》、《儀禮》三部書配在一起了。因為『《樂》原在《詩》三百篇之中，《樂》之用在《禮》十七篇之中』（《禮經通論》），故實雖三部，名則四部。又因孟軻有『孔子作《春秋》』之說，於是又把《春秋》配上。惟何以配入《易經》，我一直弄不明白。

（四）『六經』的配成，當在戰國之末。『六經』之名，最初見於《莊子·天運論》。又〈天下〉篇說：『《詩》《書》《禮》《樂》，鄒魯之士，搢紳先生，多能明之。』

（五）自從有了六經之名，於是荀子《儒效》、《商君

書‧農戰》、《禮記‧經篇》、《漢書‧藝文志》、《白虎通》等，每一道及，總是六者並舉；還瞎扯了甚麼『五常』、『五行』等話頭來比附了。（劉歆古文家出又在五部書外加上一部《周禮》。至於《春秋三傳》、《小戴禮記》，以及《論語》、《孝經》、《爾雅》、《孟子》等書，自來皆認為『傳記』，故流俗所謂『七經』、『九經』、『十一經』、『十三經』也者，都可用『六經』之名賅之的。）」

我們要瞭解孔子的思想，只能根據《論語》所載的師弟問答，要瞭解孔子的生平言行，只能用《史記‧孔子世家》作藍圖。（孔門並未用六經作教本，當時所謂六藝，乃是禮、樂、射、御、書、數，並非那六部古代的結集。「禮」是孔子所熟習的外交儀式，「樂」即歌舞的樂曲，「射御」即馳射的武事，「書」即文字學，「數」即算術，和六經毫無關係。）

《史記‧孔子世家》，其中也有可疑之處，大體是可靠的，據載：

> 孔子貧且賤，及長，嘗為季氏吏，料量平；嘗為司職吏而畜蕃息。魯南宮敬叔言於魯君曰：「請與孔子適周。」魯君與之一乘車，兩馬，一豎子俱。適周問禮，蓋見老子云。孔子自周返魯，弟子稍益進焉。
>
> 魯昭公之二十年，孔子年三十。孔子年三十五，季氏與孟氏、叔孫氏共攻昭公；昭公師敗，奔於齊。其後，頃之，魯亂，孔子適齊。

可見這位從流亡到魯國的破落貴族，他少年時代生活很困難，好學求知，才露出頭角來。他那時的政治環境，正是軍國主義的趨勢，晉、楚、齊、秦不必說了，就是魯國也正走向這個趨向。魯國保留着最完整的封建制度，所以說：「周禮盡在魯矣。」《論語》說：「子入太廟，每事問。」即是說，孔子在實地考察古代的典章制度。《史記》說孔子到了洛陽，問禮於老子，老子曰：「子所言者，其人與骨皆已朽矣，獨其言在耳。」這句話可以說是對孔子的當頭棒喝。

孔子適齊那時代，正當他的思想成熟時期。（《論語》：「三十而立，四十而不惑。」）他對顏淵說：「行夏之時，乘殷之輅，服周之冕，樂則韶舞。」那正是他把書本上的知識和他所考察的政治舊制結合起來的烏托邦。（《論語》：「先進於禮樂，野人也；後進於禮樂，君子也。如用之，則吾從先進。」他依舊懷念着殷商民族的文化的。）

孔子至齊反魯，約在四十歲左右。他五十歲那年，有了一個政治活動的機會，公山弗擾以費叛季氏，他認為借此可以推倒季氏政權，恢復魯國的舊統。其後，他和魯定公很親近，做到了「大司寇」的官。史載那一時期，孔子很得意，大行其道，那只是後人的附會，不足信的。他做了幾年大司寇，失意得很，便借題離開了。他去魯時是五十四歲，到了六十八歲才回魯國；在國外流轉了十四年，那十四年中，他始終徘徊於衛、陳、蔡、宋、鄭那幾個舊式的半死半活的小國家圈子裏，對於軍國主義的大情勢並不瞭解。這位後世所推尊為大成至聖先師，德配天地的孔子，在當時真的被形容為「喪家之犬」，而且在陳真的絕過糧。

我們從《論語》中，來看孔子和六經有點關係的《詩》最多，共有十八條。〈為政〉篇的「《詩》三百，一言以蔽之，曰『思無邪』」，〈泰伯〉篇的「興於《詩》，立於《禮》，成於《樂》」，〈季氏〉篇的「鯉趨而過庭曰：『學《詩》乎！』」〈陽貨〉篇的「子曰：小子，何莫學夫《詩》？」這都是有力的證據。但孔子並不曾刪過《詩》。《論語》中有提及「禮」字，那只是談「禮」意，和《儀禮》是不相干的。關於《春秋》，可說一句也沒有。關於《書》，也沒有刪《書》的證據。至於《易》，那更找不出證據。總之孔子是一個「有教無類」的教書匠，一個沒落貴族後裔的智者，如此而已。

八 從疑古到信古

我們是從「疑古」開頭，走向「信古」的新路；我們要把孔子從神座上拉下來，讓他恢復「人」的本來面目；我們把「六經」（五經）當作古代文化思想的資料，加以分析研究，剔除那神秘氣息；如錢玄同那樣，自稱「疑古玄同」，「疑古」乃是我們整理國故的基本精神。我們自信，對於「經、史、子、集」所謂「四部」或「四庫」的知識，比所有提倡讀經或保存國粹的腐儒們，瞭解得深切得多。

有一天，魯迅跟內山完造（日本人，內山書店老闆）談閒天。魯迅笑着問道：「老闆，孔老夫子如果此刻還活着的話，那麼，他是親日呢？還是排日呢？」內山想了一想，說：「大概有時親日，有時排日吧？」魯迅聽了內山的話，便哈哈笑起來了。這話是不錯的，孔子是聖之時者也，「時」

而「親日」則「親日」,「時」而「排日」則「排日」,不會一竹篙撐到底的。我們因而想到孔子現在還活着的話,有許多事是值得談一談的。我們可以說,孔子看到了所謂五經,連《論語》、《禮記》在內,他都一字不識,一句都讀不出來的。因為他所識的「日」字是圓的,而今的「日」字是「方」的。有人在那兒提倡讀正音寫正字,孔老夫子,他就一字寫不出來讀不出來了。他生前一定看到過一部稱為《書》(漢代才稱之為《尚書》── 尚古之書)的古史籍,可是他只看到過二十八篇,或者二十九篇,其他二十五篇,他一定沒讀到過;他即算是聖人,也夢想不到一千年後的人,替他造出許多偽古史的。最妙的,宋明理學家所奉為先聖明訓的十六字心法:「人心惟危,道心惟微,惟精惟一,允執厥中」,都是魏晉間人所假做出來的。

這樣,我們回過去,先把所謂「經」,不管「五經」或「六經」弄清楚來。所謂「古書」,在一九〇〇年(光緒二十六年)以前,可說是沒有比《尚書》再古的了。可是殷墟甲骨發現以後,殷周古史,都得重新寫過,孔子所謂「宋不足徵也」,而今有了「足徵」的史料出來了。我們該接受章太炎師的說法:「案經者,編絲綴屬之稱,異於百名(名即字)以下用版者,亦猶浮屠書(佛經)稱『修多羅』。『修多羅』者,直譯為『線』,譯義為『經』。蓋彼以貝葉成書,故用線聯貫也,此以竹簡成本,亦編絲綴屬也。『傳』者『專』之假借。《論語》:『傳不習乎?』《魯論》作『專不習乎?』《說文》訓專為六寸簿。簿即手版,古謂之忽(笏)。書思對命,以備忽忘,故引申為書籍記事之稱。書籍

名簿，亦名為專。專之得名，以其體短，有異於經。鄭康成《論語序》云：『《春秋》二尺四寸，《孝經》一尺二寸，《論語》八寸。』此則專之簡策當復短於《論語》，所謂六寸者也。論者古但作侖。比竹成冊各就次第，是之謂侖。籥亦比竹為之，故籥字從侖。引申，則樂音有秩亦曰侖，『於論鼓鐘』是也。言說有序亦曰侖，『坐而論道』是也。《論語》為師弟問答，乃亦略記舊聞，散為各條，編次成帙，斯曰『論語』。是故，繩線聯貫謂之經，簿書記事謂之專，比竹成冊謂之侖，各從其質以為之名。」

到了我們這一代，經過了清代三百年樸學家的細密考證，再加以晚清地下古史資料的出現，我們已經有足夠本錢來「疑古」，所疑的「古」，連孔老夫子手中的古史都在其列。我們也有足夠本錢來「信古」，所信的「古」，連孔老夫子都夢想不到的「古」，把古史拉長到六十萬年前的山頂洞「北京人」。

章太炎師，他舉了許多證據，以為：（一）兵書可以稱經，如《國語‧吳語》說：「挾經秉枹」。（二）法律可以稱經，如王充《論衡‧謝短》篇所說：「五經題篇，皆以事義別之；至禮與律，獨經也。」（三）教令可以稱經，如《管子》書有〈經言〉、〈區言〉。（四）歷史可以稱經，如《漢書‧律曆志》所援引的記載，伏羲以來帝王代禪的《世經》。（五）地志可以稱經，如《隋書‧經籍志》所著錄的摯虞的《畿服經》。（六）諸子可以稱經，如《墨子》有〈經上〉〈經下〉兩篇；《韓非子》的「內、外儲說」，先後凡目，亦稱為經；《老子》到了漢代，鄰氏次為經傳；賈誼有《容經》。

（七）其他六經以外的群書，也時常稱經，如《荀子》所援引「人心之危，道心之微」二語，出於古代已經遺佚的《道經》（《偽古文尚書》，便是借用了《道經》的話）。總之依章師的主張，一切書籍都是經，這對於提倡讀經尊孔的腐儒們，是最有力的諷刺。

那末，「六經」究竟是甚麼性質的書呢？我們以為《詩》是一部最古的經集。其中小部分是西周的詩，大部分是東周（孔子以前）的詩。甚麼人輯集的，當然無可考徵了。至於輯集的時代，大抵是在孔氏以前。孔子對門弟子時常說「《詩》三百」、「誦《詩》三百」，可見孔子所見的已是「《詩》三百」了。《書》似乎是三代的「文件類編」或「檔案彙存」，應認它為歷史。錢氏頗疑心它並沒有成書，凡春秋或戰國時人所引《夏志》、《周書》等等，和現在所謂《逸周書》者，都是這一類東西，所以無論今文家說是二十八篇，古文家說是一百篇，都不足信。既未成書，便無所謂完全或殘缺了。因為它常常被人稱引，於是「託古」的人們，不免來偽造了。現在的二十八篇中，有歷史價值的怕不很多。前代學人表示懷疑的，只有唐代史學家劉知幾。

《禮》的部分，《儀禮》是戰國時代人胡亂鈔成的雜書；清代毛奇齡、顧棟高、袁枚、崔述等人，已經證明的了。《周禮》是西漢末年劉歆所偽造的；兩戴記中，十之八九是漢代儒士所做的。《樂》本無經，古文家造出了「魏文侯樂人竇公獻書於漢文帝，乃周官大宗伯之大司樂章」之說（《漢書・藝文志》），其意殆以此冒充《樂經》。《易》，錢氏以為原始的易卦是生殖器崇拜時代的東西；「乾」、「坤」

二卦即是兩性的生殖器的記號。初演為八，再演為六十四，後人用作卜筮之用，於是有人做上許多卦辭爻辭，正和現在的籤詩一樣。《春秋》，王安石說它是斷爛朝報，梁啟超說它像流水賬簿，都是極確當的批語。那位戰國時的孟軻，為了要借重孔氏，於是造出「《詩》亡然後《春秋》作」、「孔子成《春秋》而亂臣賊子懼」的話來。一變而為《公羊傳》，再變而為董仲舒之《春秋繁露》，三變而為何休的《公羊解詁》，於是「非常異議可怪之論」都出來了。

在《論語》中，談到《易》的有三則：

（一）子曰：「加我數年，五十以學《易》，可以無大過矣。」（〈述而〉）

（二）「不恆其德，或承之羞。」（〈子路〉）（注：《易》恆卦爻辭。）

（三）「君子思不出其位。」（〈憲問〉）

錢玄同氏認為這三則，不特不足以證明孔氏曾經贊《易》，而且最足以證明孔子和《易》絕無關係。第一例的文句，魯《論》與古《論》大異。今本出於鄭玄，鄭氏於此節從古《論》讀。至於魯《論》，則作「五十以學，亦可以無大過矣」。（見《經典釋文》）漢《高彪碑》：「恬虛守約，五十以學。」即從魯《論》。我們以為《論語》原文實是「亦」字，因秦漢以來有「孔子贊《易》」的話，所以漢代人士改「亦」為「易」，以圖附合。古《論》是劉歆偽造的壁中經，固不足信。但此字之改，卻並非始於古《論》，因為《史記·孔子世家》已經作「易」了。大概漢人初則改「亦」為「易」，繼則將《論語》此節改成《史記》的樣兒又說：「孔子晚而

喜《易》、《序》、《彖》、《繫》、《象》、《說卦》、《文言》；讀《易》，韋編三絕，曰：『假我數年，若是，我於《易》則彬彬矣。』」這種改變，原意殆想將《論語》此節作為贊《易》之證。不料偶不經心，留下一大漏洞：他們說孔子暮年歸魯以後刪訂「六經」，其時，他已在七十左右，於是《論語》中「五十」兩字便講不通了：甚麼「或五年或十年」，甚麼「用五用十」，或改作「卒」，或改作「吾」，講來講去，總難圓謊。第二節，只引了恆卦的爻辭，也與贊《易》無涉。至於第三節的曾參語，在艮卦的大象，但多了一個「以」字，作「君子以思，不出其位」，那明明是作大象者襲曾參語而加一「以」字，使與別卦大象的詞例一律，這豈非反足以證明孔子，與《易》無關嗎？這一番話，說得非常平穩，合乎實情。

上面，錢氏說：「乾坤二卦，即是兩性生殖器的記號。」請衛道先生們不要急得跳起來。《易‧繫辭》：「乾陽物也，坤陰物也，陰陽合德，而剛柔有體，以體天地之撰。」「夫乾，其靜也專，其動也直，是以大生焉。夫坤，其靜也翕，其動也闢，是以廣生焉。」「闔戶謂之坤，闢戶謂之乾。」說是「天地絪縕，萬物化醇」的原理，初民對於男女性器官並不隱諱，把性生活描畫出來，便是《易》理。《易‧繫辭》：「《易》有聖人之道四焉，以言者尚其辭，以動者尚其變，以制器者尚其象，以卜筮者尚其占。」三四千年前的人，便把《周易》當作古代的百科全書。自漢以後，象數、圖書（《河圖》《洛書》）、儒理、史事，衍成說《易》的許多宗派。孔子當年聽到過種種占卜的話，也曾想到這個問

題。如今在街頭賣卜的，也自許為哲學家。我們生在二十世紀的人，比孔子以及王弼、何晏，連清代易理名家王船山、焦理堂也在內，都幸福得多。我們看到貞卜的原始文獻，孔子所不曾看到過的。殷人如何貞卜？卦辭怎麼說？都不必如春秋時代的史官那麼瞎猜瞎想了。但是古文字風物還是文字風物，哲理還是哲理，占卜還是占卜，訓示還是訓示，依舊河水不犯井水，各走各的路，毫不相干的。

高亨氏說：「筮書所以稱《易》者，《說文》：『易，蜥易，守宮也，象形。』《秘書》說：『日月為易，象陰陽。』其用作書名，當為借義。余疑易初為官名，轉為書名。鄭康成注：『易抱龜，易官名。』易之為官，蓋掌卜筮。筮官曰易，因而筮官之書亦曰《易》。」此說是也。

我說的是眼前的實事：那些提倡讀古書唸四書五經的衛道人們，他們實在所讀的古書太少了，對於五經的知識太淺薄了；甚至《論語》第一句「學而時習之」，都未必講得通。（這並不是說笑話：司馬光，一代大儒，他回到了家鄉，和長老們閒談，他問他們，讀了《論語》《孟子》，可有甚麼疑問？一位老儒起而問道：「《孟子》第一句：『孟子見梁惠王』，我就不懂。孟子總是說不見諸侯，他又為甚麼要去見梁惠王？」一座為之愕然。司馬光連忙向他道歉！）我還記得三十五年前，上海教育局邀請若干語文教授舉行青年讀書問題座談會。一位教授，他即席暢談「開卷有益」的道理，他說他有一回，翻看一本《通書》，就看出許多道理來。我就起來，請他把《通書》中的道理說點給我們聽聽看。他就期期艾艾，老半天說不出來。我那時年輕，不這麼世故，即

便告訴他：「《通書》中的道理，不要說你不懂，在座的朋友們未必有人會懂得！因為陰陽五行家的『生剋常勝派』說法，和墨家『不常勝派』的爭論，也是先秦諸子學的異同之點；到了西漢，今文學派沿襲了陰陽五行說的常勝論，又是一件事。連這一基本觀點都不明白，還夠得上看《通書》嗎？」那位教授，只好自認失言。

三十年代，我先後寫了一連串勸人莫讀古書的文章，前幾年，我在一處集會中，碰到一位工商界朋友，他還記得我的〈勸人莫讀古書文〉。我在一篇題名〈我的讀書經驗〉中（便是那一回在座談會中的講詞），說到我的姑丈陳茂林，他時常給親友們看作是車大炮說空頭大話的妄人。他有一回告訴我們：「堯舜、大禹未必有其人，都是孔孟捏造出來的。」我聽了感到十分興趣，可是我第二天，再去問他，他卻又改口否認了。哪知過了幾年，到杭州進一師讀書，才知道說孔子託古改制，堯舜都是孔子的幻想人物，乃是康有為《孔子改制考》的主旨。陳姑丈的空談，倒是不謀而合的。再過十年，顧頡剛他們討論古史，得到了新的結論，從康有為手中帶浪漫主義氣氛的今文學，轉成切切實實的新考證學，堯舜大禹之為象徵性古代人物，完全肯定了。陳姑丈的空談，再度得到了證實。這雖是小事，讀古書得從疑古開頭，這是我所得到的新啟示！我在那段講詞的結尾說：

> 我有點佩服德國大哲人康德的治學精神。他能那樣地看了一種書，接受了一個人的見解，又立刻能把那人那書的思想排逐了出去，永遠不把別人的

思想磚頭在自己的周圍砌起牆頭來。他那樣博學，又能那樣構成自己的哲學體系來，真是難能可貴的。我讀了三十年書，沒有甚麼經驗可說，若非說不可，那只能這樣：

（一）時時懷疑古人和古書。

（二）有膽量背叛自己的父師。

（三）組織自己的思想體系。

若要我對青年們說一句經驗之談，也只能這樣：「愛惜精神，莫讀古書！」

九　也談《三字經》

《語》云：「人之將死，其言也善。」我這個暮色迫人的老年人，彷彿寫勸世文似的，如三十年代所說的老話，勸年青人千萬勿讀古書，尤其是讀四書五經。我的話，跟許地山、魯迅他們那樣堅決；我認為在那兒提倡讀古書的人，大半不夠格，不配。即如 CC[6] 頭子陳立夫，他連甚麼是四書都不明白，卻在那兒寫《四書道貫》，跟段正元那樣莫名其妙。台灣方面，卻要把這部《道貫》大字本印行，作為大中學生的讀本。對着這樣「漆黑一團」的氣氛，我們不能不大聲疾呼！

另外一方面，我要列舉一些最事實的事實。所謂「六

6　編者注：CC，即中央俱樂部組織（Central Club），為中國國民黨一時的主要派系，組織領導由陳立夫與陳果夫兄弟共同擔任。

經」，這五部亂七八糟，二千五百年前的雜書，一半是後人偽造的，一半是殘缺的。四十年前，王國維便說：「其中只有十分之五六已經可以瞭解；還有十分之四五，經過清代經學家的考證，還是不瞭解。」我不相信王國維所不瞭解的，陳立夫會瞭解！再則，清代經學家，尤其皖學大師戴東原，揚學大師焦理堂，他們的經學造詣高深極了。但他們的詩文，平平而已。經學家而又在文學方面有成就的，只有汪中（容甫）；文學家而在經學方面有成就的，只有袁枚（子才）。其他桐城、陽湖派古文大家，也都不是經學家。總之，讀古書和讀四書五經，對於文藝創作並無甚麼用處。周氏兄弟魯迅、知堂（作人），他們都是讀通了古書的人，但他們都說對於他們寫作有益的，是《三國演義》、《水滸》和《聊齋》（可看《知堂回想錄》）。我勸年青人在今日根本不必讀古書，尤其是《詩》、四書五經，並非偏激之辭。我希望今日各中學文史教師多替年青學生着想才是。（在香港，錢賓四先生該說是夠格讀古書的人，但他的散文，平平而已；他的詩作，就給別人哂笑了。可見讀經並無用處。）

一位讀者，要我談談《三字經》，那就讓我閒談一下吧！《三字經》（人之初）原是村塾中的「三、百、千、千」（《百家姓》、《千字文》、《千家詩》）之一。這是南宋大儒王伯厚的傑作（伯厚乃是朱熹門弟子之一）。兩宋理學家都注意兒童教育，選了《論語》、《孟子》作兒童讀物，再補上《禮記》中的〈大學〉、〈中庸〉兩篇，「四書」之名，就是這麼來的。（北宋時代，還沒有「四書」之稱。上海某教育局長公開演講，說孔子著了四部書，聽者均在竊笑，這是

事實。）朱熹，他又怕年輕人還接受不了這些政治與人生的大道理，他又編了《小學》四卷，其中一部分，也是採用了《禮記》的材料，其第三、四卷，則着重前賢的嘉語懿行，比較有興趣，好似一部小學教科書。到了王伯厚的《三字經》出來，方算有了入門的幼稚教本。這部教本，包括着天文、地理、歷史、人物以及社會人生種種，可說是一部小型百科全書，成為近八百年間，里巷間最流行的教本。（章太炎師曾加增訂，補充了許多資料。）

我知道，海外朋友看我把《三字經》的寫作記在王應麟（伯厚）的賬上，一定表示異議。我們是根據清人夏之瀚在《小學紺珠》序言中所說的。他說他在十七歲那年，才知道出於王氏之手，又取書重讀，覺得這一本小書，實在寫得好，既簡要又賅博。可是，明人屈大均又有不同的說法：「童蒙所誦《三字經》，乃宋末區適子所作。適子，順德登州人，字正叔，入元抗節不仕。」究竟是誰的手筆，暫且懸疑。不過在童蒙教本中，這部小書，實在編得不錯。章太炎師云：「其書先舉方名事類，次及經史諸子，所以啟導蒙稚者略備。觀其分別部居，不相雜廁，以較梁人所集《千字文》，雖字有重複，辭無藻采，其啟人知識過之。」（時人張志和先生有更詳盡的評價，說：「無論就內容論，或者就語言論，作為封建社會的一本啟蒙教材，應該說確是編得高明的。」）

不過，這本小書，一開頭就提出了一個永遠爭論不已的問題，便是人性問題。他引了孔子的話，卻又歪曲了孔子的話。孔子說：「性相近也，習相遠也，惟上智與下愚不移。」

他明明白白說性有善有惡，只是程度上的差別，和「性本善」的說法是有距離的。（先父教我讀《三字經》，把「相」字講得極好。）孔門兩大派，荀子主張性惡，說是「其善者偽也」（偽者，人為之意）。原已看到人性的一面，而且他所說的「性惡」，只是說：人有着禽獸一樣的生存天性，也不一定是壞的。孟子所說的「性善」，也只說是善之端，善之端與惡之端可以並存的。所以「性本善」之說，一直成問題，不一定站得穩的。世界各國的宗教家，其所主張的道德觀，很多偏於「性善說」，只有基督教認為人類是犯了罪才到世上來受苦的。（佛眾只是強調世間苦，也並不認為人是帶了罪惡來人世的。）回教的《可蘭經》，認為善惡並存，善進惡亦進，善可以成神，惡也可以成神。究竟人性是有善有惡的呢？還是無善無惡的呢？也還是如《三字經》所說「性本善」的呢？還是如荀子所主張的「性本惡」說呢？到了我們眼中，似乎應該這麼說：「善、惡」乃是世俗所下的道德標準，與性的本身無關；從性的本身說，應該說是「無善無惡」；若從作用來說，應該說是「可善可惡」的。

《三字經》這樣體裁的書，要寫好本來不容易的。在王氏的《三字經》之後，有人寫過《女兒三字經》、《醫學三字經》、《時務三字經》。《三字經》這類書除了便利記誦而外，也沒有其他用處。王氏之作，自是獨步千古。他在經中穿插了許多故事，幾乎成為家喻戶曉的最普通的常識，要說宣傳的效能，也很少能這麼滲入民間的；那些故事中，瀰漫着儒家的氣息。儒家思想，首重中庸之道，所以一面教勤，一面教儉。而重習慣的養成，環境的改善，已經貫通了孟荀二家

的共同趨向。本來這個「庸」字，便是「平平常常」的道理，並不要好奇立異的。里巷間雖有《二十四孝圖》，那些屬於獨行傳的傳說，王氏並沒採用過。而「如囊螢，如映雪」，也只是勸孩子們惜取寸陰之意，並不像「天子重賢豪，文章教爾曹；萬般皆下品，唯有讀書高」那樣庸俗的。

我覺得《三字經》之代表儒家思想，正如《惜時賢文》[7]之代表道家思想。《三字經》把社會人生的積極意義說了，所以認為「勤有功」，「嬉無益」。《惜時賢文》卻淡淡地在我們耳邊說：「有意栽花花不發，無心插柳柳成蔭」呢！

我只是老老實實要把語文教育的肩子擔當起來，我曾經發過傻勁向各階層的朋友探問他們接受讀古書教育的實情。給我作真實答案的有四百八十七人，大都是受過高等教育的校長、教授、公務員，軍、政、財各部門要員；一部分是從他們的回憶錄中找出來的。竟有百分之九十五以上，不曾讀過五經的，連《詩經》也只讀過十五〈國風〉的一部分，還是國文教本中所選輯的。有一非常特出的例子，即那麼多受高等教育的知識分子，竟沒有人知道《偽古文尚書》二十五篇是魏晉間偽造的；他們也沒人知道〈盤庚〉上、中、下說的是甚麼。有一回，那時，我住在贛州，主辦《正氣日報》，忽接到一位姓劉的學生從皖南的來信。他說他是劉延陵的兒子，因為他父親要他讀四書五經，他既讀不懂，又沒有甚麼興趣，問我的意思。劉延陵先生，他是五四運動時代

7　編者注：應為《昔時賢文》，又名《增廣賢文》、《古今賢文》，為中國古代童蒙讀本。

的新詩人（《新文學大系》中有他的詩選），也是我們的國文、英文教師。我當即回答他：「當作口頭禪來說，我沒有意見；你自己有興趣去研究我也不反對。若說四書五經是甚麼基礎的話，我就表示反對，你的父親還是我的老師，我也表示異議的。」我不明白，劉延陵師這樣的新詩人為甚麼會教自己兒子走死胡同呢！

　　有一回，我和一位軍官一同走長路，他自嘆幼年失學，不曾讀過四書五經。他每一回寫家信，總是叮囑自己的兒女，一定要熟讀四書五經，把根基弄好來。我笑着對他說：「你自己有了幸福，你卻不知道，反而要兒女帶起思想的枷鎖來。我呢，也算得一個讀通了四書五經的人，我告訴兒女們，用不着讀五經，等你們中年以後，看懂了《韓非子》、《莊子》、《老子》，再來看《論語》、《孟子》也不遲。」那位軍官，他是南京人，我問他：「你知道不知道李光明莊？」他說不知道。我又問他：「你們第一軍到過甘肅的，可曾看見過《太公家教》？」他也說不知道。我說：「自古以來，就算從秦漢以來，二千多年，童蒙的讀物，也一直有人在編寫，在刻版，普遍地流傳着的。李光明莊，便是從清初到清末，專門出童蒙書的一家書坊，出書種類很多，『三、百、千、千』、『四書五經』、故事書、屬對書、詩文選本，直到八股文作法，樣樣齊備。有一批有經驗的編者，如王相等，和那書坊相聯繫。出的書一般經過校注，刻印也比較好，有的有了插圖。這家書坊，設在南京，出版的書行銷全國。你的記憶，已經只有商務、中華，可是你的頭腦，還是停留在李光明莊的階段。」

我又告訴他：「我們看過了《敦煌秘笈》，知道有許多童蒙書，即如《太公家教》（從中唐到北宋初年最盛行的一種童蒙讀本），大概說來，從第八世紀的中葉，到第十世紀末年，通行於中國本部；第十一世紀到第十七世紀，還繼續不斷的被我國北部和東北的遼、金、高麗、滿洲各民族內各種語言的兒童們所採用，也可說是另一型的三字經。我們只要注意《急就篇》帶來的識字材料，以及里巷流行的《雜字》，以及廣泛流行的《蒙求》、《類蒙求》，包括詠史詩在內，還包括了朱熹的《小學》，都是前人的入門書呢。」

十　一字之差

我，在讀古書的一群人之中，勉強算得是個長人；當年，也頗以鄭康成自居。中年以後，我又拋開了北方的「鄭學」，追尋南方的「鄭學」——鄭樵（漁仲）之學。南來以後，也頗想自成一家言。如今，我並不想和誰爭一日之短長，只是把我自身的感受，說給年青的人們聽而已。據說，河水鬼，時常站在河岸上哄騙過往的人去投水，來討替身的。我這個在古書橫流中浸得相當久的河水鬼，卻不想找別人來相替，我只是勸年青人趕快住腳，回頭是岸。假如不聽老人言，那就吃虧在將來呢！

假如，有人對古書發生興趣，要作專題研究，我們也樂意助其成的；近二十年間，新中國學人對於整理中國學術文化的工作做得很全面，很精到，很深入，有着豐富的收穫。

許多清代學人所不曾解決的課題，也都有了交代。我們所說的「古書」，實在只是指那五部古代叢書，以及二千五百年來形形色色的注解，連着高頭講章而言；連帶也牽及先秦諸子所激起的各家注解。因為，二千五百年這一悠久歷史，在語言習慣上，代有不同。單就詁訓上說，我們就得接受清代三百年間考證學家所整理出來的成果。（宋明學人在詁訓上工夫很淺，不足為訓。）讓我舉一個小例子：《書經》今文二十八篇中的〈洪範〉，要說是周初的一種，說是武王伐紂成功了，向箕子請教的經國之道。其中有一節說：

> 五行：一曰水，二曰火，三曰木，四曰金，五曰土。水曰潤下，火曰炎上，木曰曲直，金曰從革，土爰稼穡。

「金、木、水、火、土」有如佛家所說的「地、水、火、風」的幾種原素，也可說是樸素的唯物論。（希臘哲人也有這樣的唯物觀）不錯，水是潤下的，火是炎上的，樹木杆子有曲有直，泥土可以種五穀的。請問「金曰從革」怎麼講？漢儒不曾說通，宋明理學家，即作《尚書注解》的蔡忱（南宋人，朱熹弟子），也不曾說通過。其實，這個「從」字，乃是「縱」字；而「革」字，乃是「橫」字，並非如前人所說「其形任從人來改變的」。「縱橫」云者，乃是說鋼鐵可以任意敲打，作面的開展的。所以戰國的「兵家」，亦稱「縱橫家」。這樣的工夫，即是校勘、考證，屬於訓詁學的步驟，乃是讀古書的基本條件。雖是「一字」的考訂，每得經

過幾十年反覆推究，才可以定論的。清代樸學大師戴東原晚年，與王鳳階書云：「昨偶舉《玉篇》『光』字，引《爾雅》：『光，充也。』僕以為此解不可無辯，欲就一字見考古之難，則請終其說之明。《偽孔傳》：『光，充也。』孔沖遠《正義》：『光，充，《釋言》文。』據郭本《爾雅》：『桄，頹，充也。』《注》曰：『皆充盛也。』《釋文》曰：『光，孫作桄，古黃反。』用是言之，光之為充，《爾雅》具其義。蔡忱《書集傳》：『光，顯也。』似比近可通。古說，必遠舉『光、充』之解，何歟？雖《孔傳》出魏晉間人手，以僕觀此字，據依《爾雅》，又密合古人屬詞之法，非魏晉間人所能，必襲取師之相傳舊傳，見其奇古有據，遂不敢易爾。後人不用《爾雅》及古《注》，殆笑《爾雅》迂遠，古《注》膠滯，如『光』之訓充，茲類實繁。余獨以為病在後人不能遍觀盡識，輕疑前古，不知而作也。」

戴東原為了《偽孔傳‧堯典》的一個「桄」字，化了二十多年工夫作考證，證明「光被四表」乃是「桄被四表」；「桄」便是「橫」，古本必有作「橫被四表」者。（《說文》：「桄，充也。」孫恤《唐韻》：「古曠反。」《樂記》：「鐘聲鏗鏗以立號，號以立橫，橫以立武。」鄭康成《注》曰：「橫，充也，謂氣作充滿也。」《釋文》：「橫，古曠反。」〈孔子閒居〉篇：「夫民之父母乎，必達於禮樂之原，以致五徑而行三，無以橫於天下。」鄭《注》：「橫，光也。」疏家不知其義出《爾雅》。）「橫被，廣被也。正如《記》所云：『橫於天下』；橫四表，格上下，對舉。」可是戴氏垂暮之年，對友生們說這一推斷，只有十分之九的肯定，另一分，要等直

接的版本出來，才可以完全肯定。到了戴氏逝世後二十年，他的兒子和門弟子，才從《前漢書·王莽傳》找到「橫被四表」的實例，證明南宋蔡忱訓「光，顯也」的訓解是錯誤的。在研究古書的工作上自該這麼認真，我們難道該讓年青人都費心力於這些不必要的工作上嗎？

　　「辨偽」、「校勘」、「詁訓」，這都是研究古書必不可少的步驟。校勘這件事要細密去做，比研究數學和物理化學實驗，同樣要化極大的心力，一個字都放鬆不得的。有些書在傳寫過程中，偶然錯誤地增加了一個字，這叫做「衍文」。有了衍文，意義也就完全不同，或者有些出入，也直接影響到內容的真相。例如，《後漢書》卷六十五〈鄭玄傳〉，附載了他的一篇〈戒子書〉，有云：「吾家舊貧，不為父母昆弟所容。去廝役之吏，游學周秦之都，往來幽并兗豫之域。獲覯乎在位通人，處逸大儒，得意者咸從奉乎，有所授焉。」這是鄭氏晚年大病中寫給兒子益恩的信，敘述他少年時，貧困環境，辭去了鄉嗇夫，到各處遊學，遍交當時學人，受了進益的經歷。如鄭氏這樣一位大學者，不獨學問精湛，德行也為時人所推重。但今本《後漢書》所載的〈戒子書〉中，卻有「不為父母昆弟所容」的話，那便成問題了。這在文字中，無疑地有着一些錯誤，引起了學者們的懷疑。一直到清乾隆六十年（一七九五年），阮元在山東學政任內，親往鄭玄故鄉，拜謁祠墓，重新加了修治。在積沙中發現了金承安五年（一二〇〇年）重刻唐萬萬歲通天史承節所撰碑文。阮氏說：

　　……承節之文，乃兼取謝承諸史，非蔚宗一家之學。其補正范書，昭雪古賢心跡，非淺也。……《傳》：「不為父母昆弟所容」，碑無「不」字。……為父母群弟所容者，言徒學不能為吏以益生計，為父母群弟所含容；始得去廝役之吏，游學周秦。故《傳》曰：「少為鄉嗇夫，得休歸，常詣學官，不樂為吏，父數怒之。」夫父怒之而已，云為所容，此儒者言也。范書因為父怒而妄加「不」字，於司農本意相反。

其後，阮氏弟子陳鱣校讀元本《漢書》，並無「不」字，與唐史承節所撰《鄭公碑》相合。後來錢泰吉《曝書雜記》有云：「鄭公心事，為淺人所誣久矣，得此乃大白，有元刻可證，則亦非范史妄加也。」校書之有功於先哲者如此。一字的校勘，有着這麼重要的意義在，試問要年青的學生讀古書的人，自己可曾對辨偽校勘、詁訓方面下過工夫？可曾想到年青人對這一方面能做些甚麼呢？一字之差，尚且有這麼重大的影響，何況一章一節的顛倒移動，一篇〈大學〉的爭論歷千年而未決呢？

　　我曾經說過：新中國對整理語言文字最有意義的工作，乃是把《辭海》的詁訓，限於十九世紀以後的辭語，而十八世紀以上的辭語，都劃歸《辭源》的範圍中去。（新的《辭海》即將出版）讀古書，要學習古文字的詁訓，還得瞭解古文法的規律，這都不是年青人所能負擔的。

　　秦漢以前，所謂「刀筆」，即是用刀刻在木版或竹簡

上，不獨費時，而且費力。你想：即算是五經吧，這麼用竹簡刻起來的五部大經，用牛皮條子穿起來，即算如孔夫子那樣的大漢子，也未必挑得動。至於文句力求簡潔，也是勢所必然的。而且，那時的「中國」只在今日華山四周，其他東夷西戎南蠻北狄，也還在今日黃河流域和漢水上流。我們且看看西漢揚雄的《方言》，便可知當時吸收了多少外來語。其後隨着四境的開拓，和印度、阿拉伯這些國家的接觸，又融化了多少外來語。前些日子，我準備替某刊寫歷史小說，題名〈百年彈指錄〉；「彈指」一詞，我初以為自古有之的常話，直到最近我才知道「彈指」和「剎那」，都是從印度佛教中傳來的外來語，「彈指」乃是十萬萬分之一秒。我說我要注解章太炎師的《國故論衡》，終於不敢動手，就因為第三卷所用的佛家詞語太多之故。到了十九世紀以後，從日本和歐美來的外來語也太多了；我們生在二十世紀七十年代，要去瞭解紀元前十世紀的語文，正如歐洲人讀拉丁文一樣，一字之差，就會鬧大笑話的，我們何必開年青人的玩笑呢？

隨手，我就舉一個小例子：當年軍閥們互鬨之日，讓秘書們電文先鬧起來，每每用了「佳兵不祥」之語。此語出於《老子》，原為「夫佳兵者不祥之器」。那些酸腐的秘書們，意謂「愛用兵的是不祥的」，其實這個「佳」字乃是「唯」字，「夫唯」乃是發語詞。「兵者不祥之器」，這才說得通順。這些工作，清代樸學家王氏念孫、引之父子和俞曲園諸氏，整理得頗有成績，可是一般提倡讀經的腐儒們，在這一方面，實在缺少修養，不獨那些秘書們會鬧笑話的。

有人愛用「仁義道德」的字眼，究竟何為「仁義」，何

為「道德」？經不起進一步去推究；再一層一層剝下來，那就會自相矛盾。關於道家所謂「道」與「德」，和儒家所說的，相距十萬八千里，和一般人所瞭解，更是南轅北轍呢！連一個字的含義都弄不清楚，又如何去接受古人的思想？關於這一點，我在分析各家思想時，還得作更細密的說明。這兒，我只舉了《莊子‧齊物論》的篇目，王應麟云：「《莊子‧齊物論》，非欲齊物也，蓋謂物論之難齊也。」錢大昕云：「王伯厚前，王安石呂惠卿等，已發其說。」嚴復曰：「物有本性，不可齊也，所可齊者，物論耳。」章太炎云：「此篇先說喪我，終明物化，泯繩彼此，排遣是非，非專為統一異論而作。」錢賓四云：「《孟子》曰：『物之不齊，物之情也。』〈天下〉：『彭蒙田駢慎到，齊萬物為首。』則舊讀齊物相連，未為非是。」單單一個篇名，就有三種不同的讀法說法呢，要年青人在這樣的牛角尖中如何鑽呢？

十一　回想四十五年前事

我彷彿靠在柴積堆上曬太陽，跟孩子們談往事，四十五年前的一幕，歷歷如在眼前。那時，我只有二十一歲[8]，在上海鹽商吳家教書。有一天，看見職業教育社請章太炎師公開講演「國學」，由沈恩孚主催。在我說來，這是千載難逢

8　編者注：據本書第三講〈六　經迷〉中作者所述：「今年是庚戌」，推斷出作者寫作時間為 1970 年，而當時章太炎先生於 1922 年舉行講演，即相差四十八年。

的機會，章師乃是一代的古文學大師。這一串講演，逢星期六下午舉行，共講了十六回，每回二小時。第一回，有一千多人與會，濟濟一堂，邵力子先生也在座。第二回，聽者不到一百人，其後越來越少，有一回，只有十八人；結末那一回，才有七八十人。一因章師的餘杭話，實在不容易懂；二則，他所講的國故課題，對一般人已經太專門了。社方原派兩位專人在講台上作筆記，從《申報》上所發表的講稿看來，他們的國學常識實在太差，錯誤百出，只好停止刊載了。邵先生看了我的記錄稿，頗為滿意，就在他所主編的《覺悟》上連載下去。章師到處探問我的學歷，他想不到替他記錄這份講稿的，乃是一個二十來歲的年青小孩子。後來，他從錢玄同先生那兒知道我是單不庵師的弟子（錢玄同的嫂嫂便是單師的姊姊），才叫我去拜門做他的弟子。（可看章太炎師日譯本《國學概論‧序文》）

　　或許有人會懷疑如我這麼一個二十多歲的年青學生，怎麼能接受章太炎這樣古文學大師的國故知識呢？先父夢岐，他是程朱派的理學家；先師朱子春[9]，他是醉心王船山史學的人；而單不庵師（浙江圖書館館長，北京大學圖書館館長），他是考證學家（可看《胡適文存》第三卷）。我在杭州一師時期，已經看了章師的《國故論衡》和《檢論》，所以章師所講的，我聽來並不艱深。章師也說我所記錄的，沒有錯過一句話，一個人名，一個地名。一個二十多歲的青

9　編者注：此為筆誤，應為朱芷春。

068

年學生的筆記本，成為近四十年間各大中學的教本，或參考書，在我的一生，也算是重要的一頁了。

章師的講演，對我有重要啟發的是甚麼呢？我也算是所謂讀過四書的人了（廣東戲中，連蔡伯喈那位漢末的大學者，也是飽讀四書的），〈大學〉裏有「身修而後家齊，家齊而後國治」的話，幾乎成為口頭禪，誰都這麼說的了。章師卻說：「能治國的未必能齊家，如唐太宗，要算是歷史上的賢明君主，唐太宗仁，要算是太平盛世。可是李氏的家，真是一塌糊塗，事事不可告人的。為了爭王位，兄弟自相殘殺，李世民的殘忍跟雍正皇帝差不多。不僅此也，他殺了長兄幼弟，連嫂子和弟婦都搜入後宮去的，後來成為他的媳婦，唐高宗的皇后，也曾搶了李家王位的武則天，原先也是李世民（唐太宗）的後宮人物，他的家治得太糟，也太髒了；所以家齊而後國治的話是靠不住了。」這番話，對我有着啟發昏蒙的作用。我才敢懷疑一切所謂金石良言，尤其是儒家的哲理。我那時已經劈過孔聖人的神主牌，甚麼觔斗都敢翻了！

或許有人以為我自己讀了古書，卻勸青年人不要讀古書，是自我矛盾。正如我認為魯迅寫稿子，用毛筆寫在毛邊紙上，卻力勸青年學生不必學寫毛筆字，更不必寫楷字，一點也不是自相矛盾的一樣；我們這一代的人，自該背着黑門板躺在泥濘道途中，讓後人踐踏了過去的。我今天所要讓年青人知道的，即是告訴他們，國故究竟是些甚麼東西，我們做的是拆穿西洋鏡的工作。

我們必須承認過去二十年中，新中國學人對於整理古代

學術思想的成就之大，不獨比在那兒喊「復興中華文化」的多了十百倍，也比過去一個半世紀要多得多。（有人從台北回來，以為中華古物都在故宮博物院了，殊不知今日北京的故宮博物館和歷史博物館，收藏之富，比先前已增加了十倍以上了。而台方的考古學家，即如有國際地位的李濟博士，也是坐井觀天，比不上國內的學者了。我在這兒不能列舉新中國攻治文史的新學人的姓氏和著作，這一方面的知識，我都編到《國學小辭典》中去了。）

張舜徽先生說：「讀書而不弄清楚古代書籍的體例，必然對於某些問題在總的看法上會很模糊的。每每會拿今日著述界的一般現象去衡量古人，因而引起許多不必要的懷疑和假設。不獨抓不着書籍中所載內容的真相，同時也離開了書籍本身的原來面貌。」他即便舉出了幾個基本的問題：（一）在我們日常接觸的文字寫作中，一篇文章或一本書，在題目下，照例標明了作者的姓名；這種款式的起源，一定不會很晚。可是推想我們祖先最初運用文字寫作的時代，並不是如此。今日出土的龜甲，傳世的殷周銅器，上面都刻着許多文字，也就是我國最早的書。這些文字是誰作的？誰寫的？上面都不曾署名。至於那幾部重要的稱之為經典的叢書，如《易》、《書》、《詩》、《禮》、《春秋》，誰也不知道是誰做的。即是如過去學者們所指說的，說孔子贊了《易》，修了《春秋》，刪了《詩》《書》，訂了《禮》《樂》，把孔夫子看作無所不能的聖人，正如上面所說的絕不可信的。即算他用了做教本之用，也只是整理了一番而已。五經如此，推之其他周秦古書，也莫不如此。時代愈古遠，愈找不到作者的姓

名。我們的祖先，生活在樸素的時代裏，覺得有些事物和理論必須記錄下來，寫成了篇章。這些事物和理論，應是社會的公有物，不是任何人所得而私。由我來記載，或由別人來記載，都無不可。清代學人章學誠《文史通義‧言公》篇說得頗為透闢，在著作便是商品的資本主義社會，對於這「大公」觀念是想不通的。（二）而且遠古的書籍，大部分都是由集體勞動的條件下寫作成功的。記載世事的書籍，像今日還存在的《春秋》，當然不可能出於一手，成於一時，而是經歷了若干人若干年的零星片段的記錄，積累下來的。那個做整理工作的人，大概是史家。《尚書》體例複雜，包含豐富，它的來源，更是多方面，只能說是「文件彙編」，更不可能找出作者姓名的。推之抒情作品，如《詩》三百篇，也是如此。《周易》之為「萬事通」，也是由來久矣。

接着，張舜徽氏又指出：在遠古時代的著作中，有些書雖經後人補題了作者姓字，可是其內容根本不是他本人寫的。歷史上的大學者或大政治家，大半是由他們的門生、故吏和社會上仰慕他們的群眾，在他們死後，搜輯他們的言論、行事，編寫而成。這一類的實事，體現在周秦諸子之書，更是顯著。即以《管子》為例，宋代學人朱熹，就說過：「管子以功業著稱，恐未必曾著書。」又說：「其書恐只是戰國時人，收拾仲當時行事言語之類著之，並附以他書。」（《朱子語類》）必須這樣看問題，才可以解釋《管子》書中何以涉及管子將死，和死後的一些事跡的原由了。古代學人，著書作文，不自署名的風氣，一直到秦漢時代還盛行着。即如韓非作《孤憤》、《五蠹》之書，司馬相如作〈子虛

賦〉，里巷間早已流傳開去；因為不曾署名，秦皇漢武都以為是古人的作品，恨不能見其人。後來李斯對秦皇說韓非是他的老師，楊得意也對漢武帝說：作者司馬相如乃其鄉人，兩位皇帝都驚嘆不已。總之，古來許多學者、思想家、政治家、軍事家，無暇著書，傳下來的古書，多由時人或後人所纂輯，乃是周秦古書的通例。一定要把五經算作孔子的作品，實在太可笑了。

回上去，再說四十五年前，我聽章太炎師講演的《國學概論》的情況。我在童年少年時期所受傳統教學所積累的知識，足夠來接受章師所涉及的課題。聽講以後，我又把章師的《檢論》、《國故論衡》翻看一遍，那就條秩終始，沒有甚麼間隔了。但章師所啟發我的不是他的國故知識，而是他的論史觀點。他跟我們談到《詩經》的「大小雅」，《詩·小序》：「雅者，正也。」「雅」何以訓作正？歷代學者都沒有明白說出過，不免引起了我們的疑惑不解；據我看來，「雅」在《說文》就是「鴉」，「鴉」和「烏」音本相近，古人讀這兩個字音也相同。所以我們不妨說「鴉」即「烏」。《史記·李斯傳·諫逐客書》、《漢書·楊惲傳·報孫會宗書》，均有「擊缶而歌烏烏」之語。大家都說「烏烏，秦音也」。秦本周地，烏烏為秦聲，也可以說烏烏為周聲了。又商有頌無雅，可見雅始於周。從這兩方面看來，「雅」就是烏烏的秦聲，十五《國風》以外，屬於西北地區的地方歌謠，後人因為他所歌詠的都是廟堂大事，因此又說「雅者，正也」。這一來，使以往腐儒們尊崇「大小雅」的腐見一掃而空了。

章師又說：「賦者，鋪也，如鋪衣臥似的。古代凡兵事

所需，由民間供給的謂之賦。在收納民賦時候，必須一一按件點過。賦體也和按件點過的一樣，因此而得名。」這話說得多麼透闢，我年輕時也曾聽熟「詩賦」、「詞賦」的文藝名辭；班固〈兩都賦〉、張衡〈兩京賦〉、左思〈三都賦〉都是傳世的名作。相傳左思寫了〈三都賦〉，哄動了一時，你也抄，他也抄，弄得洛陽紙價都漲起來了。後來從《文選》上，讀到了這三篇名作，實在沒有甚麼道理，連唸都不想唸，何況叫我抄一遍？章師告訴我們：古代沒有字典可查，一般人識字不多，這些賦篇，有如《千字文》一樣，供給了許多新字，所以大家搶着去抄了。聽了他的話，才恍然大悟！

十二　有女懷春，吉士誘之

　　所謂「五經」，不管今古文學家怎麼說，《詩經》總是一部最早最早的叢書。孔老夫子一開口就說是「詩三百」，可見他們看到的詩集，就是這麼一部三百零五篇的民間歌謠，那是無疑的。語言比文字早過一百萬年的估計，並不算太久，詩歌之流傳於人口，比文字記載早了五六十萬年，也是事實。我們看到了周口店山頂洞人的灰燼堆，想到五六十萬年前的初民，圍着火堆跳舞唱歌，也是最合場景的設想。《詩》三百篇之中，保留着山頂洞人唱的抒情詩歌，也是可能的。英國的民俗學家，發見流傳在女文盲口中所唱的歌謠，跟古文學家所筆錄的歌詞大體相同，也是一個明顯的例證（周口店在北京西南郊）。

　　我且唸一首《召南》的〈野有死麕〉詩給大家聽聽：

野有死麕，白茅包之；有女懷春，吉士誘之。

林有樸樕，野有死鹿；白茅純束，有女如玉。

舒而脫脫兮，無感我帨兮，無使尨也吠。

這顯然是一首寫男女私下相會的情詩，跟《子夜》、《讀曲》以及梅縣山歌一樣的。最後這一節，顧頡剛先生曾經用蘇州話譯了出來：

慢慢價來哩，勿要弄脫倪格絹頭哩；耐聽哩，狗來浪叫哉！（蘇白用字，可看《海上花列傳》。）

這一段讓一位蘇州小姐唸起來，那才夠味，真所謂神情活現。可是西漢今文學家，一定要說：「《周南》《召南》被文王之化」，就不許青年男女結識私情，說是那女孩子「以禮防自守，不為強暴所污」。林庚先生說得好：「如果對方真是個強暴，何以又稱之為吉士？」而女子既然要抗拒這個強暴，則放出狗來咬他，還擔心甚麼「尨也吠」呢？這顯然是講不通的。不要說我們覺得漢學家講得太可笑，連南宋理學家朱熹作《詩經集注》，也只能承認這首詩是：「吉士以白茅包其死麕，而誘懷春之女也。」（麕即獐鹿）不過朱熹的說法，還是不合情理，因為一位男子漢，把一隻打獵得來的死鹿，背着送給那少女，又叫她怎麼辦呢？

我覺得林庚先生的解釋最為合理。他說：「白茅包之」的「包」字，本作「苞」。「包」和「苞」都是裹的意思。《周禮·天官》：「庖人」條，鄭《注》：「庖之言苞也，裹肉曰

苞苴。」可見最原始的熟食，便是採用「苞」的方法，因此「庖廚」之「庖」便從「包」，也就是「苞」的意思。這個原始的熟食方法，很有點像後來的「叫化雞」。在地上挖一個坑，把那隻鹿，用白茅包起來，（白茅，俗稱茅針，一種野生多年生草，高一二尺，根味很甜，花上有長達二寸的白毛密生着，可作引火之用。）再在外面塗上一層泥漿。那女獵人，也就斫了一堆柴草，擱在土坑泥堆上。用白茅引了火，炮烤了一半天。他倆等到火燼炭熄，才把那一隻鹿挖出來，敲開外面的泥片，剝了外面茅草，連着燒焦的皮毛再把熱辣辣香噴噴的鹿肉撕了大吃，才進入調情的階段，這就把詩情體會十分親切了。

《儒林外史》三十四回，杜少卿跟馬二先生、蕭柏泉、季葦蕭、遲衡山他們談《詩經》大旨。杜少卿道：「朱文公解經，自立一說，也是要後人與諸儒參看，而今去了諸儒，只依朱注，這是後人固陋，與朱子不相干。小弟遍覽諸儒之說，也有一二私見請教。即如〈凱風〉一篇，說七子之母想再嫁，我心裏不安。古人二十而嫁，養到第七個兒子，又長大了，那母親也該有五十多歲，哪有想再嫁之理？所謂不安其室者，不過因衣服飲食不稱心，在家吵鬧，七子所以自認不是。這話前人不曾說過。」遲衡山點頭道：「有理。」杜少卿道：「〈女曰雞鳴〉一篇，先生們說他怎麼樣好？」馬二先生道：「這是〈鄭風〉，只是說他不淫，還有甚麼別的說？」遲衡山道：「便是，也還不能得其深味。」杜少卿道：「非也。但凡士君子橫了一個做官的念頭在心裏，便先要驕傲妻子，妻子想做夫人，想不到手，便事事不遂心，吵鬧起來。你看

這夫婦兩個，絕無一點心想到功名富貴上去，彈琴飲酒，知命樂天；這便是三代以上修身齊家的君子。這個，前人也不曾說過。」蘧駪夫道：「這一說果然妙了！」杜少卿道：「據小弟看來，〈溱洧〉之詩也只是夫婦同遊，並非淫亂。」季葦蕭道：「怪道前日老哥同老嫂在桃園大樂，這就是你『彈琴飲酒，採蘭贈芍』的風流了！」眾人一齊大笑。

原來那部所謂「詩三百」的《詩經》，二千五百年中，給儒家的頭巾氣蓋住了；能如吳敬梓（杜少卿）詩說這麼通情達理，就不容易找到了。（《牡丹亭‧鬧學》那一齣，春香替杜麗娘小姐向陳最良老師請教「窈窕淑女」，為甚麼君子要好好地求她？那老師就氣得鬍子都翹起來了。這是湯若士對宋明理學家的正面挑戰。）因此，金兆燕寄吳文木先生詩中，便說：

> ……晚年說《詩》更鮮匹，師伏翼蕭俱辟易。〈小雅〉之材七十四，〈大雅〉之材三十一。一言解頤妙義出，〈凱風〉為洗萬古誣，〈喬木〉思舉百神職。（吳氏注《詩》「南有〈喬木〉」，祀漢神也。）溝猶瞽儒刪〈鄭〉〈衛〉，何異索淫冥摘埴。……

這麼一來，我們對於二千五百年前這幾部大部頭的文化資料，一方面得從過去學人們的傳注去接受它，一方面卻又不可讓前人的傳注拘束了我們。清代考證學家的成就是了不得的，我們都要超越了他們才是。清末學人陳澧（蘭甫）《東塾讀書記》說：「時有古今，猶地有東西有南北。相隔遠則

言語不通矣。地遠則有翻譯，時遠則有訓詁。有翻譯，則能使別國如鄉鄰；有訓詁，則能使古今如旦暮。」此說是也。「這裏所提的『訓詁』二字，古人有時也稱『詁訓』。漢代傳《詩》的有四家，其中之一是《毛詩》。它的傳，稱詁訓傳。（詁字或作故，古通用。）孔穎達《正義》道：『詁者古也，古今異言，通之使人知也。訓者道也，道物之貌，以告人也。』這已把『訓詁』二字的含義，說得很明白了。」

（黃本驥《李氏蒙求詳注序》：「著書難，注書更難。非遍讀世間書，不能著書；即遍讀世間書，猶不能注書。」杭世駿《李義山詩注序》：「詮釋之學，較古昔作者為尤難。語必溯原，一也；事必數典，二也；學必貫三才而窮七略，三也。」）

讓我先插說一段閒話。《韓非子・外儲說左下》云：「哀公問於孔子曰：『吾聞夔一足，信乎？』曰：『夔，人也，何故一足？彼其無他異而獨通於聲。』堯曰：『夔一而足矣，使為樂正。』故君子曰：『夔有一，足；非一足也。』」楊樹達先生說：「如孔子所言，則『夔有一足』四字本當作二句讀。『夔有一』為一讀，『足』字一字為一讀也。而魯哀公之所問，則直讀四字為一句，故疑為『夔只有一隻足』之意。句讀關係於文義者如此。」這段閒話，指示我們一件真實的工作，即是說要讀古書，就得做一些基礎的工作，第一步就得把古書的「句讀（音逗）」弄清楚來。《禮記・學記》篇：「比年入學，中年考校。一年，視離經辨志。」鄭玄《注》云：「離經，斷句絕也。」孔穎達《疏》云：「學者初入學二年，鄉遂大夫於年終之時考視其業。離經，謂離析經理，使

章句斷絕也。」（《說文》部云：「、有所絕止而識之也。」按：、即今所用之讀點。）我們要傳注古書，首先要把句讀弄清楚來。有人要「復興中華文化」，叫年青人讀古書的，請他回去，試着把《今文尚書》二十八篇，加以斷句，看他能把一篇讀完，加以句讀否？假使，一篇都讀不完，就請免開尊口了。

進一步，我們把前人替那幾種古籍所做的工作，分別看一看：（一）「傳」，傳述之意。《易經》有《十翼》，漢人引《易‧繫辭》稱為《易大傳》。其後有論述本事，證發經意的，如《春秋左氏傳》。有闡明經中大義，如《公羊傳》、《穀梁傳》。有依着經文逐字逐句解釋的，如《毛詩詁訓傳》。有不依經文而別自為說的，如《尚書大傳》。又如《漢書‧藝文志》所言：「采雜說，非本義」的寫作叫做外傳，如《韓詩外傳》之類。（二）「說」，解釋之意。《漢書‧河間獻王傳》稱：「獻王所得，皆經、傳、說、記，七十子之徒所論。」起源很早，和經傳相輔而行。大約以稱說大義為歸宿，和那些專詳名物制度的寫作有所不同。如《詩》有《魯說》、《韓說》，《禮》有《中庸說》之類。（三）「故」字亦作「詁」，乃是以今言釋古言之意。《漢書‧藝文志》著錄三家《詩》說，各有《魯故》、《齊后氏故》、《齊孫氏故》、《韓故》各數十卷。（今已不見）（四）「訓」，即是解書。何晏《論語集解序》：「古《論》唯博士孔安國為之訓解，而世不傳。至順帝時，南郡太守馬融，亦為之訓說。」黃以周讀《漢書‧藝文志》云：「漢儒注經，各守義例。『故』、『訓』、『傳』、『說』，體裁不同。讀〈藝文志〉猶可考見。故訓者，疏通其

文義也。傳說，徵引其事實也。故訓之體，取法《爾雅》；傳說之體，取法《春秋傳》。」此意得之。（五）「記」，即疏記之意。經傳中的《禮記》，便是七十子後學解說《禮經》的文字。《禮記正義》云：「記者，共撰所聞，編而錄之。」和「傳」「說」的作用頗相近的。（漢劉向、許商，闡發五行理論，也名為記。）（六）「注」，取義於灌注。文義艱深，必解釋而後明，猶水道阻塞，必灌注而後通。東漢末年，鄭玄替群經普遍作注解，如《周禮注》、《儀禮注》、《禮記注》是也。一作「註」。（七）「解」，分析之意。漢人沿用此名，一作「解誼」，如服虔《左氏傳解誼》；一作「解詁」，如鄭眾、賈逵諸家說《周禮》是也。（八）「箋」，乃表識之意。鄭玄說《詩》，宗《毛》為主；《毛傳》說得不明暢或太簡略，便加以補充，發揮或下了自己的意見，不和《毛傳》相雜，乃稱為箋。

第二講

一　〈原儒〉

六十多年前，章太炎師在《國故論衡》下卷諸子學，有〈原儒〉篇，說「儒」有廣狹不同的含義：

> 儒有三科，關「達」、「類」、「私」之名。（《墨子·經上》說名有三種：達、類、私。如「物」是達名，「馬」是類名，「舜」是私名。）達名為儒，儒者術士也（《說文》）。《太史公·儒林列傳》：「秦之季世阬術士」，而世謂之阬儒。司馬相如言：「列仙之儒居山澤間，形容甚臞。」……王充《儒增》、《道虛》、《談天》、《說日》、《是應》，舉「儒書」，所稱者有魯般刻鳶，由基中楊，李廣射寢石矢沒羽，……黃帝騎龍，淮南王犬吠，天上雞鳴雲中，日中有三足烏，月中有兔蟾蜍。是諸名籍道、墨、刑法、陰陽、神仙之倫，旁有雜家所記，列傳所錄，一謂之儒，明其皆公族。儒之名蓋出於「需」，需者雲上於天，而儒亦知天文，識旱潦。何以明之？鳥知天將雨者曰鷸（《說文》），舞旱暵者以為衣冠。鷸冠者亦曰術氏冠，又曰圜冠。莊

周言儒者冠圜冠者知天時，履句屨者知地形，緩佩玦者事至而斷。明靈星舞子，吁嗟以求雨者謂之儒。……古之儒知天文占候，謂其多技，故號遍施於九能諸有術者悉賅之矣。

類名為儒。儒者知禮、樂、射、御、書、數。《天官》曰：「儒以道得民。」說曰：「儒，諸侯保氏有六藝以教民者。」《地官》曰：「聯師儒。」說曰：「師儒，鄉里教以道藝者。」此則躬備德行為師，效其材藝曰儒。……

私名為儒。《七略》曰：「儒家者流，蓋出於司徒之官，助人君順陰陽明教化者也。遊文於六經之中，留意於仁義之際，祖述堯舜，憲章文武，宗師仲尼，以重其言，於道為最高。」周之衰，保氏失其守，史籀之書，商高之算，蠭門之射，范氏之御，皆不自儒者傳。故孔子自記鄙事，言君子不多能，為當世名士顯人隱諱。及《儒行》稱十五儒，《七略》疏《晏子》以下五十二家，皆粗明德行教敵之趣而已，未及六藝也。其科於《周官》為師，儒絕而師假攝其名。

今獨以傳經為儒，以私名則異，以達名類名則偏。要之，題號由古今異，儒猶道矣。儒之名於古通為術士，於今專為師氏之守。道之名於古通為德行道藝，於今專為老聃之徒。……（太炎師用魏晉文章，寫學術思想，頗不易解；這一節卻太重要了，請耐性看一看。）

如胡適氏所說的，太炎師是首先提出了「題號由古今異」的歷史新觀點，使我們明白古人用這個「儒」字，有廣狹不同的三種觀點。他的大貢獻在於使我們知道「儒」字的意義，經過了一個歷史的變化，從一個廣義的包括一切方術之士的儒，後來縮小到那「祖述堯舜，憲章文武，宗師仲尼」的狹義的「儒」。我們已經把孔丘的本來面目表暴出來，讓大家明白不獨宋明理學的觀點，跟孔子不相干，即魏晉清談家的論點，也和孔氏相去很遠；西漢今文學家更是鬼畫符，連春秋戰國的儒家，也不是真正的孔子之學呢？

章太炎師在十九世紀末期開其端，到了二十世紀三十年代，以《讀書雜誌》（這是《努力週刊》的附刊）為中心的新考證派整理出新頭緒來。我們對孔子師徒的社會生活，才摸出了大致的輪廓。到了今天，我已經有了充分知識來談這個問題了。

我們劈掉了孔子的神位，撕破了六經的外衣，再把《論語》、《禮記》當作儒家的素材來整理，這才看到了儒家的本色。《論語·先進》篇一開頭有這麼一段話：

先進於禮樂，野人也；後進於禮樂，君子也。

如用之，則吾從先進。

不管朱熹（南宋）怎麼說，劉寶楠（清）怎麼講，總是歪曲了事理說不通的；因為孔子用的是「先進」，「先進」是「野人」，不是「君子」。讓我試着另作一種解釋：殷墟甲骨文字出現以後，我們可以明白殷商文化、文明，都比周民族的

文化進步得多，殷商民族進入商業社會，周民族還是農業社會，因此，禮、樂、射、御、書、數，這些生活技術，周民族都顯得落後得多。可是，周民族處於統治地位（君子），殷民族乃是被統治的（野人），所以，孔子說懂禮、樂、儀節的，便是我們殷民族，我們是先進，一談到了「禮樂」，則吾從先進。這不是說得入情入理了嗎？

接着，我們且談談二千八百年前，殷民族和周民族的長時期鬥爭的歷史：我們以為武王伐紂以後，殷紂是戰敗了，但姬周並未完成統一的大業。到了成王時代，殷人在洛陽大叛亂，周公勞師遠征，經營了洛邑，實施了封建統治，才算穩定下來。所謂「封建」，只是把姬周宗親和功臣呂氏分封到黃河中下流及沿海地區去。封建的諸侯，帶着子弟兵，到某一重要據點去，四圍還是原來的部落；有着悠久歷史的夏民族、殷商民族，依舊留在原所在。杞是夏民族的核心，宋是殷民族的核心，但是燕、晉、齊、魯各地都是殷民族生存圈，經過了長時期的政治鬥爭、文化交流、民族混合，（周民族推行異族通婚政策，發生了同化作用。）周公的民族政策，到了東周春秋、戰國，產生了新異性的文化與文明。

孔丘，他是殷民族的遺民，他們那一圈子的人，都是依靠着殷民族的文化遺產在過「儒」者的生活：（一）他們是很貧窮的，往往「陷於饑寒，危於凍餒」；這是因為他們不務農，不作勞務，是一種不耕而食的寄生階級（孔子也曾被農民嘲笑為「四體不勤，五穀不分」的人）。他們每每受人輕視與嘲笑，但他們卻保留一種倨傲的遺風。（二）他們也有他們的職業，那是一種宗教的職業；他們熟悉禮樂，人家有喪祭

大事，都得請教他們，因為人們得請他們治喪相禮，所以他們雖是貧窮，自有他們的崇高的社會地位。（三）他們自己是實行「久喪」之制的，他們最重要的謀生技能是替人家「治喪」。他們正是那殷民族的祖先教的教士，這是儒的本業。

　　新考證派的言論，在三十年代可說是驚世駭俗，正如章太炎師在十九世紀末期那麼驚人的。從科舉腐儒圈子跳了出來，又從傳統道德圈子跳了出來，這才跟齊天大聖那樣敢於大鬧天堂。我們呢，用批判的眼光來接受；先前呢，認為許多古史所記者，雖是事出有因，卻又查無實據的（疑古）。如今呢，不妨從辯證的觀點來接受，許多傳說中的事，雖是查無實據的，卻也事出有因的（信古）。

　　新考證學派說：「儒」的名稱，最初見於《論語》，孔子所說的：「女為君子儒，無為小人儒。」我們先看看「儒」字的古義。《說文》：「儒，柔也，術士之稱。從人，需聲。」術士是有方術的人，凡從需之字，大都有柔弱或濡滯之義。《墨子・非儒》篇：「儒者曰：君子必古言服，然後仁。」大概最古的儒，有特別的衣冠，其制度出於古代，而其形式──逢衣、博帶、高冠、摺笏，表出一種文弱迂緩的神氣，故有「儒」之名。《禮記・儒行》篇：孔子對魯哀公云：「丘少居魯，衣逢掖之衣；長居宋，冠章甫之冠。丘聞之也，君子之學也博，其服也鄉。丘不知儒服。」他只承認儒服只是殷服，即是他的「鄉」服。最初的儒都是殷人，都是殷的遺民，他們穿戴殷的古衣冠，習行殷的古禮。

　　在周初幾百年中，中國東部的社會政治情勢，如所說的，一個周民族成了統治階級，鎮壓着一個下層被征服被統

治的殷民族。傅斯年氏說：「魯之統治者是周人，而魯之人民是殷人。」這一種說法，可以適用於東土全部。殷民族在東土有了好幾百年的歷史，人數是很多的，文化的潛勢力是不可輕視的。孔子曰：「周因於殷禮，所損益可知也。」儒家所謂「禮」，包括政治、外交制度在內。胡適氏談到殷民族在周民族統治下的生活，以羅馬征服希臘為例，頗相切合：「希臘的知識分子做了羅馬戰勝者的奴隸，往往從奴隸裏爬出來做他們的主人的書記或家庭教師。北歐的野蠻民族打倒了羅馬帝國之後，終於被羅馬天主教的長袍教士征服了，倒過來做了他們的徒弟。殷商的知識分子 —— 王朝的貞人、太祝、太史以及貴族的多士，在那新得勢的西周民族之下，過的生活雖然是慘痛的奴虜生活，然而有一件事是殷民族的團結力的中心，也就是他們後來終久征服那戰勝者的武器，那就是殷人的宗教。」

「我們看殷墟（安陽）出土的遺物和文字，可以明白殷人的文化是一種宗教的文化，這種宗教根本是一種祖先教。祖先的祭祀，在他們的宗教裏，佔了一個很重要的地位。喪禮也是一個重要部分。此外，他們都極端相信占卜；大事小事都用卜來決定。這種宗教，須用一批有特別訓練的人；卜筮需用卜筮人，祭祀需用祝官，喪禮需用相禮的專家（祝宗卜史也有專家）。亡國之後，他們有專門的知識技能，便靠着來換得衣食之資。這一些人和他們的子孫，就在那幾百年之中，自成了一個特殊階級。他們不是那新朝的『士』，『士』是一種能執干戈以衛社稷的武士；至於這批知識分子，只是『儒』。」

二　素王的影子

　　我們一聽到漢代今文學家的鬼話，把孔丘當作「為漢制法」的素王，覺得十分可笑，後來穿在諸葛亮身上那套八卦衣，早已穿在孔丘的身上了。於是，孔聖人送進孔廟中去，成為大成至聖先師，成為東方的「萬王之王」。孔丘地下有知，一定哭笑不得了。（到了清末，那位託古改制談維新變法的康有為，他也自稱「長素」。）

　　不過，我們也該承認新考證家的說法：孔丘之稱為素王，並不是完全沒有因由的。「儒是殷民族的禮教的教士，他們在很困難的政治環境中，繼續保存着殷人的宗教典禮，繼續穿戴着殷人的衣冠。他們是殷人的教士，在那六七百年中，慢慢變成了絕大多數人民的教師。他們的職業，還是治喪、相禮、教學；但他們的禮教，已為統治階級所接受了，向他們求學的弟子，已有周魯的公族青年（如孟孫何忌、南宮适）；向他們問禮的，不但有各國的權臣，還有齊、魯、衛各國的諸侯呢！」這才成為章師所說的廣義的「儒」。「儒是一個古宗教的教師，治喪相禮之外，他們還要做其他職務。《論語》記孔子的生活，說：『鄉人儺，孔子朝服而立於阼階。』儺是趕鬼的儀式，也有孔子的份兒。〈檀弓〉記孔子弟子縣子參與國君求雨的儀式。可見當時的儒者是各方面的教師與顧問。喪禮是他們的專門，樂舞是他們的長技，教學是他們的職業；而鄉人打鬼，國君求雨，他們也都有所事事；他們真得要無所不知，無所不能的了。」

　　《論語》記達巷黨人稱孔子「博學而無所成名」。孔子對他的弟子說：「吾何執？執御乎？執射乎？吾執御矣。」《論

語》又記：「太宰問於子貢曰：『夫子聖者歟？何其多能也？』子貢曰：『固天縱之將聖，又多能也。』子聞之曰：『太宰知我乎？吾少也賤，故多能鄙事。君子多乎哉？不多也。』」儒的職業需要博學多能，所以廣義的「儒」為術士的通稱。「這個廣義的來源甚古的『儒』，怎麼又會變成孔門學者的私名呢？這固然是孔子個人的偉大成就，其中也有很重要的歷史的原由。孔丘是儒教的中興領袖而不是儒教的創造者。儒教的伸展原是殷亡以後五六百年間的一個偉大的歷史趨勢；孔子只是這個歷史趨勢的最偉大的代表人物，他的成績也只是這個五六百年的歷史運動的一個莊嚴燦爛的成功。」這個歷史運動是殷遺民的民族運動。殷商亡國以後，在那幾百年，人數是眾多的；潛勢力是很廣大的，文化是繼續存在的。但政治的勢力完全掌握在戰勝了的周民族手中，周公的封建殖民政策，也收了極大的成果。殷民族的政治中，只有一個包圍在「諸姬」的重圍中的宋國，宋國的處境是很困難的。宋國所以能久存，也許是靠那種祖傳的柔道。到了前七世紀中葉，齊桓公死後的內亂，宋襄公也有了他的政治大慾望，想做中原的盟主。可是，他在軍事上給楚國打敗，他的稱霸時期非常短促。三百年後，宋君偃自立為宋王，不久也失敗了。「不過，在那殷商民族亡國後的幾百年中，他們好像始終保存着民族復興的夢想，漸漸養成了『救世聖人』的預言。這種預言是亡國民族裏常有的，最有名的例子，是希伯來（猶太）民族的『彌賽亞』降生救世的懸記，後來引起了耶穌領導的大運動。」

我重新說一句：新考證學家的特點之一，是從疑古開

頭，和那些信古者異趣；我們只是瞭解國故，整理國故，而不是尊孔尊經。還有一點更重要的，我們既不把洋人當作直腳鬼，也不把洋人當作洋大人，比較懂得一點西洋文化，因之拿來跟我們的東方文化作比較研究。懂得「新舊約」中的傳說，再來看孔子從「人」變成了「神」的歷程，真是會心不遠的。

從《論語》《禮記》的記載中，我們看到了一些有關孔丘的生平行事。這位老教書匠，他時常夢見周公，等到他不復夢見周公，便嘆息年華已老，暮境迫人了！究竟孔子為甚麼要夢見周公呢？這話得從頭說起。原來殷民族在宋襄公中興殷商的幻夢破碎了以後，他們一向期待的民族英雄的預言轉變而成為一個救世聖人將降生的預言。《左傳·昭公七年》記孟僖子將死時，召其大夫曰：「吾聞將有達者，曰孔丘，聖人之後也，而滅於宋。……臧孫紇有言曰：『聖人有明德者，若不當世，其後必有達人。』今其將在孔丘乎？」（那時孔子已經三十四歲）可見，在那一時期，民間已有種種傳說，說到這位殷民族後裔，是一位將興起的達者（聖人），他們認為孔子乃是符合了某種「懸記」，如猶太先民期待救世主一般。當時，預言的形式，大概如《孟子》所說的：

> 五百年必有王者興，其間必有名世者。
> 由堯舜至於湯，五百有餘歲。……由湯至於文王，五百有餘歲。……由文王至於孔子，五百有餘歲。……由孔子而來至於今，百有餘歲。去聖人

之世，若此其未遠也，近聖人之居，若此其甚也，

然而無有乎爾，則亦無有乎爾！

這樣的低徊追憶，決不是偶然的事：「……那時期，殷民族的渴望正在最高度。忽然殷宋公孫的一個嫡系裏出了一個聰明睿知的少年，起於貧賤的環境中，而貧賤壓不住他，生於『野合』的父母，甚至於他少年時還不知道其父的墳墓，然而他多才多藝，使他居然戰勝了一個當然很不好受的少年處境，使人們居然忘了他的出身，使他的鄉人異口同聲地讚嘆他：『大哉孔子！博學而無所成名！』」民間紛紛傳說：『五百年必有王者興，今其將在孔丘乎！』孔子壯年時，如此這般被認作那個應運而生的聖人了。」這個假設，可以讓我們瞭解《論語》裏許多費解的笑話。如云：「子曰：『天生德於予，桓魋其如予何！』」如云：「子畏於匡，曰：『文王既沒，文不在茲乎？天之將喪斯文也，後死者不得與於斯文也。天之未喪斯文也，匡人其如予何？』」如云：「子曰：『鳳鳥不至，河不出《圖》，吾已矣夫！』」當時，還有「《春秋》絕筆於獲麟」的傳說；《史記·孔子世家》節取了《左傳》與《公羊傳》，作如次的記載：「魯哀公十四年春，狩大野，叔孫氏車子鉏商獲獸，以為不祥。仲尼視之，曰：『麟也』。取之，曰：『河不出《圖》，雒不出《書》，吾已矣夫！』顏淵死，孔子曰：『天喪予！』及西狩見麟，曰：『吾道窮矣！』」用民俗學的新觀點來看，一切都可以了然了。《禮記》記孔子將死，也有如次的記述：「孔子蚤作，負手曳杖，消搖於門，歌曰：『泰山其頹乎？梁木其壞乎！哲人其萎乎？』既

歌而入，當戶而坐。子貢聞之，曰：『夫子殆將病也。』遂趨而入。夫子曰：『予疇昔之夜，夢坐奠於兩楹之間，予殆將死也。』蓋寢疾七日而歿。」

孔丘病逝以後，在鄒魯一帶，他的神話化很迅速地成長起來。《論語》記那位儀封人的話：「二三子何患於喪乎？（喪，便是失位、失意之意。）天下之無道也久矣，天將以夫子為木鐸。」正是把孔子看作是教世主的意思。孔子有一位侄女婿叫南宮适，他是孟僖子的兒子。有一回，問於孔子曰：「羿善射，奡盪舟，俱不得其死然。禹稷躬稼，而有天下。」孔子不答。南宮适出，子曰：「君子哉若人！尚德哉若人！」那一番對話，頗耐人尋味。孔子雖不曾答覆他，心頭卻以此自許的。

孔子七十二弟子之中，他們都把這位老師看得很崇高的。子貢曾說：「仲尼，日月也。……人雖欲自絕，其何傷於日月乎？多見其不知量也。」「夫子之不可及也，猶天之不可階而升也。夫子之得邦家者，所謂立之斯立，道之斯行，綏之斯來，動之斯和；其生也榮，其死也哀；如之何其可及也！」宰我說：「以予觀於夫子，賢於堯舜遠矣。」子貢說：「見其禮而知其政，聞其樂而知其德，由百世之後，等百世之王，莫之能違也。自生民以來，未有夫子也。」有若也說：「豈惟民哉？麒麟之於走獸，鳳凰之於飛鳥，太山之於丘垤，河海之於行潦，類也。聖人之於民，亦類也。出於其類，拔乎其萃，自生民以來，未有盛於孔子也。」二千五百年前，那是產生「聖人」的時代，釋迦之於印度，耶穌之於希伯來，和孔丘的時代相先後。先前讀書人，覺得

頌揚孔聖人是該這麼說的；到了我們這一代，這才明白《論語》上的話，跟《佛所行讚》、新約聖經中所說的，差不了多少的。

新考證學家比過去今古文學家、漢宋學派，以及所有尊孔的人都高明了一大截，他們認識了「儒」的本義是甚麼。孔丘是一個欲有所作為的人，即是，他要做一番大事業。從事業上說，他說：「吾其為東周乎？」他是想締造一個「東方的周帝國」，所以他會時常夢見周公。他說：「吾豈匏瓜也哉，焉能繫而不食？」他想打破了殷周文化的藩籬，打通了殷周民族的畛域，把那含有部落性的「儒」抬高了，放大了，重新建立在六百年殷周民族共同生活的新基礎之上；他做了那中興的「儒」的不祧的宗主；他也成了「外邦人的光」，「聲名洋溢乎中國，施及蠻貊，舟車所至，人力所通，凡有血氣者莫不尊親」。他大膽地衝破了那民族的界限，大膽地宣言：「吾從周！」「那西周民族卻在那五六百年中充分吸收東方古國的文化，西周王室雖然漸漸不振了；那些新建立的國家，如在殷商舊地的齊、魯、衛、鄭，如在夏后氏舊地的晉，都繼續發展成為幾個很重要的文化中心。所謂《周禮》，其實是那五六百年中造成的殷周混合文化。舊文化滲入了新民族的新血液，舊基礎上築起了新國家的新制度，很自然的呈顯出一種『粲然大備』的氣象。孔子是個有歷史眼光的人，他認清了那個所謂《周禮》，並不是西周人帶來的，乃是幾千年的古文化逐漸積聚演變的總成績，這裏面含有絕大的因襲夏殷古文化的成分。他說：『殷因於夏禮，所損益，可知也。周因於殷禮，所損益，可知也。』『周監於

二代，郁郁乎文哉！吾從周。』——『儒』的中興，其實是
『儒』的放大。」

三　春秋 —— 戰國

　　十年前，吳小如先生寫了一部《讀人所常見書日札》；
序文中用了姚鼐（姬傳）對翁方綱說的話：「諸君皆欲讀人
間未見書，某則願讀人所常見書耳。」我準備寫這一連串讀
書隨筆，原有着姚氏的本意。不過，我私心和章師一樣，更
是企慕了顧炎武型的治學，有着寫《日知錄》的意向的。不
過，對影自笑，假如如顧氏那麼治學嚴整，怕的連西北風也
喝不成了！

　　且說，時人一說起「春秋」、「戰國」，彷彿前天是「春
秋」，昨天便是「戰國」，只是一夜之隔似的。其實，從周
平王東遷到魯哀公二十七年，共三百零三年，春秋以下，迄
秦始皇二十六年統一告成，其間共二百四十六年，即所謂戰
國時代。這樣，五百五十年長時期，彷彿明清兩個朝代。那
正是民族大混合，文化大融化，造成百家爭鳴的大時代，囫
圇吞棗似地吞了下去，自然會形成牛頭不對馬嘴的大笑話。

　　紀元前六世紀，那位魯國聖人孔丘死了以後，孔門那些
弟子，都在繼承這位教師的教學職業，如《韓非子·顯學》
篇所說的：「自孔子之死也，有子張之儒，有子思之儒，有
顏氏之儒，有孟氏之儒，有漆雕氏之儒，有仲良氏之儒，有
孫氏之儒，有樂正氏之儒。」可是，那一段時代，乃是楊墨
二家全盛期，所謂不歸於楊則歸於墨。過了一百多年，才有

那位受業於子思門人的孟軻。他說：「孔子成《春秋》而亂臣賊子懼。……我亦欲正人心，息邪說，距詖行，放淫辭，以承三聖者（禹抑洪水，周公兼夷狄和孔子為三聖），乃所願則學孔子也。」「如欲平治天下，當今之世，舍我其誰哉？」可足，前人把孔孟混為一談，那是錯誤的，孔丘是孔丘，孟軻是孟軻，並不完全走同一路子。《史記·孟荀列傳》稱：「孟氏，道既通游事齊宣王，宣王不能用。適梁，梁惠王不果所言，則見以為迂遠而闊於事情。當是之時，秦用商君，富國彊兵。楚魏用吳起，戰勝弱敵。齊威王、宣王用孫子、田忌之徒，而諸侯東面朝齊，天下方務於合縱連衡，以攻伐為賢。而孟軻乃述唐虞三代之德，是以所如者不合。」他的政治觀點同，時代環境又不同，他只能算是儒家的支流之一，並不能算是孔門的嫡派繼承人。（宋儒才說孟氏是繼承儒家的道統，前代的人，並不這麼說的。）

《荀子·非十二子》篇說：「略法先王而不知其統，然而猶材劇志大，聞見雜博，案往舊造說，謂之五行，甚僻違而無類，幽隱而無說，閉約而無解，案飾其詞，而祗敬之，曰，此真先君子之言也。子思唱之，孟軻和之。世俗之溝猶瞀儒，嚾嚾然不知其非也，遂受而傳之，以為仲尼子游，為茲厚於後世。是則子思孟軻之罪也。」馮友蘭先生說：「西人謂人或生而為柏拉圖，或生而為亞力士多德[1]。詹姆生[2]

1　編者注：亞力士多德（Aristotélēs，前384- 前322），古希臘哲學家，現譯「亞里士多德」。

2　編者注：詹姆生（William James，1842-1910），美國心理學家、哲學家，現譯「詹姆士」。

謂：哲學家，可依其氣質，分為硬心的及軟心的二派，柏拉圖即軟心派之代表，亞力士多德，即硬心派之代表也。孟子乃軟心的哲學家，其哲學有唯心論的傾向。荀子為硬心的哲學家，其哲學有唯物論的傾向。……即孟子觀之，如『盡性則知天』及『萬物皆備於我』之言，由荀子之近於唯物論之觀點視之，誠為『僻違而無類，幽隱而無說，閉約而無解』也。荀子攻孟子，蓋二人之氣質學說，本不同也。」

過去二十年間，對於我國古代學術思想，又進入重新估定價值的新階段，用唯物辯證觀點來看諸子百家的學說。即如關鋒先生，一般人由於他支持了文化大革命，才知道他是研究莊子道家思想的學者。我在上面說到儒家思想的演化，把宋明理學家將孔孟連在一概的錯誤看法打斷了。（在東漢，王充《論衡》，便問過孔，刺過孟，不獨荀子批判了孟軻的。直到北宋，孟子也受了學人的諷刺，不能和孔子並稱的。）孟子時代，乃是經過了儒墨大爭辯以後的新時代，那是百家爭鳴的時代，儒家暗淡無光，孟軻的氣度，也不是孔丘所歡喜的氣度。

十多年前，在北京的學人們便談到《論語・先進》篇，孔子所說的「吾與點也」的氣度。有一天，孔子和子路、曾晳、冉有、公西華在一起，他又要那幾位門生各言自己的志願。子路即回答道：「一千輛兵車的國家，局處於幾個大國的當中，外面呢，有軍隊侵犯它，國內又加以連年的災荒。讓我去治理，只要三年光景，便可以讓人人有勇氣，而且懂得和列強抗衡的辦法。」孔子聽了，微微一笑。又問：「冉求，你怎麼樣？」他答道：「一個縱橫六七十里，或者

五六十里的小國，讓我去治理，等到三年光景，可以使人人豐衣足食。至於修明禮樂，那只好等待賢人君子來了。」孔子又問：「公西赤，你又怎麼樣？」他說：「不是我自以為有甚麼了不得的才能了，只是說我願意來學習一番。國家有了祭祀的典禮，或者隨着君王去辦外交，我願意穿着禮服戴着禮帽，做一個好好的儐相呢！」（孔子為魯相的相，也只是這一種儐相。）那時，曾點正在彈他的瑟，孔子問他：「點！你又怎麼樣？」曾點把手中的瑟擱了下來，站起來說：「我的志願跟他們三位都不相同呢！暮春三月，穿了一身輕暖的衣服，陪着年長的年輕的同學們到沂水沙灘上去洗洗澡，到舞雩台上吹吹風，一路唱歌，一路跳着回來！」孔子長嘆一聲，道：「我跟曾點一樣的想法！」

從「吾與點也」的基本觀點來看，孔丘決不會稱許孟軻的社會觀處世觀的。我們要把孔孟打成兩橛，也正是糾正了程朱派的孔孟論點！吳小如先生引了何晏《論語集解》所引周生烈的話：「善點之獨知時也。」說他的話雖說得簡單，卻很中肯綮。若從這一觀點引申深入下去，便可得正確的結論。吳氏說：「無奈宋儒從唯心論點出發，如程明道目曾晳為『堯舜氣象』，謝良佐用『鳶飛戾天，魚躍於淵』的詩句來和曾晳相比，朱熹更說曾晳是胸次悠然，直與『天地萬物，上下同流』一類話，反而把孔丘的本意說歪了。直到近人程樹德先生作《論語集釋》，引了宋黃震、明楊慎、清袁枚諸家之說，……『夫子以行道救世為心，而時不我與，方與二三子私相講明於寂寞之海濱，乃忽聞曾晳浴沂詠而歸之言，若有得其浮海居夷之云者，故不覺喟然而嘆。蓋其意之

所感者深矣。所與雖點，而所以嘆者豈惟與點哉！』」（《黃氏日鈔》）吳氏贊同周氏之說，認為實有見地。「所謂『知時』，它包括了嚮往於『古之時』和感慨於『今之時』這兩個方面。」──所以孟子的論點，和孔子的論點頗有距離，那是可以肯定的。

我們把儒家的演化，順着春秋──戰國的時序，分成了四截：到了荀卿出來，已經通過了百家爭鳴的諸子時代，受了墨、道、名、法各家的薰陶，進入另一集大成階段。再進而為新法家韓非子的先驅。我們看荀子的儒家思想並不如宋儒那樣從道統去看的。

孟子以後，戰國末年的儒家，都受了道家的影響。在當時的儒家中荀子是一位大師，他得到了道家的自然主義。在以前的儒家中，孔子所說的天，乃是主宰的天；孟子所說的天，乃是義理之天或命運之天。荀子所說的天，則是自然的天；天就是自然。這一點，他受道家的影響最深。如馮友蘭先生所說的，荀子雖接受了道家的自然主義觀點，卻沒有讓儒家哲學，進入極高明的境界。他依舊沿着儒家的傳統，只是一個禮樂典籍專家。他所講的人生，依舊限於道德境界。

荀子對於當時的百家諸子學說，在某種範圍中，有了清楚的認識，批評得非常中肯。他說：「老子有見於詘，無見於信（伸）。墨子有見於齊，無見於畸。」（《天論》）又說：「墨子蔽於用而不知文。……惠子蔽於辭而不知實。莊子蔽於天而不知人。故由用謂之，道盡利矣。……由辭謂之，道盡論矣。由天謂之，道盡因矣。此數具者，皆道之一隅也。夫道者，體常而盡變，一隅不足以舉之。曲知之人，觀於道

之一隅，而未之能識也。故以為足而飾之，內以自亂，外以惑人，上以蔽下，下以蔽上，此蔽塞之禍也。」（《解蔽》）荀子批判當時諸子學說，其主要看法，倒和《莊子・天下》篇大致相同。

比荀子的時代稍遲，如馮友蘭氏所說的：受道家影響，使儒家哲學更進於高明的，乃是《易傳》及《中庸》的作者。（這一論點，和新考證學家觀點相接近了。）《易傳》不是一人所作，《中庸》也不是一人所作；這些作者，大都受了道家的影響。老子說：「道常無名，樸。」又說：「樸，散則為器。」道與器是對待的。《易・繫辭》也說：「形而上者謂之道，形而下者謂之器。」道與器也是對待的。《中庸》說：「如此者不見而章，不動而變，無為而成。」又說：「上天之載，無聲無臭，玄矣。」他們也是講到超乎形象的。他們講到超乎形象的，而又自己知道其所講的是超乎形象的，這就比孟子進入更高明的境界。不過，他們雖受道家的影響，卻又和道家的想法，並不完全相同；他們依舊接着儒家傳統，注重道中庸；不僅此也，道家只知道無名是超乎形象的，並不知有名亦可以是超乎形象的。不必說「無」，而亦講超乎形象的，這便是他們和道家中間的主要不同之點。因為他們也講超乎形象的，所以南北朝的玄學家，便把《周易》和《老子》《莊子》並列同稱為三玄。替《中庸》作注疏的，雖是兩宋理學家的精神所寄，魏晉南北朝玄學家，已經有人替《中庸》作講疏了。

戰國末年，百家諸子，都受了陰陽五行說的影響，因此，那一時期的儒士，也就用《易傳》來作對抗的思想武

器。所有的事物不能離開道，亦不能違反道；事物可有過差，道不能有過差。《易》的象包括了所有的道；所以《易》象以及其中公式，也是事物所不能離開，不能違反的，也是不能有過差的。《易‧繫辭》：「與天地相似故不違。知周乎萬物，而道濟天下，故不過。」又說：「範圍天地之化而不過，曲成萬物而不遺。」正是這個意思。

四　方士 —— 儒生

在我的閒談中，再三提請注意：春秋時代，孔門師弟，他們幻想一個唐虞盛世，過的是無憂無慮的太平生活。這樣就有了「一代不如一代」的「人心不古」的說法。（在埃及金字塔中，也已有了「人心不古」的銘刻。）這種幻想是不合事實的，社會文化與時俱進，到了戰國後期儒家荀子和法家韓非、李斯，都主張厚今薄古，採取進步的觀點。同時，處在渤海之濱的燕齊之士，他們幻想着蓬萊仙境，一種四季皆春，千年不老的仙人生活。這就產生了以陰陽五行說為骨幹的「方士」與「儒生」。說到這兒，我又該提醒一句，我們的科學觀點是從歸納着手的，而陰陽五行家的觀點，是先搭好了物觀架子，再演繹開去的。他們先定了一種公式而支配一切個別的事物。其結果，有陰陽之說以統轄天地、晝夜、男女等自然現象，以及尊卑、動靜、剛柔等抽象觀念。有五行之說，以木、火、土、金、水五種物質與其作用，統轄時令、方向、神靈、音律、服色、食物、臭味、道德等等，以至於帝王的系統和國家的制度。（大家不要笑古人的

愚陋，今日的紅海和黑海，及廣東朋友所說的「火氣」，還有依照五行家的說法在說的。）

這種思想，我們還不知道是從甚麼時代開頭的，依着現存的材料，陰陽說，最先表現於《周易》中，五行說可說是從《尚書・洪範》中來的。《周易》是筮占的繇辭，比了甲骨卜為後起，顯然是殷商以後的東西；而在《周易》本文中，並不見有陰陽思想，不過它的卦爻為▅和▅▅的排列，容易激起這種思想來的。〈洪範〉上的五行，說是上帝賜給夏禹的，可是經過了新的考證，這篇書疑問很多，大約出於戰國人士的手筆。所以這種思想雖不詳其發生的時代，但其成為系統學說，始自戰國，已可作定論。漢代承戰國之後，遂為這種學說的全盛時代。（我們必須弄清楚陰陽五行說是甚麼，才可以明白漢學是甚麼！）

以前作天子的要「受命」（受上帝的撫有四方的命），要「革命」（革去前代的天子所受的天命），到戰國時，周天子漸漸在無形中消滅，用不着「革命」了；而群雄角逐，究竟哪一個國王可做天子還沒定，所以「受命」說正有其需要。那時，已經有了五行說，便成為最高的原則了，所以這個「命」，應是「五行」的命，而不是「上帝」的命。那時有一位齊國人，叫鄒衍，他作了好些書，其中一篇是〈主運〉，說做天子的一定得到五行中的一德，於是上天顯示其符應，他就安穩地坐上了龍位；後來，他的德衰落了，有在五行中得到了另一德的，這一德是足以勝過那一德的，便起而代之。這樣地照着五行的次序運轉下去，完成了歷史上的移朝換代。他創造了這種學說，叫做「五德終始說」，頗得

當時人的信仰，也有了一批推波助浪的門徒。他們以為黃帝得土德，天就顯現了黃龍地螾（螾——蚯蚓）之祥，所以他做了王，他的顏色是尚黃的，他的制度是尚土的。其後土德衰了，在五行中木是剋土的，所以禹據木德而興，他就得了草木秋冬不殺的禎祥，建立了木德的制度，換用了青色的衣物。此後湯以金德而剋夏木，文王以火德而剋商金，亦各有其變德的符應和制度服色的。

那些齊國的方士——鄒衍他們排好了五行生剋的次序，（讓我插說一句，陰陽五行家，對於五行生剋，建立了常勝的次序，一直到如今，街頭看相算命的人，還是走這一條路子。可是，和陰陽五行家相先後的墨家，他們主不常勝之說，例如金可剋木，木也可剋金，也和物理相合，卻在秦漢以後歇滅了。）定了五德的法典，強迫古代帝王各各依從了他們的想像，成了一部最有規律的歷史。到了秦始皇統一了天下，他是應居於剋周火的土德的，只是不見有上天的符應到來，因此，就有人對他說：從前秦文公出獵時，獲得了一條黑龍，可見水德的符應，已在五百年前出現了。他聽了很高興，就用了鄒衍派的法典，定出一套水德的制度：（一）以十月朔為歲首；（二）衣服和旌旗都用黑色；（三）數以六為紀，如符是六寸，輿是六尺，乘是六馬；（四）行政剛毅戾深，事皆決於法；（五）更名黃河為德水；這其實是五德說的第一次。到漢高得了天下，接着也來了這一套。

不知從何時起，又有了一種和五德說大同小異的論調，叫做「三統說」。他們說：歷代的帝王是分配在三個統之中，這三個統各有其制度。他們說，夏是黑統，商是白統，

周是赤統；周以後又輪到黑統了。他們說：孔子看到了周道既衰，要想成立一個新統；不幸，他有其德而無其位，僅能成為一個素王（素即空），所以他只得托王於魯，作《春秋》以垂其空文，這《春秋》所表現的，就是黑統的制度。《春秋》雖只是一部書，卻抵得一個統，故周以後的王者，能用《春秋》之法的，就是黑統之君了。（記載這一學說的以西漢董仲舒為最詳）顧頡剛氏認為「三統說」是影戲了五德說的版子而建立的。（我以為戰國末期的儒家，為了和陰陽家爭勝，所以構成了三統說來和五德說分庭抗禮。）當漢高祖稱帝之後，他自以為始立黑帝祠而居於水德。可能，他因為秦代國祚太短而不承認為一德，乃使自己直接連上了周「火」呢？到了西漢文帝時，又有人出來反對，說漢革秦命，應以土德代水德，丞相張蒼就駁道：「河決金堤，就是漢為水德的符應。」此後雖因種種原因，改為土德，又改為火德；但在西漢初四十多年中，是坐定了水德的。無論水德也好，土德也好，火德也好，在我們聽來，都是荒唐無稽，十分可笑的。但我們要記住顧頡剛氏的話：「我們切莫以自己的知識作為批評的立場，因為這是漢代人的信條，是他們的思想行事的核心，我們要瞭解漢代的學術史和思想史，就必須先明白這個方式。」

接着，我們還要說說古代所謂「明堂」，說天子應當住在一所特別的屋子裏，這屋子的總名叫做明堂，東南西北各有一個正廳，又各有兩個廂房。天子，每一個月應當換住一處地方，穿這一個月應穿的衣，吃這一個月應吃的飯，聽這一個月應聽的音樂，祭這一個月應祭的神祇，辦理這一個月

應行的時政；滿了十二個月，轉完這一道圈子。這大院子的中間又有一個廳，是天子在夏季之月裏去住的；另有一說，是每一季裏抽出了十八天去住的。這把方向的「東、南、中、西、北」和時令的「春、夏、秋、冬」相配，天子按着「木、火、土、金、水」的運行去做「天人相應」的工作。

我們初讀古代史，便把秦始皇（政）當作暴君來詛咒，他的十大罪狀之二，便是焚書坑儒。好似孔門儒家經典，都是給他燒掉的，而儒家門徒也給他活埋了一大批。年事漸長，才知道這位被詛咒的皇帝，雖說野心太大，卻是一位有眼光、有計劃、有決心的政治家。他所信任的商鞅、李斯，都是法家韓非子這一派的高徒，他們完成了有史以來真正的統一事業。他們所立下的政制，成為秦漢以後二千多年的規範。他所坑的乃是哄他求仙的方士，連儒士都不是。他所焚的書，只是諸侯各國的歷史文獻；他為了完成統一大業，把各民族的部落觀念消滅掉，也是一種政策。而且把各種典籍，藏之內府，讓儒士以吏為師，也是一種統制思想的方略。直到項羽入關，把咸陽宮燒掉，這才是真正的焚書了。（這是詩古文家劉大櫆《焚書辨》中的話。附帶說一句，我在隨筆中所說的，有如顧炎武《日知錄》那樣，只是整理前人的意見，選擇了來和大家來談談，並沒有我的主見在內。請看我的《國學小辭典》。）

依顧頡剛氏的說法：古代，並沒有仙人這樣的觀念。古人以為人死了便是鬼，都到上帝那邊去，活時的君臣父子，到上帝那邊去，還是君臣父子。天子祭享上帝，常常選擇其有大功德的祖先去配享他，所以鬼在人間的權力，僅次

於上帝一等，不過在許多鬼之中，還保留着人間的階級就是了。古代社會階級，壁壘森嚴，說不上有甚麼自由的；人們也不容易爭取得甚麼自由，因此，他們沒有在意識中構成一種可以自由自在的鬼，可以浪漫地遊戲於人世之外的。（這種鬼，叫做仙人。）（顧氏的話，乃是從殷商古史《盤庚》上、中、下裏得來，可看他的譯文。）究竟仙人甚麼世代才出現的呢？我們已經找不到了。據《史記‧封禪書》，其中說到燕國人宋毋忌、正伯僑、羨門子高等都是修仙道的，他們會不要這個身體，把魂靈從自己的軀殼中解脫出來，得到了一切的自由。戰國時候的諸侯：齊威王、齊宣王、燕昭王他們都是神仙家的信徒。他們相信「渤海有三個神山，名為蓬萊、方丈、瀛洲，山上的宮闕都是用黃金和白銀建造起來的，其中住着許多仙人，又藏着一種吃了會不死的靈藥」。他們也上過煙台的海邊山頂，隱隱約約看見過。那些國王聽了高興極了，屢派人到海裏去尋找，不幸那些人回來報告，總是說：「三神山是望到的了，好象雲霞那麼燦爛，但是船一到了那邊，那些神仙就沉到水底去了，海風也就把我們吹回來了。」（莊子所說的真人，頗有仙人的味道。）《史記‧封禪書》說「燕齊海上之方士」，可見神仙方士，就出在渤海邊的兩大國。

後來秦始皇巡遊到海上時，慫恿他求仙的方士，不計其數，這位皇帝統一了天下，最大的願望便是長生，他聽了十分高興，便派韓經等去求不死之藥。哪知一去並無下文。他又派徐市（徐福）造了大船，帶了五百童男女一同去，花費了幾萬斤黃金，也沒有結果。那些方士，背後說了許多開

話，還有侯生、盧生二人，不滿意秦始皇的行為，以為不值得替他去求仙藥，也就逃走了。秦始皇一時性起發火，就把那批方士都活埋掉了。

第三講

一　博士與博士弟子

「博士」，現在是學位的名稱，歐美各大學，都有授予學士、碩士、博士等學位的制度。古代的博士，則是學官，大概戰國年代已經設立了「博士」學官，詳細情形，我們已經無從知道了。有人把今日的「博士」來想像古代的博士，那就牛頭不對馬嘴，會鬧大笑話的。有人看到了「博」字，其人一定博通得很，百科全書式的學人，無所不通的。其實，現代的「博士」，也只是專攻一種學科，並非無所不通的。前幾年，有一位英國牛津大學學生，他的博士論文，是「王船山之學術思想」，到香港來跟我讀了一年，後來又到日本西京去讀了一年，於今已經是哲學博士，在牛津大學做副教授。即是，他所精通的是歷史哲學，而以王船山的史學為研究主題。（博士云者，即是專攻一科，他所得的結論是走進去的，不是跳進去的。）至於漢代的博士，乃是一經一家的學官，所謂「五經博士」、「十四博士」是也。

「博士」既是某一經某一家的學官，他就可以收許多門徒，有的多至數千人，這就叫做博士弟子。即如東漢末年，那位坐在虎皮上講學的馬融，他就是名震遐邇的學官。他講學的時候，還有女樂隊助興。那時，有一位山東窮漢，叫鄭

玄（康成），他千里迢迢，到關中長安去拜在馬氏的門下。先後三年，只能從馬融的高弟子問難求解，不曾和馬氏接談過一回。有一回，馬融老師和高弟子談到有關天文的問題，師生都找不到正確的答案。一位高弟子，對馬老師說：「這一問題，我這兒有一位山東來的學生鄭玄的，可能懂得。」於是，馬老師特地召見鄭康成，和他暢談了一回。鄭氏趁這一機會，向馬老師提出幾個積疑已久的問題。經過馬氏一番解答，鄭氏便收拾行裝離開了長安回山東去了。馬老師便跟門弟子們說：「吾道東矣！」（鄭康成在經學的成就遠在馬融之上）這是中國學術史上最有名的故事。

依史書所載：秦始皇時，博士有七十人，他們的職務是「通古今」。始皇三十三年（前二一四年）北邊攻取了匈奴的河套，南邊進佔了南越的陸梁地，明年，皇帝置酒咸陽宮大慶賀，博士七十人上前獻壽。僕射（博士之長）周青臣進頌詞說：「現在日月所照的地方沒有不服從皇帝的神威的，又把諸侯之國改成了郡縣，從此可免戰爭的禍患。這是上古以來所不曾有過的盛事！」始皇聽了，十分高興。那時候，忽有一位大膽而又不識相的博士齊人淳于越，站起來說：「殷周二代，分封了子弟功臣，才能有千餘年的天下，現在皇帝的子弟便是匹夫，又有誰來幫助皇室？做事不以古人為師法，決不能長久。青臣當面奉承皇帝，不是忠臣。」始皇便把這兩種主張交臣子們去討論。丞相李斯云：「今古的制度不同，原不是立意相反，乃是時勢變了。我們所定的乃是萬世的大業，那只懂得三代之事的淳于越，哪能體會得這些新制度的意義！從前天下未統一，君主所定的制度常常受私家之學的

攻擊；他們說的名為古事，其實是裝飾出來的空談。現在天下已經統一了，這種風氣還沒有改變，非嚴令禁止不可！」

我們脫去了科舉時代的傳統，撕破了宋明理學家的道統，揭開了漢學家的方士把戲，真的要在孔丘的神位前翻觔斗了。我知道一些衛道腐儒在皺眉，但孔丘地下有知，一定渾身痛快，不要再坐在那兒吃冷豬肉了。

在漢帝建國之初，一些從龍之士，大都像劉邦自己一般，是市井的無賴；其中有一些儒士，如那位著《新語》的陸賈，曾為秦博士；率領弟子百餘人，投奔漢帝的叔孫通；還有漢帝少弟劉交（封楚王），他是荀子的再傳弟子，《詩》學名家，都在漢帝的左右。高帝即位後，命叔孫通和他的弟子及魯儒生三十多人，共同製作朝儀。先時，群臣都不懂得君臣的儀節。他們在殿上會飲，往往爭論功勞，醉了就大叫起來，拔劍砍柱，鬧得一團糟。朝儀既定，恰好是新年，又當長樂宮正落成，群臣都到那兒去朝賀。天剛亮，他們按着等級，一班班地被謁者引進殿門。那時朝廷上早已排列了車騎，陳設了兵器，升了旗幟。殿上傳了一聲：「趨！」殿下的郎中們數百人，夾侍在階陛的兩旁，功臣列侯諸將軍軍吏，都向東站立，文官丞相以下都向西站立。於是，皇帝坐了輦車出房，百官傳呼警衛。從諸侯王以下，直到六百石的吏員，依了次序奉賀，人人都那麼肅敬震恐。到了行禮完畢，又在殿上置酒。他們低着頭飲酒，誰都不敢喧嘩失禮了。斟酒到了第九回，謁者高唱罷酒，臣下都肅靜退出。高帝才嘆息道：「到了如今，我才知道皇帝的尊貴了！」這件事，決定了儒士們的新命運。高帝於是拜叔孫通為太常，掌

宗廟禮儀，諸博士即在其屬下，亦名為太常博士。帝賜叔孫通黃金五百斤，他的助手各有酬庸，不在話下。高帝本來輕視儒士，初起兵時，有人戴了儒冠去見他，總被他拿了下來，撒一泡尿在冠裏。經過叔孫通替他定了朝儀，讓他做成似貌似樣的皇帝，他就不再輕視儒士了。有一回，他行經魯國曲阜境內，便親自用太牢去祭奠了孔子。

高帝死後，儒家那一份在朝廷中的勢力，又給道家壓下去了；可是文景兩代，儒家做博士的也頗不少。儒家置博士可考的有《詩》、《春秋》、《論語》、《孟子》、《爾雅》等。而諸侯王中，如楚元王、河間獻王，都在提倡儒術，和朝廷之尊崇黃老，相映成趣。元王好《詩》，令諸子皆讀《詩》，並拜舊同學申公等三位名儒為中大夫。獻王興修禮樂，徵集儒籍，立毛氏《詩》和左氏《春秋》博士，言行謹守儒規，山東儒士，一直都追隨着他。漢武帝，當他為太子時，他的少傅就是申公的弟子王臧，他受儒家的薰陶，自幼便開始了。即位以後，丞相竇嬰、太尉田蚡皆好儒術，他們又推王臧為郎中令，掌宿衛宮殿的門戶，成為皇帝的近臣；又推趙綰為御史大夫，他是王臧的同學。這就進入儒家的黃金時代。武帝即位的明年，詔丞相御史大夫列侯諸侯王相等，薦舉賢良方正直言極諫之士，來朝廷應試。無疑地要網羅儒家人才，慢慢走上儒家定於一尊的路子了。（一般人認為儒家應該定於一尊的想法是錯誤的，定於一尊以後的儒家，在思想上也就僵化了。）

今文學家，談到了漢代經學的，自必捧出西漢潁川大儒董仲舒來。這位大儒，他應賢良方正廷試，上了著名的《天

人三策》，結尾上說：「《春秋》大一統者，天地之常經，古今之通義也。今師異道，人異論，百家殊方，指意不同，是以上無以持一統，法制數變，下又不知所守。臣愚以為諸不在六藝之科，孔子之術者，皆絕其道，勿使並進。邪辟之說滅息，然後統紀可一，而法度可明，民知所從也。」那位御史大夫趙綰也奏道：「所舉賢良，或治申、商、韓非、蘇秦、張儀之言，亂國政，請皆罷。」這才走上黜百家，尊儒術的路子。不過，那時竇太皇太后還在世，她所扶植的黃老派勢力還散佈在朝廷中。連趙綰都不敢指斥黃老之學，只是武帝已經批准董仲舒的建議就是了。文景二帝時太常博士七十餘人，其中有治五經的，也有治諸子百家的。到了建元五年（前一三六年），武帝才把治諸子百家的博士們都罷黜了。他又聽了王臧、趙綰的話，把那位老儒申公請了來，準備制禮作樂，大大熱鬧一番。這件事，把那位竇姥姥惹得生氣了；長安城中列侯，大部分是外戚，不是竇老太太的女婿，便是她的孫婿，大家一齊向她陳訴。她忍無可忍，才找尋了趙綰、王臧的一些過失，迫着武帝把他們下獄，他們終於在獄中自殺。同時，竇嬰、田蚡也免了職，申公也給送回老家去了。其後四年，竇老太太壽終了，田蚡又起為丞相，從此儒家才一帆風順地穩坐了我國思想史中的正統地位。（前人以為儒家自該居於正統地位，諸子百家自該被罷黜，所以把五經及儒家傳記看作是寶典；其實儒家是當作政治工具，經過那麼幾場大戰鬥，才被前人稱尊的。）

張蔭麟先生說：「儒家之登上正統寶座也是事有必至的。要鞏固大帝國的統治權非統一思想不可，董仲舒在對策

中說得非常透徹。但拿甚麼做統一的標準呢？先秦的顯學，不外儒墨道法。墨道太質樸了，太刻苦了，和以養尊處優為天賦權利的統治階級根本不協調。法家原是秦自孝公以來國策的基礎，秦始皇更把它的方術推行得很徹底。正唯如此，秦朝的曇花壽命，和秦民的刻骨怨苦，使法家從那以後，永遠背着惡名。賈誼在《過秦論》中，以繁刑嚴誅，吏治刻深，為秦皇的一大罪狀。這充分地代表了漢初的輿論。墨法既然沒有被抬舉起來的可能，剩下來的只有儒道了。道家雖曾煊赫一時，但那只是大騷亂後的反動。它在大眾（尤其是從下層社會起來的統治階級）的意識中是沒有基礎的，儒家則有之。大部分傳統信仰，係尊天敬鬼的宗教，和孝弟忠節的道德，雖經春秋的變局，並沒有根本動搖過，仍為大眾的內心所倚託。道家對於這些信仰，非要推翻掉，便是存心輕視。儒家卻對之，非積極擁護，便消極包容。和大眾的意識相冰炭的思想系統，是斷難久據要津的。況且道家放任無為的政策，對於大帝國組織的鞏固，是無益而有損的。這種政策，經過漢文帝一朝的實驗，流弊已不可掩。無論如何，在外族窺邊，豪強亂法，而國力既老，百廢待舉的局面下，清靜無為的教訓自然失卻了號召力。代道家而興的，非儒家又誰屬呢？」這一番話，乃是新考證學家的歷史觀。

二　經今古文之爭

我的隨筆，一開頭便談到「今古文學派」的問題，這是十九世紀後期最激起學術思想界大爭論的問題，其激烈程

度，不下於今日對社會革命的觀點。康有為、梁啟超師徒們，力主今文學，和章太炎師、劉師培他們的古文學，針鋒相對，爭論那麼久，我已說過了。在今古文學派的爭論潮已經消失的今日，我們看這一爭論，都已超越了今古文的爭論；有如東漢末年，那位山東大儒鄭康成一樣，已經不為今古文學所局限的了。錢賓四先生《國學概論》第四章，專述「兩漢經生經今古文之爭」，便是走了「新考證學派」的路子。他首先引了皮錫瑞的《經學歷史》：「今文者，今所謂隸書。古文者，今所謂籀書。隸書漢世通行，故當時謂之今文。籀書漢代已不通行，故當時謂之古文。許慎謂孔子寫定六經，皆用古文。然則孔子與伏生所藏書，亦必是古文。漢初發藏以授生徒，必改為通行之今文，乃便學者誦習。故漢立十四博士，皆今文家。而當古文未興之前，未嘗別立今文之名。《史記・儒林傳》云：『孔氏有《古文尚書》，安國以今文讀之。』乃就《尚書》之今古文字而言。而魯、齊、韓《詩》、《公羊》、《春秋》、《史記》不云今文家也。至劉歆始增置《古文尚書》、《毛詩》、《周官》、《左氏春秋》。既立學官，必創說解。後漢衛宏、賈逵、馬融，又遞為增補以行於世，遂與今文分道揚鑣。」這番話說得很平實。錢氏也說：「……溯其源考其實，則孔子之時，既未嘗有經，漢儒之經學，非即孔子之學也。若『今古文』之別，則戰國以前，書籍相傳，皆『古文』也。戰國以下，百家新興，皆今文也。秦統一文字，焚詩書，『古文』之傳幾絕。漢武之立五經博士，可以謂之『古文』書之復興，非真儒學之復興也。逮博士既立，經學得志，利祿之途，大啟爭端，推言其

本，則五經皆古文，由轉寫而為『今文』，其未經轉寫者，仍為『古文』。當時博士經生之爭『今古文』者，其實則爭利祿，爭立官與置博士弟子，非真學術之爭也。故漢武以上，『古文』書派之復興也。漢武以下，『古文』書派之分裂也。而其機捩皆在於政治之權勢。在上者之意旨，不脫秦人政學合一之趨向，非學術思想本身之進步。雖謂兩漢經學僅為秦人焚書後之一反動亦可也。」他的觀點，和世之尊孔尊經者也判然兩途的。（西漢博士主今文學，東漢則古文學繼興，到了東漢末年，學者都已融會古今文學，別開新途徑了，這一趨勢，也和今日的新考證學派相同的。）

顧頡剛氏說到西漢末年成帝時，命謁者四出搜訪遺書，又命光祿大夫劉向校六經、傳記、諸子、詩賦，……劉向是學問最博的人，每一部書校完，由他列舉篇目，提其要點，寫成一篇評論奏上去；那是對於古代學術的一種總結的工作。他任職二十多年，工作還沒做完，便逝世了。他的兒子劉歆也是一位博學之士，早已做了襄校的事。哀帝又讓他繼承父職。他任了職，就綜合群書，編成《七略》：（一）《輯略》（全書通論），（二）《六藝略》（六經和傳記），（三）《諸子略》，（四）《詩賦略》，（五）《兵書略》，（六）《術數略》，（七）《方技略》。這是中國第一部目錄學，也是班固《漢書·藝文志》的藍本。劉歆要替古文學立學官，就是有了這麼一份豐富的學術本錢！

在我們心目中，那位劉向的兒子劉歆的學問是了不得，淹博通達，看了中秘書以後，替古史衝開了「抱殘守缺」的牛角尖，比那批利祿薰心的今文學五經博士，不知高明了多少！

劉歆先前幫着父親襄校時，曾經發見一部古文字的《春秋左氏傳》，讀得很夠味，他引用傳文來解經，於是《左氏傳》有了章句。他說：作傳的左丘明是親自見過孔子的，他的觀點和孔子的觀點正相合。所以，他認為要講《春秋》，這是最可靠的一種傳，不比《公羊》和《穀梁》，生於孔子的七十二弟子之後，所記的《春秋》宗旨，都是得之傳聞的。（晚清學者及現代考證學家都知道，所謂《公羊傳》、《穀梁傳》都是很後起的。但戰國諸子以及漢人所引的《春秋》，都是《公羊傳》裏的文字，漢景帝時所任的董仲舒、胡毋生這兩位《春秋》博士，也都是所謂《公羊傳》。而且有了《公羊傳》，聯帶有所謂《穀梁傳》；「穀」、「公」是雙聲，「梁」、「羊」是疊韻，為甚麼這兩位作《春秋傳》的人，都是複姓，而且幾乎是同音的呢？我們已經明白這是當時學《春秋》的人，看見別經分家而《春秋》不分，另寫一傳，別樹一幟的。我們只要看《穀梁傳》極多災異之說，其立博士，在宣帝之末，就可知道它必是西漢中葉以後的作品了。）

　　那部《左氏傳》，卻是一部真的古史，司馬遷作《史記》，就很多根據它來寫的。他還兩次說了「左丘失明，厥有《國語》」的話，這部古史，本來叫做《國語》。劉歆在中秘閣見到了《國語》，喜歡他講春秋史事詳盡有趣味，便依着春秋年曆編次起來，這是一番最有意義的整理工作。可是，那是經學全盛時代，為了要和《公羊》《穀梁》二傳分庭抗禮，稱之為《左氏傳》。他向學術界申說：「這是春秋時，左丘明為《春秋》經作的傳，他作傳時曾和孔子商討研究過，這部傳，最得孔子的褒貶之意。」（《左氏傳》行世以

後，不但和《公羊》《穀梁》二傳抗衡，還超過了二傳，和《春秋》並駕了。魏晉以後，《左氏傳》流傳下來，連傳說中的關雲長都在讀《左氏春秋》了。）

　　劉歆既編成了《左氏傳》，後來又找了一部《毛詩》，一部《逸禮》，一部《古文尚書》，到他代了父職，當了學術的重任，就請國家把這些都列入博士之官。哀帝叫他先和五經博士討論一下，有些博士全不贊成，有的不肯表示意見。有的說：《尚書》二十九篇已經完備了，用不着再立《古文尚書》；有的說：左丘明是不傳《春秋》的，哪裏會有《春秋左氏傳》。他於是寫了封很長的信責備博士們，信中說：「……魯共王要造自己的宮殿，把孔家舊宅也圍了進去，正在拆卸牆壁，忽然發見了許多古文字的書簡，整理一過，其中有《禮》三十九篇，《書》十六篇。天漢（前一〇〇至前九七年）之後，孔子十二世孫孔安國獻了上去。又《春秋左氏傳》是左丘明所作，也是古文字的舊書，藏在秘府中，成帝命我們校書，得到了這三種來比較博士的本子，有的經是脫了幾片簡了，有的傳是編排錯亂了。到民間去調查，也有和這幾種相同的。既已找出了這種好東西，為甚麼不讓立博士呢？以前所立的經和傳，大都是相傳的口說，現在已經得了古人的真本，難道你們只信口說而不信原本書嗎？難道你們只信近代的經師而不信真的古人嗎？」他寫了這封信，把許多博士都觸怒了！

　　提倡尊孔讀經的腐儒們，愛說「通經致用」，有人還說「半部《論語》治天下」。究竟通經有甚麼用處呢？顧頡剛氏說得好：我們可以乾脆回答一句，沒有用處。因為《詩經》

裏的詩，已經不能唱了；《易經》裏的占卜也是我們所不能相信的；《禮經》和《禮記》中，許多瑣碎的禮節，我們看了也頭痛；《春秋》中的褒貶予奪，完全為着維持統治階級的尊嚴，跟現代的倫理，也是南轅北轍，毫不相干；《尚書》裏所記的話，動不動叫着上帝和祖先，能使我們用理性來相信嗎？那些東西，實在只有一種無用的用處，就是它的史料價值。漢以前的史料，存留到現在的太少了，除了甲骨文和鐘鼎文以外，可讀的只有這幾部經書了。甲骨鐘鼎的材料，固然可靠，卻都是很零碎的，而幾部經書倒是較有系統的，這批較有系統的書本上資料，聯串無系統的地下實物，互相印證，我們就可以希望寫出一部比較真實的上古史來。（完全真實已是不可能的了）使得後人知道我國古代民族的社會文化，究竟怎麼樣？我們先民辛苦締造傳給我們的是些甚麼？這是它的惟一用處。

不過，把那幾部經書當作史書看待，那是東漢以後，古文學家興起，慢慢成長的新事。假如把新考證學的說法，說給西漢儒士們聽，他們決不會瞭解，也不會接受的。「他們以為無論甚麼大道理都出在經書裏，而且這種道理有永久性，所謂『天不變，道亦不變』；經是道的記載，所以也不變了。《易》學家說：《易》理是瀰漫於天地之中的，萬物的現象，莫不從《易》理中變化出來，一切人生日用的東西也莫不是聖人們看了《易》的卦象而造出來的。《春秋》家說：《春秋》的第一句就是『元年』，元是根原的意思，表示它存在於天地之前，作萬物的根本，所以《春秋》之道是用了元的精深來正天的端兆，還用了天的端兆來正王的政事的。

（這話很不好懂，但經今文學家的神妙，就靠在這不好懂上。）照這樣說，經書不成天經地義再成甚麼！經既成了天經地義，當然，一切的用處，都得從這裏邊找尋出來了。」他們的應用方術，簡單地說，就是所謂以《春秋》決獄，以〈禹貢〉治河，以三百五篇（《詩》）當諫書。講到致用最重大的莫過於政治，漢人所說的改制、封禪、巡狩、郊祀以及災異、禎祥諸說，無一不和通經致用有關。固然有許多是經書中所沒有的，狡猾的儒士們總會設法講得有本有原，甚或插入一些假材料，當作真實的證據。那幾百年間的今古文之爭，就是這一本鬧劇。

西漢末年，到新莽繼位以及東漢新統，那是十分熱鬧的場面。平帝元年（一年），王莽當了權，劉歆回到長安，在朝執政任右曹太中大夫，又任羲和和京兆尹。元始四年，王莽奏起明堂和辟雍，規復古代建築，都是劉歆帶頭，成為文化事業的中心人物。他繼任典儒林史卜之官，考定了律歷。用他自己的理想構成一個文化的系統。於是《左氏春秋》、《古文尚書》、《逸禮》、《毛詩》都立了學官；六經中的《樂》，本來是有譜而無經的，他也找出了《樂經》而立於學官。又增加博士員，每經五人，六經共三十人，每一博士，領三百六十個弟子，總共有了一萬零八百個博士弟子了。這麼一來，便從今古文並存，轉而讓古文學家佔優勢了。

三　王充 ── 鄭玄

從清光緒二十四年（一八九八年，戊戌）實行變法，廢

科舉興學校，到如今不過七十年，雖說有人還在緬想科舉時代的往跡，口頭也有甚麼八股的熟語，究竟科舉是怎麼一回事，八股制藝是怎麼一種文體，已經很少有人說得明白了。可是腐儒發思古之幽情，真的以為宋學接上了漢學，河南程氏二夫子接上了孔孟的道統。究竟魏晉南北朝隋唐五代，這一千多年間的空白，該怎麼來填補？他們也茫無所知了。我曾說到我在史學方面，也和先儒一樣，皈依前後二司馬（司馬遷和司馬光）。在經學方面，則推許先後兩鄭學（鄭康成和鄭漁仲）。這就足以發蒙砭愚了。我還記得知堂老人曾說他：「於漢以後，最佩服疾虛妄之王充。……疾虛妄的對面是愛真實。」在兩漢經學時代的融會新時代，王充和鄭玄，這兩位大師，充實了經學研究的實質了。

讓我再複述一下，在王充的心目中，他所要批判的「虛妄」，便是從董仲舒起帶頭作用的今文學家。即是說：今文學家的儒術，早已不是先秦的儒術。他們是適應着統治者的要求，並在統治者的支持下，由董仲舒所創立的儒學派別。董仲舒吸收了在他以前的各種神秘主義思想和儒者的宗法思想，把神權、君權、父權、夫權貫串在一起，建立了以神學性和宗法性為特徵的漢儒思想體系。他把當時的統治秩序神秘化，稱它是天上的統治秩序的再現，並說皇帝是受了上天之命來進行統治的，他的一切舉措都會受到上天的啟示與應和。他並利用各種陰陽災異來驗證皇帝的舉措，作為他的天人感應說的佐證。他還根據這種思想來解釋六經，並把孔子推為人間的大教主。這種讓統治者及其統治秩序神化的思想，正是統治階級所需要的。《前漢書》中有這麼一段史贊：

> 漢興，推陰陽言災異者，孝武時有董仲舒、
> 夏侯始昌；昭宣則眭孟、夏侯勝；元成則京房、翼
> 奉、劉向、谷永；哀平則李尋、田終術，此其納說
> 時君著明者也。

這些人都是西漢的宿儒，他們本着神秘主義來注釋經義，並用以解釋社會現象的。

神秘主義的發展，是當時的社會危機的反映，當統治者在地上的統治系統搖搖欲墜的時候，他們就更需要請出「天上的神」來幫忙。神秘主義的發展表現在兩個方面。一方面是「圖讖」的發展，所謂「圖讖」就是上天降下來的預言，啟示等；另一方面是「緯」學的發展，所謂「緯」學就是用神秘主義去注解古籍。總起來說就是「讖緯」，而它們本是二而一的東西。各種「讖緯」書籍流傳的結果，就讓神秘主義思想，以庸俗的形式氾濫到民間去，和民間的各種迷信逐步結合起來。統治者就利用這些讖緯學說作為維護他們的腐朽統治的思想武器，作為他們進行改朝換代的思想工具。到了東漢，從光武（二五至五七年）以後的統治者，都是利用圖讖思想來決定嫌疑，並宣佈「圖讖於天下」，要把「圖讖」國教化的。那便是產生王充（他是東方的蘇格拉底）的世代。

當時，那種天人感應的哲學，配上了讖緯、符命等等的怪論，在那種空氣之下，幾乎沒有甚麼真理可說。頭腦清醒點的讀書人，當然對於這種神秘氣氛不能滿意，如桓譚、張衡輩，都起來反對了。桓譚批評讖緯，便和光武帝對立，觸了光武之怒，還受了懲罰呢！那時的學風，正如班固《漢

書‧藝文志》中所說的：

> 後世經傳，既已乖離，博學者又不思多聞闕疑
> 之義，而務碎義逃難，便辭巧說，破壞形體。說五
> 字之文，至於二三萬言，後進彌以馳逐，故幼童而
> 守一藝，白首而後能言。安其所習，毀所不見，終
> 以自蔽，此學者之大患也。

班氏說經學家的浪費精力，於實學無所裨益的。依我
們看來，兩漢經學全盛時代，也正是文化思想漆黑一團的世
代。作為當時反對派的代表人物，自必首推王充。王氏以經
驗論實證論者的科學精神，向當時的經學作最猛烈的攻擊。
他認為迷信與尊古，乃是當代學術思想的兩大障礙。於是他
作了〈變虛〉、〈疑虛〉、〈福虛〉、〈感虛〉、〈禍虛〉、〈龍
虛〉、〈禹虛〉等篇[1]，把陰陽五行災異之說，攻擊得體無完
膚。又作了〈刺孟〉、〈非韓〉、〈問孔〉諸篇，打破當時人
尊古的觀念。他的思想，正是當時最進步的思想。雖說，那
種作為君主政治護身符的神秘哲學，在政治統治力未崩潰以
前，它的地位還不會動搖的；但，那種儒教加上了迷信的神
鬼哲學，已為一般進步青年所鄙棄了。到了東漢末年如仲長
統、荀悅、崔寔、徐幹輩，大都離開了迷信的空氣，趨於現
實的人生的理論，一到魏晉大變動時期，學術思想上便起了

1　編者注：王充「九虛」中，沒有〈疑虛〉、〈禹虛〉兩篇，另有〈書虛〉、〈異
　　虛〉、〈雷虛〉和〈道虛〉。

劇烈的解放與自由的傾向。

　　王充在思想系統中，繼承司馬遷、揚雄的一脈，他更推崇東漢初年的桓譚，認為桓譚還在揚雄之上，說：「桓氏《新論》一書，論世間事，辨照然否，虛妄之言，偽飾之辭，莫不證定。」我們不妨這麼說，王充的先行者，只是提供了「異端」思想的萌芽與雛形，到了王充，才系統地清算了正統派的漢儒思想體系，建立了一個完整的「異端」思想體系。王充自言：「充既疾俗情，作《譏俗》之書；又閔人君之政，徒欲治人，不得其宜，不曉其務，愁精苦思，不睹所趨，故作《政務》之書；又傷偽書俗文，多不實誠，故為《論衡》之書。」──以上三種書，再加上《養性》之書，共成四書，今唯有《論衡》行世。

　　王充沿着唯物主義路線（唯物主義自然觀，自然主義唯物觀）批判陰陽災異思想，對某些自然變化的瞭解，頗和現代科學觀點相接近，他還注意到勞動民眾的生產經驗。這都是超過了他的時代，十分可寶貴的。另一方面，他繼承了前此的無神論傳統，反駁了有神論及其表現形式，樹立了一個無神論的體系。這是他的偉大的歷史功績。至於他的認識論，基本上也是唯物主義的，不過是直觀的唯物主義認識論，卻是對神秘主義和復古主義思潮的沉重打擊。他接觸到了認識論中的一系列原理，也是我國古代哲學中的光輝成就。《後漢書·王充傳》說他「好博覽而不守章句，遂博通眾流百家之言」。「以為俗儒守文，多失其真。」著為《論衡》「釋物類同異，正時俗嫌疑」。在當時有極大的現實意義。

　　上面我們看到兩漢才智之士，為了那幾部殘破的古書，

費了那麼多的口舌，爭論得那麼久，實在都是廢話毫無用處的。所謂「微言大義」，也和科舉時代的八股文一樣，說是代聖人立言，拆穿來看，也只是「學干祿」（做官）的敲門磚，跟孔氏的六藝也毫無關係的。漢學最後那位大師鄭玄（康成），他既不是今文學家，也不是純粹的古文學家，而是兼今古文學而融會了的「鄭學」。漢學傳流下來的，也只有這融會今古文的「鄭學」。（和鄭氏同時的經學家王肅，他也是學兼今古文學，只是和鄭氏的觀點不同而已。）

范蔚宗（《後漢書》作者）論鄭氏：「括囊大典，網羅眾家；刪裁繁蕪，刊改漏失；自是學者略知所歸。」鄭氏「以博聞強記之才，兼高節卓行之美，著書滿家，從學盈萬。當時莫不仰望，稱伊洛以東，淮漢以北，康成一人而已。咸言先儒多闕，鄭氏道備，自來經師，未有若鄭君之盛者也」。因為兩漢時，經有數家，家有數說，學者莫知所從；鄭氏兼通今古文，溝合為一，於是經生皆從鄭氏，不必更求各家。《鄭玄傳》云：「凡玄所注《周易》、《尚書》、《毛詩》、《儀禮》、《禮記》、《論語》、《孝經》、《尚書大傳》、《中候》、《乾象曆》，又著《七政論》、《魯禮禘祫義》、《六藝論》、《毛詩譜》、《駁許慎五經異義》、《答臨孝存周禮難》，凡百餘萬言。」──案鄭注諸經，皆兼采今古文。注《易》用費氏古文；爻辰出費氏分野，今既亡佚，而施、孟、梁邱《易》又亡，無以考其同異。注《尚書》用古文，而多異馬融，或馬從今而鄭從古，或馬從古而鄭從今，是鄭注《書》兼采今古文也。箋《詩》以毛為主，而間易毛字，自云：「若有不同，便下己意。」所謂己意，實本三家，是鄭箋《詩》兼采今古

文也。注《儀禮》並存今古文，從今文則注內疊出古文，從古文則注內疊出今文，是鄭注《儀禮》兼采今古文也。《周禮》古文無今文，《禮記》亦無今古文之分，其注皆不必論。注《論語》，就《魯論》篇章，參之《齊》、《古》，為之注，云：「魯讀某為某，今從《古》。」是鄭注《論語》，兼采今古文也。注《孝經》多今文說，嚴可均有輯本。

那位寫《經學歷史》的皮錫瑞氏，他讚許了鄭康成一回，又轉言道：「……然而木鐸行教，卒入河海而逃；蘭陵傳經，無救焚坑之禍。鄭學雖盛，而漢學終衰。」「鄭君先通今文，後通古文。其傳曰：『造太學受業，師事京兆第五元先。始通《京氏易》、《公羊春秋》、《三統曆》、《九章算術》。又從東郡張恭祖受《周官》、《禮記》、《左氏春秋》、《韓詩》、《古文尚書》。以山東無足問者，乃西入關，因涿郡盧植事扶風馬融。』案《京氏易》、《公羊春秋》為今文；《周官》、《左氏春秋》、《古文尚書》為古文。鄭氏博學多師，立古文道通為一，見當時兩家相攻擊，意欲參合其學，自成一家之言，雖以古學為宗，亦兼采今學以附益其義。學者苦其時家法繁雜，見鄭君宏通博大，無所不包，眾論翕然歸之，不復舍此趨彼。於是鄭《易注》行而施、孟、梁邱，京之《易》不行矣；鄭《書注》行而歐陽、大小夏侯之《書》不行矣；鄭《詩箋》行而魯、齊、韓之《詩》不行矣；鄭《禮注》行而大小戴之《禮》不行矣；鄭《論語注》行而齊魯《論語》不行矣。」在我們看來，鄭氏乃是集大成的通人，在經學史上跨了一大步了。可是腐儒們又將作如何想法呢！

四　魏晉玄學

班固《漢書·儒林傳》贊云：「自武帝立五經博士，開弟子員，設科射策（射即對），勸以官祿，訖於元始，百有餘年，傳業者寖盛，支葉蕃滋，一經說至百餘萬言，大師眾至千餘人，蓋祿利之路然也。」這段話，說得透闢極了，世上再沒有甚麼事，比得上利祿的誘惑力的了；明清兩代的科舉八股，那麼風行，也就正是利祿二字引誘的力量。漢代儒者的說經，同這種情形多少有點相似。當時，頭腦清醒的，並不只班固一人，桓譚在《新論》中，也在不斷地諷刺着。揚雄也在《法言》中說：「今之學者，非獨為之華藻也，又從而繡其鞶帨。」語中表示十分憤慨，當漢代君權還能勉強支持時，這種學問還可以繼續支持着，等到政權動搖了，這些東西，自然而然會被一般人所鄙棄了。范曄《後漢書·儒林傳》論說得好：

> 夫書理無二，義歸有宗，而碩學之徒，莫之或徙，故通人鄙其固焉。……且觀成名高第終能遠至者，蓋亦募焉。而迂滯若是矣，然所談者仁義，所傳者聖法也。故人識君臣父子之綱，家知違邪歸正之路。自桓靈之間，君道秕僻，朝綱日陵，國隙屢啟，自中智以下，靡不審其崩離。

這番話，說得很清楚，當時的儒士，迂滯如此，通人鄙其固執，自然產生不出偉大的學者。但是他們開口不離忠孝名節，禮樂制度，這都是聖賢的人倫大道，甚麼人都不能

反對。等到君道祇僻，朝綱日陵的時代，那套道理，完全沒有用處。既不能救世，也不能自救。正如范滂被宦官處死的日子，他悲痛地對自己的兒子說：「我要你作惡事，惡事實在做不得；要你去行善事，但我是行善事的，結果又是如此呢！」正代表儒士們處在亂世的悲哀！還有一些儒士，他們的言行並不一致，講的是仁義道德，做的是男盜女娼，這種人，自更為一般人所鄙視的了。到了那樣的社會環境中，就是中智以下的人，也知道崩離破碎的經學的無用，要轉換另一方向了。東漢末年，曹操重法術，曹丕慕通達，於是研經之士，失了利祿之門，儒家經學，便呈現了極度的衰微。魚豢《魏略・儒宗傳》序中云：

> 從初平之元（漢獻帝）至建安之末，天下分崩，人懷苟且，綱紀既衰，儒學尤甚……。正始中，有詔議圜丘普延學士，是時郎官及司徒，領吏三萬餘人，雖復分布，在京師者，尚且萬人。而應當與議者，略無幾人。又是時朝堂公卿以下四百餘人，其能操筆者，未有十人。多皆相從飽食而退。嗟呼！學業沉隕，乃至於此。（《全三國文》）

從初平到正始，不到六十年，儒學衰微到這種地步，不免使人驚異的。

皮錫瑞稱鄭康成集經學大成時代為經學中衰，說：「鄭學出而漢學衰，王肅出而鄭學亦衰。」此語頗足吟味。王肅善賈（逵）馬（融）之學而不好鄭氏。——王肅之學，亦兼

通今古文。肅父朗師楊賜，楊氏世傳歐陽《尚書》。（洪亮吉以肅為伏生十七傳弟子）肅嘗習今文，而又治賈馬古文學，故其駁鄭，或以今文說駁鄭之古文，或以古文說駁鄭之今文。這麼一來，兼通今古的，又互相攻訐，有如兩漢今古文學的爭執了！

如皮錫瑞所說的：「王肅不好鄭氏，乃偽造孔安國《尚書傳》、《論語》、《孝經注》、《孔子家語》、《孔叢子》共五書，以互證明，托於孔子。」陳蘭甫《東塾讀書記》：「王肅為《尚書》、《詩》、《論語》、『三禮』、《左氏》解，及撰定父朗所作《易傳》皆列於學官。其所論駁朝廷典制郊祀宗廟喪紀輕重，凡百餘篇。又集《聖證論》以譏短鄭康成。其偽作《孔子家語》，自為序云：『鄭氏學行五十載矣，義理不安，違錯者多，是以奪而易之。』澧案：魏之典制，多因於漢。鄭君注《禮》，亦多用漢制。王肅幼為鄭學，（此王肅語，見《周禮‧媒氏‧疏》。）其後乃欲奪而易之，實欲並奪漢魏典制而易之，使經義朝章，皆出於己也。肅為魏世臣，而黨於司馬氏，以傾魏祚。身死之後，其外孫司馬炎篡魏，事事敬王景侯（肅），竟遂其奪而易之之願矣。」王肅以外甥稱帝，便把他所作偽書都列入學官，這和明帝姓朱便規定把朱熹的四書、五經注解作為經義準繩，同是中國二千年學術史上的怪事，而腐儒們不悟也。

可是，時代不同了，魏晉間社會環境，變動之大，比春秋戰國還波瀾壯闊些。經學的「致用」時代，也已結束了。孔門儒學，差不多冷藏了一千年之久。這就進入王弼、何晏的玄學時代。陳壽《三國志‧魏志》，王弼無傳，僅於〈鍾

會傳〉尾附敍數語，實太簡陋。然其稱弼「好論儒道」，「注《易》及《孔子》」，孔老並列未言偏重，則似亦微窺輔嗣思想學問之趨向。蓋「世人多以玄學為老莊之附庸，而忘其亦係儒學之蛻變。多知王弼好老，發揮道家之學，而少悉其固未嘗非聖離經。其生平為學，可謂純宗老氏，實則亦極重儒術。其解《老》雖精，然苦心創見，實不如注《易》之絕倫也」。（湯用彤氏語）

漢魏之際，中華學術大變。然經術之變為玄談，非若風雨之驟至，乃漸靡使之然。經術之變，上接今古文學之爭。魏晉經學之偉績，首推王弼之《易》杜預之《左傳》，均源出古學。今學乃漢代經師之正宗，有古學乃見歧異。歧異既生，思想乃不囿於一方，而自由解釋之風始可興起。夫左丘明本不傳《春秋》，而杜預割裂舊文以釋經，以非經而言為經，與王肅之造偽書作聖證，其為非聖無法，實有相同；然尊《左氏》為經，本導源劉歆，亦非後世所突創也。至若《易》本卜筮之書，自當言象。王弼黜爻象，而專附會義理，似為突創。然王氏本祖《費氏易》，世稱同於古文。傳至馬融、荀悅言其始生異說，古文《易》本不同今文《易》。馬氏治《易》更異於先儒，則《易》本早有了變化。而王氏之創新，亦不過繼東漢以來自由精神之漸展耳。

「漢代儒生多宗陰陽，魏晉經學乃雜玄談。於孔門之性與天道，或釋以陰陽，或合以玄理，同是駁雜不純，未見其間有可軒輊者。夫性與天道為形上之學，儒經特明之者，自為《周易》。王弼之《易注》出而儒家之形上學之新義乃成。新義之生，源於漢代經學之早生歧異。遠有今古文學之

爭，而近則有荊州章句之後定。王弼之學與荊州蓋有密切之關係。漢末，中原大亂，荊州獨全。劉表為牧，人民豐樂。天下俊傑，群往歸依，王粲即於其時住在荊州。——王弼之《易》，則繼承荊州之風。」

我所寫的這一串隨筆，原想依着「經史子集」的四部順序來作閒談。可是有人雖在那兒提倡讀經，他們對經學的知識實在有限得很。他們或許知道鄭玄（康成）融會今古文，卻很少知道王肅其人，也不知道他們所讀的經書，一部分還是王肅所偽造的。一般人知道東漢王充是一位反傳統的大思想家，但他們對桓譚、仲長統的思想、言論卻十分隔膜了。我在這兒再向讀者諸君申說一下：我所說的都是經學的常識，我是反對讀經的，所以並不主張接受這些常識。但，要讀經或是參加國學常識考試的話，就得知道這些常識。一個文史教師，如不知道馬融和王肅的經學研究，總是不夠水準的。

另一面，我是從辯證觀點來看經學到玄學的演程的，玄學原是經學時代的反對派，但玄學卻是揚棄了經學而適應魏晉這個變亂的大時代的。湯用彤氏論魏晉玄學流別，說：自從揚雄以後，漢代學士已經在企慕玄遠。馮衍《顯志賦》所謂：「常務道德之實，而不求當世之名。闊略渺小之禮，蕩佚人間之事。」仲長統《昌言》所謂：「逍遙一世之上，睥睨天地之間，不受當世之責[2]，永保性命之期。」他們所以寄跡宅心，已經和魏正始、晉永嘉間人士的觀點並無不同。而

2　編者注：「當世之責」另作「當時之責」。

重玄之門，老子所游，談玄者必上尊老子。所以桓譚謂「老氏其心玄遠，與道合」。馮衍「抗玄妙之常操」，而「大老聃之貴玄」。傅毅言：「游心於玄妙，清思於黃老。」仲長統：「安神閨房，思老氏之玄虛。」可見貴玄言，宗老氏，雖是魏晉間的共同傾向，卻在東漢開了先端了。

湯氏又謂：荊州學風，喜張異議，更無可疑。劉表改定五經章句，刪劃浮詞，芟除煩重，其精神實反今學末流之浮華，破碎之章句。荊州儒生之最有影響者，當推宋衷。仲子不惟治古文，其專長乃在《太玄》。荊州之學甚盛，而仲子為海內所宗仰，其《太玄》為天下所重。《太玄》為《易》之輔翼，仲子之《易》，自亦有名於世。（這一點，又為一般談經者所忽略。）王弼未必住過荊州，然其家世與荊州頗有關係。山陽劉表受學於同郡王暢，漢末暢孫粲與族兄凱避地至荊州依劉表。表以女妻凱。粲之二子與宋衷均死於魏諷之難。魏文帝因粲子二人被誅，以凱之子業嗣粲。王弼乃業之子，宏之弟，亦即粲之孫也。宏字正宗，張湛《列子注·序》，謂正宗與弼均好文籍。《列子》有六卷，原為王弼女婿所藏。按《列子》雖非先秦原文，卻是就舊文補綴成篇。王氏從正宗始，便好玄言。而其父祖都和荊州有關係。粲、凱及其子與業，必熟聞宋仲子之道，後定之論。則王弼之家學，上溯荊州，出於宋氏。宋氏既重性與天道，輔嗣好玄理，其中演變應有相當之連繫。又按王肅從宋衷讀《太玄》，而更為之解。張惠言說：王弼注《易》祖述肅說，特去其比附爻象者。」這一推論若是正確的話，則首稱仲子，再傳子雍，終有輔嗣，可謂一脈相傳了。（蒙文通《經學抉原》）

湯氏說：「大凡世界聖教演進，如至於繁瑣失真，則常生復古之要求。耶穌新教，倡言反求聖經。佛教經量稱以阿難為師。均斥後世經師失教祖之原旨，而重尋求其最初之根據也。」此意得之。

五 《易》《老》與《論語》

上面，我把兩漢經學家為了謀求利祿而說鬼話的往事說了，我只是說他們如何帶了陰陽五行的帽子在說鬼話。等到古文學家用歷史眼光把「時代」喚醒過來，這就進入玄學時代。風會所趨，王弼何晏他們，所以啟發後人的，乃是借《易》、《老》及《論語》這三種古書來發明新義。我們可以說，魏晉玄學家所說的《易》、《老》及《論語》，已不是經學家所說的《易》、《老》及《論語》了。我們應該明白：古人歡喜把自己的意見，寄託在古人的經論中，和現代人歡喜自己來創作，恰好是相反的手法。朱子作《四書集注》，甚至改動《大學》的篇什以及語句，正是他在舊瓶裏裝新酒。康有為坐定孔夫子託古改制，他們呢，也就託孔子來改制。這種種，和我們這一代的觀點都大不相同的。

究竟《易經》是怎麼一回事？老實說，還沒有人弄清楚過，我曾否定了古往今來所有研究《易經》的人的議論，但我並沒說，破了以後，已經有所立了。我們比前人幸運一點，那是發見了殷商先王占卜所留的記錄，這是孔子當年所不曾看到過的。我們肯定了《易·繫辭》的說法：「《易》有聖人之道四焉，以言者尚其辭，以動者尚其變，以制器

者尚其象，以卜筮者尚其占。」《易》在古代，其道顯得這麼廣大。（這當然不是孔子的話，而是戰國時代儒士們的說法。）自漢以後，象數、圖書、儒理、史事，衍成說《易》許多宗派，甚至於「天文、地理、樂律、兵法、韻學、算術以逮方外之爐火，皆可援《易》以為說，而好異者又援之以入《易》。」（《四庫提要》語）於是《易》道更加廣大，這些說法不管他有道理，無道理，有價值無價值，總是有事於《易》，總是正號的研究《易》，而不是負號的取消《易》。我們也得明白今日之所謂迷信，正是古代人士所信賴的哲學與科學。於今丟倒後邊倉庫去的廢物，在古代正是擺在客廳上的傢俬。我們得瞭解它們，當年擺在客廳上的是怎麼一種神情！

　　馮友蘭先生在《中國哲學史》中，說到秦漢之際的儒家，立了《〈易傳〉及〈淮南鴻烈〉中之宇宙論》專章，即是說明《易傳》代表初民的樸素宇宙觀。他說：「商代無八卦，商人有卜而無筮。筮法乃周人所創，以替代或補助卜法者。卦及卦爻等於龜卜之兆。卦辭交辭等於龜卜之繇辭。繇辭乃掌卜之人，視兆而占者。此等臨時占辭，有時出於新造，有時亦沿用舊辭。灼龜自然的兆象，既多繁難不易辨識，而以前之占辭，又多繁難不易記憶。筮法之興，即所以解決此種困難者。卦爻仿自兆而數有一定，每卦爻之下又繫有一定之辭。筮時歸何卦何爻即可依卦辭爻辭引申推論。比之龜卜，實為簡易。」這是完全新的觀點，一掃攀附伏羲、文王、周公、孔子的舊說，值得我們注意的。可是流俗一直會接受傳統的說法，不容易丟開前人的妄言；正如王昭君明

明嫁到番邦，嫁了番王；番王死了，還嫁了番王的兒子，何嘗有睠懷故主之事？可是「明妃之怨」，一直流傳人口，連杜甫也跟着在胡說呢？

十五年前，我的朋友家中有過這麼一段趣事：李彭兩家的正在小學唸書的女兒，她們在研究「曹伯伯是不是孔夫子的學生？」李彭二兄聽了不覺大笑。如今這兩位小姐，都在大學畢業了，她們該明白曹伯伯是不是孔夫子的學生了。當時，李兄問我：「你究竟是誰的學生？」我說：「說起來，我該是老莊的門徒。」

湯用彤先生論魏晉玄學流別，謂：談玄者，東漢之與魏晉，固有根本之不同。桓譚曰：「揚雄作玄書，以為玄者天也、道也。言聖賢著法作事，皆引天道以為本統。而因附屬萬類王政人事法度。」亦此所謂天道，雖頗排斥神仙圖讖之說，而仍不免本天人感應之義，由物象之盛衰，明人事之隆法。稽察自然之理，符之於政事法度，其所游心，未超於象數。其所研求，常在乎吉凶。魏晉之玄學則不然；已不復拘拘於宇宙運行之外用，進而論天地萬物之本體。漢代寓天道於物理；魏晉黜天道而究本體，以寡御眾，而歸於玄極；忘象得意，而游於物外。── 棄物理之尋求，進而為本體之體會。漢代偏重天地運行之物理，魏晉貴談有無之玄致。二者雖均曾託始於老子，然前者不免依物象數理之消息盈虛，言天道，合人事；後者建言大道之玄遠無朕，而不執着於實物，乃進於純玄學之討論。湯氏此論很精微，且待我來闡述一番。

我們知道十八世紀中期，在歐洲氾濫着的自然哲學，其

起源乃由於老莊哲學之西傳。一方面，成為盧梭派的主潮，一方面，也正成為達爾文（一八〇九－一八八二）、赫胥黎進化天演派的基點。嚴復（幾道）譯了《天演論》到東土來，又和老莊派相結合，這便成為我的思想中心。這一點，即是說，經十九世紀後期到二十世紀二十年代，朝野人士多少都受了《天演論》影響。新舊教從明末傳到中國來，經不起《天演論》一個大浪潮，沖洗得乾乾淨淨，這是最事實的事實。我透過了《天演論》來接受老莊哲學，這就跟東漢魏晉的玄學家不完全相同了。

　　清末維新哲士夏曾佑氏，他替嚴復（幾道）《老子評點》作序，曾說：「……知識者人也，運會者天也，知識與運會相乘而生學說，則天人合者也。人自聖賢以至於愚不肖，其意念無不緣於觀感而後興，其所觀感者同，則其所意念者亦同。若夫老子之所值，與斯賓塞等之所值蓋亦嘗相同，而幾道之所值，則亦與老子斯賓塞等之所值同也。此其見之相同，又多異哉！」「……幾道既學於西方而盡其說，而中國之局，又適為秦漢以後一大變革之時，其所觀感者，與老子斯賓塞同，故吾以為即無斯賓塞，而幾道讀《老子》，亦能作如是解，而況乎有斯賓塞等以為之證哉！故幾道之談《老子》所以能獨是者，天人適相合也。」這也可以說最早的「存在決定意識」的新觀點。夏氏一代才智之士，他的見識，自是不同凡響。而我所繼承的老莊思想，也可說是透過了進化論而來的自然哲學吧！

　　干寶《晉紀總論》：「風俗淫僻，恥尚失所。學者以莊老為宗，而黜六經；談者以虛薄為辯，而賤名檢；行身者以

放濁為通，而狹節信；進仕者以苟得為貴，而鄙居正；當官者，以望空為高，而笑勤俗。其倚仗虛曠，依阿無心者，皆名重海內。苦夫文王日昃不暇日[3]，仲山甫夙夜匪懈者，蓋共嗤點以為灰塵而相垢病矣。」這段話，除了這位歷史家痛心疾首的情緒以外，所說的都是魏晉當時的朝野風尚。趙翼《二十二史劄記》，有云：「清談之習，當時父兄師友之所講求，專推究老莊以為口舌之助；五經中惟崇易理，其他盡閣束也。至梁武帝始崇尚經學，儒術由之稍振。然談議之習已成，所謂經學者，亦皆以為談辨之資。」風尚一變，朝野士大夫的觀感，對於社會人生的輕重得失，也完全不同了。

《易》、《老》二書以外，儒家經籍，清談家只取《論語》一書，和王弼《易注》並傳的，有何晏《論語注》。《東塾讀書記‧論語卷》：「何注始有玄虛之語，如子曰：『志於道』，注云：『廣道不可體，故志之而已。』『回也其庶乎，屢空。』注云：『一曰空猶虛中也。』自是以後，玄談競起，此皆皇侃《疏》所采，而皇氏玄虛之說尤多，甚至謂原壞為方外聖人，孔子為方內聖人。」在一千八百年前，才智之士的共同意趣，和我們大不相同；而他們的意趣，也和兩漢儒士，大不相同；這三種不同的角度，彼此會產生某種隔膜——即荀子所謂「蔽」，乃是我們必須先解脫了才行。

何劭《王弼傳》：「何晏以為聖人無喜怒哀樂，其論甚精，鍾會等述之；弼與不同，以為聖人茂於人者神明也，同

3　編者注：「苦」句原文為「若夫文王日昃不暇食」。

於人者五情也。神明茂，故能體沖和以通無，五情同，故不能無哀樂以應物。然則聖人之情，應物而無累於物者也。今以其無累，便謂不復應物，失之多矣。」這段話，指出聖人無情與有情，乃魏晉文士們引起爭論的新課題。聖人無情乃漢魏流行學說應有之結論，而為當時名士之通說。而王弼的聖人有情說，正可以說是立異。聖人無情之說，蓋出於聖德法天，此所謂天乃謂「自然」，而非有意志之天。……聖人與自然為一，則純理任性而無情。聖人以降，則性外有情，下焉者則縱情而不順理，上焉者亦只能以情為理，而未嘗無情。《論語》顏子「不遷怒」，何晏《集解》：「凡人任情，喜怒違理。顏淵任道，怒不過分。遷者移也。怒當其理，不移易也。」推何氏之意，「聖人純乎天道，未嘗有情；賢人以情當理，而未嘗無情。至苦眾庶固亦有情[4]，然違理而任情，為喜怒所役使而不能自拔也。」（湯用彤語）

王弼說：「五情同，故不能無哀樂以應物。」蓋輔嗣之論性情也，實自動靜言之。心性本靜感於物而動，則有哀樂之情。因此，王弼《論語釋疑》云：「夫喜懼哀樂，民之自然，應感而動，則發乎歌聲[5]。」又云：「情動於中，而形於言，情正實而其言不作[6]。」──聖人雖與常人同有五情；然聖人之情，應物而無累於物。無累於物者，樂而不淫，哀而不傷，亦可謂應物而不傷。──我們推論玄學兩大師何晏、

4　編者注：「苦」應為「若」。

5　編者注：「歌聲」應作「聲歌」。

6　編者注：「情動」句按原文為：「情動於中，而外形於言，情正實而後言之不作。」

王弼之異同：（一）何主聖人無情，王言聖人有情。（二）何王均言聖人無累；何之無累，因聖人純乎天理而無情。王之無累，因聖人性其情，動不違理。

六　經迷

我翻看魯迅的小說〈孔乙己〉，這是一位典型的上一代的士大夫（知識分子），可是，年青一代的人看了，實在不懂。即如我，已經進入了「永生的時代」，（永生又是維新時代的士大夫，遲了三十年了）要不是熟讀吳敬梓《儒林外史》，也不一定會瞭解孔乙己的。我閒談了幾個月的經學，要不是年青學生得在會考場中應試，這些廢話，實在用不着多說的。我曾經幾次說了「時代不同了」的話，今年是庚戌（一九七〇年），回過去六十年，上一個庚戌年的讀書人，要是不知道我所談的種種，怕的要挑屎桶遊街呢！（當時的秀才，給學生批列四等的話，就得挑紅尿桶遊街示眾；即是說你這人不配讀書，只好下田務農去。在今日，務農是一種光榮，在那時，卻是一種可恥的泥腳。這也是「時代不同了」的注腳。）所以，我所談，原是常談，在今日，除了應付會考，就沒有甚麼用處了！

所以我要談談經迷們的故事：依腐儒們的想法，六經刪訂，出於孔夫子之手；而孔子作《春秋》，筆則筆，削則削，由夏不能贊一詞的，自該尊經了。但據《禮記·經解》：「《詩》之失，愚；《書》之失，誣；《樂》之失，奢；《易》之失，賊；《禮》之失，煩；《春秋》之失，亂。」可

見孔子對所謂「六經」有了深切瞭解與批評，他只教弟子們以「六藝」，並不要他們唸六經的。（孟子也有過「盡信書不如無書」的明訓）

可是，如孔乙己那樣的迂腐人物，自從兩漢定儒家於一尊，經迷便隨時隨地產生了，孔乙己和阿Q一樣，乃是一種類型人物。《後漢書‧向栩傳》：會張角作亂，這位大臣，他諷刺朝廷人士，怪他們要興師動眾，依他的辦法，只要派將官到黃河邊上去，北向黃巾讀《孝經》，那些叛徒便會消滅了。又《晉書‧劉超傳》：那時蘇峻作亂，晉成帝只有八歲，這位太傅，還是每天在圍城中唸《孝經》和《論語》。又《南史‧徐份傳》：他的父親病危中，他燒香涕泣，跪誦《孝經》，日夜不息，如是者三日三夜，據說，他的父親的病居然豁然而癒了。（《南史‧顧憛傳》也有類似的神話）又，明弘光二年（一六四五年）四月，（明）福王召對群臣，詢問還都計，錢謙益力言不可。那時，揚州已被清兵攻陷，舉朝皇皇，那位大學士，依然請定期講經書。孔乙己型的人物，就是代代相繼，直到今日，還是活在我們眼前的。明末清初，河北學師李塨（顏元弟子，史稱顏李學派）說：「至於宋明，虛文日多，實學日衰，以誦讀為高致，以政事為粗庸。邱濬為大學士，著《大學衍義補》，不務實行，但期立言。孫鑛坐大司馬堂上，手執書卷，時邊事日亟，為侯執蒲所劾。此風一成，朝廷將相，競以讀書著述為高。至於明末，萬卷經書，滿腹文詞，不能發一策，灣一矢，甘心敗北，肝腦塗地，而宗廟墟，而生民燼矣。」正如顏習齋所說的：「古今旋乾轉坤，開物成務，由皇帝王霸以至秦漢唐宋

明，皆非書生也。讀書著書，能損人神智氣力，不能益人才德。其間或有一二書生，濟時救難者，是其天資高，若不讀書，其事功亦偉，然為書損耗，非受益也。」真是一針見血的批評！（顏氏又說：「於庭次間聞鄉塾讀書聲，便嘆道：『可惜許多氣力！』但見人把筆作文字，便嘆道：『可惜許多心思！』」）

宋明理學家，他們抬出了道統來，說道統從堯舜禹湯文武周公，便跳到了孔子；這一來，道統彷彿藕絲一般，到了東漢末年，便微乎其微，幾乎斷了氣。直到一千年後，河南程氏兩夫子出，才把道統的絲續了上去；於是程朱、陸王都是續道統的人。那末，道統是甚麼呢？二程明道、伊川二夫子，說是接上了堯舜所說的十六字心法：「人心惟危，道心惟微，惟精惟一，允執厥中。」他們從《禮記》中找出了〈大學〉、〈中庸〉二篇，來作和道家爭衡的武器，最主要的還是用以作為和東來的佛學爭一日之長。十六字心法，乃是和禪宗相對的精神鬥爭。可是，清代樸學家出來了，他們考證出《尚書》古史，只有二十八篇是真的；《偽古文尚書》二十五篇都是假的。而《舜典》、《大禹謨》都是偽貨，而十六字心法，正在偽貨之中。試問，這樣的道統，又該怎麼說呢？玄文學家[7]稱孔子為素王，而古文學卻證明所謂五經，和孔子根本不相干的，尊經的人，又該怎麼說呢？舉世多經迷，而經迷的最大弱點，正是他們不懂得甚麼是經，他們都是「孔

7　編者注：同句相對「古文學家」而言，此處應作「今文學家」。

乙己」。

　　我在這兒，且把前人所謂「經」這一種東西，一一檢點一下：（一）一般人，口頭所說的「六經」：即《詩》、《書》、《禮》、《樂》、《易》、《春秋》，始見於《莊子・天運》篇。漢史家劉歆《七略》、班固《漢書・藝文志》，亦稱六經。（二）六經去《樂》稱為「五經」。宋徐堅《初學記》謂《樂經》亡，乃以《易》、《詩》、《書》、《禮》、《春秋》為五經。今文學家謂《樂》本無經，《樂》即在《詩》與《禮》之中。（三）東漢有「七經」之稱，全祖望《經史問答》云：「七經者，蓋六經之外，加《論語》。東漢則加《孝經》而去《樂》。」清柴紹炳則謂「五經之外，兼《周禮》、《儀禮》」。七經就有這麼三種不同的說法。（四）「九經」之名，始見於《唐書》，柴紹炳謂：「有稱九經者；七經之外，兼《論語》、《孝經》也。」清皮錫瑞謂：「唐分三禮、三傳，合《易》《書》《詩》為九。」九經也有二說。（五）「十二經」之名始見於《莊子・天道》篇。唐陸德明《經典釋文》以為有三義：A、六經加六緯為十二經。B、以《易》上下經，並孔子《十翼》，為十二經。C、以《春秋》十二公為十二經。宋晁公武《郡齋讀書志》：「唐太和中，復刻十二經，立石國學。」這十二經指《易》、《書》、《詩》、《周禮》、《儀禮》、《禮記》、《春秋左氏》《公羊》《穀梁》三傳、《論語》、《孝經》、《爾雅》。（六）「十三經」之名始於宋，皮錫瑞云：「唐分三禮、三傳，合《易》《書》《詩》為九；宋又增《論語》、《孝經》、《孟子》、《爾雅》為十三經。」顧亭林《日知錄》云：「九經者三禮三傳，分而習之，故云九也。宋程朱諸氏始取《禮

記》中之〈大學〉〈中庸〉及《孟子》以配《論語》謂之四書，而十三經之名始立。（七）有附《大戴禮記》於十三經，稱「十四經」。（八）清段玉裁主張於十三經外，增《大戴禮記》、《國語》、《史記》、《漢書》、《資治通鑑》、《說文解字》、《周髀算經》、《九章算術》八書，為二十一經。

依前人的習慣，大多稱為五經或十三經，我是反對年青人讀經的，去了所有的經，只讀一部《左傳》，已經夠了。

回了上去，我重新說述章太炎師的觀點（見《國故論衡‧文學總略》及《原經》）。他認為「經」只是一切書籍的通稱，並不是孔子的六經所能專有。在孔子以前，早已有了所謂經；在孔子以後的群書也不妨稱為經。他以為經、傳、論的不同，不是由於著作者的身份不同，而只是由於書籍版本長短的差異。經的本義是線，就是訂書的線，也就是《論語》上所謂「韋編三絕」的「韋編」。這番話，我開頭已經說過了。章師認為經是一切群書的通稱，如《國語》《吳語》的「挾經秉槍[8]」，則兵書可以稱經。王充《論衡‧謝短》篇：「至禮與律獨經也」，則法律可以稱經；《管子》有〈經言〉、〈區言〉，則教令可以稱經；《漢書‧律曆志》援引《世經》，則歷史可以稱經；《隋書‧經籍志》著錄《畿服經》，則地志可以稱經；《墨子》有〈經上〉、〈經下〉篇，《韓非子‧內外儲說》篇，另立綱要為經；《老子》在漢代，鄰氏次為經傳；賈誼書有《容經》，則諸子也可以稱經。總之，

8　編者注：「槍」應作「枹」。

依古文派說，經是一切書籍的通稱，不能佔為五經、七經、九經、十一經、十三經等書的專名。章師生在啟蒙時代，受了大師俞樾的訓誨，有着黎明期的清新氣息，敢於在舊瓶中注入新酒，總結了清代三百年樸學家的大成，梁啟超氏許為樸學世代的最後大師，並非虛譽。

另外一面，清代，那位反桐城古文的駢文家汪中，他認為「經」是經緯組織之意。六經中的文章，多是奇偶相生，聲韻相協，藻繪成章，好像治絲的經緯一樣，所以得稱為經；換言之，六經文章大抵是廣義的駢體文，也就是他們所謂「文言」。所以其他群書，只要是「文言」的，也可以稱為經，如《老子》稱為《道德經》，《離騷》稱為《離騷經》等等。（劉師培著《經學教科書》，也主此說。）這一說法，和一般人所瞭解的正相反，卻也自成一說。至於佛學東來，釋伽師徒講說的，也都稱為「經」，如《金剛經》、《心經》……等，如《四庫全書》一樣，結集為《大藏經》、《續藏經》。至於回教有《可蘭經》，耶穌教有舊約、新約《聖經》。「經」之為「經」，就是如此。

我們坐在西湖文瀾閣的庭院，對着那位十全老人乾隆皇帝所立的「文瀾閣」三字的石碑，和一大批比其他書箱高了一尺腳的經書木箱，不禁默爾作笑。所謂「五經」這一大批書，早已給我們依着杜威書籍十進分類法，分門別類分開去了。「經」之為書，完全不存在，只留下這麼一堆木箱罷了！後來，文瀾閣闢為西湖博物館，這批木箱都裝上了動植物標本，乾隆帝所欽賜的尊嚴，就跟那塊石碑一樣，完全抹掉了。（我們就在石碑上曬女人的底褲呢！）一方面，前人

國學十二講

覺得孔孟攻乎異端，把楊墨當作為洪流猛獸看待。宋明以後，把「經子史集」的四部，改為「經史子集」，把異端降了一級。而我這個老莊的門徒，總覺得老莊韓非，無論哪一點，都比孔孟高明一點。儒家只有荀子，還夠得上和老莊抗衡。而魏晉間的何晏、王弼、郭象他們，在某些方面都在先秦諸子之上呢！

第四講

一　先秦諸子

　　新近在英國逝世的羅素，他的博學多聞，倒和二千五百年前的孔丘差不多，他們都是貴族家世，有着多方面的智慧。不過，從羅素的描敘論（The Theory of Description）看來，我所說這句話，還是有毛病的，因為孔子究竟是怎麼一個人？誰也不曾知道過。他的門弟子有種種說法，孟荀也有孟荀的說法，兩漢儒士，董仲舒、劉歆也有他們的說法，漢末鄭樵、王肅[1]，以及魏晉的何晏、王弼，也各有各的說法。到了兩宋元明，理學家的孔子，至少有三種不同的說法。孔子自己只說過這樣的話：「其為人也，發憤忘食，樂以忘憂，不知老之將至！」清儒段玉裁，他主張把各人的說法還給各個人，這就是羅素所說的描敘論了。

　　到了今日，我們明白送到神廟去的孔夫子，給煙霧蒙住了，跟西湖月下老人祠中的月下老人一般，看不清本來面目了。前人所說的連司馬遷《史記・孔子世家》所說的在內，都是歷史小說，不是歷史。既然是歷史小說，我們不妨聽一

1　編者注：「鄭樵」應是手民之誤，鄭樵為南宋史學家，而據前文與王肅齊名者，應指「鄭玄」。

聽孔子的山東老鄉賈鳧西一段鼓詞：

　　話說孔聖人周遊列國，用世情殷，王孫賈勸他媚灶，他就說：「獲罪於天。」彌子瑕要送他衛卿，他又說：「得失由命。」雖是美玉思沽，到底不肯詭遇求合。這個萬代宗師，能守出處之正。竟有一般遊說之徒，不以為法，執鞭欣慕。甚且舐痔吮癰，甘心樂受。在他自己覺得處世原該如此。哪想有幾個睜着眼的看了他，替他一陣陣臉上出火。所以晏平仲家那使車的，何嘗不揚揚得意，倒捱了他老婆一頓臭罵。你看，這個婦人倒還有些志氣，我們男子漢大丈夫，為什麼不挽起眉毛成一個人？」

　　還有一位孔夫子的後代，孔尚任（雲亭山人），他在《桃花扇》第一回〈聽稗〉中，讓柳敬亭給他們說一段《論語》：

　　（上坐敲鼓板說書介）「問余何事棲碧山，笑而不答心自閒，桃花流水杳然去，別有天地非人間。」（拍醒木說介）敢告列位，今日所說的不是別的，是申魯三家欺君之罪，表孔聖人正樂之功。當時魯道衰微，人心僭竊，我夫子自衛反魯，然後樂正。那些樂官恍然大悟，愧悔交集，一個個東奔西走，把那權臣勢家鬧烘烘的戲場冰冷。你說聖人的手段，利害呀不利害？神妙呀不神妙？（敲鼓板唱介）（鼓詞）「自古聖人手段能，他會呼風喚雨

撒豆成兵。見一夥亂臣無禮教歌舞，使了個些小方法，弄的他精打精。正排着低品走狗奴才隊，都做了高節清風大英雄！」那太師名摯，他第一個先適了秦。管亞飯的名干，適了楚；管三飯的名繚，適了蔡；管四飯的名缺，適了秦。擊鼓的名方叔，入於河；播鞀的名武，入於漢；少師名陽，擊磬的名襄，入於海。這四個人，去的好，去的妙，去的有意思。……

他們並不想跟着孔夫子去吃冷豬肉，因此，他們都把孔仲尼說活了。

在我的一生中，和主張尊孔讀經的頑固派，如曹慕管、汪懋祖輩交手的機會很多；而勸年青一代，不要讀經的，如魯迅，如吳稚暉（他主張把古書丟入毛坑三十年再來讀也不遲），他們都比我們更徹底些；可見，新考證學派，也是吾道不孤。有一位朋友，他是主張寫文章如《論語》那樣簡潔的。我笑着，拿一把刻字刀，一片已經「汗了青」的竹簡給他，叫他試一試，看他在一點鐘內刻得多少字。結果，他刻不上三十個字，已經手痛不可耐了。我對他說：「孔老夫子，他坐在席子上閒談，一點鐘的話，不止三千字吧！你這學生，刻不了三十個字，試問，即算刻字專家，能不刻上最簡括的語句嗎？」我們不要拿用鉛筆在拍紙簿寫筆記的情況來推想孔門師徒講學的字。我們多寫一些字，孔老夫子說了三四千字，我們筆記有了四五百字，並不困難。吳稚老說：「我們這個世代，繁一點，又有甚麼關係？」我贊成這一說法。

把孔子當作常人看待，這是司馬遷的過人特識，他那世代原是把孔子當作神人看待的。我們不僅把孔子當作常人看待，還把他擠到先秦諸子行列中去。雖說唐以前，都是周孔並稱，神廟中有着周公的神位，還是認為戰國時人，「孔墨並稱」，更是適當。在春秋戰國之際，那一百多年中，墨子的地位，怕的還在孔子之上呢？孔子的「有教無類」，以貴族家世，和平民打交道，把自己的知識傳授給下一代青年，和希臘哲人蘇格拉底差不多。——孔子弟子之成就，本不一律。《論語》謂：「德行：顏淵、閔子騫、冉伯牛、仲弓；言語：宰我、子貢；政事：冉有、季路；文學：子游、子夏。」（孔門所謂文學，即一般學識，和文章有別。）又如子路之「可使治賦」，冉有之「可使為宰」；公西華之「可使與賓客言」；皆能「為千乘之國」辦事。可見孔子教弟子，完全欲使之成「人」，不是教他們做一家的學者。這和宋明理學家的想法完全不相同。

《莊子·齊物論》說：「道隱於小成，言隱於榮華，故有儒墨之是非。」我們從這幾句，可以明白戰國世代的儒墨之爭，是多麼重大的文化問題。這一問題到了儒家定於一尊以後，墨家黯然無光，幾乎無人理會了。到了唐代韓愈談墨子，說：「儒墨同是堯舜，同非桀紂，同修身、正心以治天下國家，奚不相悅如是哉？余以為辯生於末學，各務售其師之說，非二師之道本然也。孔子必用墨子，墨子必用孔子。不相用，不足為孔墨。」這才真正混同儒墨以至混淆其是非了。不過，大家該明白我們是生在墨學復興的新時代，墨學由於借了西方科學的光而復興了，新的儒墨之爭，儒家又已

黯然無光了。孫詒讓《墨學通論・前序》中說：「春秋之後，道術紛歧，倡異說以名家者十餘。然唯儒墨為最盛，其相非亦最盛。」清代學人，已經明白孔墨並尊的往事了。孫氏對於儒墨相非的看法，主要即在所引莊周所說：「兩怒必多溢惡之言」這一點上；以今語釋之，好像雙方都在忿怒之下，以至你罵我，我罵你，只是互相詬罵罷了，哪有真正的是非可說。

如上所說，我們知道「孔墨」或「儒墨」是相非的，證明了儒墨兩家處於對等的地位，這和儒家定於一尊以後的漢儒所想的大不相同。而墨家經過了二千年的遺忘，到了十八世紀以後，才慢慢甦醒過來，儒家給歷代帝王利用得太不成話了，也給科舉腐儒捧得太不成樣子了，我們都是廢孔以後的知識分子，對於清代學人，對孔墨之爭，調停其間，說是儒墨相反而實相成，也還覺得不那麼痛快。墨子有着時代的清新氣象，有着唯物論的進步觀點；我們雖不完全知道二千五百年前儒墨如何相反，卻覺得愛無差等的兼愛，也比孔門所說的以自我為中心，有差等的仁愛，更富有社會主義精神。在階級意識上，墨子畢竟是勞動階級的「聖人」。

《呂氏春秋・不二》篇稱：「老聃貴柔，孔丘貴仁，墨翟貴兼，關尹貴清，列子貴虛，陳駢貴齊，陽生（即楊朱）貴己，孫臏貴勢，王廖貴先，兒良貴後；此十人者，皆天下之豪士也。」又〈安死篇〉：「故反以相非，反以相是。其所非，方其所是也，其所是，方其所非也。是非未定，而喜怒、鬥爭反為用矣。」（畢沅校，以為後一段當接在前一段之後。）呂氏這段話，說得很簡略，卻指出諸子百家不只是孔墨相

非，其他各家，也是「相非」的。大概的情況，我們只能找《莊子‧天下》篇來作例證。他說：「百家之學，時或稱而道之。天下大亂，賢聖不明，道德不一，天下多得一察焉以自好。譬如耳目鼻口，皆有所明，不能相通。猶百家眾技也，皆有所長，時有所用；雖然，不該不遍，一曲之士也。判天地之美，析萬物之理，察古人之全（此察字與上文判析同義），寡能備天地之美，稱神明之容（容與頌通）。是故內聖外王之道，闇而不明，鬱而不發。天下之人，各為其所欲焉以自為方。悲夫！百家往而不反，必不合矣！」百家爭鳴時代的「相非」情景，便是如此。

〈天下〉篇有一大段，評述墨家的話，說：「不侈於後世，不靡於萬物，不暉於數度，（王敔云：「不以文物為光燦。」）以繩墨自矯，而備世之急。古之道術有在於是者，墨翟。禽滑釐聞其風而說之。為之大過，己之大順。（順與循通，己之大循，謂太循於己也。）作為非樂，命之曰節用。生不歌，死無服。其道不怒；又好學而博，不異（不異，尚同也）。不與先王同（周之先王）。……其生也勤，其死也薄，其道大觳。（郭象云：觳，無潤也。）使人憂，使人悲。其行難為也，恐其不可以為聖人之道；反天下之心，天下不堪。墨子雖獨能任，奈天下何！離於天下，其去王也遠矣。……雖然，墨子真天下之好也，將求之不得也，雖枯槁不舍也，才士也夫！」依我們看來，墨家合着社會主義的尺度，他們的行為，也正是社會革命家的捨己救人的精神！

關於墨家思想和墨辯的發展，在下文，我還得仔細談

過；在這兒，先借時代的光輝，肯定地廢了孔，讓墨家抬起頭來！

二　老莊

我曾經自許為老莊的門徒，可是，「老莊」屬於儒家所謂「異端」。我們浙東山谷地區，雖有小鄒魯之稱，金華學派也成為理學支流，實在窶陋得可笑，五十方里之內，只有陳姓人家藏有一部洋連紙小字石印本《二十二子》。先父也算承繼金華學派的道統，他一生不曾看到過《老子》《莊子》。他把孟子距楊墨的話說給我聽，他卻從來沒讀過《墨子》，更不知道有所謂《墨辯》。他有一回從杭州回來，帶回了一部局刻本《王陽明全集》，這是他跳出了朱熹《近思錄》圈子的記程碑，卻對我的一生有了極重大的影響。因為我離鄉到杭州進第一師範那年，夏靈峰先生正在富陽設帳講學，我投函請益，原有拜門之意。他覆信嚴詞指斥，因為我在信中提及陽明學說，他認為出了程朱學派的範圍，有着誤入歧路的危險。這樣，我便斷了拜門的念頭，否則，我便與老莊無緣了。

在這兒，我要插說一段閒話：我的老師單（不庵）先生和毛主席的老師楊昌濟先生一樣，都是規行矩步的理學家。單師四弟子：施存統、周伯棣、俞秀松，他們都成為共產黨信徒，而我呢，變成了老莊門徒。對於學術思想的態度，「篤信」與「鄉愿」，確乎不相同，理學門徒才會成為社會的革命戰士。這是最事實的事實。

國學十二講

　　究竟老子是甚麼時代的人？這是現代學人爭論得最激烈的課題，我在這兒，並不想把讀者帶到爭論圈子中去。舊的傳說，孔子曾經問禮於老聃，那末，老子生在孔子以前，不過，那一傳說並不可靠。我們同意老子對孔子的指示：孔子所唸的古籍，都是前人的軀殼，古人已經死了，捧着軀殼有甚麼用？這話極富啟發性，儒家的毛病，就在太重視了古人的軀殼。許多學人，都贊成把老子的時代轉後一點，移到孔子以後。馮友蘭氏著《中國哲學史》，先講儒家孔孟兩大師，接上來講戰國百家之學，再把老子嵌上去。（任繼愈氏卻說：「我們斷定：老子就是楚人老聃，出生在孔子前，他是中國道家唯物論的創造人，《老子》書雖經增訂補充，但是，『道』的觀念，確實是老聃本人的思想中的主要部分。老子曾做過周的史官，後來隱於楚，他的思想經過了莊子的闡揚才成為顯學。他本人在當時是隱者，不太注意宣傳，和後來孔、墨學派汲汲宣傳的態度不同。《老子》書中有些思想遠在老子以前就已相當流行。如『無為』、『貴柔』、不信『天命』的思想在春秋初期早已具有雛形，只是還沒有概括為哲學的普遍原則。老子的『道』的概念，恰恰是老子的時代以及老子所代表的階級的思想的反映。」我們不妨讓這一說並存的。）我們可以同意：老子思想體系的完成，跟他曾久任周代史官的工作有關。古代的史官，等於現代的圖書館長，他是史料集中點，也就是智慧的中心。鑑古知來，老子所說的都是歷史哲學的結晶體。孔子問禮於老聃，也和吳季札觀魯樂的用意差不多的。假如，我們推許老子為史學家，大家不會反對吧？

關于老子生卒世代以及生平、言行，曾引起前人爭論的種種，我都留給《國學小辭典》來承擔。在這兒，我只說說我自己「有所見」的一些問題。我是做考證工作的人，在這兒卻不想考證甚麼。

《史記》：老子與韓非同傳。韓非子有〈解老〉〈喻老〉篇，也是研究老子學說最早最深入的一種。可見，法家出於道家，受老子的影響很深。我們愛說先秦諸子百家爭鳴，「爭」是百家諸子的一面，互相滲透，又是諸子百家的一面；儒、墨、道、法，這些「顯學」，他們互相受影響，也正是我們該注意的要事。我說過：歐洲大陸的自然主義的哲學，正因為受了老莊哲學的影響才興起來的，由於自然主義哲學，乃產生了達爾文、赫胥黎這些自然科學家。晚清的啟蒙運動，由於嚴幾道（一八五四－一九二一）的譯介赫胥黎、斯賓塞（一八二〇－一九〇三）的科學名著而現了曙光。嚴氏用了斯賓塞的觀點來看老子，夏曾佑氏推許嚴氏如斯賓塞那樣「既居其極備以觀其全，復值其將弊而得其隙，沉思積驗而恍然有得於其所以然之故，其所言者，亦其古來政教之會通也」。我呢，正是站在斯賓塞、赫胥黎的觀點來看老子的。

《韓非子》云：「孔子墨子俱道堯舜，而取舍不同，皆自謂真堯舜。堯舜不復生，將誰使定儒墨之誠乎？」《莊子》也說：「古之人與其不可傳者死矣。然則君（指儒士們）之所讀者，古人之糟粕已矣。」《易·繫辭》也說：「書不盡言，言不盡意。」正如馮友蘭所說的：「言尚不能盡意，即使現在兩人對面談話，尚有不能互相瞭解之時，況書又不能

盡言，又況言語文字，古今不同，吾人即有極完備之史料，吾人能保吾人能完全瞭解之而無誤乎？」我並沒有說，我所瞭解的老子，並不保證是老子的本意，只是站在斯賓塞觀點來看老子，並不和韓非、王弼、王船山他們的觀點完全一致的；同時，古人之間的老子觀點，本不一致的。

但我的老子觀的重點，放在老氏所說的「反」字上。《老子》說：「反者道之動。」又云：「大曰逝，逝曰遠，遠曰反。」又云：「萬物並作，吾以觀復。」事物變化之最大通則，則一事物若發達至於極點，則必一變而為其反面。此即所謂「反」，所謂「復」。惟「反」為道之動，故「禍兮福之所倚，福兮禍之所伏」。「正復為奇，善復為妖。」惟其如此，故「曲則全，枉則直，窪則盈，敝則新，少則得，多則惑」。惟其如此，故「飄風不終朝，驟雨不終日」。惟其如此，故「天之道其猶張弓歟，高者抑之，下者舉之。有餘者損之，不足者補之」。惟其如此，故「天下之至柔，馳騁天下之至堅」。「天下莫柔弱於水，而攻堅強者莫之能勝。」惟其如此，故「物或損之而益，或益之而損」。凡此皆事物變化自然之通則，老子特發現而敘述之，並非故為奇論異說。而一般人視之，則以為非常可怪之論。故曰：「正言若反。」故曰：「下士聞道大笑之，不笑不足以為道。」（以上所說，大體和馮友蘭氏所說的相同，我是研究「毀的哲學」的人。）故云：「立德深矣遠矣[2]，與物反矣，然後乃至大順。」

2　編者注：「立德」應作「玄德」。

古今替《老》、《莊》作箋注的，據不完全的統計，各有一千種以上；近人關鋒氏替《莊子》作譯解，卷末，他歷舉了《莊子》注解的要目，共二百零八種，他也說，這個目錄是不完全的。這一目錄顯示了《老》、《莊》兩書，雖被儒家看作是異端，卻對歷代思想文化的影響多麼重大。這一目錄對初學的也是一種迷惘，有不知如何着手之嘆。先前，馬敘倫氏在北京大學教國文，一年之中只講一篇《莊子・天下》篇，乃有「馬天下」的徽號。我在各大學教必修國文，前半年教一篇章師《國故論衡》的〈論式〉，下半年教《莊子・秋水》篇也就很夠了。前天，我偶而讀了日本人福永光司的《莊子》，譯者陳冠學氏許為「一本滿分的著作」，確乎使我讚嘆不已。我讀了前人的《莊子》注解，總使我有重讀《莊子》的感想；前幾年，看了關鋒氏的譯解，又讀了一回《莊子》；讀了福氏的《莊子》，也鼓起了新的意向。（福氏並未看到關氏的書，關氏也沒讀過福氏的書。）老莊都是思想圈裏的鑽石，他們都有多面的光彩，我們不可拘於「墟」的。

　　福氏自言：「我生來便是個膽小的人，從少小時便對於人死的問題懷着早熟的關心。人的死，是任你哭泣，任你呼叫也避免不了的必然，這在那時，我也已懂得，不過，諸如人是命定有死的一種存在，這命定有死的人的存在到底是甚麼？而被死所斬斷的一己之生，在根源上究竟有何意義這等問題。雖然說來還是極幼稚的思考，卻早已在我的少年心眼裏暗暗生了根。這一個膽小的我，竟至面臨着由祖國之名所給予的『死』，以渡過其恐懼畏怯迷茫的青年時代，真是個諷刺的巧遇。自從發覺自己的身上穿了卡其軍服，不管願

意或是不願意，我便不能不抱着從這個世間消失而逝去的心情。在大陸戰場數年間的恐怖戰慄的驚嚇生活，一直是這個心情。《莊子》是我那一時期最貼身的存在。我對《莊子》的瞭解就是在這種精神狀況中培養出來的。」這段話，彷彿是我所說的，所不同者，我是實踐了「抗日」的號召而上戰場，我和「死神」密切相處，知道四騎士帶給我們的後果是甚麼。行囊中，我正帶着《莊子》、《杜詩》和《讀史方輿紀要》。我覺得福氏把《莊子》說作是「古代中國的存在主義」是很有意義的。

福氏說提起他和《莊子》的關係，便不能不想起他的母親來。那是他在小學四五年級讀書時的事。有一天，他剛從學校回家，他母親便出了一道奇妙的習題。她說：「後面城隍廟裏那棵彎彎曲曲的大松樹要怎麼看，才能看成直的？你仔細想想看！」福氏說：「那時，我若是個會作『砍下那棵大松樹，運到製材廠去……』這樣答案的想頭的孩子，或是我母親是個準備着這種答法的人，那麼我的人生以及我對於事物看法，必定走的跟現在全然不同的方向去了；不過，我卻是一個會將這問題當真尋思下去的孩子。只是這問題，對於少年的我實在太高深了。我一直尋思到第二天，終於認輸了，只得去向母親求答案。媽媽回答道：『彎曲的樹，就看做彎曲的樹，這就能看成直的了。』聽了這似懂非懂的回答，我記得那時着實發了半晌的呆。可是這一句話，就在現在，也還活在我的腦子裏。我跟《莊子》的聯繫，可以說早在那時就決定了。」

三　逍遙

　　關鋒先生剖解《莊子》，說〈逍遙遊〉主要是講人生觀的。莊子的人生觀，一言以蔽之，就是「逍遙遊」。甚麼是逍遙遊呢？譯成現代話，就是絕對自由論。逍遙論證的主旨，就是絕對自由；不過，這是莊子式的絕對自由。依關氏的說法：「海闊縱魚躍，天空任鳥飛。」——魚鳥是不是絕對自由呢？照唯心論者看來，那是絕對自由的。照唯物辯證論看來，並不是絕對自由的。因為魚躍不能越出海岸之外，鳥飛也有其天空的局限性。唯物論者一般地否認有絕對自由。世界有其不依人的意志為轉移的客觀規律，自由乃是對必然的認識和利用，超乎客觀規律之上，必然性之上的絕對自由是沒有的，永遠不會有的。莊子怎樣來回答這個問題呢？蟬、斑鳩、鷽雀固然極其渺小，談不上絕對自由，就是那高飛九萬里的大鵬也沒有甚麼的絕對自由。他承認了類如大鵬者（一切世人）是沒有自由的，（以莊子看來，如果不是絕對自由，那就算不得自由。）而且對此作了論證。然而他是追求絕對自由的，他的追求絕對自由，是向內要求的，即在自己的心靈上，在幻想中達到自我欺騙，阿 Q 式的絕對自由。於是，他構造了幻想的絕對自由的理論體系，作為他的人生指導原則。

　　關氏說：「下圍棋要做『眼』，做好了兩個『眼』才能活。文章也有『眼』，抓住、抓準它的『眼』，才能讀破全文，尤其是讀《莊子》，更得如此。〈逍遙遊〉，有三個眼：（一）『有待』。（「此雖免乎行，猶有所待者也。」）（二）『無待』。（「若夫乘天地之正，而御六氣之辯，以遊無窮者，彼且惡

乎待哉！」）（三）『無己』。（「至人無己。」）全篇分為三章。這三個『眼』就在第一章中，大部分文字是虛點，虛點第一個眼（有待），直到這一章的最後才把如連環扣一般的三個『眼』，一齊列出。至此，主題思想已盡。第二章，則是正面申述（寓言式的），『無待』──『無己』。第三章則是從另一面做文章，駁『大而無用』，以點出『逍遙遊』。」

　　我們一進入諸子百家的圈子，首先要着眼這件事，即是這位哲人所用的詞語其內含是甚麼。例如：「自由」幾乎成為常語，但莊子意念中的「逍遙」（自由），和我們所說的「自由」，有絕大的分別，和西人所說「自由平等」的「自由」有絕大的距離的。（有一很有意義的例子：如「和平」這一詞語，有一回，七十多位專家，經過六個月的討論，結果，還是下不了正確的「定義」呢？）我們在這兒談老莊，必須明白老莊所說的「道」與「德」，和我們口中所說的「道德」完全不相同，和孔孟所說的「道德」，也截然不同。而口語中的「道德」和孔孟的「道德」也相差很遠。現代社會學家，說「道德」只是「某時某地的習慣」，又不為一般人所能瞭解的了。我要提醒一句，若干問題的論爭，只是各人對若干名詞的解釋不同所引起的。（有一回，我寫了一首小詩，中有「盈虛消息」一語，有人以為「消息」即是口頭所謂「新聞」，所以把詩意說歪了。哲學上所謂「消息」，便是佛經中的「生住異滅」，並非「新聞」。也就是老氏所謂「禍福相倚」之意。）所以，我對任何問題，非把幾個主要觀點弄清楚來，我是不參加辯論的。

　　我知道古今中外，有的學人，以終生心力鑽在老莊的小

天地中的；已見著錄的一千多種的《莊子》注解，或許只是莊子研究的小部分，未見著錄的研究，可能在已見著錄的學人之上。莊子本人，便是一個例證。莊周身世，和孟軻相先後，孟氏距楊墨，並不見提及莊子一語。莊子在戰國時代，並非顯學，到了西漢以後，才慢慢引起學人的注意。（這一點，和一般人的想法並不相同。唐鉞先生論楊朱，說楊朱便是莊周，可備一說。）我並沒說，所有研究老莊的書，我都看見；在老莊研究方面，我只是小巫。

蔣錫章先生（江蘇無錫人）寫《老子校詁》和《莊子哲學》，三十多年前已經出版了，我卻沒讀過；直到近年，我才看到，已在讀錢賓四先生的《莊子纂箋》之後了（錢氏曾讀其書）。蔣氏說：「《莊子》之文，瓌瑋洸洋，弘辟深肆；自古以來，號稱難讀。魏晉而下，代有注釋，顧言者有言，所言未定。治《莊子》哲學者，所以貫通其全部之思想。然不根其文字，則流於空。攻《莊子》訓詁者，所以董理其文字。然不本其哲學，則失諸碎。蓋不通《莊子》之哲學，則無以理其文字，不理其文字，亦無以通其哲學，二者固當兼相為用也。余病世之治《莊》者，不偏於此，即偏於彼。偏於哲學者多便辭巧說；偏於訓詁者，務碎義逃難。二者雖亦各有所獲，然皆不足以知莊意之真與全。余向好老莊之學，自成《老子校詁》後，即以餘力勉為是書。〈哲學〉一篇，敘述莊子全部之思想，而其根據則為〈訓詁〉、〈校釋〉三篇；理其訓詁，而其根據則為哲學。務使哲學與訓詁合而為一，庶閱者既通其文，又知其學。一舉兩得，莫此為便。」這一番話，可圈可點，先得我心了。── 宋明理學家，如

陸九淵所說的「六經皆我注腳」，那就偏於哲學；清代樸學家，都在「我注六經」，其偏在着重訓詁。章太炎師作《齊物論釋》，如錢穆氏所說的：「以佛義解《莊》，未必能恰符雙方義旨，然可資學者之開悟。增發勝解，時得妙趣，不刻劃以求可也。」即是偏於哲學。《莊子·逍遙遊》中鯤鵬蜩鳩之辯，晉郭象《注》：「故極小大之致，以明性分之適。……苟足於其性，則雖大鵬無以自貴於小鳥，小鳥無羨於天池，而榮願有餘矣。故小大雖殊，逍遙一也。」這也是偏於哲理的。（明末學人王船山有《莊子解義》，其子王敔有《增注》。錢穆氏謂：「船山論老莊，時有創見。義極宏深。學者當專治其書，上較阮邵，足以長智慧，識流變。大抵嗣宗得《莊》之放曠，康節得《莊》之通達，船山則可謂得《莊》之深微。學者由阮而邵而王，循以登門而窺堂奧。」）

在訓詁方面，清儒有王念孫、俞樾、郭慶藩（《莊子集釋》）、王先謙（《莊子集解》）、馬其昶（《莊子故》）。錢氏謂馬氏之書：「自郭《注》下及清儒，采擷最廣，淘洗亦精。較之郭氏《集釋》，王氏《集解》，又見超出。蓋馬氏得桐城家法，能通文章義理，又兼顧宋儒義解，不娓娓於訓詁考覈。然於莊子哲理，則尚嫌涉測未深。」錢氏的《莊子纂箋》，便是在《莊子故》的底子上加工的。

蔣錫章氏校釋《莊子》，共寫了四篇文字：（一）《莊子哲學》；（二）《逍遙遊校釋》；（三）《齊物論校釋》；（四）《天下篇校釋》。「《莊子》篇目，計〈內篇〉七，〈外篇〉十五，〈雜篇〉十一，凡三十三篇。然其要者，亦僅〈內篇〉之〈逍遙遊〉、〈齊物論〉，與〈雜篇〉之〈天下〉而已。前

之二篇，以天下為沉濁不可與莊語，乃莊子『寓言』。而後篇則莊子正襟危坐，道貌岸然之莊語也。」我們不妨聽信他的說法。（我倒以為〈秋水〉篇，足以包括莊氏的觀點。）他又說：「……是書之成，雖不敢自謂已得莊意之真與全。〈天道〉篇：『世之所貴者[3]，書也。書不過語，語有貴也。語之所貴者意也，意有所隨。意之所隨者，不可以言傳也。』莊子固言其意非言可傳，而謂以是書之陋，可得莊意之真與全者，豈非侈談！」這段話也說得頗富啟示的意味。

《莊子·天下》篇，有一段評述莊周的話：「死歟？生歟？天地並歟？神明往歟？芒乎何之？忽乎何適？萬物畢羅，莫足以歸！古之道術有在於是者，莊周聞其風而悅之。……獨與天地精神往來，而不敖倪於萬物。不譴是非，以與世俗處。」這些話說明了莊子之所以為莊子者。「獨與天地精神往來」，就是〈逍遙遊〉所說的「乘天地之正，御六氣之變，以遊無窮」。「不譴是非，以與世俗處」，就是〈齊物論〉所說的「兩行」。〈天下〉篇用這兩句話來說明莊子哲學的要點。（馮友蘭認為〈秋水〉和〈山木〉，乃是莊子哲學的重要資料。）

《莊子·山木》篇有一段極有意義的事例：「莊子行於山中，見大木，枝葉盛茂，伐木者止其旁而不取也。問其故，曰：『無所可用。』莊子曰：『此木以不材得終其天年。』夫子出於山，舍於故人之家。故人喜，命豎子殺雁而烹之。

3　編者注：此句缺了「道」字，應為「世之所貴道者」。

豎子請曰：『其一能鳴，其一不能鳴，請奚殺？』主人曰：『殺不能鳴者。』明日，弟子問於莊子，曰：『昨日山中之木，以不材得終其天年；今主人之雁，以不材死。先生將何處？』莊子笑曰：『周將處乎材與不材之間。似之而非也；故未免乎累。若夫乘道德而浮遊，則不然。無譽無訾，一龍一蛇，與時俱化，而無肯專為。一上一下，以和為量，浮遊乎萬物之祖，物物而不物於物，則胡可得而累耶？……若夫萬物之情，人倫之傳，則不然。合則離，成則毀，廉則挫，尊則議，有為則虧，賢則謀，不肖則欺，胡可得而必乎哉？悲夫！弟子志之，其唯道德之鄉乎！』」（莊氏所謂「道德」，和流俗所謂道德絕不相同，也不同於儒家所謂道德。）這便是我所說的「無字天書」。蓋吾人若不能「以死生為一條，以可不可為一貫，則在人間世，無論如何巧於趨避，終不能完全『免乎累』，無論材與不材，皆不能必其只受福而不受禍也，若至人則『死生無變於己，而況利害之端乎』。不以利害為利害，乃利害所不能傷而真能『免乎累』者也。此『乘道德而浮遊』之人所以能『物物而不物於物也』。『物物而不物於物』者，即對於一切為主動而不為被動也。」（馮友蘭氏語）

那位終身研究老莊的日本學人——吉川幸次郎，他從小學入學前後，一直挑菜到市鎮去賣，到中學將近畢業為止，繼續了十年。這樣就接觸了許許多多市井間的人們，「若是那時我有機會讀到《莊子》的話，必定會感嘆道：『有像酒杯的，有像舂臼的，有像深窪的，有像淺窪的……』」真是吹萬不同的！

四 楊墨

在二千五百年後的我們，說古人如何如何，而且肯定古人確乎如何，其人必是「妄人」；相信那些妄人的話，以為古人真的如何如何，其人必是「蠢伯」。舉世滔滔，非愚即妄，此清代樸學家所以力主存疑，不作輕易斷語也。我在這兒，串談經子史集的知識，並沒認為前人所說的十分可靠，只是告訴年輕的人，前人有這麼幾種說法，信與不信，各自主張就是了。

我們不妨說孔孟都是有意於「用世」的人，但和孔孟同時，早有了「避世」的人。這些人，有知識，有學問，但見了世亂難於挽救，便採取消極態度，不願過問世事。孔子說：「賢者避世，其次避地，其次避色，其次避言。……作者七人矣。」便是這一類人物，他們大都是南方楚國人。孔子周遊列國，曾經受過這批隱士的批評諷刺。《論語》載：

（一）子路宿於石門，晨門曰：「奚自？」子路曰：「自孔氏。」曰：「是知其不可而為之者與？」

（二）子擊磬於衛，有荷蕢而過孔氏之門者，曰：「有心哉擊磬乎？」既而曰：「鄙哉硜硜乎，莫己知也，斯己而已矣。深則厲，淺則揭。」（末二句，即是說做人彷彿過河，要斟酌實情去做才行。）

（三）楚狂接輿歌而過孔子曰：「鳳兮鳳兮，何德之衰。往者不可諫，來者猶可追。已而已而，今之從政者殆而。」

（四）桀溺謂子路云：「滔滔者天下皆是也，而

誰以易之。且而與其從辟人之士也，豈若從辟世之士哉？」

（五）子路從而後，遇丈人以杖荷蓧。子路問曰：「子見夫子乎？」丈人曰：「四體不勤，五穀不分，孰為夫子？」植其杖而芸。子路拱而立。止子路宿，殺雞為黍而食之，見其二子焉。明日，子路行，以告。子曰：「隱者也。」使子路反見之，至則行矣。

馮友蘭氏說：石門晨門譏孔子為「知其不可而為之者」，其自己即知其不可而不為也。「莫己知也，斯己而已！」以「今之從政者殆而」而不從政。以「滔滔者天下皆是也」即不欲「易之」，正是此等消極的「隱者」，獨善其身之人；對世事之意見，亦正如孟子所說「楊氏為我[4]，拔一毛而利天下不為」者也。子路謂荷蓧丈人「欲潔其身而亂大倫」，孟子謂「楊氏為我，是無君也」。「為我」，即只「欲潔其身」，「無君」即「而亂大倫」，此等消極的「隱者」，即楊朱之徒之前驅也。（從前儒士尊儒家而排異端，所以這樣明明白白的道理，也不敢說，如今把「異端」拉起來和孔孟平起平坐，那就可以明白事理了。）

馮氏又說：在孔子的時代，此等消極厭世的隱者，只是消極地獨善其身而已，對於這樣的言行，未聞有一貫的學說

4　編者注：此句缺了「取」字，應為「楊氏取為我」。

來作理論的根據。到了楊朱，才組成了一貫的學說，作為獨善其身的根據。《孟子》云：「楊朱墨翟之言盈天下。天下之言，不歸楊則歸墨。」用現代語來說，一部分人患左傾幼稚病，一部分人又患了右傾幼稚病，孟子也有了理論與之辯論一番，所以說：「予豈好辯哉，予不得已也。」

　　《孟子》云：「楊子取為我，拔一毛而利天下不為也。」《韓非子》云：「今有人於此，義不入危城，不處軍旅，不以天下大利，易其脛一毛。世主必從而禮之，貴其智而高其行，以為輕物重生之士也。」《淮南子》云：「全生保真，不以物累形。楊子之所立也，而孟子非之。」這便是《呂氏春秋》所說的：「陽生貴己。」（陽、楊古多通用）楊子的「為我」，並不能說是絕對的自私，如一般人所說的孤寒種。因為，他還有另外一種規律：「舉天下以奉我，不愛也。」春秋戰國時代，流傳了一種傳說，說：堯帝要把天子的職位，讓給許由，許由聽了，連忙到箕水邊去洗耳孔，因為他覺得聽了這麼一句話，實在太髒了，非洗掉不可。那時，他的好友巢父，剛牽了一條牛到河裏去喝水，看見許由在洗耳。他問他為甚麼要洗耳，許由把堯帝要讓王位給他的事說了。巢父一聽，連忙把牛牽向上流去，免得讓牛喝了那髒水。這一類人，便是楊朱的同志，所以孟子說他是無君。孟子既不贊成墨子的兼愛，也不贊成楊子的為我，還深惡痛絕，說：「無父無君，是禽獸也！」以往的人，都贊同孟子的說法，我們能贊同嗎？老實說，我是不贊同的，「無君」了半個世紀，社會不是進步得很多了？

　　《呂氏春秋・重己》篇云：「今吾生之為我有，而利我亦

大矣。論其貴賤。爵為天下不足以比焉[5]。論其輕重，富有天下，不可以易之。論其安危，一曙失之，終身不復得。此三者，有道者之所慎也。有慎之而反害之者，不達乎性命之情也。不達乎性命之情，慎之何益？……世之人主貴人，無賢不肖，莫不欲長生久視，而日逆其生，欲之何益？凡生長也，順之也。使生不順者欲也。故聖人必先適欲。」這便是楊朱「輕物重生」之說，重生非縱欲之謂，蓋縱欲能傷生。故「肥肉厚酒」為「爛腸之食」；「靡曼皓齒」為「伐性之斧」。故聖人重生，「必先適欲」。（高誘云：適猶節也。）（老子也有相同的說法：「貴以身為天下，若可寄天下；愛以身為天下，若可託天下。」莊子要「全形葆真[6]，不以物累形」。都是和「貴己」的同一路子。）

《呂氏春秋・情欲》篇，又云：「天生人而使有貪有欲，欲有情，情有節。聖人修節以止欲，故不過行其情也。故耳之欲五聲，目之欲五色，口之欲五味，情也。此三者貴賤愚智賢不肖，欲之若一。雖神農黃帝，其欲與桀紂同。聖人之所以異者，得其情也。由貴生動，則得其情矣。不由貴生動，則失其情矣。」這番話，和老氏所說的：「五色令人目盲，五音令人耳聾，五味令人口爽，馳騁畋獵，令人心發狂。難得之貨，令人行妨。是以聖人為腹，不為目，故去彼取此。」正相表裏。

依着楊朱的「貴己」的說法，香港人所走的「新潮」路

5　編者注：「爵為」句應為「爵為天子，不足以比焉」。

6　編者注：「全形葆真」應為「全性葆真」。

子，事事跟美國佬那樣求刺激，求快意，便是自尋絕路，簡直不足道的！在我們心目中，所謂「幸福」與「快樂」，農村土老兒，實在比城市小市民多得多了！

在二千五百年中國史上，儒家一直被統治階級所利用，當作統治的工具；孔老夫子和他的門徒以及後世的道學家理學家，都坐在孔廟裏去吃冷豬肉，因此，儒家最骯髒。（你看，台灣當局還在利用這一套骯髒工具來玩文化復興呢？）道家、老莊也曾被統治階級利用過，不過，最骯髒那一段，倒是張道陵後裔的事，不能算在老子的賬上的。這且不說，先秦諸子中，最乾淨的「顯學」是墨家，不獨墨學富有現代科學精神，墨子那種「摩頂放踵以利天下而為之」的捨己救世精神，比耶穌釋迦都偉大些，墨家師徒，都是社會革命的戰士！

儒家，自來周孔並稱（宋以後才孔孟並稱），孔子也時常對生徒說他時常夢見周公，到了老年，他有「不復夢見周公」之嘆。周公乃是儒家的理想人格者。墨翟，或云宋人，或云魯人；清末學人孫詒讓考定為魯人。《淮南子》謂：「孔丘墨翟修先聖之術，通六藝之論。」又云：「墨子學儒者之業，受孔子之術，以為其禮煩擾而不悅，厚葬靡財而貧民，久服傷生而害事。故背周道而用夏政。」馮友蘭氏說：「孔子聚徒講學，開一時之風氣。墨子既為魯人，則其在此風氣中，學詩書，受孔子之影響乃當然應有之事。且孔子本亦有尚儉節用之主張。如云：『道千乘之國，敬事而信，節用而愛人。』又云：『禮，與其奢也寧儉。』又云：『禹，吾無間然矣。菲飲食而致孝乎鬼神，惡衣服而致美乎黻冕，卑宮室

而盡力乎溝洫。禹吾無間然矣。」」故馮氏認為墨子尚儉、節用、明鬼、尊禹之主張，實就孔子之說法，加強發揮，亦一可通之說。我們說，孔墨可以並稱，而大禹乃是墨家的理想人格者，那才合乎事實。（前人由於孟子距楊墨，才把墨家看低了！）

墨子反貴族因而及於貴族所依之周制，故其學說，多係主張周制之反面，蓋對周制之反動也。因儒家以法周相號召，故墨子自以其學說為法夏以抵制之。蓋當時傳說中之大禹，本有節儉勤苦之名，故墨子樂以此相號召。（關於墨家的考證，可說的很多，這兒都從略。）尚儉、節用、兼愛、非攻，這都是墨家的主張，他們不但實踐了，還建立了理論系統，有着一貫的看法。我們就孔墨二人之行事來看：「孔席不暇煖，墨突不暇黔。」二人都是棲棲皇皇來救世的。但兩人對自己於行為的解釋絕不相同。子路替孔子作解釋：「君子之仕也，行其義也，道之不行，已知之矣。」墨子又怎麼說呢？「子墨子自魯即齊，遇故人謂子墨子曰：『今天下莫為義，子獨自苦而為義，子不若已。』子墨子曰：『今有人於此，有子十人，一人耕而九人處，則耕者不可以不益矣[7]。何故？食者眾而耕者寡也。今天下莫為義，則子如勸我者也。何故止我？』」「公孟子謂子墨子曰：『……今子遍從人而說之，何其勞也？』子墨子曰：『……且有二生於此善筮。一行為人筮者，一處而不出者，行為人筮者，與處而不

7　編者注：「則耕」句應為「則耕者不可以不益急矣」。

出者，其糈孰多？』公孟子曰：『行為人筮者其糈多。』子墨子曰：『仁義鈞，行說人者其功善亦多，何故不說人也[8]？』」馮友蘭氏謂孔子乃無所為而為，墨子則有所為而為。「功利」乃是墨家哲學的根本意思。墨子言必有三表。何謂三表？墨子云：「有本之者，有原之者，有用之者。上本之於古聖王之事[9]，於何原之，下原察百姓耳目之實。於何用之，發以為刑政，觀其中國家百姓人民之利。」此三表中，最重要的乃是第三。

五　墨家與《墨辯》

墨家師徒，也跟如今的社會革命集團一樣，是一個有組織的社會集團，依他們的政治觀點去實踐躬行的。《墨子‧公輸》篇載：「公輸般為楚造雲梯之械成。將以攻宋。子墨子聞之，見公輸般。墨子解帶為城以牒為械；公輸般九設攻城之機變，子墨子九距之。公輸般之攻械盡，子墨子之守有餘。……子墨子曰：『臣之弟子禽滑釐等三百人，已持臣守之器，在宋城上而待楚寇矣，雖殺臣不能絕也。』楚王曰：『善哉，吾請無攻宋矣。』」可見墨子非攻，反對一切攻勢的戰爭，主張兼愛，實際去救助被攻之國。墨子到楚國去見公輸般，他的弟子三百人已經在宋守城了，可見他們的行動是集團的。

8　編者注：「何故」句應為「何故不行說人也」。

9　編者注：「上本」句應為「於何本之，上本之於古者聖王之事」。

馮友蘭氏引了《墨子·耕柱》篇、〈魯問〉篇的記敘說：據此則墨子弟子之出處行動，皆須受墨子的指揮。弟子出仕後，如所事之主，不能實行墨家之言，則須自行辭職，如高石子是也。如弟子出仕後，曲學阿世，墨子便可向所事之主提出了要求，要那主君辭退他，如勝綽是也。那些弟子，由於出仕而得俸祿，便得分讓墨家弟子來均用，如荊耕柱子是也。《淮南子》云：「墨子服役者百八十人，皆可使赴火蹈刃，死不旋踵。」可見墨家弟子，絕對服從這位大師的。

　　這樣，我們該注意墨者的首領，名曰鉅子。《莊子·天下》篇稱：墨者「以巨子為聖人，皆願為之屍，冀得為其後世。」墨者第一任鉅子為墨子，接着如《呂氏春秋》所載的：孟勝、田襄子、腹䵎等三人。「墨者鉅子孟勝，善荊之陽城君。陽城君令守於國，毀璜以為符。約曰：『符合聽之。』荊王薨，群臣攻吳起兵於喪所，陽城君與焉。荊罪之，陽城君走，荊收其國。孟勝曰：『受人之國，與之有符，今不見符而力不能禁，不能死，不可。』其弟子徐弱諫孟勝曰：『死而有益陽城君，死之可矣。無益也，而絕墨者於世，不可。』孟勝曰：『不然，吾於陽城君，非師則友也，非友則臣也。不死，自今以來，求嚴師必不於墨者矣，求賢友必不於墨者矣，求良臣必不於墨者矣。死之所以行墨之義而繼其業者也。我將屬鉅子於宋之田襄子。田襄子，賢者也，何患墨者之絕於世也。』徐弱曰：『若夫子之言，弱諸先死以辟

路[10]。』還歿頭於孟勝前。因使二人傳鉅子於田襄子。孟勝死，弟子死之者八十三人。二人已致命於田襄子，欲反死孟勝於荊。田襄子止之曰：『孟子已傳鉅子於我矣。』不聽，遂反死之。墨者以為不聽鉅子。」從這一故事看來，墨者的行為跟俠者相同，日本的武士道也就是這一路子。(《史記·遊俠列傳》：「其言必信，其行必果，已諾必試，不愛其軀，赴卜之阨困[11]。」)

《呂氏春秋》又載：「墨者鉅子，有腹䩇，居秦，其子殺人。秦惠王曰：『先生之年長矣，非有他子也，寡人已命吏弗誅矣。先生之以此聽寡人也。』腹䩇對曰：『墨者之法，殺人者死，傷人者刑，此所以禁殺傷人也。夫禁殺傷人者，天下之大義也。王雖為之賜而令吏弗誅，腹䩇不可不行墨者之法。』不許惠王而遂殺之。」這種種，都使我們想起了所謂「俠客」來。「俠客」以武犯禁，一直成為下層社會所敬仰的偶像，也正是前人所謂「偏至」、「獨行」的人，墨家所以興起在此，所以衰落也在此。

墨者的主要觀點在「兼愛」與「非攻」。國家人民之大害，在於國家人民之互相爭鬥，無有寧息，而其所以互相爭鬥之原因，則起於人之不相愛。天下之大患，在於人之不相愛，故以兼愛之說救之。兼愛之道，不惟於他人有利，且於行兼愛之道者亦有利，不惟「利他」，亦且「利己」。天下之大利，在於人之兼愛；天下之大害，在於人之互爭，故吾

10　編者注：全句應為「若夫子之言，弱請先死以除路」。

11　編者注：「必試」應為「必誠」，「赴卜」應為「赴士」。

人應「非攻」。馮氏說：「邊沁以為『道德及法律之目的，在於求最大多數之最大幸福』。墨子亦然。」

《韓非子・顯學》篇：「自墨子之死也，有相里氏之墨，有相夫氏之墨，有鄧陵氏之墨。」《莊子・天下》篇：「相里勤之弟子，五侯之徒，南方之墨者，苦獲、已齒、鄧陵氏之屬，俱誦《墨經》，而倍譎不同相為別墨。以堅白同異之辯相訾，以觭偶不仵之辭相應。以鉅子為聖人，皆願為之屍，冀得為其後世，至今不決。」在戰國時代，墨家為顯學，他們在學術界的地位，和儒家相抗衡。可是諸子百家爭鳴，當時的名家，如惠施、公孫龍子及其他辯者，也是顯學，和墨家相抗衡；思想家的「相非」，並不如後世人所想像那麼簡單。（墨家到了兩漢以後，黯然無光，那是墨家的衰運，卻也是墨家的幸運，因為墨家典籍，完完整整保留下來，不像儒家那樣，給後世種種葛藤攀附得看不見本來面目。）

馮友蘭氏說：「此時有《墨經》；《墨經》之作，亦辯者之學之反動。蓋辯者所持之論，皆與吾人常識違反。儒墨之學，皆注重實用，對於宇宙之見解，多根據常識。見辯者之『然不然，可不可』，皆以為『怪說觭辭』而競起駁之。然辯者立論，皆有名理的根據，故駁之者之立論亦須根據名理。所以墨家有《墨經》，儒家有荀子之〈正名〉篇，皆擁護常識，駁辯者之說。儒墨不同，而對於反辯者則立於同一觀點。蓋儒墨乃從感覺之觀點以解釋宇宙；而辯者則從理智之觀點以解釋宇宙也。」馮氏又說：「《墨經》之成就，比《荀子・正名》篇為高，原來墨家本較儒家重辯。《墨子》云：『以其言非吾言者，是猶以卵投石也。盡天下之卵，其

石猶是也，不可毀也。』又云：『言無務為多而務為智，無務為文而務為察。』言有三表，皆『務為智』、『務為察』也。」我們應該明白，名理之學，到了西漢儒家立於一尊，便很少進境。可是，魏晉以後，受了佛家因明學的灌注，到了近代，又受了西方邏輯學的切磋，復興了《墨辯》，到了現代，有了新的光輝，若干方面，還超過了戰國時代的《墨辯》。再則，馮友蘭氏在《中國哲學史》以後，到了貞元諸書，有了進境；可是，近二十年中，我們從《中國哲學史論文》初二集，可以看到他的新境界。（海外學人很少看過這兩集哲學論文，對馮氏的瞭解也還不夠。）

〈經上〉至〈小取〉六篇，當時謂之《墨經》（汪中《墨子序》）。晉人魯勝稱「經上下，經說上下為《墨辯》」。馮氏謂功利主義為墨子哲學之根本。《墨經》更進一步，予功利主義以心理的根據。〈經上〉云：

> 「利所得而喜也。」〈經說〉：「得是而喜，則是利也；其害也，非是也。」
> 「害所得而惡也。」〈經說〉：「得是而惡，則是害也；其利也，非是也。」

吾人之所喜者為利，吾人之所惡者為害。故趨利避害，乃人性之自然；所以功利主義，為吾人行為之正當標準。馮氏引了功利學派大師邊沁的話：「天然使人類為二種最上威權所統治；此二威權，即是快樂與苦痛。只有此二威權，能指出人應做甚麼，決定人將做甚麼。功利哲學，即承認人類服從

此二威權之事實，而以之為哲學之基礎。此哲學之目的，在以理性法律，維持幸福。」地隔一萬里，時隔二千多年，彼此之論點正相符合呢！

關於「墨辯」、「因明」、「邏輯」之同異，對於初學，我還不想多說。《墨辯·大取》篇云：「於所體之中而權輕重之謂權。權非為是也，亦非為非也，權正也。斷指以存臂，利之中取大，害之中取小也，非取害也；取利也。其所取者人之所執也。遇盜人而斷指以免身，利也，其遇盜人，害也。……利之中取大，非不得已也。害之中取小，不得已也。所未有而取焉，是利之中取大也。然所既有而棄焉，是害之中取小也。」這也和孟子所說的義，也沒多大出入的。

近年來，香港翻印本舊書，五花八門，其中有一本名《厚黑學》，四川狂士李宗吾先生所寫。為甚麼這部書會轟動一時呢？他說：「古今功業有成功的英雄，都是臉皮厚，心腸黑的人。臉皮厚而心腸不黑的，或心腸黑而臉皮不厚的人，都只能成功一半。」這樣的怪論，都屬於詭辯的路子。我當年曾寫信給在重慶的朋友，說：「……李宗吾《厚黑學》這部名震一時的著作，使我看了並無可喜之處，也是一件『大失望』。這類書，不過是別一型的《東萊博議》，愛用奇兵，專作翻案文章，像是大翻觔斗，其實離不了如來佛的手掌；倒替『日光之下並無新事』那句話下了注解。明末清初，如李卓吾、金聖嘆都走的這一路子。（應該說李宗吾走的是李卓吾、金聖嘆的路子）看是前無古人，後無來者，做一個開天闢地的大好漢，畢竟落到夾縫中去，進退兩難。這便是英儒培根所說的『洞穴的幻象』。潘菽先生以為李氏

的根本毛病在那種看法有問題：『他僅僅說要懷疑，但並未說怎樣懷疑。要以古為敵，或以古為徒，必須自己穿起相當的武裝，多少要執着一點武器；否則赤手空拳和別人搏鬥起來，雖然也可以把對方打得嘴歪額腫，而自己也不免要打扁了鼻子，打瞎了眼睛。這就是說，亦許自己可以覺得鬥勝了，但其實在泥中鬥戰一場。古往今來，多少刑名師爺式的著作，專門在字句縫裏鑽找，訟師就是這麼產生的。』這話說得對極了。」

在抗戰後期，李宗吾先生已在重慶逝世了。這時，我曾指出他一生在學問上的失敗，倒是我們最好的借鏡；李氏自謂：「生平讀書，最喜懷疑。《厚黑學》是懷疑一部二十四史。我對於聖人之懷疑，是懷疑四書五經，與夫宋元明清學案。」又謂：「我對於聖人既已懷疑，所以每讀古人書，無在不疑，因定下讀書三訣，為自己用功步驟。第一步，以古為敵，讀古人之書，就想此人是我的勁敵，逐步尋找他縫隙，一有縫隙，即便攻入；又代古人設法抗拒，愈戰愈烈，愈攻愈深，必要如此，讀書方能入理。第二步，以古為友，我若讀書，有所見，即提出一種主張，與古人的主張對抗，把古人當作良友，互相切磋。第三步，以古人為徒，如果我自信學力在那些古人之上，不妨把他們的書拿來評閱，當作評閱學生文字一般。我評閱越多，知識自然越高。……」這是李氏的思想方法論。這一種方法論，比那些信古盲從的人高了一着，但好疑與輕信，其弊相同；尤其重要的，還看所研究的是甚麼，比用甚麼方法研究更值得注意。李氏從「蔽」的一面走出，立刻又鑽入另一「障」中去，所以不能

卓然有以自立。

　　我伸紙執筆，正準備談到名家（惠施、公孫龍輩）和《墨辯》的同異，可是關於名家的史料實在太貧乏了，忽然想起了李宗吾的《厚黑學》，頗有些相似，就先把李氏思想方法（一種詭辯方法），拿出來批判一下，或許對批判名家的長短有點用處。《莊子·天下》篇云：「桓團、公孫龍，辯者之徒，飾人之心，易人之意，能勝人之口不能服人之心，辯者之囿也。……然惠施之口談，自以為最賢。……以反人為實，而欲勝人為名，是以與眾不適也。」不正是打中了李宗吾的弱點了嗎？（《荀子·非十二子》篇云：「不法先王，不是禮義，而好治怪說，玩琦辭。甚察而不急，辯而無用。多事而寡功，不可以為治綱紀。然而其持之有故，言之成理，足以欺惑愚眾，是惠析、鄧析也 [12]。」）

六　孟荀

　　我在寫這一串隨筆的先後，差不多把北京和台北所出的有關「國故」的重要著作，都翻看了一遍。台北在提倡文化復興以後，也出版了許多書，如陳立夫就寫了《四書會通》。我的感想是這樣：台北所出版的，大體上是一個觔斗翻到程朱宋學的老圈子中去，以「四書」為題，便是最顯著的證據。北京所出版的，都已超過了新考證學，進入唯物

12　編者注：句中「不急」應為「不惠」，「言之成理」前須加「其」字，而「惠析」應為「惠施」。

史觀新觀點，風尚如此，不能勉強的。談文化復興而鑽牛角尖，其文化前途，可想而知。

我們說明白「孔孟」不能並稱，這是常識；「孟荀」並稱，以弘通而論，孟子實在不如荀子，荀子乃是儒家集大成的人，比孔子高明得多。這都是宋明理學家所不曾瞭解的。墨子批判孔子，他的思想中，有着孔氏的成分，上面已經說過了。孟子距楊墨，他的思想中，有着楊墨的成分，我們也看得十分清楚。荀子學說中，以儒家根柢，吸收道、墨、名、法的成分，融會貫通，開了法家的路子。替秦朝開先路行新政的韓非、李斯，便是荀卿的大弟子。「百家爭鳴」與「互相滲透」，正是一件事的兩方面。這是我們研究先秦諸子的途徑。

談儒家的指出孔子尚「仁」，孟子重「仁義」，已經眾所共知的。可是荀子有一要點，即是孔孟法先王，尊堯舜，把黃唐之世，說得天花亂墜（墨子也是法先王的）。荀子卻是法後王，認為時代進步，黃唐之世，並不怎麼可愛的。《荀子‧非相》篇云：「人道莫不有辨，辨莫大於分，分莫大於禮，禮莫大於聖王。聖王有百，吾孰法焉？故曰：欲觀聖王之法 [13]，則於其粲然者矣，後王是也。彼後王者，天下之君也；舍後王而道上古，譬之是猶舍己之君而事人之君也。故曰：欲觀千歲，則數今日；欲知億萬，則審一二；欲知上世，則審周道；欲知周道，則審其人也，所貴君子。」

13　編者注：「法」應作「跡」。

荀子學說中，「禮」與「分」，乃是核心問題。他在《禮論》中說：「禮起於何也？曰：人生而有欲，欲而不得，則不能無求；求而無度量分界，則不能不爭。爭則亂，亂則窮。先王惡其亂也，故制禮義以分之，以養人之欲，給人之求，使欲必不窮乎物，物必不屈於欲，兩者相持而長，是禮之所起也。」荀子較注重於人之行為之外部規範，較注重禮。他說：「學惡乎始？惡乎終？曰：其數則始乎誦經，終乎讀禮。」又云：「凡用血氣志意知慮，由禮則治通，不由禮則勃亂提僈。食飲衣服居處動靜，由禮則和節，不由禮則觸陷生疾。容貌態度進退趨行，由禮則雅，不由禮則夷固僻違，庸眾而野。故人無禮則不生，事無禮則不成，國家無禮則不寧。」荀子以為「人之性惡，其善者偽也」，不能不注重禮以矯人之性。禮之用，除定分以節人之欲外，又為文以飾人之情。我們從荀子的觀點來看「性惡」問題，並不是說「人性皆善」，便合乎事理，人性可以為善，可以為惡，也正是孔子所說的：「性相近也，習相遠也。」荀子「性惡說」，比孟子精當得多。

　　馮友蘭氏說：「西人謂人或生而為柏拉圖，或生而亞力士多德。詹姆士謂哲學家，可依其氣質，分為硬心的及軟心的二派。柏拉圖即軟心派之代表，亞里士多德即硬心派之代表。孟子乃軟心的哲學家，其哲學有唯心論的傾向。荀子為硬心的哲學家，其哲學有唯物論的傾向。荀子攻孟子，蓋二人之氣質學說本不相同。如戰國時儒家有孟荀二派之爭，亦猶宋明時代新儒家中有程朱陸王二學派之爭。」

　　讓我插說一段閒話：幾位讀者來信，問我為甚麼不把

引用的「經」、「子」中的原文，譯成現代語呢？因為他們的兒女的語文程度，還不夠來接受這些古典文學。我原想這麼做的，可是，這件事碰到了實際的困難。你想，《易‧文言》的「元、亨、利、真[14]」。如我所說過的，有幾種不同的講法，我該依照哪一種說法來傳譯才對呢？又如莊子的〈齊物論〉這一題目，前人就有「齊物」之論，齊「物論」，齊「物齊論」三種解法，我又該怎麼譯呢？殷墟甲骨文字發現以後，許多清代考證學家所已作解答了的問題，又產生了問題了，又該怎麼辦呢？我以為年青一代，最好不必讀古代經典，把這些經典文字讓專家去研究。可是，教育當局以及腐儒（若干中小學校長和文史教員都在內）們，要年青學生讀古書，國文會考要國學常識測驗，他們又不懂甚麼是經典，我只能給學生以正確的知識，盡我的心力來做便是了。

　　馮友蘭氏談及儒家的「天與性」，曾說：孔子所說的「天」為主宰之天；孟子所說的「天」，有時為主宰之天，有時為運命之天，有時為義理之天；但荀卿所說的天，乃是自然之天，這一方面，他是受了老莊哲學的影響。（我希望香港的老爺少爺們，莫把《新約》《舊約》中的「天」與「上帝」，和《詩》《書》中的「天」與「上帝」，混為一談。——阿門。）《莊子‧天運》篇謂天地日月之運行，「其有機緘而不得已」，「其運轉而不能止」，這便是自然主義的宇宙觀。荀子說：「天行有常，不為堯存，不為桀亡。應之以治

14　編者注：「真」應為「貞」。

則吉，應之以亂則凶。……故明於天人之分，則可謂至人矣。不為而成，不求而得，夫是之謂天職。如是者，雖深，其人不加慮焉。雖大，不加能焉。雖精，不加察焉。夫是之謂不與天爭職。天有其時，地有其財，人有其治，夫是之謂能參。舍其所以參，而願其參，則惑矣。列星隨旋，日月遞炤，四時代御，陰陽大化，風雨博施。萬物各得其和以生，各得其養以成。不見其事而見其功，夫是之謂神。皆知其所以成，莫知其無形，夫是之謂天。唯聖人為不求知天。」（《天論》）「列星隨旋，日月遞炤」，皆自然之運行，其所以然之故，聖人不求知之也。「不求知天」，而但盡人力以「自求多福」，人力能「自求多福」，「能治天時地財而用之」（楊倞注），此人之所以能與天地參也。故曰：「大天而思之，孰與物畜而制之。從天而頌之，孰與制天命而用之。望時而待之，孰與應時而使之。因物而多之，孰與騁能而化之。思物而物之，孰與理物而勿失之也。願與物之所以生，孰與有物之所以成。故錯人而思天，則失萬物之情。」（《天論》）這便是荀子的戡天主義。也正是達爾文派進化論家的「物競天擇」論點。

在這兒，我們再回想老子所說的「天地不仁，以萬物為芻狗」的話，例如，一口大池塘，積了一潭清水，那兒就有螞蝗、蚯蚓、水蛇、蛤蟆、蜈蚣……種種生物，你吃我，我吃你，亂成一大堆。牠們或許召集聯合國，也還是弱肉強食。牠們訴之於老天，老天替牠們來判定是非曲直嗎？並不如此。老天爺只是曬了十天八天，把一潭水曬乾來，把所有生物都曬完了。過了一些日子，又下了幾天雨，又積了一潭

水，又讓牠們你吃我，我吃你，再亂成一大堆。這便是自然主義的天道論。儒家的再傳弟子，就受了自然主義的啟發，對於「天道」有了進一步的瞭解了。

我時常勸年青學生不要好奇，如呂祖謙的《東萊博議》，只是他年輕時的窗下課卷，故意立異，不足為法的。呂祖謙，乃是南宋浙東學派的大師，和朱熹、陸九淵，都是好友，他對陸朱兩氏的理學，都有所批評。《東萊博議》，不足以代表他的論點。（可惜腐儒們一直不曾弄明白來）我在這兒推許荀子，說他是集儒、道、墨的大成，開法家之先路，並非做翻案文章。我在這兒，時常引用馮友蘭氏的話，並非他的話很新穎，而是他說得最全面，也最平允。我們尊墨子，重視荀子，有着「古為今用」的時代新意義在其中。

北宋那位代表洛派的大史家司馬光，他也是一代通人。他有一回，回到洛陽家鄉去，和親友歡聚一堂。閒談中，問及孔孟經義，有沒有甚麼疑難之處？一位白髮老翁，站起來說道：「《孟子》第一句話，我就有些不懂，」《孟子》第一句，便是「孟子見梁惠王」，哪有甚麼不懂呢？那老翁說：「孟子對弟子們說，總是說不見諸侯，那末，孟子為甚麼去見梁惠王？」這一來，倒把司馬光這位一代通人悶住了！關於孟子帶着生徒，跟孔子一樣，到處去訪謁各國諸侯，（到了戰國時代，周王根本沒有勢；各國諸侯，乃是事實上的國王，那一地區的統治者。）還受各國諸侯的優裕招待，和合縱連橫的蘇秦張儀，並無不同。而且，他到處勸各國諸侯「王天下」，即是統一天下之意，表面上尊周，實際上哪有周王的天子地位？他們乘了幾十輛大車，帶了成百學生，也和

墨家的鉅子一樣都得國主來招待。他們並不從事生產，卻吃得那麼好，穿得那麼好，住得那麼舒服。有人問孟子：「不以為泰乎？」即是說：「你們心裏安不安？」孟子反問一句：「你以為良心上會有不安嗎？」於是，孟子揚揚自在，說了一些「治人」的與「被治者」的不同之點，他們雖不從事生產，對於社會國家有極大的貢獻，所以，國主優待他們，乃是應該的。……這便是儒家所要建立的「士的階級」，統治者的幕僚，儒家就是要讀書人（士大夫）學干祿（也就是「紹興師爺」的由來）。

清初那位全椒詩人吳敬梓，他寫了一部《儒林外史》，把儒家所培養起來的「士大夫」，譏嘲得入木三寸。他筆下的馬二先生，便是魯迅筆下的孔乙己的一流人物。馬二首先對蘧公孫說：「舉業二字，是從古及今，人人必要做的。就如孔子，生在春秋時候，那時用言揚行舉做官，故孔子只講得個『言寡尤，行寡悔，祿在其中』。這便是孔子的舉業。講到戰國時，以遊說做官，所以孟子歷說齊梁，這便是孟子的舉業。到漢朝用『賢良方正』開科，所以公孫弘、董仲舒，舉賢良方正，這便是漢人的舉業。到唐朝用詩賦取士，他們若講孔孟的話，就沒有官做了，所以唐人都會幾句詩：這便是唐人的舉業。到宋朝又好了，都用的是些理學的人做官，所以程朱就講理學，這便是宋人的舉業。到本朝（指明朝）用文章取士，這是極好的法則。就是夫子在而今，也要唸文章，做舉業，斷不講那『言寡尤，行寡悔』的話。何也？就日日講究『言寡尤，行寡悔』，哪個給你官做？孔子的道也就不行了。」這番話，說得妙極，那位給愛唸八股的

才女攪昏了的才士蓬公孫，這才如夢方醒。孔孟之道，就是養成一群「手不能提，肩不能挑」的廢物。

七　戰國百家中之「絕學」

我要再提醒一回：前人所說古人如何如何，那只是前人的主觀想法，不一定和古人的實情完全相合，有時簡直完全不相合。上一代的人，給宋元明理學家的繩索紮得太緊了，尤其是給科舉時代的制藝觀點套住了，許多人腦子裏的想法，只是「孔乙己」型人物的腐見，連「學而時習之」這句話都不曾說通過，其淺薄可知。可是，我們要貶斥他們，並不只是因為他們的「愚」，而是他們的「愚而好自用」。

是不是我的話，也動了感情，對腐儒們責備得苛刻一點呢？非也。我們是在談學問，不是寫政論，一切都得平心靜氣地談論着。他們生在清代考證學家完成了訓詁上大部分工作，卻視而不見，依舊抱殘守缺，回到宋明理學家的老圈子中去，我們能怎麼說呢？清代樸學全盛時代，戴東原的皖學，如日中天，但餘蔭所及，到了揚州，不獨王念孫引之父子博大湛深，青出於藍而勝於藍；即溉其餘緒，自成一家言的焦循，也在綜合上顯工夫。其他揚學諸家，如王懋雄、汪中、阮元、劉文淇、劉師培輩，都在訓詁章句以外有所發明。浙東學派的史學，如全祖望、章實誠[15]，也都在綜合上

15　編者注：應為章學誠。

有了成就；即是說株守清儒考證學已經十分可笑，抱着高頭講章以為中國的學術文化都在其中，豈不是蠢得太不可救藥了！我們覺得馬二先生冬烘得利害，殊不知還有酸得更可笑的嚴貢生在呢。這便是我要鳴鼓而攻之的微意。

偶在枕邊，翻看了田倩君女士的新著《中國文字叢釋》；在研究甲骨鐘鼎文字這一方面，我確乎淺陋得很。這是專家之學，我們生在清光緒二十六年（一九○○年）後的人，若不接受這一方面知識，根本不必瞎談先秦的學術思想。這的確使孔老夫子都覺得「宋不足徵」「杞不足徵」的史料不足的缺恨，已經填補起來了。如陳立夫那樣替四書求會通、連「先進於禮樂，野人也；後進於禮樂，君子也；如用之則吾從先進」。這幾句都弄不明白，如何會通得了？而不懂得殷墟甲骨文字，又如何懂得「先進於禮樂，野人也」的原由。（朱熹一生替四書作注，化了幾十年心力，但他跟孔子一樣，從沒有見過殷墟貞卜文字。）所以，不談古代經典就算了，要談的話，就得接受王國維、郭沫若、李濟、董作賓諸氏的考古成果。

另外，替我們填補魏晉南北朝隋唐那一千多年間有關北方和大西北學術文化的空缺的，便是玉門關外敦煌所藏的秘笈；那一寶藏中，不獨保留了中古長時期的文獻。（大部分文獻給歐美人掠竊了去，藏在巴黎博物館和倫敦博物館中。）也顯示佛學東來、唐學西行的交流痕跡，我們稱之為「敦煌學」。在中國文化史上，隋唐學這一段最光輝燦爛的文明史，得從敦煌學來重新寫來；和腐儒們談敦煌學，那真正對牛彈琴了。有人連斯文赫定其人都不曾知道，更不必談他

的《西北亞洲考古記》了。另外，還有一種「絕學」，即是諸子百家爭鳴的秦世代的歷史，正當諸子思想爭榮的日子，偏偏就缺少這一段歷史，而當時爭鳴着的幾種顯學，到了漢魏以後，都已漸滅了，這都得重新寫了起來。

這幾天，我把章太炎師的《國故論衡》、《檢論》和《菿漢微言》，這幾種書拿出來仔細翻看一過，在章師心目中，這些都是研究「國故」必須知道的常識。要我來作注解的話，三五年工夫，怕未必弄得齊全。其中，至少五分之一，在我看來，也是太外行，不敢隨便動手的。我又翻看日本人翻譯的兩種《國學概論》，武田熙的那一種，他還作了注解，編了索引，費了一番心力。我忽想起當年在場聽講的，就說最少那幾回，也有三十多人。假使人人寫了筆記，是不是會跟我所筆錄的一樣呢？當然有很大的出入的。因此，我們且推想：孔門弟子三千人，即算那升堂入室的七十二子。他們該有七十二種不同的《論語》。可是，那幾位最有名的如顏淵、曾參、子路，他們的《論語》，都沒有流傳下來。於今，我們所看到的《論語》乃是子夏的筆記本，子夏雖在七十二子之列，卻不是最得意的門生。古人的著述，在那樣困難的記錄條件之下所產生的，何者能流傳下來，只能付之於命運。因此儒家典籍的流傳，一半也是幸運；墨學也是顯學，其不曾流傳得很廣，一半也是命運。戰國百家之中，也有當時是顯學，卻比墨子的命運還差些，終於成為「絕學」的也很多，一半也只能說是命運！

在若干「絕學」之中，尹文子也是當時的「顯學」。（關於春秋戰國之際，史缺有間的史事研究，錢賓四先生下

了一番工夫，編了《先秦諸子繫年》，便是時人談「百家之學」的依據之一。）《莊子·天下》篇：「不累於俗，不飾於物，不苟於人，不忮於眾。願天下之安寧，以活民命，人我之養，舉足而止[16]，以此白心。古之道術，有在於是者，宋鈃、尹文子，聞其風而悅之，作為群山之冠以自表，接萬物以別宥為始。……『見侮不辱』，救民之鬥。『禁攻寢兵』，救世之戰。以此周行天下，上說下教，雖天下不取，強聒而不舍者也。故曰：『上下見厭而強見也。』雖然，其為人太多，其自為太少。…… 以『禁攻寢兵』為外，以『情欲寡淺』為內，其小大精粗，其行適至是而止。」《荀子》云：「宋子有見於少，無見於多，蔽於欲而不知得。子宋子曰：『明見侮之不辱，使人不鬥。人皆以見侮為辱，故鬥也。知見侮之為不辱，則不鬥也。』」就可靠的傳說看來，宋鈃、尹文子的學說，有六要點：（一）「接萬物以別宥為始」；（二）「語心之容，命之曰心之行」；（三）情欲寡；（四）「見侮不辱，救民之鬥」；（五）「禁攻寢兵，救世之戰」；（六）「願天下之安寧，以活民命，人我之養，舉足而止」。這一派思想路子，頗和墨家相接近，他們所說的「願天下之安寧，以活民命」，乃其所取於墨學的「人我之養，舉足而止」，乃其所取於楊學的天下所以不安寧者，乃因有「民之鬥」與「世之戰」。鬥者個人與個人間之武力衝突，戰者乃國與國間之武力衝突也。為「救世之戰」，故「禁攻寢兵」，此完全墨

16　編者注：「舉足而止」應為「畢足而止」。

家之主張，尹文、宋牼繼續推行。據《孟子》所說，宋牼將見秦楚之主，說令罷兵。其所持理由，為戰之不利，這也是墨家的說法。為了「救民之鬥」，尹文、宋牼倡導「見侮不辱」。《荀子・正論》篇駁「見侮不辱，使人不鬥」之說，以為人見侮而鬥，乃由於惡見侮，必不由於見侮為辱。所以雖信見侮非辱，但因不喜見侮，所以仍鬥。此駁甚有力，但宋子「見侮不辱」之言，並非全無理由。因「惡」或只是個人心中不喜，但「辱」則有關所謂面子問題，許多人不是因為實際所受之不快，而與人爭鬥，而是因為要保全面子爭氣，所以宣傳「見侮不辱」。這種手段，彷彿阿Q精神的祖師。

我們替阿Q找到了他的哲學的據，把阿Q和尹文、宋牼的處世哲學連在一起，或許有人以為是可笑的。其實魯迅筆下的阿Q，正是一個代表中國民族性「乏」的一面：（一）「卑怯」：阿Q最喜歡與人吵嘴打架，但必估量對手，口訥的他便罵，氣力小的他便打。與王鬍子打架輸了，他便說君子動口不動手；假洋鬼子哭喪棒才舉起來，他已伸頭以待了。對抵抗力稍為小的，則揎拳擄臂擺出挑戰的態度；對毫無抵抗力的小尼姑則動手動腳，大肆其輕薄，這都是他卑怯天成的表現。（二）「精神勝利法」：阿Q與人家打架吃了虧，心裏就想：「我總算被兒子打了，現在世界真不像樣，兒子居然打起老子來了。」於是他也心滿意足，儼如得勝地回去了。（三）「善於投機」：阿Q本來痛恨革命。等到辛亥革命大潮流震盪到未莊，趙太爺父子都盤起辮子贊成革命；阿Q看得眼熱，也想做起革命黨來了。但阿Q的革命的目的，不過為了他自己的利益，於革命意義，實在毫無瞭解。

所以，一為假洋鬼子所拒斥，就想到衙門裏去告他謀反的罪名，好讓他滿門抄斬。（四）「誇大狂與自尊癖」：阿Q雖是極卑微的人物，而未莊人全不在他眼裏，甚至趙太爺兒子進了學，阿Q在精神上也不表示尊崇，以為我的兒子將比他闊得多。加之進了幾回城，更覺自負。但為了城裏煎大頭魚的加蔥法，和條櫈的稱呼異於未莊，他又瞧不起城裏人了。……這一典型性人物，我們不必嘲笑別人，向鏡子照照看，不也有自己的靈魂在其中嗎？（當然，其中也有魯迅自己的性格在其中，這才是不朽的創造。）

這樣，我們便可以來回看尹文、宋牼的「見侮不辱」的哲理了。尹文宋牼又說：「語心之容，命之曰心之作。」荀子謂宋牼「詘容為己」，「容」即「詘容」之意。尹宋二氏以為爭強好勝，非人心之自然趨向，詘屈寬容方是。故曰：「語心之容，命之曰心之行。」「心之行」，即心之自然的趨向。人若能知此，則自不惡見辱。而人與人不鬥，國與國不戰，這便是尹文、宋牼替墨學找到了心理學上的根據。《荀子·正論》篇：「情為欲多」，「情之欲寡」；「欲」在此為動詞。「情欲寡淺」，意謂人類本性要少不要多。蓋人雖「目欲綦色，耳欲綦聲，口欲綦味……」但一人在一時內，所能實在享用者，極為有限，所謂「鷦鷯巢於深林，不過一枝，偃飲河 [17]，不過滿腹」。再則「五色令人目盲，五音令人耳聾，五味令人口爽……」享用太多，無益反損。如人知此理，

17　編者注：「偃飲河」應為「偃鼠飲河」。

大約情不欲多矣。他們認為人情本欲寡，固不合事實，其本意蓋欲使各人之享用與適可而止，不求贏餘，所謂「人我之養，舉足而止」。楊學教人節欲，此則謂人情本欲寡。人若能知此，人自能節欲。這又是尹文宋牼二氏，替「為我的楊朱」，找到了心理上的根據。（以上根據馮友蘭錢賓四二氏的說述）

尹文、宋牼的哲理術語中，有一句是「接萬物以別宥為始」。「別宥」一語，可看《呂氏春秋·去宥》篇。「別宥」的「宥」字，畢沅謂「有所拘礙而識不廣也」。從下文觀之，猶言蔽耳。〈去宥〉篇所謂「凡人必別宥然後知」，即謂凡人必能看透自己由地域、時代、政教、風俗以及其他來源所養成之偏見，方能知事物之真相。人之以見侮為辱，以情為欲多，皆風俗習慣使然，非人之本性如此也。人之所以如此，皆由於有所宥，假如能識別此宥，即知見侮本無可辱，情本不欲多。人皆知此，自無競爭戰鬥了。（節用唐鉞先生語）

八　申商及韓非

我承認我是王充派的思想家，我要問孔刺孟，把程朱陸王都踢到垃圾堆裏去；總之，我並不好異立奇，卻要撕破了傳統的紙糊帽子，讓大家看清楚中國學術思想的本來面目。

有一回，我和一位朋友談戰國當年的學術思想的中心問題，我說，歷來談政的，愛穿儒家外套，骨子裏正是法家思想。即如王莽，傻頭傻腦真的要實行周禮，那就糟了。因此，他就和我談到北宋那兩位政治家 —— 王安石、司馬光

的政治歧見上去。王安石對司馬光說過：「我和你所操之術多異，所以論議政事，彼此不能相合」的話，他們的歧見在哪兒呢？我說：「依我看來，司馬光是儒家，王安石卻不是儒家，說得正確一點，他是名法家。中國歷史上的政治家，不獨管仲、子產、李斯是法家，諸葛亮、王猛、張居正也都是法家，連曾國藩也是法家。漢武帝尊信儒術，但他所信用的並非是申公、董仲舒、趙綰、公孫弘那些儒士，而是桑弘羊、張陽、孔僕那些刑名之士。漢宣帝二年（前七三年），皇太子見上所用多文法吏，以刑繩下；嘗侍燕從容言：『陛下持刑太深，宜用儒生。』帝作色曰：『漢家自有制度，本以霸王道雜之，奈何純任德教，用周政乎？且俗儒不達時宜，好是古非今，使人眩於名實，不知所守，何足奚任[18]？』這段對話，可以看出兩家所操之術，原本是不同的。」其不同之點何在？我說：「名法家治天下，着重理財，苛刑罰；儒家則主張輕刑罰，薄稅斂。所以李斯、桑弘羊都主張統制經濟，被儒家譏為聚斂之臣；司馬光就說古聖賢，所以養民者，不過輕租稅，薄賦斂，已逋責也；譏王安石『善理財者，不過頭會箕斂耳』。（頭會箕斂謂統計人口，依箕斗來計算。）儒家的國家經濟觀，本於孔子『百姓不足，君孰與足』的話，要藏富於民，正和法家相反。王船山[19]在這一點上，看得很清楚；他知道宋神宗的心意，在養兵備邊，求府庫之豐裕，王安石所以得君，也在於他的理財主張。王安石理直

18　編者注：「奚任」應為「委任」。

19　編者注：「王船山」屬手民之誤，按上下文所見，應是「王安石」。

氣壯地答覆司馬光道：『我為天下理財，不為征利。』這是兩家不相同的出發點。」

那麼，從社會國家的立場來看，究竟誰是誰非呢？我說：「我們得承認王安石實行變法是一片愛國熱忱；而司馬光的反對新政，也是一片愛國熱忱；他們兩人既不自私，也不自利。但從社會國家的立場來看，儒家談政多不達時宜，實際上是行不通的；我們不能不說王安石『是』而司馬光『非』。」何以說儒家的主張，不達時宜，行不通的呢？我說：「儒家談政治，不主張理財，這便是行不通的；一則藏富於民，就會害民；因為讓人民自由競爭，自由貿易，就會造成歐美資本主義社會的畸形經濟，弄得政府沒有錢，一般老百姓也沒錢，錢都流到少數人袋中去了。二則政府一切施設，一切建設事業都非錢不行，不善理財的話，則任何政治理想都不能實行。現代政治家都知道政治愈進步的國家，賦稅便愈重。薄稅斂的話，只是迎合一時社會群眾的心理，發些不負責任的空論，他們自己上了台的話，就會自己打自己的嘴巴！」

那末，王安石所說的，「善理財者不加賦而國用足」的話，如何能做得到呢？我說：「照王安石的計劃實行起來，那就可以做到的了；因為他除了整理兵制整理財政以外，還有把許多重要企業由國家經營之意。（青苗法即其中之一）做得徹底一點，便是實行國家社會主義，由政府統制一切企業經濟機構，自然對一般人民不必加賦而國用可以常足了。」——這是我的儒法短長論。

依着歷史上的事實，我舉出了法家思想乃是中國政治的

骨子，此中絕沒有討厭儒家的主觀成分在；這一點，讀者諸君一定可以看得很明白的。

　　法家思想和體制，早已先法家而存在，也是最事實的事實，因為自人類進入了「群」的生活，其勢非有組織不可，這便是「政治」的開始。人生而「自由」的，和人生而「不自由」的，這兩句話，都說着社會原始生活的一切；生物界顯示一個生存原則，有組織的生物，才有強大的生命力。春秋戰國之際，王綱早已解紐，貴族政治，也逐漸衰殘，一方面一國之君權漸重，各國舊君或一二貴族漸集政權於一國之中央，一方面人民也漸趨於獨立自由，國家社會之範圍既廣，組織又日趨複雜，人與人之關係，亦日趨疏遠。因此先前「以人治人」的辦法，實行起來，自必有了困難，所以當時列國，都逐漸頒佈法律，如鄭子產作刑書，晉作刑鼎，「著范宣子所為刑書」，都是那一趨勢的表現。鄭作刑書，叔向表示反對；子產說：「吾為救世也。」他看到了社會環境才那麼做的。晉作刑鼎，孔子加以批評，說：「晉其亡乎！失其度矣！」馮友蘭氏說：「叔向孔子之言，代表當時比較守舊的人之意見。可是，此等守舊之意見，不能改變當時現實政治之趨勢。那趨勢乃社會經濟組織改變所生之結果，決非一部分人的反對所能遏阻的了！」口尊君權，重法治，禁私學，也是當時現實政治之自然趨勢。法家之學，不過把若干具體條件加以理論化而已。貴族政治破壞，人民在農商方面，皆自由競爭，而富豪起，這也是當時社會經濟的自然趨勢，法家也作理論上的擁護便是了。

　　法家的思想，都是適應那時的現實政治和社會趨勢而

產生的，當時各方面都趨向於「變古」，法家便成為「變古」的先導。《商君書‧更法》篇云：「前世不同教，何古之法？帝王不相復，何禮之循？伏羲神農，黃帝堯舜，及至文武，各當時而立法，因事而制禮。禮法以時而定，制令各順其宜。兵甲器備，各便其用。故曰：治世不一道，便國不必法古。」《韓非子‧五蠹》篇云：「今有構木鑽燧於夏后氏之世者，必為鯀禹笑矣。有決瀆於殷周之世者，必為湯武笑矣。……是以聖人不期修古，不法常可。論世之事，因為之備。」放棄了黃唐盛世，謳歌堯舜的夢想，面對現實社會認識時代演進的軌轍，迎面加以應付，這是法家的基本觀點。

法家有三派：一重勢，一重術，一重法。慎到重「勢」，此派謂國君須有威勢，方能驅使臣下。（《管子‧明法解》：「明主操必勝之數，以治必用之民；處必尊之勢，以制必服之臣。故令行禁止，主尊而臣卑。」）重術者以申不害為宗，重法者以商鞅為宗。《韓非子‧定法》篇：「術者因任而授官，循名而責實，操殺生之柄，課群臣之能者也。此人主之所執也。法者憲令著於官府，刑罰必於民心。賞存乎慎法，而罰存乎奸令者也[20]。此臣之所師也。君無術則弊於上，臣無法則亂於下。此不可一無，皆帝王之具也。」韓非子以為勢術法三者，皆帝王之具，不可偏廢的。「勢者，勝眾之資也，故明主之行制也天，其用人也鬼。天則不非，鬼則不困，勢行教嚴，道而不違。……然後一行其法。」（《韓非

20　編者注：「而罰」句應為「而罰加乎奸令者也」。

子‧八經》）（馮氏說：「『明主之行制也天』，言其依法而行，公而無私也。『其用人也鬼』，言其御人有術，密而不可測也。以賞罰之威，『一行其法』，勢術法並用，則國無不治矣。」）《管子‧明法》云：「以法治國，則舉錯而已。」「有法度之制者，不可巧以詐偽。」

孔子和弟子們討論社會人生問題，曾經說過這樣的話：「言不可以若是其幾也。」即是說每一問題都有各方面的因素，不能看得這麼簡單的。我在這兒寫讀書記，每一課題，都得有幾十萬字來評述，我卻簡單地放在幾行之中，有時只是一句帶過便算。我說我編了《國學小辭典》來作注解，也還是不夠充分的。我承認我對於宋明理學家的小圈子絕無好感，尤其是對四書作集注的朱熹。我並不像清儒毛奇齡要打朱熹的手心（這是一種舊日的傳說），但，朱氏的觀點，束縛了人心幾百年，有如女人纏足一樣，自該解放開來，讓心神活動一點的。我在道家立場表揚法家的文化史跡，走的還是清末啟蒙期文士，如梁啟超、夏曾佑他們的老路子。

我時常引述馮友蘭氏的話，並不由於我對他的偏好，而是馮氏的論議十分平允。談到了法家，我卻要引述梁啟超的論斷。梁氏談法家政治思想，引用意大利的米奇維里[21]（Machiavelli，1469-1527）的《帝王論》相映襯，十分恰當。梁氏指出法家成為一有系統的學派，為時甚晚，一直到慎到尹文、韓非以後才逐漸完成。然法治主義，卻起源很早，

---

21 編者注：米奇維里（Niccolò di Bernardo dei Machiavelli，1469-1527），意大利政治學家，現譯「馬基雅維利」。

這一段歷史，縱串春秋戰國那五百年的長時期。《尹文子》說：「法有四呈：一曰，不變之法，君臣上下是也。二曰，齊俗之法，能鄙同異是也。三曰，治眾之法，慶賞刑罰是也。四曰，平準之法，律度權衡是也。」法家所謂法，便是以第一、二、四為體，而以第三為用，這是狹義的「法」。《韓非子・定法》篇：「法者憲令著於官府，刑罰必於民心，賞存乎慎法，而罰加乎奸令者也。」這就和近代的法治相接近了。

申不害言術，而公孫鞅為法，我在上節，已經說過了。《尹文子》謂「法不足以治則用術」。他說：「術者人君之所密用，群下不可妄窺。」（申子一派主張用陰謀，以為操縱，也是戰國縱橫派所最樂道，也是時君所最樂聞的。即如國民政府時期的蔣介石，雖說是民主政制，實則以術治為主。）慎子兼主勢治，他說：「堯為匹夫，不能治三人；而桀為天子，能亂天下。吾以此知勢位之足恃，而賢者之不足慕也。」對於這一點，韓非子表示反對，他說：「夫勢者，非能必使賢者用已，而不肖者不用已也。賢者用之則天下治，不肖者用之則天下亂。人之情性，賢者寡而不肖者眾，而以威勢濟亂世之不肖人，則是以勢亂天下者多矣，以勢治天下者寡矣。……夫勢者名一而變無數者也，勢必於自然，則無為言於勢矣。」（梁啟超氏認為韓非此論，辨析最為謹嚴，蓋勢治者正專制行為，而法治則專制之反面也。勢治者自然的惰性之產物，法治則人為的努力所創造者，故彼非人所得設，而此則人所得設也。是法與勢之異也。）法家不獨反對暴主之用術恃勢，即明主之勤民任智，亦反對之，他們根本

不取人治主義，不問其人是哪一類人才的。《尹文子》謂：
「聖人之治，獨治者也；聖法之治，則無不治矣。」即是此
意。這和現代的法治觀念最相接近。梁氏說：「法家起源戰
國中葉，逮其末葉而大成，以道家之人生觀為後盾，而參用
儒墨兩家正名覈實之旨，成為一種有系統的政治學說。秦人
用之以成統一之業，漢承秦規，得有四百年秩序的發展。蓋
漢代政治家蕭何、曹參，政論家賈誼、晁錯等，皆用其道以
規劃天下。及其末世，諸葛亮以偏安之局，猶能使『吏不容
奸，人懷自厲』，其得力亦多出法家。」此意得之。

第五講

一 重談魏晉玄學

二十年前，便是新中國初建的那一年（一九四九年），在我的一生，可說是最優遊閒適的一年。我從一九三八年冬天，在江西鷹潭小旅店中，研究宋明理學，初讀馮友蘭先生的《新理學》，整理我自己的《亂世哲學》，（那時我剛從鵝湖講學回來，對朱陸異同，有着新的瞭解）經過這一年對馬克思主義的新研究，以及研究毛澤東思想的幾個要篇，再和老莊韓非諸子之學相印證，又有了新的進境。先前總以為孔子集大成，乃是到了最高境界，儒家後學總是一代不如一代；到了這一階段，才明白荀子的集大成，不獨比儒家後學高了一截，連孔子的見識也比不上他的。而吸取了道家思想的王弼、何晏，也比荀子進了一境，吸取了禪宗思想的程朱陸王派，自有比孟荀高明之處，而皖學大師戴震和弟子焦循，他們對「性」「情」問題的瞭解，也在程朱陸王之上。此一解也。韓非的〈喻老〉〈解老〉，郭象王弼的玄學，若干方面，都比老莊有了勝義，而清末嚴復的《老子注解》，章太炎師的《齊物論釋》，也比王弼、郭象有了勝義。此又一解也。我乃恍然大悟：列寧在實踐進程中，他的見解比馬（克思）恩（格斯）更進一境，列寧可以對馬氏弟子的短

長加以批判。同時，馬克思一直對東方社會問題自知茫無所知。毛澤東思想，便在這一方面遠遠超過了「馬、恩、列、史」，這又是一解。

那一時期，我已知道以往談中國學術思想的人，所謂「國粹」派，對於魏晉玄學，隋唐學術茫無所知（他們只局限於宋明理學，兩漢今古文的小圈子，有的只是在「制藝」天地中打觔斗），所以跳不出儒家的老門檻。我想起了過去一種有關胡適博士的傳說：說胡氏寫了《中國哲學史》（上卷），便寫不下去了。還有人以為《中國哲學史》（上卷）是他父親的遺作。其實，這種傳說都是不對的。胡氏的《兩漢哲學思想》，早有了北京大學的講義，他也曾有了《戴東原哲學》的專集；此外，《胡適文存》也有了談禪宗哲學的專篇。還有對李覯哲學思想以及明末清初四大思想家的學說，也有了專論，只是缺了魏晉、隋唐這一大截，所以下卷一直不曾串起來。我們讀了胡適的遺稿本，便可以明白了。不過馮友蘭先生的《中國哲學史》、《新理學》、《新原道》出版以後，胡氏的《中國哲學史》（下卷）更不容易出面了。這也是事實。

過去三十年間，新考證學派整理國故的成就，以及北方學人（北京大學、清華國學研究院）研究中古學術思想的績業；魏晉玄學、隋唐學術，才為世人所認識。當年劉師培編著《中古文學史》，魯迅整理《嵇康集》，湯用彤著《魏晉玄學論稿》，都是淘沙取金的精品。而唐長孺先生的《魏晉南北朝史論叢》，中有〈清談與清議〉、〈魏晉才性論的政治意義〉、〈魏晉玄學之形成及其發展〉、〈讀《抱朴子》推

論南北學風的異同〉諸篇，都對於魏晉玄學有極大的裨益。（中華書局曾刊行《魏晉思想論》也係專家之學，不知是誰的作品[1]。）至於隋唐學術，陳寅恪自是一代專人，他所著的《唐代政治史述論稿》、《隋唐制度淵源略論稿》、《陶淵明之思想》、《秦婦吟詩箋》、《論再生箋》、《歷史研究》、《述東晉王導的功業》[2]、《元白詩箋證稿》。……都是不朽之作。

（許世瑛先生說：「陳先生講課都是講他的心得和卓見，所以同一門功課，可以聽上好幾次，因為內容並不全同。他最令同學們敬佩的，就是利用一般人都能看到的材料講出新奇而不怪異的見解。……他寫的論文都是簡短扼要的，沒有浮辭贅語，所以他寫的論文，篇篇精闢耐讀，不像有些學者喜歡長篇大論。」）

我個人是輕儒家重名法家的，（我的基本觀點是道家的）但我來談中國古代學術思想的流變，盡可能保持客觀態度，不滲雜個人愛憎成分於其中，這是史學家該有的態度。

我們看到魏晉時期有不少人從事於先秦諸子的研究，也有人企圖推翻漢代的經學，重新在原始的儒家經典中作新的發掘，也有人想綜合各家，別創新說。他們所想解決的問題，仍是有關統治階級的利益問題。（王弼、何晏的《周易》《論語》研究，完全不是漢人的舊路。）先秦諸子的學說，在當時受重視的，首先被重視的是法家與名家。《三國

1　編者注：此書應指劉大杰：《魏晉思想論》（上海：中華書局，1939 年）。

2　編者注：此處所列陳寅恪著作中，《秦婦吟詩箋》應為《秦婦吟校箋》，《論再生箋》應為《論再生緣》，《述東晉王導的功業》應為《述東晉王導之功業》。

志‧魏書‧杜恕傳》：「今之學者師商韓而上法術，競以儒家為迂闊，不周世用。」三國時期的政治導領人物如曹操、諸葛亮，都崇尚法術。晉傅玄上晉武帝疏「近者魏武好法術，而天下貴刑名」。可與杜恕語互證。魏劉廙著書（政論《群書治要》中保存了八篇）與丁儀共論刑禮綜核名實，皆傳於世。吳陸遜稱南陽謝景好劉廙先刑後禮之論，可證其為法家。當時，討論政治的如徐幹《中論》、桓範《世要論》，雖沒有標榜申韓之說，大體上都受了先秦法家的影響。（前人把諸葛亮穿上八卦衣，變成了張天師，那是可笑的，但把諸葛亮看作是儒家，也是可笑的。）

與法家相關的是名家，《文心雕龍‧論說》篇稱：「魏之初霸，術兼名法。此說是也。」《魏書‧鄧艾傳‧注》，引荀綽《冀州記》：「翰子俞，字世都，清貞貴素，辯於論議，采公孫龍之辭以談微理。」這是運用先秦名家辯難之術以討論問題的例證。《世說新語‧文學》篇：「謝安年少時，請阮光祿（裕）道《白馬論》。為論以示謝，於是謝不即解阮語，重相咨盡。阮乃退曰：『非但能言人不可得，正索解人亦不可得。』注引《中興書》曰：『裕甚精論難。』」這是東晉初年事，可見名家辯難術傳流不絕。（「名學」，在魏晉間稱為「刑名」或「形名學」。）《晉書‧魯勝傳》，引述勝著《墨辯》序云：「名者所以別同異，明是非道義之門，政化之準繩也。孔子曰：『必也正名，名不正則事不成。』墨子著四書作《辯經》，以立名本。惠施、公孫龍祖述其學，以正刑名顯於世。……自鄧析至秦時，名家者世有篇籍，率頗難知，後世莫復傳習，於今五百餘歲，遂亡絕。《墨辯》有上下

經，經各有說，凡四篇，與其書眾篇連第，故獨存。……」依魯勝的說法，名辯之學是政治教化的標準，就把孔子的正名與法家的循名責實關聯起來。他又集為形名兩卷，所謂形名即是名必有形的形名。今本《尹文子》仲長統序云：「其學本於黃老，大較刑名家也。」而《尹文子》上篇稱「名以檢形，形以定名」。今本《尹文子》自非原書，大約即出於魏晉人之手，但由此也可以說明「刑名」之即「形名」。（《魏書·鍾會傳》稱：「會博學，精練名理。……會死後，於會家得書二十篇，名曰《道論》，而實刑名家也。」這和《尹文子》本於黃老而為刑名家相同。）

除了名法二家之外，如魏劉陶善論縱橫，王衍初好論縱橫之術，曹操論兵法的著作很多，吳人沈友也有《孫子兵法述》，諸葛亮集中有〈兵要〉一篇，桓範〈世要論〉亦有〈兵要〉一篇，都可見到漢末魏晉時儒、墨、名、法、道德、縱橫以至兵家都有一定程度的發展。我們認為只有在傳統上而且是定於一尊的儒家之道喪失了，或者削弱了在思想界的領導地位以後，才有可能的。

（到了現代，我們才有瞭解魏晉玄學的機會，湯用彤、唐長孺二先生為此學的白眉，以上所說，多用他們的論述。）

魏晉時代，名、法、道三家的興起，在當時，可以說是十分重要。（前代學人，總是站在儒家立場看問題，那就看錯了。）那些著書立說的人，與其說他們是在研究先秦諸子，毋寧說是在研究現實的政治問題，特別是東漢的名教之治。他們都是根據儒家以外的理論，針對着名教加以批判、分析辯護以至糾正。整個問題就是像東漢所提倡的那種名教

是否還有用，甚至是否有存在的必要。假使答案是否定的，那末，應該怎樣來維持統治者的秩序？

「名教」，即是因名立教（教即教化），內容包括一切政治設施，而就用人這一方面來談，就突出地表現在鼓勵大家求名，憑着這個「名」（聲譽），來選拔官僚與推行教化，於是用人行政便可恰當地配合。《魏書・盧毓傳》：「前此諸葛誕、鄧颺等馳名譽，有四窗八達之誚，帝疾之。時舉中書郎詔曰：『得其人與否在盧生耳，選舉莫取有名，名如畫地作餅，不可啖也。』毓對曰：『名不足以致異人，而可以得常士。常士畏教慕善，然後有名，非所當疾也。愚臣既不足以識異人，又主者正以循名案常為職，但當有以驗其後。……』」他們君臣之間，對於選舉的議論，還包含了一個才性論問題，而盧毓之言，卻也正解釋了名教的意義。「畏教慕善」，是符合於統治者利益的，才能以之得名；而為了提倡，為了求得需要的人才，在選舉方面就因名求士，所以東漢士人努力追求的便是名。關於求名的例子，舉不勝舉，即如曹操這樣的豪傑之士，鄭玄這樣博學名家，也同樣地追求聲名，這可見漢末的朝野風氣。鄭玄告誡其子：「畏教慕善，然後有名。」即是此意。

追求聲名，終於名實不符，名士們，乃是一些不通世務、無益於用的人。劉劭《人物志・效難篇》云：「夫名非實，用之非效，故曰：名猶口進，而實從事退。中情之人，名不副實，用之有效，故名由眾退，而實從事章。」追求聲名的流弊在漢末日益暴露，主要的是統治者感到難以選拔替自己服務的人才，這是極嚴重的問題。

魏晉名理學家（研究名實出發的學問即是名理學，以名辯方法考察名與實的關係，作為推行正名，與循名核實政治的張本。《隋書·藝文志》[3]名家類，有魏文帝《士操》、劉劭《人物志》、梁代有《刑聲論》、姚信《士緯新書》、姚氏《新書》、盧毓《九州人士論》、《通古人論》等書），把名辯之術推廣到政治理論。《文心雕龍·論說》篇：「魏之初霸，術兼名法，傅嘏、王粲校練名理。」李光《翰林論》：「研至名理，論貴於允理，不求支離，若嵇康之論之矣。」正統玄學家是不想破壞名教的。曹魏初期，曹操大力壓制漢末結黨標榜，追求聲名的風氣，公開提出尚才不尚德的選舉主張，這樣對於名教之治，起了很大的破壞作用。可是名教正是統治階級用以統治人民的武器，如要建設一套完全不要名教的統治理論，就等於放棄了自己所掌握的武器呢！其次，從學門、儒族培養起來的世家大族，正通過名教之治以取得政治地位呢！

二 魏晉風度及文章

「魏晉風度及文章」，這是魯迅一九二七年九月間在「廣州夏期學術演講會」的講題，下面還有「與藥及酒之關係」七個字，這是對香港「僕歐文學」的一種諷刺。那回講演在研究中古學術思想上非常重要，可惜，他面對的大半是

3　編者注：「藝文志」應為「經籍志」。

「牛」，枉自彈琴一番。《魯迅全集》印行了那麼多的版子，可是對一般人的文史常識，毫無影響。

我說過章太炎師的友生，如劉師培和周氏兄弟（魯迅、啟明），對於魏晉玄學和文章，都有高度的研究；所以魯迅那回講演，絕非老生常談。他說：「漢末魏初這個時代是很重要的時代，在文學方面起一個重大的變化，因當時正在黃巾和董卓大亂之後，而且又是黨錮的糾紛之後，這時曹操出來了。──不過我們講到曹操，很容易就聯想起《三國志演義》，因而想起戲台上那一位花面的奸臣，但這不是觀察曹操的真正方法。歷史記載和論斷，有時也是極靠不住的。……年代長了，做史的是本朝人，當然恭維本朝的人物；年代短了，做史的是別朝人，便很自然地貶斥其異朝的人物。……曹操在史上年代也是頗短的，自然地逃不了被後一朝人說壞話的公例。其實，曹操是一個很有本事的人，至少是一個英雄；我雖不是曹操一黨，但無論如何，總是非常佩服他。」

「董卓之後，曹操專權。在他的統治之下，第一個特色便是尚刑名。他的立法是很嚴的，因為當大亂之後，大家都想做皇帝，大家都想叛亂，故曹操不能不如此。曹操曾自己說過：『倘無我，天下不知有多少人稱王稱帝！』這句話他倒並沒有說錯。因此，影響到文章方面，成了清峻的風格。──文章要簡略嚴明。」「此外還有一個特點，就是尚通脫。他為甚麼要尚通脫呢？自然也與當時的風氣有莫大的關係。因為在黨錮之禍以前，凡黨中人士都自命清流，不過講『清』講得太過，便成了十分固執。在東漢末年，那些清

流的言動有時是非常可笑的。」（魯迅曾舉了許多實例）「通脫」即隨便之意，這一傾向影響到文壇，便產生多量想說甚麼便說甚麼的文章。又因通脫之後，改變了「固執」的老脾氣，乃能充分容納異端和外來的思想，因此諸子百家之學又起來了。魏晉的文章，走的是「清峻、通脫」的路子。

魏曹丕以長子繼承父業，篡漢而即帝位。他也是喜愛文章的。其弟曹植（子建）和明帝曹叡，也都喜愛文章的。不過那時候，於通脫以外，還加上了華麗。曹丕《典論·論文》：「詩賦欲麗[4]」，「文以氣為主」。魯迅說：「曹丕說詩賦不必寓教訓，反對當時那些寓訓勉於詩賦的見解。用近代的文學眼光看來，曹丕時代可以說是『文學的自覺時代』。所以曹丕做的詩賦很好，更因他以『氣』為主，故於華麗以外，加上了『壯大』。歸納起來，漢末、魏初的文章，可說是：『清峻、通脫、華麗、壯大。』」（魯迅的話，可與劉師培的《中古文學史》相印證。）

接下去，魯迅談到魏明帝時代的何晏與王弼。那時期，文風又起了重大的變化。何晏的名聲很大，位置也很高，他喜歡研究《老子》和《易經》。至於他是怎樣的一個人呢？那真相，現在很難知道了。因為他是曹氏一派的人，司馬氏那一派很討厭他，因此對他產生了許多傳說。有人說何晏的臉，跟女人一樣，天天敷粉的；又有人說他本來生得白淨，並不搽粉的，究竟如何，我們便無從知道了。但，何晏有兩

4　編者注：「歆」應為「欲」。

件事，我們是知道的：（一）他喜歡空談，是清談派的祖師。（二）他喜歡吃藥，是吃藥派的祖師。此外，他也喜歡談名理。他身子不好，因此，不能不服藥。他吃的不是尋常的藥，是一種名叫「五石散」的藥。——「五石散」是一種毒藥，是何晏吃開頭的。漢時，大家還不敢吃，何晏或者將藥方略加改變，便吃開頭了。五石散大概是五樣藥：石鐘乳、石硫黃、白石英、紫石英、赤石脂；另外怕還配點別樣的藥。從書上看起來這種藥是很好的，人吃了能轉弱為強。因此，何晏便吃起來了，大家也跟着吃。那時，五石散的流毒就同清末的鴉片的流毒差不多，看吃藥與否以分別闊氣與否的。（這正是神仙家所謂服食煉丹，後世所謂「吃砒」、「吃珍珠粉」，也就是這一路子。）關於服散的情形及其他種種，可看葛洪的《抱朴子》。（魯迅講演中，說得很詳盡有趣，可看原文。）

「吃散」創造於何晏，和他同志的，有王弼和夏侯玄兩個人，也都是服藥的祖師。他們三人都會做文章，除了夏侯玄的作品流傳不多了，王何二人的文章，我們還可以看到。他們都是生於正始的，所以又稱為「正始名士」。可是，這種風尚流傳下去，也都只會吃藥，或者竟是假裝吃藥，並不一定會做文章了。

東晉以後，不做文章而流為清談，從《世說新語》，可以看到他們的「語妙」。其中空論多而文章少，比較何晏王弼他們差得遠了。三人之中，王弼只有二十多歲便短命而死了。夏侯、何二人也都被司馬懿所殺。二人死後，論者因為他們跟曹魏有關而罵他們。其實，何晏該罵之處，還是他提

倡吃藥。（服散的風氣，直到隋唐還流行着呢，唐代有解散方，可見那時還有人服散的。）晉名人皇甫謐寫了一本《高士傳》，魯迅以為其人很高超。皇甫也是服散的，有一篇文章自說吃散之苦。

馮友蘭氏指出：自王充以後，至南北朝，道家之學益盛。道家之學，當時謂為玄學。——所謂「三玄」，《顏氏家訓》謂係《老》《莊》《周易》；蓋經王弼之注，《老子》與《周易》，皆已為同類之書。馮氏又說當時人雖宗奉道家，其中一部分，仍推孔子為聖人，為思想的正統。不過，他們所講的孔子之道，已經道家化，成為另一派的經學了。《晉書·阮籍傳》：「阮瞻見司徒王戎，戎問曰：『聖人貴名教，老莊明自然，其旨同異？』瞻曰：『將無同。』」孔子與老莊「將無同」，乃是當時一部分人的見解，我們在這兒談中國古代學術思想，所談的跟上一代的人所談的幾乎大不相同，也正在於此。

魯迅那回講演中，對嵇康、阮籍有極精彩的描述，他是千百年後的嵇康、阮籍的知己。他說，魏末，何晏他們以外又有一個團體新起叫做「竹林名士」，也是七個，所以又稱「竹林七賢」。正始名士服藥，竹林名士飲酒。竹林的代表是嵇康和阮籍。究竟竹林名士也不純粹喝酒的，嵇康也兼服藥，阮籍則是專喝酒的代表。嵇康也飲酒，劉伶也是其中之一。他們七人中差不多都是反抗舊禮教的，這七人中，脾氣各有不同，嵇阮二人脾氣都很大，阮籍老年時改得很圓通，嵇康卻是始終那麼倔強的。

阮籍年青時，對於訪他的人，有加以青眼和白眼的分

別。白眼大概是全然看不見眸子的，恐怕要練習很久才能夠。魯迅說：「青眼我會裝，白眼我卻裝不好。後來阮籍竟做到『口不臧否人物』的地步，嵇康卻全不改變。結果阮得終其天年，而嵇竟喪命於司馬氏之手，與孔融、何晏等一樣遭了不幸的殺害。這大概是因為吃藥和吃酒之分吧！吃藥可以成仙，仙人是可以驕視俗人的；飲酒不會成仙，所以敷衍了事。他們的態度大抵是飲酒時衣服不穿，帽也不戴。若在平時，有這種狀態，我們就說是無禮，但他們就不同。居喪時，不一定按例哭泣，子之於父，依例是不能提父親之名，但在竹林名士一流人中，又都會叫父親的名號。舊傳下來的禮教，竹林名士是不承認的。即如劉伶，他做過一篇〈酒德頌〉誰都知道，他是不承認世界上從前規定的道理的，他曾經過這樣的事：有一次有客人見他，他並不穿衣服。人責問了他，他答道：『天地是我的房屋，房屋是我的衣服，你們為甚麼進我的褲子裏來？』至於阮籍就更甚了，他連上下古今也不承認。他的意思是天地神仙，都是無意義，一切都不要，所以他覺得世上的道理不必爭，神仙也不足信，既然一切都是虛無，所以他便沉湎於酒了。……阮籍作文章和詩都很好，他的詩文，雖然也慷慨激昂，許多意思都是隱而不顯的。」

魯迅又說：「嵇康的論文，比阮籍的更好，思想新穎，往往與古時舊說相反。孔子說：『學而時習之，不亦說乎？』嵇康作的〈難自然好學論〉，卻說，人是並不好學的；假如一個人可以不做事而又有飯吃，就隨便閑遊不喜歡讀書了。所以現在人之好學，是由於習慣和不得已。還有管叔、蔡叔，是疑心周公率殷民叛，因而被誅，一向公認為壞人的。

而嵇康作的〈管蔡論〉，就也反對歷代傳下來的說法。他說這兩個人是忠臣，他們的懷疑周公，是因為地方相距太遠，消息不靈通之故。」他們的行動，彷彿是今日的嬉皮士，他們的言論，並不是怪論，乃是反禮教。

嵇康那篇被司馬氏所憎恨的文章，是〈與山巨源絕交書〉中的「非湯武而薄周孔」，司馬昭因這一句話就將嵇康殺了。非薄了湯武周孔在現代是不要緊的，在當時卻關係非小。湯武是以武力定天下的，周公是輔成王的，孔子是祖述堯舜，而堯舜是禪讓天下的。嵇康都說不好，那麼教司馬氏篡位的時候，怎麼辦才好呢，因此就非死不可了。

三　南北

我們看了魯迅的演講稿，該明白魏晉間學術思想的演變，是一件多麼重要的史跡，可是，前人茫無所知，說是五胡亂華，一筆帶過，豈非十分可笑，前人也有人談劉義慶的《世說新語》，其中一些佳話，也流傳下來。可是劉劭《人物志》，和范縝《神滅論》所激起的大辯論，《弘明集》和《弘明後集》，該是多麼重要的書，可是那些談文化復興的人就不知其人，不知其書。所以「國學常識」這件事，成問題的實在太多了。我呢，只能盡其心力，來搜殘補缺就是了。

魏晉南北朝到隋唐初那四百年間，在中國的學術思想，是一個變化最大的時期。（我們只能說「國學」是「在中國」的「學術」，不能說是「中國」的，因為這時期，印度佛學已經東來，成為我們思想文化的主流之一。）這時候，已有

所謂「南學」與「北學」，「南人」與「北人」。（和今日香港人所說的「南與北」絕不相同。）《世說新語・文學》篇：「褚季野語孫安國云：『北人學問淵綜廣博。』孫答曰：『南人學問清通簡要。』支道林聞之曰：『聖賢固所忘言，自中人以還，北人看書如顯處視月，南人學問如牖中窺日。』」唐長孺先生說：「從來引這一段來說明南北學風的，都以為褚褒、孫盛和支道林所說的南北就相當於以後南北朝的界限。我覺得在東晉時，可能範圍有些出入。褚褒（季野）為陽翟人，孫盛（安國）是太原人，所謂南北應指河南北。東遷僑人並不放棄原來籍貫，孫褚二人的對話，只是河南北僑人彼此推重，與《隋書・儒林傳》所云：『南人約簡，得其精華；北學深蕪，窮其枝葉。』雖同是南北，而區域是不一致的。《晉書・祖狄附兄納傳》：『時梅陶及鍾雅數說餘事，納輒困之。因曰：「君汝潁之士利如錐，我幽冀之士鍊如槌，持我鈍槌，捶君利錐，皆當摧矣。」陶雅並稱：「有神錐，不可得槌。」納曰：「假有神錐，必有神槌。」雅無以對。』祖納為范陽人，鍾雅為潁川人，這又是河南北人的彼此詆毀，與褚孫的相互推重，事雖不同，而以河南北相對比則一。這種以河南北相對比的人物論，大概始於東漢。」

唐氏又云：「魏晉新學風的興起實在河南。王弼創通玄學，乃是山陽人。同時名士夏侯玄是譙郡人，阮籍是陳留人，嵇康是山陽人。潁川荀氏雖然還世傳經學，他的《易》學也與王弼相接近，而荀粲獨好言道，也屬於新學派開創人之一。創立行書法的鍾繇、胡昭都是潁川人，而鍾會也精練名理。這些人都是河南人，大河以北我們很少看到這類

人物了。……上面所說，褚褒所謂『北人淵綜廣博』，乃指大河以北流行的漢儒經說傳注；孫盛所謂『南人學問精通簡要』，乃指大河以南流行的玄學。就是經學中鄭玄、王肅的差異，也由於鄭較近於漢儒家法，而王肅則年輕時曾從荊州學派的宋忠讀《太玄》，多少受新經學影響。」（《南齊書‧陸澄傳》稱王肅《易注》；「在玄（鄭）弼（王）之間」。可見其《易注》雖承其父王朗之業，而一部分也出於荊州之學，和王弼同出一源，所以一方面承漢學之舊，而另一方面，又與新學相合」。）

近代學人，研究客家話的，如楊恭恆的《客話本字》，溫仲和的《嘉應州志方言》，章太炎師的《嶺外三州語》，羅翽雲的《客方言》，黃釗的《石窟一徵》，都證明了「客話多中州古語」。也正如黃遵憲所說的「方言足證中原韻，禮俗猶存三代前」。（陳蘭甫也曾說過：客人聲音多合周德清《中原音韻》。）所謂「南」與「北」，自和東晉南渡，南宋南遷的民族大流轉有關。可是「南與北」的觀念，東晉南北朝人的和南宋人的想法，大不相同，和明末清初顧亭林所說的更不相同，用香港人的說法，來看東晉人的區域概念，那更牛頭不對馬嘴了！這麼一說，大家該明白，用科舉時代的傳統觀念來理解魏晉玄學家的思想，自必鬧出更大的笑話；我得在這兒，鄭重提一提。

那位追慕神仙家的葛洪，（杭州西湖上的葛嶺，便是紀念這位吐納煉丹的仙人的所在。我也曾上過他的初陽台去看過日出。）他是吳人，當吳國滅亡與晉室東遷之後，親見江南人慕效洛陽風氣；他在《抱朴子》中，說了四種南北異同

之點：（一）書法，（二）語言，（三）哀哭，（四）居喪。葛洪把吳之善書者，與中國之書家分列，二者之間一定有所不同，可是諸家手跡，都已不能見到，有一些保留在宋代閣帖中的刻本，真偽亦難於鑑定而又傳拓失真。葛洪所舉吳國書家四人，止有皇象見於記載。其餘三人，不但筆跡失傳，連最簡單的事跡，已不可考。《法書要錄》載竇氏《述書賦》云：「吳則廣陵休明（皇象），朴質古情，難以窮真，非可學成，似龍蠖蟄啟，伸盤復行。（以上皇象）賀氏興伯，同時共體，瘠而不疏，逸而寘禮，等殊皇賀，品類兄弟（以上賀邵）。」北方書法之南流，改變了吳人「朴質古情」的形制，主要在於行書的推廣。《晉書‧衛瓘傳》載衛恆《四體書勢》：「魏初有鍾胡二家為行書法，俱學之於劉德昇而鍾氏小異，然亦各有巧，今大行於世云。」衛恆所謂，乃是古文：篆書、隸書、草書。行書、八分、楷書都屬於隸書範圍。衛恆於每一書體中，列舉若干精於此一體的書家，鍾繇、胡昭見於隸體項下，而且說其「為行書法，今大行於世」。行書是一種較新的書體，王僧虔《論書》又云：「劉德昇善為行書，不詳何許人，潁川鍾繇魏太尉，同郡胡昭公車徵，二子俱學於德昇，而胡書肥，鍾書瘦。」張懷瓘《書斷》云：「案行書者，後漢潁川劉德昇所作也。即正書之小偽，務從簡易，相間流行，故謂之行書。王愔云：『晉魏以來工書者多以行書著名，昔鍾元常善行押書是也。』……劉德昇即行書之祖也。」行書一體，在漢末始在潁川提倡起來，曹魏時才流行於中原士大夫間，江南民間雖或流行，而號稱書家的士大夫則尚未接受。晉滅吳以後，才傳入江南，以後王羲之獻

之父子書名最盛；晉以後又多學二王，這可見兩晉南北學術文化流轉之跡。

關於「吳語」問題（葛洪所提到的第二點），（吳語變遷，可分若干時期，有揚雄時代的吳語，有郭璞時代的吳語，有東晉以後的吳語，有南宋以後的吳語。東晉、南宋，這兩時期，差不多把北方的俊秀薈集到南方來，而江左的語言乃有劇烈的變化，與其說它是吳語，不如說它是中原舊語；而現在中原人所說的，反是中原新語。）陳寅恪先生寫了《東晉南朝之吳語》，周一良先生寫了《南朝境內之各種人及政府對待之政策》，他們都替葛洪所說「江南士族普遍學習洛陽話」的話作注解。周氏說：「……蓋揚州之僑人，不自覺中受吳人薰染，於中原與吳人語言以外漸形成一種混合之語音。同時揚州土著士大夫求與僑人沆瀣一氣，競棄吳語而效僑人之中原語音。然未必能得其似，中原語音反因吳人之模擬施用，益糅入南方成分。此種特殊語言，視揚州閭里小人之純粹吳語固異，視百年未變之楚言（此指北方語言），亦自不同。」簡單地說，這種吳化洛陽語相當於藍青官話，因為是官話，所以只行於士族間。（抗戰八年的重慶，以及近二十年的港澳，也產生了這樣的語音。）

葛洪所舉的第三件事是「哀哭」。他說：那時南人學了北方哭法，乃是「治飾其音」。（江南哭法，時有哀訴之言，有聲調節奏，今蘇州一帶還是流行了這一種有聲調節奏的哀訴之言。）《顏氏家訓·風操》篇：「江南喪哭時有哀訴之言耳。山東重喪則唯呼『蒼天』，期功以下則唯呼『痛深』，便是號而不哭。」（「治飾其音」的哭聲出於洛陽而為吳人所

仿效。到了南北朝，顏之推已認為這是江南之俗，那時北方反而沒有這種哭法了。）（《藝文類聚》引《笑林》：「有人弔喪，因齎大豆一斛相與。孝子哭喚『奈何』，以為問豆，答曰：『可作飯。』孝子哭，復喚『窮已』，曰：『適得便窮，自當更選一斛。』」吳人或南人到洛陽時，由語言隔閡所鬧的笑話，可作例證。）

葛洪所舉第四件事是「居喪」。吳國風俗，居喪哀毀過於北方，《宋書·五行志》：「故吳之風俗相驅以急，言論彈射以刻薄相尚。居三年之喪者，往往有致毀以死。諸葛（恪）患之，作《正交論》，雖不可以經訓整亂，蓋亦救時之作也。」這和葛洪所說江南舊俗相符合。這種喪過於哀的舊俗，從晉室東遷之後，帶來了京洛名士放誕之風，於是遭到破壞。正確地說，如葛洪所指責的「居喪不居喪位」及「美食大飲」等也不是北方舊俗，只是魏晉以來放誕名士的行為。但南渡僑人很多，就是染有這種放誕之風的名士或貴族子弟，因此有人還以為京洛之風如此。葛洪對於貴人的不遵喪禮，由於服散之故，加以原諒。王羲之也是服散的人，所以他也「勤以食啖為意」。但他們要責備那些不服喪的凡瑣小人的居喪無禮。

唐長孺先生說：「上述只是瑣細之事，卻表示了吳亡以後，江南士人卻至羨慕中原風尚的心理。一到晉室東遷，以洛陽為中心的中原文化便轉到了建康，改變了江南所固有的文化和風俗了。」

四 名教與佛教

如魯迅所說的，佛教東來以後，釋迦牟尼在中國社會，所取得的廣大崇高地位，那是孔聖人所不能企及的；雖說每一縣城都有那麼一所孔廟，比之佛寺，簡直太寒酸了；南京城中，有那麼一處夫子廟，卻有四百八十處佛寺呢！佛家教義到了中國有了十三宗，而天台宗，比之印度本土，還完成了更大的勝業。而影響我國社會文化之深，成為思想的主流，也遠在儒家之上。隋唐兩代第一流思想家都是佛門弟子；和魏晉玄學，吸引了才智之士一樣，顯得儒家真的寒酸不足道呢！這是我們談中國古代學術思想者所不可不知的。

佛教傳入中國，史載始自東漢明帝；細細推尋一下，似乎該早一點；初來時，當在西漢末期，哀帝元壽元年（前二年），到東漢楚王英禮佛，已經六十多年了。到了東漢桓帝，在宮中正式設立黃老浮屠之祠，如《西域傳》所論：「楚英始盛齋戒之祀，桓帝又修華蓋之飾。」初期翻譯佛經的，如支讖、安清，都是桓帝時代的人。初期的佛教，和道教相結合，最重要的信條，為神靈不滅，輪迴報應之說，又奉行齋戒祭祀，雙方容易調和結合，成為一種佛道不分的綜合形式。湯用彤說：「佛教自西漢來華以後，經譯未廣，取法祠祀，其教旨清淨無為，省欲去奢，已與漢代黃老之學同氣，而浮屠作齋戒祭祀，方士亦有祠祀之為，佛言精靈不滅，道求神仙卻死，相得益彰，轉相資益。」此意得之。

東漢末年，有支讖、安清、安玄諸人的譯經，有牟子的討論佛義的《理惑論》，於是佛教本義漸漸顯明，從方術道士那一角站了起來，自立一幟。當時笮融大造浮屠之祠，

也不再如楚王英那樣兼祀黃老了。魏晉之代，原是政治長在動搖，人民生活最痛苦的時期，也是宗教最易萌長的溫床，遁世超俗之風日盛，出家為僧人也就多起來了。那三百多年中，高僧輩出，如釋道安、支道林、竺法深、釋慧遠輩，他們不僅宣揚佛理，也精通諸子之學，所以為時流所敬重。佛徒在漢末三國間，在士大夫中並沒有地位，到了西晉，漸露頭角，阮瞻庾敳與沙門孝龍為友，桓穎與竺法深結交，開了名士僧侶交遊的風氣。到了東晉，這風氣日盛，僧徒加入清談，士子研究佛理，且看簡文帝門下出入的僧人無不是談客，那些名士式的談客，無不和佛徒往來，便可明白那時的風尚了。《世說新語・文學》篇稱：「支道林許詢諸人共在會稽王齋頭，支為法師，許為都講（時講《維摩詰經》）。支通一義，四坐莫不厭心（滿意）。許送一難，眾人莫不忭舞。但共嗟詠二家之美，不辨其理之所在。」可見當日士林研究佛學的風氣，即算佛理深微，一時不易理會，但坐在講台下面，聽起來仍是津津有味。即如殷浩，是一個精研佛典的名士，他有所不悟，便向佛師去請益，一面證明了佛理的玄妙，一面可見學者研治佛學的認真。佛教除了那份宗教的力量，又給當時的士大夫以一種思想上的勢力。佛徒之中，聲望最高的是支道林，一時名流的謝安、王羲之、殷浩、孫綽、許詢、王濛、袁弘諸人，都和他交遊來往密切，對他的學問言動，無不一致推重。王濛說他「尋微之功，不減王弼」。郄超說：「林法師神理所通，玄拔獨悟，數百年來，紹明大法，令真理不絕，一人而已。」在我意想中，彷彿看見了弘一法師了。

如唐長孺先生所說的，自然與名教問題，到了東晉，大體已經解決了；可是那時期佛教盛行，寺院經濟的發展與俗世地主經濟產生矛盾，而佛教教義也存在着與名教的矛盾，因此又引起了爭執。一開頭，由於信仰佛教的士人早已接受名教的自然合一之說，所以很快就利用過去「將無同」的辦法，囫圇地承認周孔與佛相合。孫綽〈喻道論〉：「周孔即佛，佛即周孔，蓋外內名之耳。故在皇為皇，在王為王。佛者梵語，晉訓覺也，覺之為義，悟佛之謂，猶孟軻以聖人為先覺，其旨一也。應世軌物，蓋亦隨時，周孔救極弊，佛教明其本耳。共為首尾，其致不殊。」孫綽的說法，正是玄學家對儒道二家的看法，與李充《學箴》「聖教救其末，老莊明其本」一樣，只是把「老莊」換上一個「佛」而已。《弘明集》無名氏〈正誣論〉云：「佛與周孔，但共明忠孝信順，從之者吉，背之者凶。」正是同樣的意思。連對佛學頗有研究的宗炳，也在《明佛論》中說：「是以孔、老、如來，雖三訓殊途，而習善共轍也。」這種說法，都是脫胎於名教自然相合之說，卻不是佛教的本義。直到釋道安《二教論》出，反對周孔即佛之說，也否認佛之言覺也等於孟子所謂先覺；到了梁武帝出來，他便斥周孔為邪道了。

　　佛教與周孔之道，自有基本上的不同之點；可是，東晉南北朝名士還不曾考慮過。他們所提出的，第一是沙門不敬王者的問題。《弘明集》桓玄〈難王中令〉云：「又云：『君臣之敬，禮盡名教；今沙門既不臣王侯，故敬與之廢，何為其然！夫敬之為理，上紙言之詳矣。君臣之敬，皆是自然之所生，理篤於情，本豈是名教之事耶？』」桓玄認為君臣之

敬，本於自然，非名教之事，實際上仍是以名教即自然之說來駁王謐。那時儒道在名教上的不同觀點已統一了；可是佛教和儒術如何協調，倒是頗為困難的。在現實的俗世王者，與佛教徒的統屬上，就出現了佛法與名教的矛盾。儒家一向認為「普天之下莫非王土，率土之濱莫非王臣」，而佛教卻把佛教寺院以及僧人說成超出於俗世政權的統治之外了。當時，慧遠在〈沙門不敬王者論〉，論及「在家」，承認就在家而言，名教本於自然，而且佛教還是有助於名教。如果出了家，則既己「不存身而息患，不順化而求宗」，自與俗世的教化生養無關，因此就不與「順化之民，屍祿之賢」同其教敬。慧遠並不排斥名教，其意在於分別在家與出家兩個世界；堯孔之教為入世之至道，佛教本來就不反對，而且還肯定與佛教「發致不殊」，「歸塗有會」。堯孔與釋迦在兩個世界各體其極，但二者不能兼應。他否定佛教和名教可以合一，但肯定可以並行，而且「潛相影響」的。——這樣的論點，我們看了，該有甚麼感想呢？

第二則是顧懽所提出的「夷夏論」。他是從儒家夷夏之別出發來排斥佛教的。（顧懽，晚節服食，事黃老道，解陰陽書，時人稱為顧道士。）他說：「國師、道士無過老莊，儒林之宗，孰出周孔，若孔老非佛，誰則當之？」又云：「道則佛也，佛則道也。」彷彿並不鄙視佛教。但他說佛氏「下棄妻孥，上廢宗祀，嗜欲之物，皆以禮佛，孝敬之典，獨以法屈，悖禮犯順，曾莫之覺」。這就是說佛教不娶，不祭祖宗，不敬君親，有違名教了！

一千五百年前，齊梁之際，中國學術思想界有一場「神

滅論」及「神不滅論」的大爭論。《梁書‧范縝傳》:「范縝，南鄉舞陰人。博通經史，尤精二禮。初，縝在齊世嘗侍竟陵王子良。子良精信釋教，而縝盛稱無佛。」其《神滅論》曰:「形者神之質，神者形之用。……神之於質，猶利之於刀。形之於用，猶刀之於利。利之名非刀也；刀之名非利也。然而捨利無刀，捨刀無利。未聞刀沒而利存，豈容形亡而神在也。」范縝又自設難云:「『人有形，木亦有形。但人之形有名，木之形無知，豈非因人於形之外，尚有神耶?』答云:『人之質，質有知也。木之質，質無知也。人之質，非木質也；木之質，非人之質也；安在有如木之質，而復有異木之知?』」人之質本是有知之質，木之質本是無知之質；故人有知而木無知也。又自設難云:「『人死，其形骸即無知，可見人之形骸，本是無知之質，與木相同；故人實有如木之質，而有異木之知；此所以異，豈非因人於形之外，尚有神耶?』答云:『死者有如木之質，而無異木之知。生者有異木之知，而無如木之質。……生形之非死形，死形之非生形，區已革矣。安有生人之形骸，而有死人之骨骸哉?』」死者形骸如木，故無知。生者形骸異木，故有知。死人之形，自是死人之形，因其已死之故，與生人之形骸絕異。不能以死人形骸與木同，遂謂生人之形骸亦與木同也。又自設難云:「『此死人之骨骸，若非生者之形骸，則此骨骼從何而至?』答云:『是生者之形骸，變為死者之骨骸也。』」謂生者之形骸變為死者之骨骸可，謂死者之骨骸，即是生者之形骸不可。

范縝又以為「形即神」，故「手等皆是神分」，故手等

有痛癢之知。至於「是非之慮，則心器所主」，此「心器」即是「五藏之心」。他又述其所以主張神滅之動機，云：「浮屠害政，桑門蠹俗。其流莫已，其病無垠。若知陶甄稟於自然，森羅均於獨化；忽焉自有，恍爾而無；來也不御，去也不追；乘夫天理，各安其性。小人甘其壟畝，君子安其恬素。耕而食，食不可窮也。蠶而衣，衣不可盡也。下有餘以奉其上，上無為以待其下。可以全生，可以養親。可以為己，可以為人。可以匡國，可以霸君，用此道也。」佛教以為生死事大，又以生死輪迴為苦，故教人修行脫離生死。若知本無輪迴，生死任其自然，則「小人甘其壟畝，君子安其恬素」。佛教所視為問題的，便不成問題了。（唐長孺先生說范縝的《神滅論》，具有唯物論傾向是顯著的。有些話採取郭象《莊子注》崇有、獨化之意，所謂「獨化」即「無待而自生自化」之意。）

《梁書・范縝傳》：「蕭子良問曰：『君不信因果，世間何得有富貴，何得有貧賤？』縝答曰：『人之生譬如一樹花，同發一枝，俱開一蒂，隨風而墮，自有拂簾幌，墜於茵蓆之上；自有關籬牆，落於溷糞之側。墜茵蓆者殿下是也，落糞溷者下官是也。貴賤雖復殊途，因果竟有何處？』子良不能屈。」唐氏謂範縝所說是顏向於偶然的，也正是《莊子》郭《注》的傾向，至於「乘夫天理，各安其性」，就可以全生、養親等等，正是道家之說。他是從前道家學說中取其樸素的唯物觀點來反對佛教的。

范氏《神滅論》一出，朝野喧嘩，子良集僧群難之，而不能屈。《弘明集》載有曹思文之〈難神滅論〉，又有梁帝

〈敕答〉文,《廣弘明集》也有沈約的〈神不滅義〉,可見當時人士對這一問題的重視。

五 三教

有一句口頭語叫「三教九流」;「九流」,便是諸子百家,我已約略說過了。「三教」,便是儒、道、佛三家。(雖說耶穌世代,跟孔子、釋迦相先後,在東方並不知道有伯利恆出現了新星的事。耶教傳到中國,雖有四五百年歷史,比之佛教,那真微渺極了。道教奉老子為教主,和道家的老莊,並沒有多大關係。)三教之間,雖沒像新舊教那樣兵連禍結,卻也互相排擊。唐天子李姓,由於老子姓李,乃尊道教,佛教就碰到過「三武之劫」。在南北朝隋唐世代,也有人主張調和三教,如近世所謂「一貫道」的。北周武帝建德二年(五七三年)「集群臣及沙門道士等,帝升高座,辯釋三教先後,以儒教為先,道教為次,佛教為後」。又《隋書‧李士謙傳》:「客問三教優劣。士謙曰:『佛日也,道月也,儒,五星也。』客亦不能難而止。」這便是「三教論衡」之始。

唐末懿宗咸通中,「優人李可及,滑稽諧戲,獨出輩流。當延慶節,緇(佛)黃(道)共論畢,次及倡優為戲。可及乃儒衣角巾,褒衣博帶,攝齊以升崇座,自稱三教論衡。其偶坐者問曰:『既稱博通三教,釋迦牟尼,乃是何人?』對曰:『是婦人也』。問者驚曰:『何也?』對曰:『《金剛經》云:「敷座而坐。」若非婦人,何待夫坐,然後坐耶?』人問:『太上老君是何人也?』對曰:『亦婦人也。』聞者

益所不喻，乃云：『《道德經》曰：「吾有大患，為我有身，及吾無身，我又何患！」倘非婦人，何患乎無娠乎？』上大悅。又曰：『文宣王何人也？』對曰：『亦婦人也。』『何以知之？』曰：『《論語》曰：「沽之哉！沽之哉，吾待價者也。」倘非婦人，待嫁奚為？』於是上意益歡。」這樣的諷刺口味，使我們明白隋唐之代，儒家的一尊地位，早已動搖了。（袁守定說：「三教並稱，始於宇文周之世，然道佛兩家，時行時禁，尚未至與儒等也。唐始令釋道講論於麟德殿。貞元間又以儒生間之。厥後白樂天有三教論衡，其時特重道教；賀知章李鄴侯輩，亦至乞為道士。蓋以李出老氏，故雖代有賢臣，而亦不敢論定也。」當時事實正是如此。）

　　我在這兒，只是追述隋唐之代，朝野的學術思想，如此如此，至於三教短長以及彼此攻擊，如傅奕〈請除佛法表〉，韓愈〈原道〉、〈諫佛骨表〉，都不在討論之列。南宋陸九淵〈與王順伯書〉云：「大抵學術有虛有實，儒者有儒者之說，老者有老者之說，釋氏有釋氏之說，天下之學術眾矣，而大別則此三家。」直到宋明理學家出來，建了新儒家，才算把過去六七百年間的矛盾有了融通的大道了。

　　這兒，我得插說一段關於道教的話。魏晉玄學，尊《老》、《莊》及《周易》，可是道教乃從張道陵五斗米道來，並非老莊的自然哲學，所以隋唐道教和魏晉玄學絕不相干的。唐《封氏聞見記》云：「國朝（唐）以李氏出自老子，故崇道教。高祖武德三年（六二○年），吉州人吉善行，於羊角山見白衣老父，呼善行謂之曰：『為我語唐天子，我是老君，即汝祖也。今年無賊，天下太平。』高祖遣人致祭，

立廟於其地，遂改浮首山為神山，拜善行為朝散大夫。高宗乾封元年（六六六年），還自岱嶽，過真源縣，詣老君廟，遙尊為天元皇帝。元宗開元二十一年（七三三年），親注老子《道德經》，令學者習之。二十九年，令兩京諸州，各置元元皇帝廟，號元元宮，諸州號紫極宮；尋改西京元元宮為太清宮。」這便是一篇神話。那位有名的唐太宗，他在貞觀十一年（六三七年），也下過敕令：「老子是朕祖宗，名位稱號，宜在佛前。」可見唐代帝王把這看得很認真的。這種風尚在兩宋元明，依然在宮庭中流行着：「宋徽宗崇尚道教，黃冠出入宮禁號金門羽客，氣焰赫然。」亦其一例。

陳寅恪先生在審查馮友蘭先生《中國哲學史》下卷報告中說：「……新儒家之產生，關於道教方面，如新安之學說，其所受影響甚深且遠。自來述之者皆無愜意之作。近日常盤大定推論儒道之關係，所說甚繁，仍多未能解決之問題。蓋道藏之秘籍，迄今無專治之人，而晉南北朝隋唐五代數百年間，道教變遷傳衍之始末，及其與儒佛二家互相關係之事實，尚有待於研究。此則吾國思想史上前修所遺之缺恨，更有俟於後賢之追補者也。南北朝時即有儒、釋、道三教之目。至李唐之世，遂成固定之制度。如國家有慶典，則召集三教之學士講論於殿廷，是其一例。故自晉至今，言中國之思想，可以儒釋道三教代表之。此雖通俗之談，然稽之舊史之事實，驗以今世之人情，則三教之說，要為不易之論。儒者在古代本為典章學術所寄託之專家。李斯受荀卿之學，佐成秦治。秦之法制，實儒家一派學說之所附繫。《中庸》之『車同軌，書同文，行同倫』，為儒家理想之制度，

而於秦始皇之身而得以實現之也。漢承秦業，其官制法律亦襲用前朝。遺傳至晉以後，法律與《禮經》互稱，儒家《周官》之學說悉采入法典。夫政治社會一切公私行典，莫不與法典相關，而法典為儒家學說具體之實現。故二千年來華夏民族所受儒家學說之影響最深最巨者，實在制度、法律、公私生活之方面；而關於學說思想之方面或轉有不如佛道二教者。如六朝士大夫號稱曠達，而夷考其實，往往篤孝義之行，嚴家諱之禁，此皆儒家之教訓，固無預於佛老之玄風者也。釋迦之教義，無父無君，與吾國傳統之學說，存在之制度無一不相衝突，輸入之後，若久不變易則決難保持。是以佛教學說能於吾國思想史上發生重大久長之影響者，皆經國人吸收改造之過程。其忠實輸入不改本來面目者，如玄奘唯識之學，雖震盪一時人心而卒歸於消沉歇絕。近雖有人焉，欲燃其死灰，疑終不能復振。其故匪他，以性質與環境互相方圓鑿枘，勢不得不然也。六朝以後之道教，包羅至廣，演變至繁，不似儒教之偏重政治社會制度，故思想上尤易融會吸收，凡新儒家之學說，似無不有道教，或與道教有關之佛教為之先導。如天台宗者，佛教宗派中道教意義最富之一宗也。其宗徒梁敬之與李習之之關係，實啟新儒家開創之動機。北宋之智圓提倡《中庸》，甚至以僧徒而號中庸子，並自為傳以述其義。其年代猶在司馬君《中庸廣義》之前。似亦於宋代新儒家為先覺。二者之間，其關係如何，且不詳論。然舉此一例，已足見新儒家產生之問題，猶有未發之覆在也。至道教對輸入之思想，如佛教摩尼教等，無不盡量吸收，然仍不忘其本來民族之地位，既融成一家之說以後，則

堅持夷夏之論，以推斥外來之教義，此種思想上之態度，自六朝時亦已如此；雖似相反而實足以相成，後來新儒家即繼承此種遺業而能大成者。」

我年已衰老，這回應友人之約，要我對年青的孩子講中國古代學術思想的演變。我雖不能如陳寅恪先生所說的那樣尋流溯源，燭隱發微。我卻不能如談高頭講章的嚴貢生那樣人云亦云，這是一種「有所見」的書，不僅是「有所知」的書，竊願藏之名山以待後世的知者。

自知幼年時，先父先教之以《朱子小學》，繼課之以朱子《近思錄》，因此我對於朱熹的學說，有着下意識中的「反感」。可是，一九三八年冬天，從江西鉛山鵝湖講學回來，天寒地凍，伏處鷹潭旅次，對當世之巨變，懷之高風昔賢，在觀點上，多少復歸於朱子的門庭，和馮友蘭的新理學相符合。這回講學，我自覺地對朱子的理學不再那麼反感。朱氏地下有知，也一定同意我對道家知識的再認識的。

在三教論的前期，有一種託名列（禦寇）的著作，叫做《列子》。列子身世，和莊子相先後，是春秋戰國之際的學人。可是今日傳世的《列子》，乃是魏晉時代人的作品，先後相去七百年。其中的〈楊朱〉篇，也不是和孟子同時的楊朱（即是被孟子看作是楊朱「為我無君」的猛獸之一），乃是代表清談家放情肆志派的思想。這種思想有着老莊派的自然哲學，也有着神仙家的道教成分。在三教論衡中正滲透着這種思想，其中有純粹的唯物論、機械論和快樂主義。如〈力命〉篇，代表他們的機械論。力代表普通所謂人力，命代表所謂天命。事物之變化皆自己進行，人力與天命，皆

不能控制轉移之。事物之變化，又是不得不然者，如列子之說，天然之變化及人之活動，皆是機械的。神及人之自由目的等，皆不能存，誠一極端的決定論也。

在唯物機械論基礎，《列子·楊朱》篇發揮他的放情肆志的人生觀。他們認為人生甚短，其中大部分嚴格說來，並不是人生。〈楊朱〉篇有云：「百年壽之大齊。得百年者，千無一焉。設有一者，孩抱以逮昏老，幾居其半矣。夜眠之所弭，晝覺之所遺，又幾居其半矣。痛疾哀苦，亡失憂懼，又幾居其半矣。量十數年之中，逌然而自得，亡介焉之慮者，亦亡一時之中爾。」生前既為暫時，死後亦歸斷滅，〈楊朱〉篇曰：「萬物所異者，生也；所同者，死也。生則有賢愚貴賤，是所異也；死則有臭腐消滅，是所同也。雖然，賢愚貴賤，非所能也；臭腐消滅，亦非所能也。故生非所生，死非所死，賢非所賢，愚非所愚，貴非所貴，賤非所賤。然而萬物齊生齊死，齊賢齊愚，齊貴齊賤。十年亦死，百年亦死；仁聖亦死，凶愚亦死。生則堯舜，死則腐骨；生則桀紂，死則腐骨；腐骨一矣，孰知其異？且趣當生，奚遑死後。」活着好好地找尋快樂的路子，死後的事，用不着去管了，這便是〈楊朱〉篇人生哲學之全部。人生之中，有快樂享受最有價值，而人生之目的及意義，即在於此。劉伶飲酒，死即埋我，也就是這一派的生活路子。

馮友蘭先生說：「希臘施勒尼學派哲人謂，所謂公直、尊貴、恥辱者，俱非天然本然而有，乃依法律習慣所定；而法律習慣，如提奧多拉斯（Theodorus）說，乃因愚人之同意而存在。法律習慣，亦或有用，然所謂有用，乃對將來的

利而言，非目下所可享受者。若不計將來，只顧目下，則各種法律及諸制度，誠只足『關』諸欲而已。」〈楊朱篇〉所重視只是目前快樂，如果目前快樂可以享受，則以後結果都不必考慮，便是此意。

六　隋唐佛學

　　不管怎麼說，從佛教輸入，迄今將近二千年，其成為我們社會生活的主要成分，包括生老病死在內，這是不可否認的事實。耶穌輸入中國，差不多五百年了，卻和一般人的生活毫無關係。我到了香港，才知道有所謂聖誕節復活節這一類玩意兒。但基督教所謂人類祖先是犯了罪到世間來受難這一基本觀點，和我們傳統的儒家精神絕不相合，所以基督教絕難和佛教相比，決不會在東方生根的。

　　那末，佛教觀點能和儒墨精神相合嗎？那也並非如此。馮友蘭氏曾舉出三個要點：

　　（一）佛學中派別雖多，然其大體之傾向，則在於說明「諸行無常，諸法無我」。所謂外界，乃係吾人之心所現，虛妄必不實，所謂空也。但，我們中國人對於世界之見解，皆為實在論。即以為吾人主觀之外，實有客觀的外界。如謂外界必依吾人之心，乃始有存在，在中國人視之，乃非常可怪之論，故中國人之講佛學者多，與佛學所謂空者以一種解釋，使外界為不真空。（僧肇語）

　　（二）「諸行無常，諸法無我，涅槃寂淨」，乃佛教中之三法印。涅槃譯言圓寂，佛之最高境界，乃永寂不動者；但

中國人又注重人之活動，僧眾所說之最高境界，亦即在活動中。如《易傳》所說「天行健，君子以自強不息」。「自強不息」，即於活動中求最高境界也。即莊學最富於出世色彩，然其理想中之真人至人，亦非無活動者。故我國人之講學者，多以為佛之境界並非永寂不動。佛之淨心，亦「繁興大用」，雖「不為世染」，而亦「不為寂滯」。（《大乘止觀法門》語），所謂「寂而恆照，照而恆寂」（僧肇語）。

（三）印度社會中階級之分甚嚴，故佛學中有一部分謂有一種人，無有佛性，不能成佛。但中國人以為「人皆可以為堯舜」，故中國人之講學者，多以為人人皆有佛性。即一闡提亦可成佛（道生語）。又佛教有輪迴之說，一生物此生所有修行之成就，即為來生繼續修行之根基。如此歷劫修行，積漸始能成佛。如此說則並世之人其成佛之可能，均不相同。但中國人所說：「人皆可以為堯舜」之義，乃謂人人皆於此世可成堯舜，無論何人，苟「服堯之服，行堯之行，言堯之言」，皆即是堯。而人之可以為此，又皆有其自由意志，故中國人之講佛學者，又為「頓悟成佛」（道生語）之說，以為無論何人，「一念相應，便成正覺」（神會語）。馮氏說：「凡此傾向，非謂印度人所必無有；但中國之佛學家，則多就此方面發揮也。」所以魏晉南北朝的佛學，都是中國化的佛學，談玄之士，都以為老莊及佛學本無二致。劉虬云：「玄圃以東，號曰太一；罽賓以西，字為正覺，希無之，與修空，其揆一也。」范曄也說：「得其清心釋累之訓，空有兼遣之宗，道書之流傳也。」當時，多有以莊學講佛學者，上面已經說過了。可是，佛教到了南朝梁代，釋曇濟作

《六家七宗論》：論有六家，分成七宗：一本無宗、二本無異宗、三即色宗、四心無宗、五識含宗、六幻化宗、七緣會宗。上七宗中，後三宗所持皆我國哲學中所無有，也和實在論相違反的。

關於佛學的研究，我自知只是半桶水，好在整桶水，如歐陽竟無、熊十力、章太炎師、馮友蘭諸氏的，並不很多。再則，如弘一法師（李叔同師）、太虛法師他們，也並不作比較佛學研究的，有時候，半桶水也就很夠了。至於，主持中文中學會考的腐儒們，他們對於隋唐佛學茫無所知，因此國學常識測驗題，關涉到佛學的，幾乎沒有過。因此該用三五十萬字才說得了的大問題，我就濃縮在二三千字中，也算交代過了。

佛教經典，滲透到一般社會生活中去，實例很多，我也不多舉了。我只舉一句口頭語：不必合十，隨口唸了「南無阿彌陀佛」，真是隨時隨地可以聽到的。可是，這六個字，都是梵文，沒有一個漢字，也不是一句漢話。「南無」（無讀作乊），有人譯作「皈依」。可是依佛說，凡是由於外力，即宣傳、勸導之類，因而有了信仰者，都算不得「皈依」，必得自我覺悟，出之於內心的嚮往的，才是「南無」（皈依）。「阿彌陀」也是梵語；我且舉一個例子：遠在埃及山崖邊有一大瀑布，下瀉在潭中，成螺旋形。這螺旋形，我們從五里路外看去，萬古如斯，並沒變動過；可是走到崖邊去看，那潭中螺旋，每一秒鐘都有變化。那末，我們該說有沒有那螺旋形呢？說有也可以，但那螺旋畢竟是個幻影。說沒有也可以，但千萬年來一直有那麼一個螺旋形，這便是「阿

彌陀」。「色即是空，空即是色」，懂得這一番道理的，那便是「佛」，「佛＝覺」。

這些話，我不想多說了，我們卻該知道魏晉南北朝的佛學，多少帶着東方的氣息，並非純粹的佛學。（釋迦生前講學，生徒並無記錄，即有記錄，也是用白粉寫在菩提葉上，隨即散滅，沒有保留下來。後世所謂佛經，都是釋迦死後門弟子兩次大集結，憑着各人記憶錄了下來的。不獨上座，大眾的觀點，並不完全相同。再則釋迦悟道後，對高弟子說「中道」論，後來對大眾們說「有」，再進才說「無」，到了老年，又再說「中道」。所以佛經持論，也有不同，此非一般唸佛的人所能體會的。）

隋唐的佛學，乃是道地的佛學，那位有名的玄奘，他從印度遊學回來，介紹世親護法一派的佛學於中國，這是最忠實的介紹。如馮友蘭氏所說的：「其所倡之宗派中，最少中國人傳統的思想，但其教義極有哲學的興趣。」（玄奘姓陳，偃師人，生於隋末，年十三出家，以唐太宗貞觀三年〔六二九年〕赴印度求法，時年二十六。到了貞觀十九年，歸至長安，在印度住了十五年。唐高宗麟德元年〔六六四年〕卒。）玄奘介紹成唯識論，以為境無識有；所謂「離空有說唯識教也」，這是唯識教之第一步說。一切唯識，為破此二執，當知「我」「法」皆「非實有」（《唯識二十難[5]》）。他以外界為吾人之識所現，而吾人之識，亦係「依他起」，

---

5 編者注：書名應為《唯識二十論》。

乃一種極端主觀的唯心論，與常識極相違反的。（章太炎師，也講唯識論，他在《菿漢微言》開頭，也講阿賴耶識。在這一方面，我是門外漢。梁啟超氏說：「章師專修慈氏世親之書，此一術也，以分析名相始，以排遣名相終。」此語極可尋味。）

唐玄奘的傳說，因《西遊記》而神話化，可是這位大智大慧的高僧，他的佛學，一直很少人理會的，這一點，和其他先知的命運差不了多少的。

且說，和玄奘相先後，還有一位高僧法藏，他也是宣揚佛法的主要人物之一。（法藏字賢首，姓康，本康居人，其祖父歸化中國，法藏於唐貞觀十七年〔六四三年〕，生於長安，曾參加玄奘譯經事業；後以與玄奘見解不同而出譯場，其後即發揮杜順和尚及智儼之說，立華嚴宗〔十三宗之一〕。）《高僧傳》稱：「藏為則天（武后）講《新華嚴經》，至天帝網義十重玄門、海印三昧門、六相和合義門、普眼境界門，此諸義章皆是《華嚴》總別義網，帝於此茫然未決。藏乃指鎮殿金獅子為喻，因撰義門，徑捷易解，號《金師子章》，列十門總別之相，帝遂開悟其旨。」

《金師子章》列有十門。所謂十門者：「初明緣起，二辨色空，三約三性，四顯無相，五說無生，六論五教，七勒十玄，八括六相，九成菩提，十入涅槃。」明緣起者，《金師子章》云：「謂金無自性，隨工巧匠緣，遂有師子相起。起但是緣，故名緣起。」此以金喻本體，師子喻現象。本體世界，法藏名之為「理法界」；現象世界，法藏名之為「事法界」。本體如水，現象如波，水中之波，即現象世界中諸

事物也。「辨色空」者，《金師子章》云：「謂師子相虛，唯是真金。師子不有，金體不無，故名色空。又復空無自相，約色以明。不礙幻有，名為色空。」他說：現象世界中諸事物皆是幻象，故名「色空」，此即是空，非絕無諸事物之空也。⋯⋯所謂空者，非絕無諸事物之「斷滅空」，亦非諸事物以外另有之「色外空」，空亦非另是一物，若然，則空為有矣。《金師子章》以為幻有是幻，因之言色空。所謂空者，即指此耳。故曰：「空無自相，約色以明」也。我在這兒，既非宣揚佛法，就此打住了。

十三宗之中，天台宗和禪宗，也是最重要的佛學宗派。陳隋間智顗為又一派佛學之大師，世稱智者大師。智顗居天台山，故此派世稱為天台宗。此宗以《法華經》為本經，故世又稱為法華宗。此宗以慧文為第一祖，慧思為第二祖，智顗為第三祖。智顗為此宗之發揚光大者，其著述亦極多。但其所說，多為修行之方法，不盡有哲學的興趣。《大乘止觀法門》一書，相傳為慧思作。然其書曾引述《起信論》。慧思之時代，不及見《起信論》，故知非慧思作。其書中又似受唯識宗及華嚴宗之影響者，疑係唯識宗、華嚴宗盛時天台宗人之所作也（馮友蘭氏引陳寅恪氏語）。（《大乘止觀法門》過於專門，這兒我不多說了。）

天台宗第九祖湛然，世稱荊溪大師（姓戚，常州人），作《金剛錍》，立「無情有性」之說，我們佛學家思想，在這方面的發展，至湛然而造極了。以同一的觀點來說，那末，道生的頓悟成佛之說，到了禪宗之頓門，便登峰造極了。佛教中所說修行之最高境界，可以一悟而得，即積學之

人，亦須一悟，方能達此最高境界。此意後來日益推衍，遂有謂佛法有「教外別傳」。謂除佛教經典之教外，尚有「以心傳心，不立文字」之法。佛教之經典，如筌，乃學人所研究。然若直悟本人之本心即是佛之心身，則可不借而立地成佛。中國之禪宗中之頓門，即弘宣此說的——禪宗中所稱述，以為此宗直受釋迦佛之心傳，「以心傳心，不立文字」，傳至菩提達摩乃傳至中國。達摩為初祖，慧可為二祖，僧璨為三祖，道信為四祖，弘忍為五祖；五祖後分為南北宗，北宗以神秀為六祖，南宗以慧能為六祖。

七　兩篇序文

十年前，一位從英國來的牛津學生，他的博士論文專題是「王船山哲學」，他在我家中讀了一年；又到日本西京去研究了一年。他已得了博士學位，在牛津任副教授。去年暑假，他又以交換講座到日本去，經過香港時，我借了一本宇同先生的《中國哲學大綱》給他。後來，他從日本回國，又經過香港，他問我有關宇同的生平和其他著作，我可說毫無所知。不過，我同意他的說法，宇同先生的中國哲學研究，其成就不在馮友蘭之下。

為了研究中國的學術思想，我倒想簡單地介紹宇同先生所寫的兩篇序文。（他的《中國哲學大綱》，恰好碰上兩大變動時期，坊間實在不容易找到了。而我談到經、子部分，即將進入宋明理學階段，宇同先生的話，倒是值得聽一聽的。）他說：「第一，審其基本傾向——中國哲學研究，應

先辨識中國哲學之基本傾向，即中國宇宙論之基本傾向，中國人生論之基本傾向等。如不先對於中國哲學之基本傾向有所認識，必不會深刻瞭解中國哲學家之學說。舉例來說，如不知道中國哲學，不作非實在的現象，與在現象背後的實在之別，便不能瞭解中國哲學中的宇宙論。不知道中國大部分哲學以天人合一為基本觀點，則不會瞭解中國的人生論。基本傾向即是基本假定，有的是明言的，有的是默認的，默認的尤須辨識而亦最難辨識。

「第二，析其辭命意謂 —— 對於過去哲學中的根本概念之確切意謂，更須加以精密的解析。古人的名詞，常一家一義，其字詞同，其意謂則大不同。如『道』，老莊及程朱所謂『道』，是究竟理則之義。張子及戴東原所謂『道』，則是宇宙整個變易歷程之義。又如『性』，孟子所謂『性』，僅指人之所以為人之特殊可能頓向。荀子所謂『性』，則指生而完具的行為，不論其與禽獸相異與否，惟不包含可能傾向。而宋儒張、程所謂性，乃指『極本窮原之性』，實即宇宙本根。又如『氣』，一般人都認為是空虛神秘的字眼，其實乃是一個比較實際的觀念，與物質的觀念相接近。更如『神』字最易誤解，中國哲學中所謂神，非鬼神之神而是能變化妙用之義。如因中國哲人多講所謂神，遂認為有神論便大謬了。

「第三，察其條理系統 —— 馮友蘭先生謂中國哲學，雖無形式上的系統，而有實質上的系統，實為不移之至論。我的目的之一，即是尋出整個中國哲學的條理系統。中國哲學之整個系統，比每一個哲學家之系統，自然較為廣大。每一

個哲學家，對於所有的哲學問題，未必全部都討論到，而講整個中國哲學的系統，則須對於所有哲學家所討論的一切哲學問題，都予以適當的位置。求中國哲學系統，又最忌以西洋哲學的模式來套，而應當細心考尋中國哲學之固有脈絡。

「第四，辨其發展源流 —— 發展或歷史的觀點是永遠有用的；想深切瞭解一個學說，必須瞭解發展歷程，考察其原始與流變。而在發展歷程之考察中，尤應注意對立者之互轉，概念意謂之變遷，與轉移、分解與融合；問題之發生，與發展起伏及消長，學說之發展與演變，在發展中，相反學說之對轉，即學說由演變而轉入於其相反；這都是應注意審勘的。考察概念學說之發展，與其對立互轉，這可以說是辯證法在中國哲學上之應用。」這是宇同先生三十年前寫成這部《哲學大綱》的論點。

宇同先生的《中國哲學大綱》初版於一九三七年夏間，那正是「八‧一三」戰役發生時，因此，一般人都不曾加以注意。到了一九五八年，用舊紙型印行，在海外似乎沒有看見過，我是在北京東安市場買來的。我讀了他的新序，覺得很有啟悟性。在這兒，我該簡括地評介一下。（結尾上，他還有一篇很有意義的文字：〈中國哲學中之活的與死的〉。正是我準備談宋明理學的引言。）

宇同先生說：「關於中國歷史的分期，現在史學家們還在爭論之中。現在姑且假定：殷周是奴隸制時代，春秋戰國是從奴隸制到封建制過渡的時期，秦漢以後到清代中期是封建制時代。春秋戰國時期，在奴隸制社會內部逐漸發生了封建的生產關係。這時各階層出身的知識分子都活躍起來。以

開明奴隸主身份出現的『士』，獨立手工業者出身的『士』，由貴族下降而為隱者的『士』，代表新興地主的『士』，各自成立學派形成了百家爭鳴的局面。儒家的學說表現了開明奴隸主的意識。孔子主張尊重一切人的獨立意志，提出了以『泛愛眾』為主旨的『仁』的學說。孔子思想中有保守的方面，但進步的方面卻是主要的。孟子繼承了孔子的觀點，他一方面要重新奠定等級制度，主張『親賢』，『世祿』，一方面又要求當時的貴族們對自由民作重大的讓步，提出了『民為貴』的口號。荀子的思想主要代表了新興地主階級的利益，主張調整從奴隸制社會傳下來的『禮』，使其符合於地主階級的需要。

「墨子及其門徒，大都是獨立手工業者出身的士，他們的學說反映了小生產者階層的要求。他們主張提高手工業者，與農民的政治地位，要求尊重手工業者與農民參與政治的權利，這就是『尚賢』學說的本質。墨子的『兼愛』、『節用』學說也有調整等級制度，減消各等級之間距離的意義。墨家思想，反映了一部分自由民的願望，卻不適合於地主階級的要求，所以秦漢以後就中絕了。道家學說是一些由貴族下降而為自由民的知識分子的思想。這些所謂隱士過着自食其力的生活，與勞動者有些接近，所以也反映了一部分自由民反對壓迫的情緒。但是他們自己是由貴族地位下降的，因而留戀過去，反對任何改革。他們的思想便呈現複雜綜錯的面貌。法家是新興地主階級的代言人，他們是排斥舊貴族勢力的勇悍鬥士，力圖為封建的生產關係，開闢道路。同時，他們又表現了輕視人民的傾向。——先秦時代諸子學說的階

級本質大體如此。

「漢代社會的基本矛盾，是地主階級與農民的矛盾，其次還有地主階級內部的開明紳士，與貴族大地主的矛盾，地主與商人的矛盾等等。這時，思想戰線上的主要鬥爭是『天人感應』的唯心主義與宣揚『自然』觀點的唯物主義之間的鬥爭。董仲舒是天人感應的宣傳者，而王充是唯物主義的主要代表。到了魏晉時代，階級矛盾的情況又有演變。豪門世族掌握了政治上經濟上的大權，於是在地主階級與農民的基本矛盾之外，豪門世族大地主與中小地主階級之間的矛盾，也成為一個突出的矛盾。這個時期思想鬥爭主要是『貴無』的哲學，與『崇有』的哲學之間的鬥爭。何晏王弼等人宣稱『無』是世界的基礎，否認『有』的根本性，即否認了物質存在的第一性，這是一種唯心主義。而裴頠則肯定『有』是根本的，肯定了物質存在的第一性，這是一種唯物主義。『崇有』學說強調了實際事務的重要。」

宇同先生又說：「南北朝時代的階級矛盾是魏晉時代階級矛盾的繼續。佛教成為豪門世族統治人民的精神工具。代表中小地主階級利益的思想家從唯物主義觀點展開了反對佛教唯心主義的鬥爭，當時主要的爭論是神滅或神不滅的問題，（上面，我已經提到過了。）隋唐時代的思想鬥爭仍然是佛教與反佛教思想的鬥爭。佛教更加發展起來，中小地主階級的學者舉起了排佛的旗幟，韓愈是代表人物；但他對於哲學問題卻不感興趣。唐代比較重要的唯物主義者是劉禹錫，他在《天論》三篇中闡明天人的分別，堅決批判了天帝賞善而罰惡的迷信觀點。

「經過唐末農民大起義及五代十國分裂局面以後建立起來的宋朝，開始了中國封建社會的新階段。中央集權加強了，舊有的豪門世族的勢力消逝了，中小地主階級政治地位提高了，商品經濟高度發展起來。宋代封建社會的基本矛盾，仍然是地主階級與農民的矛盾，代替了過去的豪門世族的貴族大地主與地主階級不當權派之間，地主與商人之間，漢族人民與外族的統治集團侵略勢力之間，也都存在着矛盾衝突。宋代的各種社會矛盾都錯綜地曲折地反映於宋代的哲學思想之中。一部分先進的思想家，注意到了地主階級與人民的對立鬥爭，於是要求統治集團減輕對於人民的壓迫。他們懷抱着改良的願望，企圖設法改進人民的物質生活。這類先進的思想家之中對於哲學最有貢獻的是張橫渠（載），他注意『貧富不均』的問題，主張重新劃分土地以滿足人民的要求。同時設法補償地主所受的損失。他想解除人民痛苦的願望，卻是真誠的。他發展了『氣』的學說，有力地論證了世界的物質性，可謂宋代的唯物論者。

「另外的一些思想家，特別強調了統治階級根本利益的重要，為當時的中央集權封建制度建立理論基礎，同時堅決地反對統治集團中特權人物為了私利而破壞統治階級根本利益的貪暴行為。這類思想家的典型人物就是程氏兄弟（明道、伊川）、朱熹、陸九淵。程朱學派以『理』的學說，把封建道德的範疇永恆化絕對化了；以為是宇宙萬物的根源，這樣來為封建制度奠定思想基礎。而陸九淵更企圖給予所謂『理』以內心的根據，斷言這理即是心的先驗的內容。程朱是客觀唯心主義，陸九淵的學說是主觀唯心主義。朱陸在

治學方法上曾經有激烈的爭論，但在政治觀點上是彼此一致的。他們也都堅持抵抗外族的侵略，這一點，卻也符合了人民的要求。此外又出現了反映商人階級要求的思想家，即陳同甫、葉水心。他們指出了所謂『功』與『利』的重要，主張提高商人的政治地位，允許商人分掌經濟上的權利。在哲學思想上，他們指出事物的重要，反對脫離實際的空談。陳葉都是著名的堅決主張抗戰的人物。

「明清時代的社會情況，乃是宋代社會的繼續發展。在明代後期，封建社會內部孕育着資本主義生產關係的萌芽。在一些地區中，手工業者與商人展開了反對豪強貴族的非法壓迫的鬥爭，而大地主階級進行反對統治集團中腐化勢力的鬥爭。……那時，程朱學說，已逐漸失去活力，王陽明以『良知』為萬物根源，人生的準則。而受王學影響的李卓吾，提出了對傳統道德傳統思想的激烈批判。明代政權被農民起義所顛覆，異族的清國統治者，奪取了中國的主權，這一情況刺激了愛國主義者，他們重新探索那研求真理的道路。」

第六講

一　道學初興

「道學」，即「宋明理學」，也就是今人所謂「新儒家」。

關於先秦諸子百家的學說，兩漢儒士有他們的解說，魏晉玄學家也有他們的解說，兩宋元明理學家，又有他們的解說，可是到了今日，我們即如顧頡剛、馮友蘭、宇同諸先生，也已有我們的新解說。這一點，我得重新提出來說一說，一般人只是重複前人的解說，但事實上必須在現代唯物辯證法的光輝之下，把前代的學術思想重新解說過。

在隋唐佛學全盛時代，有一個近於傳說的人物，即隋末唐初的文中子 —— 王通，說是他的弟子滿天下，唐朝創業的將相，如房玄齡、魏徵、溫大雅、陳叔達輩，都曾北面受王通之道。他的弟子們說：「吾師其聖人乎，自仲尼以來，未之有也。……續《詩》《書》，正禮樂，修玄經，贊《易》道，聖人之大旨，天下之能事畢矣。仲尼既沒，文不在茲乎？」可是，文中子的思想學說究竟如何，我們無從知道，看來也只是張良、諸葛亮和唐代李泌這一型的人物呢！

馮友蘭氏說：「真正可說是宋明道學家先驅的人物，應該說到韓愈（退之）。『韓愈鄧州南陽人，長慶四年（八二四年）卒，年五十七。……自晉訖隋，老佛顯行，聖道不斷如

帶。諸儒倚天下正義，助為怪神。愈獨喟然行聖，爭四海之惑，雖蒙訕笑，跲而復奮。始若未之信，卒大顯於時。昔孟軻距楊墨，去孔子才二百年。愈排二家，乃去千餘歲。撥亂反正，功與齊而力倍之。所以過荀況揚雄為不少矣。』」即是說，在佛學全盛時代，站在儒家立場來反佛家與道家，韓愈是第一個戰士。

韓愈那一篇著名文字〈原道〉，並不是很好的說理文字，但文中有如次一段話：「……舉夷狄之法而加之先王之教之上，幾何其不胥而為夷也。夫所謂先王之教者何也？博愛之謂仁，行而宜之謂義，由是而之焉之謂道，是乎己無待於外之謂德[1]。其文：《詩》《書》《易》《春秋》，其法：禮樂刑政。……斯道也，何道也？曰：『斯吾所謂道也，非向所謂老與佛之道也。堯以是傳之舜，舜以是傳之湯，湯以是傳之文、武、周公，文、武、周公傳之孔子，孔子傳之孟軻，軻之死不得其傳焉。荀與揚也，擇焉而不精，語焉而不詳。……』」正足以代表宋明道學家的基本論點。……這兒得讓我插說一句：後世人以為韓愈乃是唐宋八大家之一，在唐代一定有很大的影響力，殊不知晚唐、五代、北宋初年那百五十年中，並沒人知道韓退之其人，韓愈文章為後人所認識，還是歐陽修所重新提倡出來的。這和一般人的想法，完全不相同。再則韓氏所說的「道統」，即宋明道學家所說的十六字心法：「人心惟危，道心惟微；惟精惟一，允執厥

1　編者注：自「行而」句應為「行而宜之之謂義，由是而之焉之謂道，足乎己而無待於外之謂德」。

中。」算作是堯舜禹湯文武周公所傳的「道統」，經過清代考證學家的考證，證明了這十六字心法並非堯舜相傳的古訓，而是戰國的人所偽造的。這都是我們該明白的，不要再隨着前人人云亦云了。馮氏提出了幾點該注意的事：（一）韓愈推尊孟子以為得孔子之正傳，乃成為宋明以來的傳統見解，和兩漢儒士尊荀學的不相同。（二）韓氏首先引用〈大學〉，〈大學〉乃《禮記》中的一篇，前人很少注意過。韓氏以其中有「明明德」、「正心」、「誠意」的話，所以引用了，也和當時的有興趣的問題有關。（三）韓氏提出「道」字，又為道統之說，遂為宋明新儒學之新名。

我們還該明白一種辯證的情勢，思想文化的演進，決不會像蒸餾水那麼單純的。韓愈是反佛教的，但他的觀點中，卻受了佛教的影響。韓氏〈與孟尚書書〉云：「潮州時，有一老僧，號大顛，頗聰明，識道理。……實能外形骸以理自勝，不為事物侵亂。與之語，雖不盡解，要自胸中無滯礙。」又〈送高閑上人序〉云：「今閑師浮屠氏，一死生，解外膠。是其心必泊然無所起，其於世必淡然無所嗜。」其彼此親密態度和當年反佛教的意向大不相同了。

和佛教思想最相接近，而又建立了儒家新觀點的，有韓氏的友生李翱。他的《復性書》上、中、下三篇，上篇總論性、情及聖人，中篇論所以修養成聖之方法，下篇論人必需努力修養。馮友蘭氏說：「李氏仍用韓愈〈原性〉中所用的『性』、『情』二名詞，然其意義中所含之佛學的分子，灼然可見。性，有若佛學中所說之本心；情，有若佛學中所說之『無明煩惱』。眾生與佛，皆有淨明圓覺之本心，不過

眾生之本心為無明煩惱所覆，故不能發露耳。如水因有沙而渾，然水之為水，固自若也。然無明煩惱亦非與淨明圓覺之本心，立於對待之地位，蓋無明煩惱，亦須依淨明圓覺之本心而起也。李翱云：『性與情不相無也。雖然，無性則情無所生矣，是情由性而生。情不自情，因性而情；性不自性，由情以明。』他又說：『聖人者，人之先覺者也。覺則明，否則惑，惑則昏。明與昏謂之不同，明與昏性本無有，則同與不同，二者離矣。夫明者所以對昏，昏既滅則明亦不立矣。』明者所以對昏，所以『性不自性，由情以明』也。上文云：『情不作，性斯充矣。』聖人能向此方向以修養，即所謂復性也。然所謂『情不作』者，亦非是如木石之無情。李翱云：『聖人者，豈其無情也？聖人者，寂然不動，不往而到，不言而神，不耀而光，雖有情也，未嘗有情也。』《六祖壇經》謂：『無相者，於相而離相；無念者，於念而無念。』李翱所謂無情，亦於情而無情也。聖人雖有制作變化，而其本心則常寂然不動，此即所謂『寂而常照，照而常寂』也。聖人之此種心理狀態，名曰誠。到了『至誠』的境界，即能與天地合其德，可以贊天地之化育，即已與宇宙合一者也。」──佛家成佛，儒家成聖，都是最高的境界。

到了北宋，佛家之徒，也講《中庸》。如智圓自號中庸子作《中庸子傳》，契嵩作《中庸解》，這便是融合儒佛成為新儒學的開端。可是如馮氏所說的，新儒學之中，又吸收了道教的成分。（如漢代經學家吸收了陰陽五行家的思想）道教中，也吸收了儒家的經典，如《周易》是也。《周易參同契》，相傳為東漢魏伯陽所著，南宋朱熹曾替《參同契》

作注說。

　　道教的經典，如葛洪《抱朴子》，曾說：「夫陶冶造化，莫靈於人。故達其淺者，則能役使萬物，得其深者，則能長生久視。」俞琰說：「蓋人在天地間，不過天地間一物耳；以其靈於物，故特謂之人，豈能與天地並哉？若夫竊天地之機，以修成金液大丹，則與天地相為始終，乃謂之真人。」馮友蘭氏說：「『竊天地之機』，『奪取陰陽造化』，『役使萬物』以為吾用，以達吾之目的。此其注重權力之意，亦可謂為有科學精神。……惟對事物有確切之知識，故能有統治之權力。道教欲統治天然，而對於天然，無確切的知識，故其對於宇宙事物之解釋，不免為神話，其所用以統治事物之方法，不免為魔術，然魔術嘗為科學之先驅。」此意得之。

　　我曾經說過，一種學術思想，便是那一時代的人，在那一社會環境中，對社會人生問題的一種新的解說。朱熹化了一生心力，把孔子的學說重新說了一遍，他自以為「吾道一以貫之」了；到了今天，在我們看來，簡直不是那麼一回事，因此，事事都得重新說起。

　　宇同先生，在《中國哲學大綱》的結論中，以「中國哲學中之活的與死的」為題，說了如次的一番話：第一，中國哲學中向無現代英國哲學家懷悌里所破斥的「自然之兩分」。中國哲學中的宇宙論，未嘗分別實在與現象為二事，未嘗認為實在實而不現，現象現而不實。而認為現即實，實存於現。這即所謂「體用一原，顯微無間」。根本與非根本是可以分的，而不得妄辨實幻，不能說惟根本的為實在，非根本的便非實在。中國哲學不以實幻講本根與事物之別，實

在是一個很健全的觀點。（自然之兩分，乃印度與西洋哲學的大蔽。）

第二，中國哲學認為宇宙是一個變易大流，一切都在變易中，而整個宇宙是一個生生不已無窮無盡的變易歷程。然而變易有其條理，宇宙是有理的，一切都有倫有序，不妄不亂。宇宙是生生之流，而生生有其常則，生生亦即根本的常則之一。同時承認變易與條理，而予以適切的聯繫，這是中國哲學的特色。

第三，中國哲學既承認變易條理，於是對於變化之條理頗有研究，其結果即是「反復」與「兩一」的學說。變化的公式，是極則反，變化的所以在於兩一即對立統一。固然反復的思想尚未脫離循環論的形式，然決不能說只是循環論而已，而實與西洋哲學中辯證法有相似之點。兩一的理論雖頗簡單，實甚精湛。（中國哲學，始終以為反復兩一是客觀世界的規律。）

第四，中國哲學的最大貢獻，在人生至道論即人生理想論，而人生至道論之最大貢獻，是人我諧和之道之宣示。孔子的「仁」，墨子的「兼愛」都在講人我諧和之道。孔子的仁是階級社會中的仁，然仁之本旨，固無內在的階級性。墨子的兼愛，以自苦為極，未免有違於人情，然「兼愛」也不必以極端苦行為實踐形式。要之，孔子的「仁」，墨子的「兼愛」，其本來表現形態實有時代性，而人我之諧和，是永遠應注重的。

第五，中國哲學最注重身心實踐，將思想與生活打成一片，認為至理的實踐不在現實生活之外，而求在日常生活中

表現至理。所謂「踐形」，所謂「與理為一」，便是「廣大高明而不離乎日用」的境界。中國哲學家大都認為人生是嚴肅的，人之生應異乎禽獸之生，所以人之生活，應有訓練，應有修養；而學術之探討，其鵠的乃在於提高生活。知識理論與生活「實踐」，不可分為二事。印度哲學主脫離現實而別求究竟，西洋哲學不免分知識與實踐為二，中國哲學則主於現實生活之實踐中體現究竟真理。

第六，中國哲學中的致知論頗為簡略，而有一篤實為可貴的傾向，即直截了當的承認物之外在與物之可知。其所以如此，實即由於不分知識與實踐為二事所致。直截承認物之外在與可知，或不免被譏樸素。然而，如是真理，樸素何害？如非真理，縱講得精微，亦不過善於詭辯而已。

這樣，我們可以進一步來談宋元明以後的學術思想了。

二　情與理

明代大戲曲家湯若士，寫了《玉茗堂四夢》，最著名的便是《牡丹亭》。他的朋友問他：「為甚麼不講理學？」他在《牡丹亭‧題詞》中說：「嗟夫，人世之事，非人世所可盡。自非通人，恆以理相格耳。第云理之所必無，安知情之所必有耶？」這便是他的答覆。清末，有一位思想極開明極進步的小說家劉鶚（鐵雲），他在《老殘遊記》第九回有過如次一段描述：申子平奉命到柏樹峪去訪尋劉仁甫，在山谷的小院落中，碰到了一位姑娘。他在客廳屏上看到如次的幾首詩：

曾拜瑤池九品蓮，希夷授我指元篇；光陰荏苒
真容易，回首滄桑五百年。

　　紫陽屬和翠虛吟，傳響空山霹靂琴；剎那未除
人我相，天花黏滿護身雲。

　　情天欲海足風波，渺渺無邊是愛河；引作園中
功德水，一齊都種曼陀羅。

　　菩提葉老法華新，南北同傳一點燈；五百天童
齊得乳，香花供奉小夫人。

子平問那姑娘道：「這屏上詩是何人做的？看來只怕是個仙
家罷？」女子道：「是家父的朋友，常來此地閒談，就是去
年在此地寫的。這個人也是不衫不履的人，與家父最為相
契。」子平道：「這人究竟是個和尚，還是個道士？何以詩
上又像道家的話，又有許多佛家的典故呢？」女子道：「既
非道士又非和尚，其人也是俗裝。他常說：『儒、釋、道三
教，譬如三個舖面掛了三個招牌，其實都是賣的雜貨，柴米
油鹽都是有的。不過儒家的舖子大些，佛道的舖子小些，皆
是無所不包的。』又說：『凡道總分兩層：一個叫道面子，
一個叫道裏子。道裏子都是同的，道面子就各有分別的。如
和尚剃了頭，道士挽了個髻，叫人一望而知，那是和尚，那
是道士。倘若叫那和尚留了頭，也挽個髻子，披件鶴氅，道
士剃了髮，着件袈裟，人又要顛倒呼喚起來了。難道眼耳鼻
舌不是那個用法嗎？』又說：『道面子有分別，道裏子實是
一樣的。』所以這位黃龍先生，不拘三教，隨便吟詞的。」

　　接着，申子平又問她道：「得聞至論，佩服已極，只是

既然三教道裏子都是一樣，在下愚蠢得極，則要請教同處在甚麼地方，異處在甚麼地方？何以又有大小之分？敢求指示。」女子道：「其同處在誘人為善，引人處於大公。人人好公，則天下太平，人人營私，則天下大亂。你看，孔子一生遇了多少異端，如長沮、桀溺、荷蓧丈人等類，都不十分佩服孔子，而孔子反讚揚他們不置，是其公處，是其大處。若佛道兩教，就有了偏心，惟恐後世人不崇奉他的教，所以說出許多天堂地獄的話來嚇唬人。這還是勸人行善，不失為公。甚則說崇奉他的教，就一切罪孽消滅，不崇奉他的教，就是魔鬼入宮，死了必下地獄等辭，這就是私了。至於洋人的教門，更要為爭教興兵接戰，殺人如麻；試問：與他們的初心合不合呢？……只是儒教可惜失傳已久，漢儒拘守章句，反遺了大旨；到了唐朝，直沒人提及。韓退之是個通文不通道的腳色，胡說亂道，他還要做一篇文章叫做〈原道〉，真正原到道的反面去了！」那位美貌慧心的姑娘，當然是幻設的，這真代表了劉鶚的「道學」觀。

申子平聽了那位秀外慧中的璵姑的一番話，肅然起敬道：「與君一夕話，勝讀十年書；真是聞所未聞。只是我還不懂：長沮桀溺倒是異端，佛老倒不是異端何故？」璵姑道：「皆是異端。先生要知，『異』字當作『不同』講，『端』字當作『開頭』講；『執其兩端』，是說執其兩頭的意思。若『異端』當作『邪教』講，豈不是『兩端』要當作椏枒教講？『執其兩端』便是抓住了他個椏枒教，又成何話說呢？聖人意思，殊途不妨同歸，異曲不妨同工，還要他誘人為善，引人為公起見，都無不可。所以叫做『大德不逾閑，小德出

入，可也」。若只是為了彼此攻訐起見，初起還只是攻佛攻老，後朱陸異同，遂操同室之戈。都是祖述孔孟的，何以朱派的門徒要攻訐陸九淵？陸九淵的門徒要攻訐朱子呢？此之謂『失其本心』，反被孔子所說『斯害也已』四個字，成了定案了！」

子平聽了，連連讚嘆，道：「今日幸見姑娘，如對明師！但是宋儒錯會聖人意旨的地方，也是有的，然其發明正教的功德，亦不可及。即如『理』、『欲』二字，『主敬』、『存誠』等字，雖皆是古聖之言，一經宋儒提出，後世着實受惠不少。」這時，璵姑對他嫣然一笑，秋波流轉，向他睇了一眼。他覺得翠眉含嬌，丹脣啟秀，又似有一陣幽香，沁入肌骨，不禁神魂飄蕩。她又伸出一隻白如玉，軟如棉的手來，隔着炕桌子，握住了他的手。握住了以後，她問道：「先生，你這個時候，比你少年在書房裏，給你的業師握住你的手來『撲作教刑』時，又何如？」子平默無以對。

這時，璵姑又道：「憑良心說，你此刻愛我的心，比愛貴業師又何如？聖人說的『所謂誠其意者，毋自欺也。如惡惡臭，如好好色。』孔子說：『好德如好色。』孟子說：『食色，性也。』子夏說：『賢賢易色。』這好色乃人之本性。宋儒要說好德不好色，非自欺而何？自欺欺人，不誠極矣！他偏要說『存誠』，豈不可笑？聖人言情害禮，不言理欲。刪《詩》以〈關雎〉為首；試問『窈窕淑女，君子好逑』，『求之不得』至於『輾轉反側』，難道可以說這是天理，不是人欲嗎？舉此可見聖人決不欺人處。〈關雎·序〉上說道：『發乎情，止乎禮義。』發乎情，是不期然而然的境界。即

如今夕，嘉賓惠臨，我不能不喜，發乎情也。先生來時，甚為困憊，又歷多時，宜更憊矣，乃精神煥發，可見是心中很喜歡，如此，亦發乎情也。以少女中男，深夜對坐，不及亂言，止乎禮義矣。此正合乎聖人之道。若宋儒之種種欺人自欺，說也說不盡。不過宋儒固多不是，也還有是處，若今之學宋儒者，直頭是鄉愿而已，乃是孔孟所深惡痛絕的呢！」試問古往今來，談說中國諸子百家學說的，可曾有過如璵姑這樣透闢過？（璵姑當然只是劉鶚的幻影，他接受西方的學說思想，破除了宋明理學家的圈子，才敢大膽這麼喊了出來。）這便是湯若士寫《牡丹亭》的本意，春香替杜麗娘向陳最良老師去問：「窈窕淑女，君子為甚麼要去好逑？」這就把這位老師窘住了，宋明理學家造成了一批門徒，他們不是真小人，都是偽君子。

　　我是從湯若士的立場來看宋儒的論點的，一方面，也贊同戴東原、焦理堂的說法，「欲之當者即理」，窈窕淑女，君子自該去求，並不必如宋儒那樣分成兩截來看的。（當年，我到了臨川，在若士路玉茗堂前對軍中朋友講演便是這麼說的。）

　　許多大道理，我也無法在這兒說下去！要說，也會被那位璵姑所笑的。讓我直接說一些兩宋元明間那一群理學家的小故事。劉元城言：「哲宗嘗因春日折一枝柳，程頤為說書，遽說諫曰：『方今萬物生榮，不可無故摧折。』哲宗色不平，因擲棄之。溫公（司馬光）聞之不樂，謂門人曰：『使人主不樂親近儒生者，正為此等人也。』」皇帝在園中折了一枝楊柳，是否會傷天地間生機？程伊川就看得這麼嚴重！

司馬光就笑這種理學家不通人情世故。這其間，在當時，就起了黨派的爭執，每每以學術思想態度的不同，而排斥異己者為奸邪。「溫公論張方平為奸邪，而蘇氏父子則推之為巨人長德。程頤洛學奉為聖人，而蘇軾謂臣素疾程某之奸邪。孔文仲劾伊川疏，謂其人品纖污，天資憸巧。劉安世至目程頤畢仲游諸人為五鬼。謂搢紳之所共疾，清議之所不滿。」（劉安世《元城語錄》，謂「金陵（王安石）亦非常人，其質樸儉素，終身好學，不以官爵為意與溫公同。……而諸人輒溢惡，謂其為盧杞、李林甫、王莽，故人主不信」。這是宋儒彼此攻訐的實情。）

在當時，洛蜀之爭，更是鬧了大笑話。我且從《宋元學案》，找些實事來說：「伊川在經筵，士人歸其門者甚盛，而先生亦以天下自任，議論褒貶，無所顧避。方是時，蘇子瞻為翰林，有重名，一時文士多歸之。文士不樂拘檢，迂先生所為；兩家門下迭起標榜，遂分黨為洛蜀。」（其後朱子推尊程氏，而極詆東坡父子兄弟，以為小人之尤。）就朱熹所述幾件往事來看：其一云：「侍御史呂陶言明堂降赦，臣僚稱賀訖，而兩省官即往奠司馬光。是時，程頤言曰：『子於是日哭，則不歌；豈可賀赦才了，卻往弔喪？』坐客有難之曰：『子於是日哭，則不歌，即言歌則不哭；今已賀赦了，卻往弔喪，於禮無害。』蘇軾遂以鄙語戲程頤，眾皆大笑。結怨之端，蓋自此始。」其二云：「《語錄》：國忌行香，伊川令供素饌。子瞻詰之曰：『正叔不好佛，胡為食素？』先生曰：『禮居喪不飲酒，不食肉。忌日，喪之餘也。』子瞻令具肉食曰：『為劉氏者左袒。』於是范醇夫輩食素。秦黃

輩食肉。」這些飲食小事，鬧成了政治黨派的衝突，一代大儒，鬧的都是小孩子脾氣，豈不太可笑？這些事，要不是朱熹所記述的，說起來，我們還不相信會真有其事呢！

這種種，都會牽涉到宋儒所爭論無休的「情與理」問題上去。唐宋京城及各路，都有官妓，酬應迎送將帥官府。如蘇子瞻這些才士，跟歌妓鬧風流韻事，本不成問題，可是，道學家處在這樣的環境中，該怎麼辦呢？最有名的說法，是明道目中有妓，心中無妓；而伊川則是目中無妓，心中有妓，論者以此論程氏兄弟的高下。其實這都是不值一笑的，難道如蘇東坡跟歌妓鬧了風流韻事，就是小人了嗎？不過，大家不要看這些是小事；南宋朱熹到了浙東，故意要陷害唐仲友，就是因為唐氏跟歌妓嚴小姐熱戀，那位道學大師看不過眼，幾乎要置之於死地呢！── 總之，宋明理學家像在「天理」、「人欲」上安頓不了，時時鬧笑話的！

三 理學研究及其批判

七八年前，香港書坊中，來過一部楊向奎先生所著的新書：《中國古代社會與古代思想研究》下卷。（上卷，更早幾年已經運來過。）這部新書，很早就銷完了，這幾年，成為中外學人所追尋的瑰寶。何以這部書，會這麼被學人們所重視呢？因為超過了新史學觀點來整理中國舊學術思想，而有所成就的，頗有其人。至於運用新史料，而用唯物觀點來整理的，楊氏這部書，可說是創始之作。這份新史料是甚麼呢？便是十多年前，繼武訓考察團之後，曲阜考察團在孔孟

二族閥中所調查，有了詳細報告，這份報告，有如馬克思在倫敦博物院所看到的資本主義工業社會資料一樣，乃是研究宗法社會地主階級的最完整的資料。

　　楊氏新著中，從四○頁至一四六頁，這一百頁，都是曲阜孔家所保留的第一手史料。楊氏說：「北宋後，中國封建社會轉入後期，階級關係也有了相應的改變。客戶由一個廣泛的不著籍階層變作地主階級的佃客，他們是有隸屬關係的依附農民。地主毆佃客至死，本身可以減死；相反，佃客犯主則加凡人一等。而且佃客可以隨田買賣，雖然統治者曾經禁止，但詔令禁止本身也正好說明了買賣佃客之流行。而僱傭農民的地位更屬低下和痛苦，他們實際是為地主階級服徭役性地租。官戶、形勢戶和一般大地主階級，則是窮兇極惡，無所不為，他們兼併大量土地而逃避賦役，以致『寒者跨州軼縣，所佔者莫非膏腴而賦調反輕，貧者所有無幾，又且瘠薄，而賦調更重』。地主階級和佃客之間的矛盾是當時的主要矛盾。統治者也曾經提出解決問題的一些辦法和看法，希圖解決這種矛盾。通過這些看法、辦法，我們瞭解到他們如何來對待這些問題。呂大鈞提出保護主戶的門戶開始，以為沒有客戶，也就沒有主戶。胡宏則提出既保主又保客戶，他認為客戶應當聽從主戶，主戶也應當照顧客戶，他的意圖也是通過保護客戶以達到保護主戶的目的。這是封建社會發展到新的階段，新的階級間的關係，主客戶之間的關係，成為當時的主要問題。攪不好兩者之間的關係，也就不可能有強盛的王朝。但從地主階級的利益出發，永遠也攪不好地主與佃戶之間的關係，於是矛盾一天天加深，農民戰爭

也就一天天加多和劇烈了。」這便是產生宋明道學家的社會環境。

馬克思說：「統治階級的思想在每一時代都是佔統治地位的思想。這就是說，一個階級是社會上佔統治地位的物質力量，同時也是社會上佔統治地位的精神力量了。支配着物質生產資料的階級，同時也支配着精神生產的資料，因此，那些沒有精神生產資料的人的思想，一般地是受統治階級支配的。」我們如不把某一種思想體系，放到某一時代的社會環境中去看，就會不着邊際陷於空談的。

在這兒，我當然不能把這兒當作理學講台，把千頭萬緒，宋元明道學家所爭論的問題都塞到一堆來。我且說說我個人一生的感受。當我七八歲時，先父叫我讀的《朱子小學》讀完以後，（小學有三解：（一）幼稚教育，（二）鄉校，（三）語言文字學。朱子的《小學》，便是幼兒教本。）便叫我讀朱子所編的《近思錄》。這便是理學研究的基本教程，老實說，讀了好幾回，我不曾看懂過。（先父自己究竟懂不懂，也頗成問題。）不過，北宋那幾位理學大師：周敦頤、張橫渠以及程氏明道伊川二氏的基本理論，都收集在那兒了；我也第一次唸那篇有名的天書《西銘》，實在不知道張氏說的是甚麼。（抗戰中期，蔣介石聽了馬一浮先生的話，要參加中央訓練團的軍政大員唸張子《西銘》，究竟他們懂不懂更是成問題。）後來，我到了杭州一師，師事單不庵師，他是正統派樸學家，我也很快接受了戴東原派的《原善》（《孟子字義疏證》），也就批判地接受了宋明理學，重新把浙東學派思想料理起來；這樣，我便是批判地接受了朱

熹的理學，和先父所要我瞭解的大不相同；和夏靈峰先生的朱子之學，更有距離。我說過我倒跟夏曾佑先生的思想相接近了。我也不曾成為馬一浮先生的信徒。

　　到了抗戰第二年（一九三八年），我一生中最不平凡的一年；那年秋天，我從皖南轉到了贛東山城上饒。城北茶山寺，便是唐代奇士陸羽避亂隱居之地，寺圮牆壞，而天下第一泉清冽照人，我依井欄對影惘然，緬懷古人，百感潮生。我曾到鉛山鵝湖去講演，夜宿鵝湖寺，那便是南宋理學家朱熹、陸九淵兄弟論學之地，史稱鵝湖之會。事實上，這是金華學派大師呂祖謙所發動的理學討論會，朱陸爭論多不合，呂祖謙雖未與會，但對朱陸二派主張也多不贊同。這便是理學三大派。此外，那位大詞家而又是軍事家的辛棄疾，正住在上饒附近，和朱呂往來很密切的。我在鵝湖第二天，一早便踏霜上了峰頂山，那便是佛家禪宗聖地，山腳的鵝湖斜塔也是禪宗遺跡。（大義禪師的舍利子，就埋在斜塔底層。）當天回到上饒去，我曾在信江中學講演「我從鵝湖歸來」，說說我的感受。那年冬天，我帶了一腦子問題到鷹潭去，在荒村野店中讀從金華寄來的馮友蘭先生的《中國哲學史》。我所處的正是張天師的道教聖地，鷹潭和龍虎山。我便這麼反覆盤旋在宋元明的理學天地中。第三年春夏間，我又到了福建延平建陽，當年朱熹求學講學之地，又是南宋大思想家鄭樵（漁仲）的家鄉。那年夏秋間到了浙東，王陽明、黃梨洲、萬斯同、全祖望、章實齋的家鄉（餘姚、寧波、紹興）。到了冬天，我又到了陸九淵家鄉（金谿）和大戲曲家湯若士的家鄉臨川，又是兜在宋明理學的小天地中。關於宋

明理學的研究和批判，我在江西南城作過一回公開講演。其後，我溯江而上，從吉安到了贛州，那便是北宋周敦頤講學，明王陽明治軍敷政之所；而馮友蘭氏的《新理學》、《新事論》、《新世訓》⋯⋯先後出版，這正是我以全副心力作理學研究和批判的時期。直到今日，或許可以說，這一個圈子並未兜完呢！

王陽明曾有過如次的一首題壁詩：「險夷原不滯胸中，何異浮雲過太空？夜靜海濤三萬里，月明飛錫下天風！」此意當共悟之！

孔丘生前，一車兩馬，周遊列國，到處碰壁，在陳絕過糧，危於陳蔡之間，真的是皇皇如喪家之犬！到了四百年後，這才慢慢走了運，把儒家定於一尊；六經也列入了學官。不過東漢的王充，還可以〈問孔〉〈刺孟〉，開開儒家玩笑也不要緊。直到兩宋以後，孔子進了文廟，金元二代，都替孔子戴上了高帽，稱之為大成至聖先師文宣王；冷豬肉吃得越多，孔孟越神聖化，儒家教義也就越模糊。到了科舉取士，制藝限制了士大夫思想，四書五經，只是一種敲門磚；連理學也沒人好好去研究了。清代樸學家，對宋代理學家作無情的剝露，指定他們所珍視的「十六字心法」，乃是後人所偽託，和堯舜毫不相干。清末維新運動，廢除了科舉取士制度。到了五四運動，我們真的斫掉了孔子的神位牌。新的考古學連着新發現的地下資料，把宋學漢學都否定了，這才進入批判新時代。那位高高在上，給歷代帝王當作統治工具，他的么子玄孫，一直是以貴族地主地位剝削勞苦工農；這一筆血腥賬目，也給曲阜調查團揭露出來了，我們自該一

層一層批判下去。

　　本來，孔子是神聖得不許當作戲劇題材來演出的，除了滇劇，便沒有任何劇種，演過孔子戲。但孔子生平有一件韻事，連他入室弟子子路都表示不滿；孔氏還對這位弟子對天立誓呢！那時，衛靈公夫人南子，是一位風流淫蕩的美人，她有一回，特地召見了孔丘；因為孔丘的弟子子路是她的妹夫。孔丘便去謁見了，還替她駕了馬車，在城內兜了一圈。子路心中不悅，孔氏便對他立誓：「假使我孔某有甚麼歪主意的話，老天打雷劈死我！」這是《論語》上所記載的，當然不會假的。可是，《子見南子》這一劇本，在山東濟南中學上演時，孔府的人，大為憤怒，向教育部提出控訴，要懲辦那中學的校長，開除二中的學生呢！在國民革命北伐成功以後，貴族地主的孔家人，還這麼驕橫呢！你看，孔丘是怎麼一個不可觸犯的東西！

　　不過，「子見南子」這件事，即算在兩宋理學大師的師徒談話，也是會提出來作為討論的課題的。南宋末年，一位江西廬陵思想家羅大經，他曾提到這件事（見《鶴林玉露》）。他說：「衛靈公與夫人夜坐，聞車聲轔轔，至闕而止，過闕復有聲。公問夫人曰：『知此為誰？』夫人曰：『此蘧伯玉也。』公曰：『何以知之？』夫人曰：『妾聞禮下公門，式路馬，所以廣敬也。夫忠臣與孝子，不為昭昭信節，不為冥冥墮行。蘧伯玉衛之賢大夫也，仁而有智，敬於事上，此其人必不以暗昧廢禮，是以知之。』公使人視之，果伯玉也。……細考《論語》，夫子所與友者，僅見伯玉一人，使人於夫子，而夫子問其起居，則金石交情，可以略見。伯玉

之躬行純一如此，宜夫子樂與之交也。夫人即南子也，南子有淫行，然觀其所行，醇粹正大，有後世老師宿儒之所不能道者。且知伯玉之賢，而又知伯玉之所以賢，何其明也！乃知以衛靈之無道，南子之淫泆而不喪者，非止仲叔圉、祝鮀、王孫賈輩之功而已。又知夫子之所以見南子者，蓋以見識議論如此，倘能改行，或者尚可輔衛靈公以有為。子路不悅，是未知夫子之心也。」他的議論，雖有十分迂腐可笑處。卻可以讓我們明白：南宋儒士還敢談子見南子問題，那時的曲阜孔府，還不敢驕橫放肆，不許談孔丘的浪漫故事的！——因此，我要鄭重說一句，在今日，談古代學術思想，不僅是研究而且加以批判了。

四　道學橫斷面

　　「國學」或「國故」這一名詞，本來內含含混不清，可以說是中國文化史，或是中國學術思想史，從先秦諸子這一脈說開去，可以說是中國哲學史。單單把宋元明的道學（理學）說起來，也就千頭萬緒，所以所謂「國學」講座，聽起來每每莫名其妙。（目的呢，當然為讓青年學生去應付大中學校的國文會考這一現實場面而已。）這樣，我就切取「道學」的橫斷面，放在顯微鏡下看一回就算了。

　　且說，佛學東來，在中國發展成為十三宗，也就是十三派，最主要的有十宗。除大小乘兩大門戶以外，各宗也各立門戶。我是比較研究佛學的，所以門戶之見，不十分理會的。可是，我非在這兒提一提不可的，即是十宗之中，如俱

255

舍宗、三論宗，在印度雖有而不盛行；如真言宗、淨土宗，印度極盛行，在中國並不流行。又如成實宗，在印度創造，並未流行過，在中國卻盛行。至如華嚴、天台二大宗，那是印度不曾有過。只有法相宗和律宗，那是印度和中國都盛行的。總而言之，在中國發展起來的佛學，乃是中國的佛學，並不和印度完全相同的。也可說是大不相同。從某一角度看，隋唐佛學和宋明理學，有着血緣關係，可以說是表親。如馮友蘭氏所說的：「佛學本為印度之產物，但中國人講之，將其加入中國的思想、傾向，使成為中國之佛學。」

中國人之思想是甚麼呢？馮氏說：「佛學中派別雖多，然其大體之傾向，在於說明『諸行無常，諸法無我』。所謂外界，乃係吾人之心所現，虛妄不實，所謂空也。但中國人對於世界之見解，皆為實在論。即以為吾人主觀之外，實有客觀的外界。如謂外界必依吾人之心，乃始有存託，在中國人看來，乃非常可怪之論。所以，中國人講佛學者，多予佛學所謂空者以一種解釋，使外界為不真空。」（僧肇語）其次，「諸行無常，諸法無我，涅槃寂淨」。乃佛教中之三法印。涅槃譯言圓寂。佛之最高境界，乃永寂不動者；但中國人卻注重人之活動。佛家所說之最高境界，亦即在活動中。如《易傳》所說「天行健，君子以自強不息」。「自強不息」，即於活動中求最高境界也。即莊學最富於出世色彩，然其理想中之真人至人，亦非無活動者。故中國人講佛學，多以為佛之境界並非永寂不動。佛之淨心，亦「繁興大用」，雖「不為世染」，而亦「不為寂滯」。（《大乘止觀法門》語）所謂「寂而恆照，照而恆寂」（僧肇語）。又次，印度社會中，階

級之分甚嚴，所以佛學中，有一部分認為有一種人，無有佛性，不能成佛。但中國人以為「人皆可以為堯舜」，故中國人之講學者，多以為人人皆有佛性。即一闡提亦可成佛（道生語）。又佛教中有輪迴之說。一生物，此生所有修行之成就，即為來生繼續修行之根基。如此歷劫修行，積漸始能成佛。如此說，則並世之人，其成佛之可能，都不相同。但中國人所說「人皆可以為堯舜」之義，乃謂人人皆於此生可為堯舜。無論何人，苟「服堯之服，行堯之行，言堯之言」，皆即是堯。而人之可以為此，又皆有其自由意志，故中國人之講佛學者，又為頓悟成佛之說（道生語），以為無論何人，「一念相應，便成正覺」（神會語）。這樣，我們可以明白宋明道學家，站在儒家基礎上談靜悟的，乃是孔門的佛學。（中國人不能接受人是犯了罪到世上來受難的觀點，所以基督教在中國生不了根。）

談到宋明理學的演變，我想先說一件小故事：那位有名的朱熹（晦庵），他注了那部所謂「四書」，（其實不是四種書，而是兩種書，另外加上兩篇文章。）獨霸了明清五六百年，成為思想界的權威。可是，他這位思想權威，用了鄒（朱）忻（熹）的筆名，注了《參同契》，那是道教的經典，就很少人知道了。《周易·參同契》相傳為東漢末年魏伯陽所著，可是《隋書·經籍志》未見著錄，是否是東漢人的著作，只有存疑。其書用虞翻《易》學納甲之說，以明宇宙間陰陽消息之狀況。（此「消息」二字，和口頭語所謂「新聞」絕不相同。佛說「生，住，異，滅」才是「消息」的正解。）

何謂「納甲」？《易·繫辭》云：「縣象著明，莫大乎日

月。」虞翻《注》云：「謂日月懸天，成八卦象。三日暮震象出庚。八日兌象見丁。十五日乾象盈甲。十六日巽象退辛。二十三日艮象消丙。三十日坤象滅乙。晦夕朔旦，坎象流戊。日中則離，離象就巳。戊巳土位，象見於中。日月相進，而明生焉。」這便是以震兌乾巽艮坤六卦表示一月中陰陽之消長。以甲乙丙丁戊己庚辛壬癸十母表示一月中日月之地位，即所謂納甲也。（這段話，乃是宋明理學家的宇宙觀，朱熹從張橫渠接受這一番話。這番話該怎麼說呢？他說：每月初三，月始生明，此時月只受一陽之光為震象 ☳，昏見於西方庚地。初八日，月上弦之時，受二陽之光為兌象 ☱，昏見於南方丁地。十五日，月既望之時，全受日光為乾象 ☰，昏見於東方甲地。十六日，月始受下一陰而成魄，為巽象 ☴，以平旦沒於西方辛地。二十三日，月復生中一陰為下弦，為艮象 ☶，以平旦沒於南方丙地。至三十日，月全變三陽而為坤象 ☷，伏於東北，至下月復生震卦。——見朱熹《參同契》注說。）至於坎離二卦，《參同契》云：「坎戊月精，離己日光。日月為易，剛柔相當。土旺四季，羅絡始終。青赤黑白，各居一方。皆裹中宮，戊己之功。」他們以坎離戊己居中央，離為日光，本居中央；坎為月精，於「晦夕朔旦」時，月亦「流」此。以八卦配十母，尚餘壬癸無所配，仍以乾坤配之。所謂「壬癸配甲乙，乾坤括始終」是也。這原是陰陽五行家的天文觀念，在西漢，為今文學大師董仲舒所接受；到了北宋周敦頤（濂溪）出來，便成為《太極圖說》的根據。周氏的《太極圖》，實在便是道教道藏中的《太極先天圖》。宋初，有一位活神仙叫陳

搏，說他把《太極圖》傳給種放，放傳給穆修，修傳給季之才，之才傳給邵雍（康節）。另一支，穆修又以《太極圖》傳給周敦頤。（《太極圖》的第二圖，即《參同契》中之《水火匡廓圖》；其第三圖，即《參同契》之《三五至精圖》。黃宗炎、朱彝尊都說周氏的《太極圖》本名《無極圖》。）這麼一說，拆穿了西洋鏡，宋明理學一部分，原是從道教和陰陽五行家那兒襲取了來的。

依我看來，儒家的興趣，本來只在於社會與人生，所謂修身齊家治國平天下；可是，到了戰國碰到了齊國的神仙家，於是到了西漢，便在各方面吸收了陰陽五行家的樸素宇宙觀。到了魏晉以後，玄學既興，又吸收了老莊的自然主義。在思想鬥爭上，佛學乃是儒家所碰到的最堅強的敵手；於是，用《易》學作武器，運用了道教的法寶來和佛家的「法」作生死戰，這便是宋明理學家的「新」。自來儒家都是託古改制，借別人的屍來還魂，其成功在此，其失敗也正在此。

相傳，孔老夫子有一回碰到一位小孩子，那孩子問他：「究竟從地到太陽去，早晨近一些？還是中午近一些？」因為早晨看起來，太陽大一些，而中午呢，天氣總是熱得多，究竟甚麼原故？這位聖人給那小孩子難住了，不知怎麼回答才是。這一故事，說到儒家既然要面對世俗社會人生問題，所謂聖人，就得萬事通才行。當印度佛教投過一個儒家聖賢所不曾經歷過的境界，「佛」便是「覺」，「涅槃」圓寂，乃是「自我解放」的境界。（「解放」一詞，並非新的名詞，乃是佛家帶到東方來的舊名詞，佛要我們從「自我」中解脫出來。）這一來，儒家從禪宗的階梯走上道學（理學）的新階

段，這是新儒家的一面。

另一面，道學家試着借道教的光輝來照明外在的「宇宙」，建立他們的「太極」、「無極」的輪廓。邵康節的《河圖》《洛書》，也可說是一種樸素唯物觀。在兩宋世代的儒士，已經把這種宇宙觀，看作是超絕群倫了。這在我們看懂了牛頓定律、愛因斯坦相對論之後，實際上瞭解二千光年的大宇宙是怎麼一個宇宙；同時，我們在周口店看到六十萬年前的北京人，會把北宋道學家的想像力看得過於貧乏了。但，我們必須明白宋代道學家是在那樣的淺陋宇宙觀建立理學架子來的。

和《太極圖說》相輔的，周濂溪還寫了他的《通書》。《太極圖說》謂：「太極動而生陽，動極而靜，靜而生陰。靜極復動。一動一靜，互為其根，分陰分陽，兩儀立焉。」《通書》云：「動而無靜，靜而無動，物也。動而無動，靜而無靜，神也。動而無動，靜而無靜，非不動不靜也。物則不通，神妙萬物。」這段話，怎麼說呢？馮友蘭氏說：「凡特殊的事物，於動時則只有動而無靜，於靜時則只有靜而無動。蓋特殊事物是此則即認為此所決定而不能是彼，是彼則即為彼所決定而不能是此。此所謂『物則不通也』。若太極則動而無動，即於動中亦有靜也。靜而無靜，即於靜中亦有動也。故其陰中有陽，陽中有陰，此所謂『神妙萬物也』。」

在《太極圖》的基礎上，邵康節建立《經世衍易圖》、《先天八卦方位圖》（見《宋元學案》），邵氏的《皇極經世》，依上述公式替具體的世界作一年譜。邵氏以計算時間之元會運世當天之日月星辰。元當日，會當月，十二會為一元。運

當星，三十運為一會。世當辰，十二世為一運。所以十二會為一元，三十運為一會，十二世為一運者。朱熹云：「邵子《皇極經世》說『天開於子，地闢於丑，人生於寅』。元以甲乙丙丁計，會以子丑寅卯計，辰仍以甲乙丙丁計。現在姑以現在之一元為元甲，此元之第一會即月子，此會有三十運，三百六十世，一萬零八百年。……『天開於子』，即在此會。元之第二會為月丑，此會又有三十運，合前為六十運；又有三百六十世，合前為二萬一千六百年。……這麼推衍下去至元之第十二運，即月亥之末，陰臻極盛，如坤卦䷁所表示的，而現在之天地即壽終矣。此後將另有天地，照此公式，重新開闢。其中人物重新生辰，重新壞滅。所謂『窮則變，變則通』。如是循環，以至無窮。」即是說，當前這個宇宙，只有十二萬九千六百年的壽命呢！這些話，比《舊約‧創世紀》的確高明得多；而朱熹是注解《周易‧參同契》的人，覺得「說之成理」呢！

五　道學再解剖

宋明理學家的宇宙論，到了張（載）橫渠的《西銘》，算是有了完整的體系。我對張子《西銘》，接觸得如此的早，我初讀朱子所編的《近思錄》，只有七八歲，但真正瞭解張子的唯物觀點，卻在三十年以後，接近了王船山的《俟解》，才算體會得張子的觀點。那時，張子《西銘》，由於馬一浮老人的推介，成為一般公務人員的讀物，馮友蘭氏的《新理學》初出，我曾在幾處講演過《西銘臆說》。

我說：《西銘》的核心，只有「存吾順事，歿吾寧也」八個大字。北宋初年，正當佛家思想盛行之際，禪宗最盛。道教的思想在數百年淬鍊的過程中，也相當成熟，如陳摶。在佛道兩種人生觀的壁壘之外，儒家該如何建立自己的壁壘，乃是北宋理學家勝業中應做的大事。佛道兩派的人生看法，不免流於消極悲觀，佛家以萬物為幻有，所以歸於「寂滅」；道教寄幻想於現實之外，所以追求「深根固蒂，長生久視」之道。張氏否定了這種看法，他認為「生無所得，死無所喪」，提出了一種積極的樂觀的人生態度。說是「存吾順事，歿吾寧也」，用不着悲觀，更不必消極。他批評二氏之言云：「彼語寂滅者，往而不反；徇生執有者，物而不化。（上句指佛，下句指道。）二者雖有間矣，以言乎失道則均焉。」

　　張氏的宇宙觀是這樣：「太虛不能無氣，氣不能不聚而為萬物，萬物不能不散而為太虛——聚亦吾體，散亦吾體，知死之不亡者，可與言性矣。」（張子《正蒙》）《西銘》開頭說：「乾稱父，坤稱母，予茲藐焉，乃渾然中處。故天地之塞（塞即充滿），吾其體；天地之帥（帥即活動），吾其性。民吾同胞，物吾與也。」張子便建立了這樣的宇宙觀來和佛道二教相對壘。這段話，該怎麼說呢？我們且看，一個波浪從水流上湧起，映着太陽光呈露了它的色彩，一回兒又沒入水流去了。又如一根草，從泥土中茁起在空氣和太陽中生長抽了葉，開了花，結了果子，又沒入泥土中去了。我們的生命也是如此，誠如小泉八雲所說的：「我們從不可知的黑暗中，暫時出現到太陽光中來，迴視四周圍的光景，快樂

着和苦惱着，我們的存在的顫動傳移給別的存在，由是再回歸到黑暗裏去。」（有形從它自然的無形中生出，又回到無形中去，這是一切的一切。）觸到宇宙根本問題上去，我們不免要問一聲，究竟這波浪，這小草，這人生，這一切顫動和生命存在不存在的呢？張子回答道：「一切都是生存的（渾然中處）。」他說：「太和所謂道，中涵浮沉升降動靜相感之性，是生命絪縕相盪勝負屈伸之始。」（《正蒙》）「氣之聚散於太虛，猶冰凝釋於水，知太虛即氣，則無『無』。」（《正蒙》）

進一步，我們再談一談宋明理學家所謂「宇宙中有我，我中有宇宙」的道理。陸九淵本着張氏的路子，便說：「宇宙便是吾心，吾心便是宇宙。」我們且看那一波浪，它的顫動，它的色彩，依然是水流的顫動，水流的色彩，不能離水流而獨立；波之性，即水本有之性，同時，它的顫動，它的色彩也即構成整個水流的一個小因子，沒有小波，即沒有洪流。這個道理，我們回想遠古以來的生物進程，就可以明白了，所以生命並非虛無，離開現實也無所謂生命了。

我們若說，每個生者的腦髓，代表着無數的死者所構成的總結，每個人的性格有着無數死者的好經驗和壞經驗的不十分均衡的總和。說得具體一點，我們的衝動和感情，及由感情而發展的高尚的能力，是由死者所形成，由死者傳給我們的，我們的一個小小的活細胞裏面，貯藏着一個民族的全生活的，就是那在幾百萬年的過去，或許甚至是在幾百萬年的滅亡了的世界，所感受的感情之總數。（這段話，我用了小泉八雲的說法。）以這樣的宇宙觀，（永恆存在於剎那之中，而剎那復歸於永恆。）推行而得「民吾同胞，物吾與也」

的人生論，原是順理成章的。張氏〈大心〉篇云：「大其心則能體天下之物」；後來朱子答弟子問：「物物具一太極，謂之全亦可，謂之偏亦可；以理言之，則無不全，以氣言之，則不能無偏。」即是此意。

朱熹注解《西銘》，發揮張子的胞與精神。謂：「以乾為父，以坤為母，有生之類，無物不然，所謂理一也。」「人物之生，血脈之屬，各親其親，各子其子，則其事亦安得而不殊哉？一統而萬殊，則雖天下一家，中國一人，而不流於為我之我，此《西銘》之大指也。觀其推親親之厚，以大無我之公，用事親親誠，以明事天之道，蓋無適而非所倡，事殊而理一也。」從人類愛的精神推衍開去，這便是張子的精神。我們且想：我們的祖先，把他們的生命留給我們，把他們所能學到的種種知識的記錄留給我們。他們以最大的好意和希望，為我們辛勞了，單單就他們因此所費的無限的勞苦和思慮說起來，已經是非常的神聖和非常的可貴了。我們繼承這份遺產，我們怎樣把它好好地保留下去，把它光大起來，這是我們的責任了，我們要對得起我們的祖先。（張子所謂「善述其事，善繼其志」，即是此意。）即如上戰場去流血犧牲，在我們個人的確是丟失了生命，但犧牲了我們的生命，即所以保全大我的生命，我們要對得起祖先，我們應該去犧牲；我們要對得起我們的子孫，也應該去犧牲，所以孔子說：「戰陣無勇，非孝也。」

張子在《西銘》後半段提到幾個博愛的實例。即如夏禹惡旨酒，固然是寶愛小我的身體和精神，卻也是為大我種了善因。（酗酒會生育瘋狂的兒女，即是遺害人類。）穎考叔

感化別人能盡孝，即是孔子所謂「己欲立而立人，己欲達而達人」的仁愛精神。又如虞舜，在那麼壞的家庭環境中，申生碰到了其父偏聽了的亂命，他們毅然決然去犧牲，去受磨折，並不怨天尤人；這種偉大人格感化了後人，於社會造福甚大。所以孟子說：「志士不忘在溝壑，勇士不忘喪其元。」到戰場上去奮勇殺敵，馬革裹屍而還，那才是最偉大的為民族盡孝的人。我們愛我們自己這個小我，更要愛全民族全人類的大我，要實踐愛大我的博愛心，即須有犧牲小我來完成大我的勇氣和決心。這便是張子《西銘》的基本精神。

在這兒，我要告訴大家，一千多年前的宋理學家師徒們所反覆叮囑的道理是甚麼？假使有人問你們：「張子《西銘》的本意何在？」我相信我所說的，可以說是合乎張載、朱熹他們所說的本意了。這兒並不含有把他們的話來宣傳，或對他們有甚麼批判之意。

前天，我聽得一家電台在講國學常識，講的是「程門立雪」。首先，他說程氏是北宋大文學家，已是怪談；我從來沒聽說程氏兄弟明道伊川是文學家，不知這位講師何所根據？他又說：「立雪」是表示學生對老師尊敬的意思，這一番怪談，談得更妙。

究竟，宋明理學家為甚麼那樣把程明道門下，那一晚，白雪瀰天，一燈熒然，師徒相對的故事當作佳話來流傳下來呢？當然不是說學生如何尊敬老師那麼簡單的，理學大師主靜敬，這是靜悟之境，正如禪宗盛傳一笑拈花之意。這一點本意，如不說明白，又何必談這一故事呢？到了清代，經學大師顏元、李捄批判宋明理學之時，便抓住了這一點來作譏

彈的核心。我且先說顏李學派批判二程、朱陸的話，顏氏曾在〈與錢曉城書〉中說：「僕嘗有言，訓詁清談禪宗鄉願，有一皆足以惑世誣民，宋人兼之，烏得不晦聖道誤蒼生至此也。僕竊謂其禍甚於楊墨，烈於嬴秦，每一念及，輒為太息流涕，甚則痛哭。」《習齋年譜》載：「安州陳天錫來問學，謂程朱與孔孟隔世同堂，似不可議。曰：『請畫二堂，你們且看看：一堂上坐孔子，他老人家穿了整整齊齊的衣裳，束了腰帶，掛了寶劍。那七十二位生徒，有的習禮，有的鼓瑟彈琴，有的彎弓射箭，有的揮戈練武，有的跟老師談仁孝，有的談兵農政事，服裝也是如此。兩壁上掛着弓箭、簫磬、算器、馬鞭等等。另一堂上坐着那位程明道老夫子，他峨冠博帶，垂目坐如泥塑，如游（酢）揚（時）這樣的生徒，聚在那兒，在返觀靜坐，或執書咿唔（吟誦聲），或對談靜敬，或執筆寫作，壁上放着書籍字卷。試問此二堂同否？』天錫聽了，默然而笑。」習齋因此，用截然分明的話來作結論：「入其齋而干戚羽籥在側，弓矢玦拾在懸，琴瑟笙磬在御，鼓考習肄，不問而知其孔子之徒也。入其齋而詩書盈几，著解講讀盈口，閉目靜坐者盈座，不問而知其漢宋佛老交雜之學也。」不從心性義理上分辨孔孟程朱，而從實事行為上來作分辨，這便是對「程門立雪」那種靜敬氣象作正面批判。連這一核心問題，都不跟聽者講說明白，還談甚麼國學常識呢！

回過去，我們再來看北宋程氏兄弟所說的修養工夫。明道以為吾人本來與天地萬物為一體，不過吾人多執個體以為我，遂將我與世界分開，吾人修養之目的，即在於破除此

界限而回復於萬物一體之境界。所以他說：「天地之大德曰生。天地絪縕萬物化醇。生之謂性。萬物之生意最可觀，此元者善之長也，斯所謂仁也。仁與天地一物也，而人特自小之，何哉？」「仁者以天地氣物為一體，莫非己也。認得為己，何所不至？若不有諸己自不與己相干。如手足不仁，氣已不貫，皆不屬己。故博施濟眾，乃聖人之功用。」所以他又說：「學者不必遠求，近取諸身，只明天理，敬而已矣，便是約處。……思無邪，無不敬，只此二句，循而行之，安得有差。」我初讀《近思錄》，先父就叫我唸這段話，當然，體會不得，即算是「立雪」，也悟不出甚麼道理來。等到我悟出道理來了，已明白「程門立雪」，跟出門做和尚的面壁工夫並無不同的。

六　道學三解剖

　　二十多年前黃芝崗先生寫了一本《中國的水神》（生活本），他在北京，從圖書館所參考的書刊，把篇目綴連起來，就有六萬字那麼多，比本文還多了一萬字。這件事，在文化界傳為佳話。我們談中國學術思想，只要把篇目綴連起來編成一百萬字的目錄，那就更容易了，尤其是宋元明理學這一部分。因此，我們必須「掛一以御萬」才行。可是，一個學術性詞語，先秦諸子有先秦諸子的界說，魏晉玄學家也有他們的界說，從印度來的梵語，和東方的本來用語，更不相同。到了現代，我們又該接受歐西的用語，以及日本來的詞語。宋明理學家所用哲學用語，如「無極」、「太極」、

「理」、「氣」、「命」，雖是繼承先秦諸子、魏晉玄學、印度佛家以及道教的傳統，卻也有了他們自己所下的界說；這一方面，朱熹已經集了周敦頤、邵康節、張橫渠、程氏兄弟的大成。（朱氏的形上學，以周氏《太極圖說》為骨幹，以邵氏所講之「數」，橫渠所說之「氣」，及程氏兄弟所說的形上形下及理氣之分融合之。朱氏〈與陸子靜書〉云：「凡有形有象者即器也，所以為是器之理者，則道也。」所謂「道」即指抽象的原理或概念，所謂器，即指具體的事物。朱氏云：「形而上者，無形無影是此理。形而下者，有情有狀是此器。」又云：「無極而太極，不是說有個物事，光輝輝地在那裏。只是說，當初皆無一物，只有此理而已。……惟其理有許多，故物有許多。」馮友蘭氏說：「所謂形而上者，超時空而潛存（Subsist）者也。所謂形而下者，在時空而存在（Exist）者也。超時空者，無形象可見，故所謂太極，不是說「有個事物光輝輝地在那裏。此所謂『無極而太極』也。朱子云：『無極而太極』，只是說無形而有理。」）

（我曾看到一部中學會考大學入學試驗各科試題合訂本，某大學的國學常識測驗，有一題代問及：「鵝湖之會朱陸論道，各有異同，其異同何在？」這不能不算是國學測驗題，可是，年青一代的學生，能答得出嗎？連出試題的人也未必答得出。）

接上來，我又重提先父要我唸了又唸的《近思錄》；且舉那幾位理學家的小事：「程明道在澶州日，修橋，少一長樑，曾博求之民間。後因出入，見材木之佳者，必起計度之心，乃舉以告學者曰：『心不可以有一事。』」有一回，明道

對弟子們說：「爾曹在此相從，只是學某（自稱）言語，故其學，心口不相應，盍行之？請問焉，曰『且靜行。』」朱子《小學集注》：「明道先生終日端坐，如一泥塑人，及至接人，則渾然一團和氣。」《近思錄》又載：「伊川每見人靜坐，便嘆其善學。」「與叔厲訽興夫（訽等於責罵），伊川曰：『何不忍性斂心？』與叔慚謝。」朱熹〈答潘謙之〉：「伊川有時，亦教人靜坐。然孔孟以上，卻無此說，要須從上推尋。思得推理與靜坐，兩不相妨，乃為的當。」從這些故事看來，程氏兄弟，也只學得禪宗工夫。至於陸九淵氏，有人問他：「為何不注書？」陸氏說：「我注六經，六經注我，韓退之是倒轉來做，乃欲因文見道。」陳北絡答陳師復：「浙中象山之學甚旺，由其門人有楊簡者唱之，不讀書，不窮理，專做打坐工夫。」真如陳登原氏所說的：「程朱固為一體，而關於心學，朱陸何嘗大有異同！」

　　近年來，新中國學人對於中國學術思想的批判，每有新知新見，這是談中國文化復興的人們所不瞭解的。即如車載先生〈論《大學》的大學之道〉，便指出〈大學〉在《禮記》中的原文，並不必重行編寫。而陸王派主張保留「在親民」的原義，不必改「親」為「新」，也正是儒家的本意。這都是談「國學」的人所不可不知的。

　　程朱派把〈大學〉〈中庸〉二書提了出來，當作「修、齊、治、平」的基本工夫，照說，這些理學家，有了用世之志，一定在齊家治國上有所表現了。哪知事實上並不如此。羅大經《鶴林玉露》稱：「端平間，真西山（德秀，他是朱熹的入室弟子）入參大政，未及有所建置而薨。魏鶴山督

師，亦未及有所設措而罷。臨安優人，裝一儒生，與之邂逅；問其姓名，曰：姓鍾名庸（指〈中庸〉），問所持，曰：大鶴也（指〈大學〉因呼酒對飲，其人大嚼洪吸，酒肉靡有孑遺。忽顛仆於地，舉數人曳之不動。一人乃批其額，大罵道：說甚麼〈中庸〉〈大學〉，吃了許多酒肉一動也動不得。」真的，聲名是一件事，事業又是一件事，理學家都是不中用，沒有甚麼作為的。羅氏又說：「以詩書為有用之具，固未有入耳出口，有如後世之甚者。當今之時，非堯舜文武周孔不談，非《語》《孟》〈中庸〉〈大學〉不講，言必稱周程張朱，學必曰致知格物，此自三代以後所未有也。然而豪傑之士不出，禮義之俗不成，士風日陋於一日，人才歲衰於一歲，而學校之所講，廷掖之所談，幾有如屠兒之禮佛，倡家之讀禮者，是可嘆也！」這番話，對理學家可說是一針見血。

顏習齋譏刺宋明理學家不中用，說了最痛快的話：「……似唐虞三代之盛，亦數百年而出一大聖，而出必為天地建平成之業，斷無聖人而空生之者。況秦漢後千餘年，氣數乖薄，求如仲弓子路之輩，不可多得，何獨以偏缺微弱兄於契丹臣於金元之宋，前之居汴也，生三四堯孔六七禹顏；後之南渡也，又生三四堯孔六七禹顏，而乃前有數十聖賢，上不見一扶危濟難之功，下不見一可相可將之材，兩手以二帝畀金，以汴京與豫矣。後有數十聖賢，上不見一扶危濟難之功，下不見一可相可將之材，兩手以少帝付海，以玉璽與元矣。多聖多賢之世，而乃如此乎？噫！」所以顏氏又說：「吾讀《甲申殉難錄》，至愧無半策匡時艱，惟餘一死報君恩，未嘗不凄然泣下也！」

　　且說，朱陸鵝湖之會，原是金華學派大師陳亮（同甫）所邀請的[2]，可是朱陸師徒到了鵝湖，陳同甫因事不曾來。可是，朱陸各有同異之外，陳氏跟朱陸也各有異同。（依我的說法，朱陸跟峰頂山的禪宗，也各有同異。這是一千年來一直不曾了結的公案。）陳同甫、辛稼軒跟朱熹都是好朋友，他們都是有志於用世的人。但朱熹的用世觀，跟浙東學派，如葉水心，也不相同，他尤其對於才華蓋代的唐仲友，多所嫉忌，不惜用了誣陷的手段，那就不像有修養的「君子」了。

　　（朱熹曾與陳同甫論用世之道說：「……亙古亙今，只是一理，順之者成，逆之者敗。固非古之聖賢所能獨然，而後世之所謂英雄豪傑者，亦未有能捨此理而得有所建立成就者也。但古之聖賢，從根本上便有惟精惟一工夫，所以能執其中，徹頭徹尾，無不盡善。後來所謂英雄，則未嘗有此工夫，但在利欲場中，頭出頭沒。隨其分數之多少以有所立，然其或中或否，不能盡善，則一而已。」）

　　我講了一連串有關中國學術思想的上下古今談，回頭看看，我確乎守着「不好新立異」的戒條；卻也免於迂腐氣和頭巾氣的老套子。這一點，倒和章太炎師講《國學概論》的精神相符合。我的治學態度和方法，接着新考證學家的路子而來，這一點，我認為十分重要的。

　　顏習齋說：「千餘年來，率天下入故紙中，耗盡身心氣力，作弱人、病人、無用人者，皆晦庵為之也。」他又

2　編者注：據本書第一講〈四　鵝湖之會〉，鵝湖之會是由金華學派大師呂祖謙邀請朱陸雙方而成，故應修正為「呂祖謙（東萊）」。

說：「書之病天下久矣！使生民被讀書者之禍，讀書者自受其禍。而世之名為大儒者，方且要讀盡天下書，方且要每篇讀三萬遍以為天下倡。(此指朱子)歷代君相，方且以爵祿誘天下於章句浮文之中，此局非得大聖賢大豪傑，不能破矣。」這些話，正是切中時弊，對症用藥。我們要勸年青一代的人，千萬不要讀古書，尤其是四書五經。(顏習齋的至理名言，下文再來說過。)

在宋元明理學空氣中，「聖賢」出得那麼多；(理學家師徒互相標榜，是一種風氣，而互相排拒醜詆，又是一種風氣。明末東林復社，自許為君子，其負虛名而不能任實事，和理學家完全相同。)其無補艱危，可嘆可笑！可是，其間有一人，他也是理學大師，卻建立了大功業，那便是明代的王陽明(守仁)。他治軍、征戰、蒞民、敷政，都有他的成就。章太炎師講明代理學家流變，頗多勝義，可看我所筆錄的《國學概論》。他說：王陽明主張「致良知」，就在臥石棺時悟出。他在貴州時有些苗民很崇拜他，從他講求學問，陽明把「知行合一」的話和他們說。章師認為陽明的「知行合一」，倒和程明道的論點有些相同。明道以為曾經試行過，才算得「知」，沒曾試行過的，不能稱為「知」；譬如不知道虎之兇猛的人，見虎並不怕，受過虎傷害的，就會談虎色變了。這類主張逐漸演變成為陽明的主張。陽明以為知即是行，也可說「知底懇切處即行，行底精粹處即知」。(章師認為陽明自悟得致良知以後，和朱子便不能不處於相反對的地位了。並非專和朱子立異，才有此主張的。)章師又說：陽明致良知的主張，以為人心中，於是非善惡自能明白，不

必靠甚麼典籍，也不必靠旁的話來證明，但是第二念不應念，有了第二念，自己便不明了。有人以為陽明學說，很宜於用兵，如此，便不至有甚麼疑慮和悔恨了。

陽明講學之主要意思，見於其所作〈大學問〉一篇，陽明的弟子錢德洪曰：「大學問者，師門之教典也。學者初及門，必先以此意授。……門人有請錄成書者，曰：『此須諸君口口相傳，若筆之於書，使人作一文字看過，無益矣。』嘉靖丁亥（一五二七年）八月，師起征思田，將發，門人復請，師許之。」〈大學問〉所說，可說是陽明的最後的見解。王氏認為「明德之本體，即所謂良知」，故明明德親民，皆是致良知，亦即是致知。「然欲致其良知，亦豈影響恍惚而懸空無實之謂乎？是必實有其事矣。故致知必在於格物。物者事也。」吾人誠能「於良知所知之善惡者，無不誠好而誠惡之，則不自欺其良知，而意可誠也已」。不自欺其良知，即實行格物、致知、誠意、正心，亦即實行明明德也。格之既久，一切私欲障礙皆除，而明德乃復其天地萬物一體之本然矣。——陽明之學，本旨在此。

第七講

一　清初經世之學

一位讀者來信問我:「道學、理學、義理之學,這三種名詞有何不同?這些名詞,是否和今人所說的哲學同義?」對於這一串問題,我得先有個交代。

如宇同先生所說的,中國古來並無與今所謂哲學意義完全相同的名稱。先秦時所謂「學」,其意義可以說與希臘所謂哲學約略相當。先秦時講思想的書,都稱為某子,後來所謂「諸子之學」,成為與今所謂哲學意謂大致相當的名詞。到魏晉時,有玄學的名稱,意謂約略相當於今之哲學。到了宋代,又有道學、義理之學、理學等名稱。道學、義理之學的名稱,在北宋時即已有之。張橫渠〈答范巽之書〉有云:「道學政術為二事,此正自古之可憂者。」程伊川稱其兄明道:「功業不得施於時,道學不及傳之書。」又張橫渠《經學理窟》有云:「義理之學,亦須深沉方有造,非淺易輕浮之可得也。」此其證也。理學一詞,在南宋時已甚流行。《黃震日鈔・讀論語》云:「自本朝(宋)講明理學,脫出詁訓。」以周子二程與朱氏之學為理學。所謂道學、理學或義理之學,其內容與今所謂哲學甚相近。在清代義理之學一名稱,尤為流行。清人將學問分成義理、考據、辭章三類;所

謂「義理」，即是哲學。所謂玄學與道學，其所指的範圍不同；玄學以《老》《莊》《易》為本，必是與《老》《莊》或《易》相近的學說思想，方可稱為玄學；而關於孟荀及墨學的研究或類似的思想，則不能稱為玄學。道學或理學，則即是新儒學的別名，墨學與老莊思想，正是道學所排斥的異端，當然在道學範圍之外。所以玄學與道學，乃是各有其界域的，各是一派哲學或一類型的哲學之名稱。在這一點上，與今所謂哲學之為一般名詞，並非相同。而總括玄學與道學的一般名稱，在以前也實在沒有過。

宇同氏又云：中國先秦的諸子之學，魏晉的玄學，宋明清的道學或義理之學，合起來是不是可以用現在所謂哲學稱之呢？換言之，中國以前的那些關於宇宙人生的思想理論是不是可以叫作哲學？關於此點，要看我們對於哲學一詞的看法如何。如所謂哲學，專指西洋哲學，或認西洋哲學是哲學的唯一範型，中國思想在根本態度上實與西洋的不同，則中國的學問當然不能叫作哲學了。不過，我們也可以將哲學看作為一個類名，而非專指西洋哲學。可以說，有一類學問，其一特例是西洋哲學，這一類之學問總名是哲學。如此，凡與西洋哲學有相似點，而可歸入此類者，都可叫做哲學。從這一角度看哲學，則中國舊日關於宇宙人生的那些思想理論，並非不能名之為哲學。中國哲學與西洋哲學，在根本態度上未必同，而在問題及對象上及其在諸學術中的位置上，則與西洋哲學頗為相當，自可稱之為「哲學」。

我又可以答讀者一句：我所講的「國學常識」，都是述而不作，只是經過了我的選擇，才說出來的。假如必須讀古

書的話，也不妨稱之為「常識」。

　　承一位朋友看得起我，要我替他的孩子們講點「國學常識」。一開頭，我就告訴他：「你得明白，你的孩子們聽了我的串講，反而答不中中文會考的國學常識測驗題也未可知！」他都讓我放開來講，不必考慮孩子們的中文會考問題，他自己也變成了我的聽眾！這就放開了野馬，讓我講得海闊天空沒有甚麼拘忌。有一天，他的女孩子問我：「這麼講下去，甚麼時候才會講完？」我笑了，我告訴她：「千頭萬緒，無論從哪一頭開始，都可以一輩子講不完。即如英國那位牛津大學學生，他的博士論文，只是研究王船山哲學這麼一個課題，就夠他研究三五年，他在得了博士學位，做了漢學教授以後，還得研究下去。以此類推，我們要找出一千個研究專題，並非難事；而且，我也未必都是適當的研究導師；有的問題，自該找王國維、陳垣、陳寅恪諸氏去的。」

　　接着，我又和她們談到梁啟超氏寫《清代學術概論》的事。那時，蔣百里著《歐洲文藝復興史》既成，他找梁氏去寫序文。他們都認為清代三百年間的思想進程，頗和歐洲的文藝復興運動相似。梁氏從這一點着筆寫了清代學術思想，以相印證。哪知一寫便寫了八九萬字，比蔣氏的還多了一萬多字。於是，梁氏的序文，另作專著刊行，便是這部《清代學術概論》。書前，有蔣百里氏的序文，便是說到梁氏寫這部概論的來由。如梁氏所說，作為清代三百年學術史看這部概論，又未免簡略了。梁氏本來有寫中國學術史的打算，全史分為五部：（一）先秦學術，（二）兩漢六朝經學及魏晉玄學，（三）隋唐佛學，（四）宋明理學，（五）清代學術（考

證學）。當時，梁氏正在着手寫中國佛學史，迄未成書。其後，他寫過先秦學術思想史，也只能算是初稿。真的要談中國學術思想，梁氏倒是一個很適當的導師。（梁氏比章師更廣博，更全面些。）

說到清代學術思想史，錢賓四氏寫過《近三百年中國學術思想史》，也是他一生的力作。不過，錢氏是從宋理學家的角度來談清代學術思想的；我呢，我說是接着清代樸學的傳統，從反宋明理學的觀點來談清代學術思想的路向的，因此，我還是跟梁啟超的觀點相接近。梁氏說：「清代思想果何物耶？簡言之，則對於宋明理學之一大反動，而以復古為其職志者也。……其啟蒙期人物，則顧炎武（亭林）、胡渭、閻若璩也。其時正值晚明王學極盛而敝之後，學者習於『束書不觀，游談無根』，理學家不復能繫社會之信仰，炎武等乃起而矯之，大倡『舍經學無理學』之說，教學者脫宋明儒覊勒，直接反求之於古經；而若璩辨偽經，喚起『求真』觀念；渭攻『河洛』，掃架空說之根據，於是清學之規模立焉。」從反理學觀點來談儒家思想，從反讀經觀點來談中國學術思想，這是啟蒙運動以來的主要思潮，我們要對年青一代的人有所交代，即在於此。

一位讀者來信問我：「假如請你主持中文會考，你又將怎麼辦？」我也曾辦過中學會考，也曾出過中文作文及常識測驗試題；總在「常識」的尺度上着想，不使應考的學生無所適從。有一年，香港中學會考，國文常識測驗，有一題：「最早研究中國戲曲的是誰？」他們的預定答案是王國維。其實這一答案是錯誤的。明嘉靖年間（一五二二至一五六七

年），徐文長寫《南詞敍錄》才是中國戲曲研究的開山祖師。到了清代，李（漁）笠翁寫了《曲話》，凌廷堪寫了《論曲絕句》，焦循寫了《劇說》，這都是研究中國戲曲的名著，比王國維的《宋元戲曲史》早了幾個世紀。出試題的，自己就缺乏中國戲曲的常識，如何去測驗青年學生？

我在這兒談國學常識，並不是強不知以為知，而且我要提出最重要的一點：前人都是託古改制，用舊瓶來裝新酒，把自己的觀點塞到儒家的外套中去，用孔子的口吻說出來，所謂「代聖人立言」。（八股文便是代聖人立言的典型產物）清代考證學家即是要把虛偽的外套撕破，來恢復本來面目。把宋明理學家的還給宋明理學家，把隋唐的還給隋唐，魏晉的還給魏晉，兩漢的還給兩漢，先秦的還給先秦。把本來面目挖出來，再來定曲直是非，就無所遁形了。我們在今天，談論中國的學術思想，並不只是說述前人如何如何說法，而是站在現代的觀點，把前人的觀點重新估定價值，這便是啟蒙運動以來所共同努力的工作。我們着力在批判這一方面。

清代的經學，和宋明理學完全不相同，和兩漢的經學也完全不相同。這乃是經世之學。梁啟超氏指出清初的學人：「同時對於明學之反動，有數種方向：其一，顏元、李塨一派，謂『學問固不當求諸瞑想，亦不當求諸書冊，惟當於日常行事中求之』。而劉獻廷以孤往之姿，其得力處亦略近於此派。其二，黃宗羲、萬斯同一派，以史學為根據，而推之於當世之務，顧亭林所學，本亦具此精神，而黃萬輩規模之大不逮顧，故專向此一方面發展。同時，顧祖禹之學，亦大略同一徑路；其後則衍為全祖望、章學誠等，於清學

為別派。其三，王錫闡、梅文鼎一派，專治天算，開自然科學之端緒。此諸派者，其研究學問之方法，皆與明儒根本差異。除顏李一派中絕外，其餘皆有傳於後，而顧、閻、胡尤為正統派不祧之大宗。」這一學風，既反作玄想捧書本的腐儒，而留心社會人生的實際生活，自和今日所謂文化復興派完全殊途，決不同歸。明末崇禎年間（一六二八至一六四四年），有人寫了一張儀狀云：「謹具大明江山一座，崇禎夫婦二口，奉申贄敬，晚生文八股頓首拜。」貼於朝堂，這是極沉痛的諷刺文字。在二十世紀七十年代，我們還看見科舉八股的幽靈在飄動，又該怎麼說呢！我們在劈了孔丘神座打破孔家店之後，還要捧起四書五經來陷害年青人，那真欲哭無淚了！

我對於所謂「中國文化復興派」提出異議，有幾點：（一）高頭講章式的注疏早該埋葬掉了。（二）儒家不能再定於一尊了。（三）讀古書的死胡同是該堵截住了，我們自該繼承「五四」精神。

二　顧、黃、王、顏

清初學人，顧炎武（亭林）、黃宗羲（梨洲）王夫之（船山）、顏元（習齋）這四大派，彼此並不一定有往來，卻在治學觀點上，有一共同傾向，即是反明代理學的空疏，反八股文士的迂腐。顧亭林〈與友人論學書〉云：「今之君子，聚賓客門人數十百人，與之言心言性，舍『多學而識』，以求『一貫』之方，置『四海困窮』不言，而講『危微精一』，

我弗敢知也。」又曰:「以一人而易天下,其流風至於百有餘年之久者,古有之矣;王夷甫之清談,王介甫之新說,具在於今,則王伯安之良知是也。《孟子》曰:『天下之生久矣,一治一亂,撥亂世反諸正,豈不在後賢乎?』」他又云:「古今安得別有所謂理學者,經學即理學也。自有舍經學以言理學者,而邪說以作。」這就一棒,連程朱派理學都打垮了。梁啟超云:「經學即理學一語,則炎武所創學派之新旗幟也。……有清一代之學術,確在此旗幟之下,而獲得了新生命。昔有非笑六朝經師者,謂:『寧說周孔誤,不言鄭服非。』宋元明以來之談理學者亦然;寧得罪孔孟,不敢議論周程張邵朱陸王的短長,有議之者,幾如在專制君主治下犯大不敬律也;而所謂理學家者,蓋儼然成一最尊貴之學閥,而奴視群學。自顧氏此說一出,而此學閥之神聖,忽為革命軍所粉碎,此實為四五百年來思想界之大解放也。」

顧亭林的學識,並不是如程門師徒雪夜相對靜悟而來的,而是憑着他的雙腳,到處調查研究所得,才見之於著錄的。他鑑於國事日非,便留心經世之學,遍覽二十一史、明代十三朝實錄、天下圖經、前輩文編說部以至公稿邸鈔之類,一千餘部;凡關於民生利病的,分類錄出,旁推互證,著《天下郡國利病書》。書還沒有編成,明室已經覆亡了。在救亡運動中,他奔走呼號,畢竟沒有成功。中年以後,他浩然去鄉里(江蘇崑山),北游山東、直隸、河南、山西一帶,察看形勢,交結豪傑,並在衝要之處,從事墾田,以圖恢復明室。曾五謁孝陵(南京明太祖墓),六謁思陵(直隸昌平明懷宗墓),最後定居在陝西華陰。他說:「秦人慕經

學，重處士，持清議，實他邦所少。而華陰縮轂關河之口，雖足不出戶，而能見天下之人，聞天下之事。一旦有警，入山守險，不過十里之遙；若志在四方，亦有建瓴之勢。」他在華陰置田五十畝自給，他處開墾所入，另行存儲以備恢復之用。他這一宏願，終其一生，畢竟不曾成功。

顧氏旅行時，例常用兩匹馬換着騎，兩匹騾駄着書跟在後面。到了險要地方，他便找些老兵退卒，問他們長短曲折。倘若和以往所耳聞的不合，他便就在附近茶肆中，打開書本來對勘。倘若經行平原、大野，沒有可以留意的地方，便在馬上默誦經書注疏。他又歡喜金石文字，一走到名山、巨鎮、祠廟、伽藍所在，便探尋古碑遺碣拂拭玩讀，鈔錄大要。他所著述的，都是他自己從旅行中實地勘察所得的資料，和一般人的閉門造車，過蠹魚生活的大不相同。這也是清初學人的新風尚。

和顧亭林那樣實事求是，留心世務的學人，清初頗有其人，也可說是一種新風尚。大興劉繼莊（獻廷）便是一個突出的人物，他和顧氏正相反，一個北方人，卻終老在江南吳縣。劉氏和當時浙東史家萬斯同，同在徐健庵幕府中整理明史。萬氏終日危坐看書，或瞑目靜坐。劉氏卻好遊歷考察，每日必出，有時一二日不回府。一回來，便把所見所聞，說給萬氏聽。萬氏也把所讀的書來相印證。他們暢談了一番，劉氏又翩然遠出了。他見聞之博，誠如他的知好王源在〈劉氏墓表〉中所說的：「脫身遍歷九州，覽其山川形勢，訪遺佚，交其豪傑，觀其土俗；博采軼事，以益廣其聞見，而質證其所學。討論天地陰陽之變、霸王大略、兵法、文章、典

制、方域要害。……於禮樂、象緯、醫藥、書數、法律、農桑、火攻器製，旁通博考，浩浩無涯涘。」（劉氏精於音韻之學，也和顧亭林相同。）劉氏自言：「人苟不能斡旋氣運，利濟天下，徒以其知能為一身家之謀，則不能謂之人。」這又是顧氏的匡濟天下的抱負。

比顧、劉的時代稍早，和顧氏可說是鄉鄰的徐霞客，誠如錢牧齋所說：「徐霞客千古奇人，《遊記》乃千古奇書。」於輿地之學，也開了篤實的路子。徐氏自言：「萬曆丁未，始泛舟太湖，登眺東西洞庭兩山，訪靈威丈人遺跡。自此歷齊、魯、燕、冀間，上泰岱，拜孔林，謁孟廟嶧山弔枯桐，皆在己酉。而余南渡大士落迦山，還過此中，陟華頂萬八千丈之巔；東看大小龍漱以及石門仙都，是在癸丑。迨丙辰之履，益復遠；春初，即為黃山白嶽遊，夏入武夷九曲，秋還五洩蘭亭，一觀禹陵窆石，繫纜西子湖。丁巳家居，亦入善權張公諸洞。登九華而望五老，則戊午也。抵魚龍洞，試浙江潮，至江郎山九鯉湖而返，則庚申也。以辛酉壬戌兩歲，歷覽嵩華元三嶽，俯窺瀛渤，下溯瀟湘，齊州九點煙，尚隱隱如指掌間。」到了天啟五年（一六二五年），其母病卒，至服闋，便拜墓辭行，作不計程亦不計年的遠行了。他晚年歷遊浙閩贛楚粵西黔滇各處，止於雞足山。

同時，在徐健庵幕府中學人，還有那位寫《讀史方輿紀要》的顧祖禹。他二十九歲開始寫此書，五十歲才寫成，其間無一日中輟。自言：「舟車所經，必覽城郭，按山川，稽里道，問關津，以及商旅之人，征戍之夫，或與從容談論，考覈異同。」如魏禧所說的：「職方廣輿諸書，襲譌踵謬，

名實乖錯，悉據正史考訂折衷之，此數千百年所絕無僅有之書也。……貫穿諸史，出以己所獨見，其深思遠識，在語言文字之外。」這也可以代表清初學人的風尚。

和劉獻廷、顧祖禹同時，而留心西北邊務的，還有寫《西陲今略》的梁質人，也是針對現實的著作，和顏氏的志向相同的。

中國先業本在西北，蘭州為天下中心。兩宋以後，帝都東遷。近一千年，政治中心移到燕京，西北一帶的經濟文化，亦遂中落。可是有志之士，總覺西北那一角，乃是國家命運所寄。

上面，我談述顧亭林的「經學」，指出清初學人心目中的「經學」，乃是「經世之學」。顧氏所謂「博學於文」，「自一身以至於天下國家皆學之事也」，所謂「行己有恥」，「自子臣弟友以至出入往來辭受取予之間，皆有恥之事也」。「其用之身，在出處辭受取與；其施之天下，在政令教化刑法；其著之書，皆以為撥亂反正，轉風易俗，而無益者不談。」他把「文」解作一切的事理，所以他對於天文、地理、河漕、兵工之事，莫不精究。另一方面，我們不妨說，清初學人所謂「經學」乃是經史之學。黃宗羲的思想，從王學嫡傳劉蕺山這一派，但他們精神所注，乃在「史學」；「六經皆史」的觀點，也可說是浙東學派的共同觀點。全祖望論餘姚黃宗羲（梨洲）之學，云：「自明中葉以後，講學之風，已為極敝，高談性命，束書不觀，其稍中者則為學究，皆無根之徒耳。先生（指梨洲）始謂學必源本於經術，而後不為蹈虛；必證明於史籍，而後足以應務。元元本本，可據可依，前此

講堂錮疾，為之一變。」餘姚乃是王陽明的家鄉，黃宗羲係王學的再傳弟子，受了家國興亡之痛，乃有此大徹大悟。全祖望謂梨洲之學，「以濂洛之統，綜會諸家：橫渠（張載）之禮教，康節（邵雍）之數學，東萊（呂祖謙）之文獻，艮齋（薛季宣）、止齋（陳傅良）之經制，水心（葉適）之文章，莫不旁推交通，為從來儒林所未有。」梨洲之學，實欲冶文苑、儒林、道學於一爐，重復古者儒之大全的。梨洲治史，一則注意於當前的史料，自明十三朝實錄上溯二十一史莫不究心。二則注意於文獻人物之史。他那部《宋元學案》和《明儒學案》，便是一部最完整的學術史。

浙東史學，黃梨洲開山創始，一傳而為萬季野（斯同），再傳而為全謝山（祖望），又再傳而為邵二雲、章實齋。浙東史學，便和清代的吳學、皖學、揚學以考證治古史的並峙了。梨洲又究心天算之學，著《授時曆故》諸書。全祖望謂：「梅文鼎本《周髀》言天文，世驚為不傳之秘，不知公（指梨洲）實開之。《明史・曆志》由其審正而定。又著《今水經》，《明史・地理志》多用其文。其究心地學，亦開風氣之先。」所以，梨洲之學，看起來是繼承王學之緒，實則他的思想觀點，已經開出清代學術思想的先河了。

和黃梨洲的思想體系有密切關係的陳乾初（確）、潘用微（平格）、呂晚村（用晦）三人，都是他的朋友，他們的見解悉和梨洲完全相同，卻有着切磋琢磨之益。其間長短出入之處，我在這兒不能多說了。

梨洲的政治觀點，（他的父親尊素名隸東林黨，身死黨獄，平日教子，亦以留心時政為重）見於《明夷待訪錄》，

清末談政治改革的志士，用西方民主思想來照明，發見了許多新義，其用世之意，也正是清初學人的共同意向。

三　再談顧、黃、王、顏

　　清初學人，一談到王船山，那又是一個影響久遠的學派，時間愈久，便愈見光輝。一九六二年，那年正是王船山逝世二百七十年紀念：湖南湖北兩省社會科學學會曾舉行王船山學術討論會議，全國學者參加了這一集會的九十餘人，提出了若干專題來討論，論及王船山的哲學思想、社會歷史思想，政治思想和民族思想。他們還在王船山故鄉作史跡訪問，到「石船山」訪古，看了船山晚年久居的湘西草堂，也拜謁了王船山墓和船山居遊過的「別峰庵」、「迴雁峰」。

　　王船山名夫之，字而農，湖南衡陽人。清初，那一帶還算是南荒，他的學問無所師承；明亡後，遁跡深山，和一時士大夫不相往來，當時無稱之者。只有那位劉獻廷，一六九〇年左右南遊衡嶽，在《廣陽雜記》中說：「而農先生，隱居山中，未嘗入城市。其學無所不窺，於六經皆有所發明。洞庭之南，天地元氣，聖賢學脈，僅此一線耳。」備極推崇。船山的著作很豐富，凡百十種，三百多卷，可是生前不曾刻印行世，外間人知道的很少。他死後十多年，他的兒子王敔才在親友資助下，整理刻印了十多種，印數不多，流傳不廣，唯一行銷得頗廣的，就是那部《讀通鑑論》和《宋論》。到了清代末年，湘人曾國藩兄弟在南京刊印《船山遺書》五十七種二八八卷，這才為世人所共知。船山乃是和顧

亭林、黃梨洲並駕的精深博大的大思想家。

由於一個偶然的機會，我在十歲時，便受了船山《讀通鑑論》的啟發，那是朱師芷春教我們的。到了在杭州一師讀書，受了單師不庵的導引，才懂得王船山的史學。用現代語來說，船山史學乃是東方的唯物史觀論者。至於瞭解王船山的哲學思想、政治思想，又是中年以後的事。直到前幾年，一位英國牛津大學研究生，在我家研究王船山思想，我又把船山思想整理了一番。那時，正當新中國紀念船山逝世二百七十周年，我又看見了時賢的一些論文，也頗有所啟悟。

和清初其他學人相同，船山也是一個反明代王學的人。船山說：「侮聖人之言，小人之大惡也。……姚江之學（指王陽明），橫拈聖言之近似者，摘一句一字以為要妙，竄入其禪宗，尤為無忌憚之至。」又云：「數傳之後，愈徇跡而忘其真；或以鉤考文句，分支配擬為窮經之能，僅資場屋射覆之用；其偏者以臆測度，趨入荒杳。」這都是感於王學之極敝而所生的反擊。船山推許北宋張載的《正蒙》，有云：「天下之物理無窮，已精而又有其精者，隨時以變而皆不失於正，但信諸己而即執之，云何得當；況其所為信諸己者，又或因習氣或守一先生之言，而漸漬以為己心乎！」（《俟解》）其言「天理即在人欲之中，無人欲則天理亦無從發現」，這便開出清代皖學的先源了。

船山之學，博大宏通，理趣湛深，三百年來所未有。其體用道器之辨，主觀化而漸得其原，其論精警。其論性，在以日生日新之化言，故不主其初生而期其日成。其論道與性之關係，認為「道為天演之現象，善則天演淘汰中繼續生存

之適應，而性則僅是生物於適應中所得之幾種生理也。故性貴於養而期其成，而所以為養者貴於擇之精而執之固。若一任其自然，則其所性，必有君子之所自性焉者」。「船山以日生日成言性，故不喜曰損滅，而喜言愛動。船山精研老莊所謂觀化而漸得其原者，途轍有似於莊生。船山蓋入室而操戈……。船山學風，本近橫渠，長精思，重力踐，儼然關學氣象。又旁治老莊佛理，皆能得其深趣。故於諸家得失利病，凡所辨詰，洞中窾要。而能於心理入微處，推見癥結，尤為獨到精處。船山學之精神所長，不僅在於顯真明體，而尤在其理惑與辨用焉。其推現至隱，闡微至顯，皆能切中流俗病痛，有豁蒙披昧之力。」（錢賓四語）

我一生得力於船山之學的乃在於船山的史學，從他的《讀通鑑論》、《宋論》作基點，反求司馬光的《資治通鑑》，了然於治亂興亡之跡。繼《續通鑑》、《明通鑑》之後，頗有志於現代中國通鑑之述作，也可說是船山精神所啟發的。我自幼便不愛看呂祖謙的《東萊博議》，以及金聖嘆型的翻案文字，即在於此。稽文甫先生說：「船山是一位極深研幾的學者；其論史不只是就事論事，而實自有其一套思想體系，貫徹着一定的歷史觀。他的史論，正如司馬遷所謂『通天人之故，備古今之變，成一家之言』。決非一般俗濫史論信口雌黃者所能比。我們不僅要看到他古為今用，講歷史處處聯繫着時事，並且要深入研究，看他怎樣地把他所特有的一種歷史觀，在他那各種具體議論中透露出來。」「船山論古今制度的因革，認定三代以前社會情況和後世完全不同，認為各種社會制度不是孤立而是互相聯繫的，認為在各種制度隨

時變革中自有一定的過程和趨勢。他並不認為封建、井田、學校、鄉舉里選、文武合一、兵農合一，乃至肉刑，那些所謂三代聖王的制度，就是最好的制度，可以萬古不變，任何時代可以推行。他認為那些制度，在當時是合理，古聖先王，不得不如此做，並非特定出來，叫後人也必須依照着去做的。……船山看每個朝代的成敗興亡，也都認為不是偶然的。興有它興的道理，亡也有它亡的道理，在這裏表示出他的新觀點。」這便是船山《讀通鑑論》和《宋論》的主旨。

船山《讀通鑑論》有云：「所貴乎史者，述往以為來者師也。為史者，記載徒繁，而經世之大略不著，後人欲得其得失之樞機以效法之無由也，則惡用史為！」治史以求「經世之大略」，這是船山的治史主旨。「資治者，非知治知亂而已矣，所以為力行求治之資也。覽往代之治而快然，覽往代之亂而愀然，知其有以致治而治則稱說其美，知其有以召亂而亂，則詬厲其惡。」這便是船山的史論了。

清初學人，都着眼在「致用」，即所謂「經世之務」；而顏（元）李（塨）學派，尤為篤實。顏元，河北博野人；他早年為學，也出入於程朱陸王的理學圈中。到了中年，他翻然覺悟，認為靜坐讀書，乃程朱陸王派的禪學俗學，非正務；而周公之六德、六行、六藝，孔子之四教，才是正學。於是著《存學》《存性》《存治》《存人》四編以立教，名其居曰習齋。他曾對弟子李塨（恕谷）說：「予未南遊時，尚有將就程朱附之聖門支派之意。自一南遊，見人人禪子，家家虛文，直與孔門敵對，必破一分程朱，始入一分孔孟，乃定以為孔孟程朱，判然兩途，不願作道統中鄉愿矣。」（那

時，習齋已五十八歲了。）他在《朱子語類評語》中，說得更痛快。他說：「僕亦吞砒人也，耗竭心思氣力，深受其害，以至六十餘歲，終不能入堯舜周孔之道。但於途次聞鄉塾群讀書聲，便嘆曰：可惜許多氣力；但見人把筆作文字，便嘆曰：可惜許多心思；但見場屋出入人群，便嘆曰：可惜許多人才。故二十年前，但見聰明有志人，便勸之多讀。近來但見才器，便戒勿讀書。」「千餘年來，率天下入故紙中，耗盡身心氣力，作弱人病人無用人者，皆晦庵為之也。」這番話，不獨切中時弊，在今天看來，也有着同樣的砭愚作用。

顏氏把腐儒們的病根挖了出來，他說：「讀書愈多，愈惑，審事愈無識，辦經濟愈無力。」正是吳敬梓《儒林外史》的最好評語。顏氏又說：「以讀經史訂群書為窮理處事，以求道之功，則相隔千里；以讀經史訂群書為即窮理處事，而曰道在是焉，則相隔萬里矣。」他乃譬之以學琴，又譬之於醫。他說：「黃帝《素問》、《金匱》、《玉函》，所以明醫理也；而療疾救世，則必診脈、製藥、針灸、摩砭為之力也。今有妄人者止務覽醫書千百卷，熟讀詳說，以為予國手矣，視診脈製藥針灸摩砭，以為術家之粗，不足學也。書曰博，識曰精，一人倡之舉世效之，岐黃盈天下，而天下之人病相枕死相接也，可謂明醫乎？」這一譬喻，可說親切極了。他又譬之以走路，說：「思宋儒如得一路程本，觀一處又一處，自喜為通天下路程，人人亦以曉路稱之；其實一步未行，一處未到，周行榛蕪矣！（顏氏既反對讀書，更反對靜坐。嘗謂朱子教人半日靜坐，半日讀書，無異於半日當和尚，半日當漢儒。）

顏氏所謂真聖真學者，本之《左氏》所謂「六府三事」，與《周官》所謂「鄉三物」。六府謂金、木、水、火、土、穀；三事謂正德、利用、厚生；三物謂六德、六行、六藝；六德謂知仁聖義忠和；六行謂孝友睦淵任恤；六藝謂禮樂射御書數。為學者必得之於習行，必見之於身世，必驗之於事功；這是顏氏論學的大經。顏氏所提倡的有用之學，所常道的，一曰兵，二曰農，三曰禮樂。他潛心百戰神機，能騎射劍戟，有着匡復的雄圖，時不能用，乃以醫隱。他主張以七字富天下，七字者，即「墾荒、均田、興水利」是也，他尤主於興水利。這更可以看到他的遠見。

第八講

一　皖學

從清初學人的治學精神看來，如顏元那樣主張從實事實物中去實習，去實行，反對以誦讀著述為學。如顧亭林、黃宗羲、王船山那樣着眼經世之務，關心社會民生及山川關塞形勢，顯出了「天下興亡，匹夫有責」的精神，依這一治學的方法和精神，中國的學術思想，該比歐西早一個世紀現代化了。（那些學人，都比牛頓、達爾文早了一個世紀。）可是滿族主政，統治階級的觀點並不相同。乾隆御製〈書程頤論經筵劄子後〉有云：「夫用宰相者，非人君其誰乎？使為人君者，但深居高處自修其德，惟以天下之治亂付之宰相，己不過問，幸而所用若韓、范，猶不免有上殿之相爭；設不幸而所用若王、呂，天下豈有不亂者，此不可也。且使為宰相者居然以天下之治亂為己任，而目無其君，此尤大不可也。」宋代儒士，以天下為己任，得君行道，不為相則為師，乃是最偉大的抱負。乾隆帝卻說：「以天下治亂為己任，尤大不可。」無怪乾嘉學人都趨於訓詁考訂的途中，以古書為精神上的逃避之地了。

清代初期，朝廷屢興文字獄，如康熙年間的莊廷鑨、戴名世史案，以及雍正、乾隆年間的查嗣庭、呂留良、胡

中藻、王錫侯、徐述夔等案，大批學者文人都被屠殺了。於是讀書識字的，人人自危，首先不敢研究明末史事，以免觸時諱，也不敢多寫詩文，怕惹來意外災禍。他們的精力所注，只好集中研究經學，從事校勘和箋注的工作。由此而旁及文字、音韻、訓詁、天算、地理、金石、樂律、典章制度，專家輩出，各有成就。開出清代樸學的宏大門戶。凡經過清代考證學家整理過的古書，校勘精審，解釋明確，使讀者節省了許多精力。可是，他們的眼界，還是被儒家及漢宋學人的框子所限，雖說比八股腐儒高明一點，也還是一種蛀書的蠹蟲。

乾嘉以後的清代樸學，論者都推許吳學、皖學二派。吳派以惠棟為首，皖派以戴震（東原）為首，卓然稱兩大師。承吳皖二派之餘緒，在揚州發揚光大起來的，有王念孫、引之父子，汪中焦循阮元輩，稱之為揚學。其在浙東，繼黃梨洲、萬斯同的史學大業，卓然有所建樹的，有全謝山、章實齋；實齋倡六經皆史之說，糾正了當時經學家以訓詁考訂以求道的流弊，可稱之為浙學（浙東學派）。乾嘉道咸之間的學術思想，就是這麼四個流派。我們要談的，便是這四派的流變和得失。戴東原自言從名物度數通經義之理，這是他的入門工夫。他又說：「僕聞事於經學，蓋有三難，淹博難，識斷難，精審難。僕誠不足與於其間，其私自持暨為書之大概，端在乎是。前人之博聞強識，如鄭漁仲、楊用修諸君子，著書滿家，淹博有之，精審未也。則有略是而謂大道可以徑至者，如宋之陸，明之陳王，廢講習討論之學，假所謂尊德性以美其名，然捨夫道問學，則惡可命之尊德性乎？」

這是他主道問學一邊以達大道之理論。

「皖學」之始，如戴東原所說的，從名物度數以通經義，可以說是富有科學家精神，也運用了科學方法。我國從明徐光啟以後，受了歐西傳教士利瑪竇的影響，士大夫漸好治天文、算學，清初則王錫闡梅文鼎最專精，而大師黃宗羲、江永輩都能繼其學，這便是皖學的前驅。錫闡有《曉庵新法》，文鼎有《勿菴曆算全書》，江永有《慎修數學》，戴東原校《周髀》以後迄六朝唐人算書十種，命曰《算經》。從那以後，經學家什九兼治天算。這便是科學研究的基礎。戴氏自言早年的治學，出於江永（慎修）之門，他又兼治聲音小學，成《六書論》、《爾雅文字考》、《轉語》諸書，他又成《考工記圖》，這都是實學。

戴氏自言：「學者當不以人蔽己，不以己自蔽，不為一時之名，亦不期後世之名。有名之見，其弊二：非掊擊前人以自表暴，即依傍昔賢以附驥尾。……私智穿鑿者，或非盡掊擊以自表暴，積非成是而無從知，先入為主而惑以終身，或非盡依傍以附驥尾。無鄙陋之心而失與之等。」這便是牛頓、達爾文的治學態度。戴氏又說：「志存聞道，必空所依傍。漢儒訓詁，有師承，有時亦傅會，晉人傅會鑿空益多，宋人則恃胸臆以為斷，故其襲取者多謬，而不謬者反在其棄之。」這是他破「人蔽」的要點。他又說：「凡僕所以尋求於遺經，懼聖人之緒言闇汶於後世也。然尋求而有獲十分之見者，有未至十分之見者。所謂十分之見，必徵諸古而靡不條貫，合諸道而不留餘議，鉅細畢究，本末兼察。若夫依於傳聞以擬其是，擇於眾說以裁其優，出於空言以定其論，

據於孤證以信其通，雖溯流可以知源，不目睹淵泉所導，循根可以達杪，不手披枝肄所歧，皆未至十分之見也。以此治經，失不知為不知之意，而徒增一惑，以滋識者之辨之也。既深思自得而近之矣，然後知孰為十分之見，就為未至十分之見。如繩繩木，昔以為直者，其曲於是可見也。如水準地，昔以為平者，其坳於是可見也。夫然後傳其信不傳其疑，疑則闕，庶幾治經不害。」錢大昕推許戴東原「實事求是，不主一家」，儼然是科學家的頭腦了。（王昶稱戴氏：「所謂通天地人之儒也。」）

戴東原於乾隆丁丑（一七五七年）南遊揚州，住了四年，和當世學人有密切交遊。他的學問又有了進境。他的學問核心在言義理三書：（一）《原善》，（二）《緒言》，（三）《孟子字義疏證》。這是體大思精的戴氏哲學。戴氏亦自謂：「僕生平著述之大，以《孟子字義疏證》為第一。」可是，在後世公認為不朽的著作，在當時，他的友生，並不怎麼看重。據江藩所記：「當時讀《疏證》者莫能通其義，惟洪榜好焉。榜為震行狀，載〈與彭尺木書〉，朱珪見之，謂：『可不必載，戴氏可傳者不在是。』榜貽珪書力爭不得，震子中立，卒將此書刪去。」這正是那時學人的觀點。

清乾隆四十二年（一七七七年），戴東原逝世。其私淑弟子凌廷堪（次仲）為《東原先生事略》有云：「先生之學，無所不通，而其所由以至道者有三：曰小學，曰測算，曰典章制度。至於《原善》、《孟子字義疏證》，由古訓而明義理，蓋先生至道之書也。先生卒後，其小學之學，則有高郵王念孫、金壇段玉裁傳之；測算之學，則有曲阜孔廣森傳

之；典章制度之學，則有興化任大椿傳之；皆其弟子也。昔河間獻王實事求是，夫實事在前，吾所謂是者，人不能強辭而非之；吾所謂非者，人不能強辭而是之也；如六書九數及典章制度之學是也。虛理在前，吾所謂是者，人既可別持一說以為非；吾所謂非者，人亦可別持一說以為是也，如義理之學是也。故於先生之實學詮列如左，而義理固先生晚年極精之詣，非造其境者，亦無由知其是非也；其書具在，俟後人之定論云爾。」戴氏生前，同時人如姚鼐、翁方綱、程晉芳輩，對於他的《孟子字義疏證》，有所駁論，蓋考訂立於其是，義理則卓在獨見；又程朱之說行世已久，東原驟加抗諍，宜乎為世人所駭怪。在義理方面的傳人，乃有揚州的焦循（理堂），他是戴氏的私淑弟子。

清代三百年間，皖學乃其主流。段氏著《說文解字注》、《六書音韻注》；王念孫著《讀書雜誌》、《廣雅疏證》；其子引之著《經義述聞》、《經傳釋詞》，都能發揮皖學的治學精神。段氏云：「校書定是非最難。是非有二：曰底本之是非，曰立說之是非，必先定底本之是非，而後可斷其立說之是非。……何謂底本？著書者之稿本是也；何謂立說，著書者所言之義理是也。不先正底本，則多誣古人，不斷其立說之是非，則多誤今人。……」此論最能說明考證學在學術界之地位及價值。梁啟超說：「清代考證學家，對於此第一步工夫非常努力，且其努力皆不虛，確能使我輩生其後者，得省卻無限精力，而用之以從事於第二步。」我的說法，即是不接受清代考證學的成果，便無從讀古書了。

王氏念孫引之父子，那是最典型的樸學家，正如方東樹

所說的：「高郵王氏《經義述聞》，實足令鄭（玄）朱（熹）俛首，漢唐以來，未有其比。」（方氏還是一個反漢學的人）王引之在《經傳釋詞自序》中說：「……始取《尚書》二十八篇紬繹之，見其詞之發句助句者，昔人以實義釋之，往往詰籟為病，竊嘗私為之說而未敢定也。及聞大人（其父念孫）論《毛詩》『終風且暴』……諸條，發明意旨，渙若冰釋。……乃遂引而伸之，盡其義類……為《經傳釋詞》十卷。」「揆之本文而協，驗之他卷而通，雖舊說所無，可以心知其意。……凡其散見於經傳者，皆可比例而知觸類長之。……」攻讀中國古書，而不接受王氏父子的字詞詮釋的話，簡直等於面壁而立，無所從入的了！假如他們研究的對象是自然科學的話，他們便是達爾文、法布耳[1]那樣的科學家了。

二 吳學

且讓我說一件最近的新事。那位編寫《四書會通》的陳立夫先生，他在美國住了二十年，已經回到台北來過隱居的生活了。他曾對往訪的記者說：「今天的世界思想潮流，與我國戰國時代的情況非常相似：一是任性縱欲，拜金輕德，發展極端的個人主義；一是抑性縱欲，唯物敗德，發展極端的功利主義。極端的個人主義，類似拔一毛而利天下不為的楊子思想；極端的功利主義，類似摩頂放踵利天下為之的墨

---

1 編者注：法布耳（Jean-Henri Fabre，1823-1915），法國博物學家、昆蟲專家，現譯「法布爾」。

家思想，都是太走極端不切實際，不如孔子道理來得合理與平凡。平凡就是中庸，就是恰到好處，適用於多數人。孔子這性要率與道要修的主張，真了不得！」這真是甚麼話，這也算是讀得懂古書的人所說的話嗎？更不必說讀通不讀通了！他一定沒看懂戴東原的《原善》和《孟子字義疏證》，和《儒林外史》中的嚴貢生差不多。《莊子‧天下》篇，也只說墨家自苦為極，一般人做不到，怎麼會「唯物敗德」呢？至於「拔一毛而利天下不為也」的楊朱，明明還有一句話：「舉天下以奉我，不受也。」如何會「拜金輕德」呢？他（陳立夫）那部「名著」《四書會通》，比往日的高頭講章還不如，居然列入中華大典，可笑之至。

我說過，沒經過清代考證學的洗禮，是不配來讀古書，談甚麼復興中國文化的。不過，我還得補充一句：接受了清代樸學，指清初經世之學、皖學、浙學、揚學而言。至於蘇吳惠氏之學，那還不夠來談中國學術思想。梁啟超說：「清代學術，論者多稱為『漢學』，其實前此顧黃王顏諸家所治，並非漢學，後此戴段二王諸家所治，亦非漢學；其『純粹的漢學』，則元和惠氏這一派，洵足當之。不問『真不真』，唯問『漢不漢』，以此治學，安能通方？」（如陳立夫之流，連吳學都談不上，更不必說其他了。）

元和惠棟（定宇），世傳經學，祖父周惕，其父士奇，都是經學名家，有所著述。定宇受家學，弘大先業，所著有《九經古義》、《易漢學》、《周易述》、《明堂大道錄》、《古文尚書考》、《後漢書補注》諸書。其弟子沈彤江聲余蕭客，也都是經學名家。江藩（余蕭客弟子）著《漢學師承記》，

推惠定宇為斯學正統。梁啟超說：「實則未能完全代表一代之學術，不過門戶壁壘，由彼而立耳。惠氏之學，以博聞強記為入門，以尊古守家法為究竟。士奇於九經、四史、《國語》、《國策》、《楚辭》之文，皆能暗誦，嘗對座客誦《史記·封禪書》終篇，不失一字。棟受其教，記誦益賅洽。士奇之言：『康成三《禮》，何休《公羊》，多引漢法，以其去古未遠。……賈公彥於鄭注之類皆不能疏，……夫漢遠於周，而唐又遠於漢，宜其說之不能盡通也，況宋以後乎？』（《禮說》）可見惠氏家學，專以『古今』為『是非』之標準，棟之學，其根本精神即在是。惠派治學方法，吾得以八字蔽之曰：『凡古必真，凡漢皆好。』其言『漢經師說與經並行』，意欲尊之使儕於經矣。」

梁啟超說：惠氏只是漢學，戴東原才超過了漢學，卓然自成為清學。此說很合事實。不過，戴氏中年遊揚州，在揚州久住時期，和惠定宇有一段淵源。戴氏《題惠定宇先生授經圖》有云：「前九年震自京師南還，始覯先生於揚，明年，聞先生歿於家。今徒拜觀遺像，自愧學無所就，莫能窺先生涯涘。然病夫六經微言，後人以歧趨而失之也。言者輒曰：有漢儒經學，有宋儒經學，一主於故訓，一主於義理，此誠震之大不解者也。夫所謂理義，苟可以舍經而空憑胸臆，將人人鑿空得之，奚有於經學？惟空憑胸臆之卒無當於賢人聖人之理義，然後求之古經；求之古經而遺文垂絕，今古懸隔也，然後求之故訓。故訓明則古經明，古經明則賢人聖人之理義明，而我心之所同然者，乃因之而明。賢人聖人之理義非他，存乎典章制度者是也。松崖先生之為經也，欲學者事

於漢經師之故訓，以博稽三古典章制度，由是推求理義，確有據依。彼歧故訓義理二之，是故訓非以明理義，而故訓胡為？理義不存乎典章制度，勢必流入異學曲說而不自知，其亦遠乎先生之教矣。」這一段文章，顯然有兩種含義，一面推許惠氏治學的工夫，一面也正說明了有超過了故訓求其理義之必要，故訓並不是理義。正如「理義」在彼岸，故訓有如河渡中的踏腳石，我們得從踏腳石到彼岸去，只在踏腳石上往來躑躅，又有甚麼用呢！戴氏即是進一境的樸學家。（這一點，和錢賓四先生的說法不相同。）

惠氏治學方法，梁氏以八字蔽之，曰：「凡古必真，凡漢皆好。」其言漢經師說與經並行，意欲尊之使儕於經也。王引之云：「惠定宇先生考古雖勤，而識不高，心不細，見異於今者則從之，大都不論是非。」這話說得很對。惠定宇以善治《易經》為時人所稱許。其治《易》也，於鄭玄之所謂「爻辰」，虞翻之所謂「納甲」，荀諝之所謂「升降」，京房之所謂「世應」、「飛伏」，與夫「六日七分」、「世軌」諸說，一一為之疏通證明，汪中推之為「千餘年不傳之絕學」。（其再傳弟子江藩在《漢學師承記》中說：「黃宗羲之《易學象數論》，雖闢陳摶、康節之學，而以納甲動爻為偽象，又稱王輔嗣注簡當無浮義[2]；黃宗炎之《圖書辨惑》，力闢宋人，然不專宗漢學，非篤信之士。……胡渭《洪範正論》，雖力攻《圖》《書》之謬，而闢漢學五行災異之說，是

2　編者注：「浮羲」應為「浮義」。

不知夏侯始昌之《洪範五行傳》，亦出伏生也，是以黜之。」這正是惠派的觀點。）《易經》畢竟是一部「有字天書」，梁氏認為惠派的矯誣，和陳摶的《河圖》《洛書》，並無差別。惠派因其為宋人所誦習而排，而此則因其為漢人所倡導而信之，可謂大惑不解者。（清代學人，也有專主宋學的，其固陋還在吳學之下，此不具論，以待明哲。）

昨天，我在一家書店中，找到了一本梁啟超的《中國近三百年學術史》。這是他在北京清華大學國學研究所的講義，和他那本《清代學術概論》相輔而行。三十多年前，我已看過幾遍，只是沒寫過筆記。這回重看，有如老友重逢，頗多啟發之處。

梁氏說：「隋唐以來，印度佛教各派教理，盡量輸入，思想界已經滲入了許多新成分。但始終儒自儒，佛自佛，採一種不相聞問的態度。到了中晚唐，兩派接觸的程度日漸增加，一面有韓愈一流人據儒排佛，一面有梁肅李翱一流人援佛入儒。（梁肅是天台宗一員健將，和白居易是至交。）到了兩宋，當然會產生儒佛結婚的新學派。加以那時候的佛家，各派都衰，禪宗獨盛。禪宗是打破佛家許多形式和理論，專用內觀美，越發與當時新建設之道學相接近，所以道學和禪宗，可以說是宋元明思想全部的代表。」「道學派別，雖然不少，但有一共同之點，是想把儒家言建設在形而上學，即玄學的基礎之上。原來儒家開宗的孔丘，不大喜歡說甚麼『性與天道』，只是想從日用行為極平實處陶養成理想的人格。但到了佛法輸入以後，一半由儒家的自衛，一半由時代人心的要求，總覺得把孔門學說找補些玄學的作料，

才能滿足。於是，從『七十子後學者所記』的《禮記》裏頭抬出〈大學〉〈中庸〉兩篇出來，再加上含有神秘性的《易經》作為根據，來和印度思想對抗。『道學』最主要的精神，實在於此。所以在『道學』總旗幟底下，雖然有呂伯恭、朱晦庵、陳龍川各派，不專以談玄為主，然而大勢所趨，總之傾向到明心見性一路，結果自然要像陸九淵、王陽明的講法，才能徹底的成一片段，所以到明的中葉，姚江（王陽明）學派，奄襲全國，和佛門的禪宗混為一家。這是距今三百五六十年前學術界的情勢。」這一段話，他說得平實極了，透闢極了！

　　民族國家的深切痛苦，使士大夫覺悟過來，拋棄了宋明道學的玄想空談，轉入通經濟世的實踐途徑；卻又碰到了雍乾的政治壓力，而轉入考證學。吳學一派，棄宋學而返諸漢學是一個傾向；皖學一派，宋漢同棄，找尋孔氏的本來面目，又是一個傾向。（元和惠氏，「六經尊服鄭，百行法程朱」。上一句乃是他們的成就，下一句只是襯筆而已。）梁啟超又云：「阮元輯《學海堂經解》，即以惠派的尺度為標準，清初顧黃閣（若璩）胡（渭）的名著，多見擯斥謂其不醇也。平心論之，吳學在清代學術史上，功罪參半。篤守家法，令所謂漢學者壁壘森固，旗幟鮮明，此其功也。膠固、盲從、褊狹，好排斥異己，以致啟蒙時代之懷疑的精神，批評的態度，幾夭閼焉，此其罪也。」這話也說得很公平。

　　（錢賓四先生說：「以徽（皖）學，與吳學較，則吳學實為急進，為趨新，走先一步，帶有革命之氣度；而皖學以地僻風淳，並不如吳學高瞻遠矚，劃分漢宋。」此又一說也。）

三　浙東學派

我東拉西扯，串講中國學術思想這麼久，大家該明白，我是站在反對讀經，反對讀古書，反對洋式會考的立場來談中國學術思想的真實內情，把那些愚妄的人的醜面目撕破來，讓大家明白那些人都不配讀古書，連做我的學生還不夠格。——在研究學問這一方面，我決不自誇，但那些主張年青人讀古書的人，實在太可惡了！

且說在乾嘉年間，皖學、吳學，真是如日中天，勢焰很高，可是，真正夠得上跟皖學大師戴東原切磋研究，爭一日之短長的還得推浙學大師章學誠（實齋）。正如乾嘉學人知道王船山的，只有劉繼莊，但清朝四大學人，王船山的學識，還在顧亭林、黃梨洲之上。在二百年後的今日，我們再來看乾隆年間的學術思想，自覺得章實齋的史學成就，其重要性還在皖學吳學之上，可以自樹一幟的。

乾隆三十八年（一七七三年），戴東原在金華任金華書院山長，夏間，和章實齋在寧波道署相晤見。戴氏曾修《汾州府志》和《汾陽縣志》，他看到了章氏的《和州志例》，便說：「修志但當詳地理沿革，不當侈言文獻。」章氏答之云：「方志如古國史，本非地理專門，考古固宜詳慎，不得已而勢不兩全，無寧重文獻而輕沿革耳。」又云：「修志者非示觀美，將求其實用也。時殊勢異，舊志不能兼說，是以遠或百年，近或三數十年，須更修也。若云但考沿革而他非所重，則沿革明顯，毋庸考訂之州縣可無庸修志矣。」這正是皖學和浙學，治學根本論點，頗有不同的。

到了乾隆四十二年（一七七七年），五月間戴東原在北

京逝世，年五十五歲。章實齋曾經寫了一篇〈朱陸篇〉，這是評論皖學最有份量的文字。章氏說：「……宋儒有朱陸，千古不可合之同異，亦千古不可無之同異也。末流無識，爭相詬詈，與夫勉為解紛，調停兩可，皆多事也。然謂朱子偏於道問學，故為陸氏之學者，攻朱氏之近於支離；謂陸氏之偏於尊德性，故為朱氏之學者攻陸氏之流於虛無；各以所畸重者爭其門戶，是亦人情之常也。但既自承為朱氏之授受而攻陸王，必且博學多聞，通經服古，如真西山、王伯厚諸公之勤業，然後充其所見，當以空言德性為虛無也。今攻陸王之學者，不出博洽之儒，而出荒俚無稽之學究，則其所攻，與其所業相反也。問其何為不學問，則曰支離也。詰其何為守專陋，則曰性命也。是攻陸王者，未嘗得朱之近似，即偽陸王以攻真陸王也。是亦可謂不自度矣。《荀子》曰：『辨生於末學。』朱陸本不同，又況後學之嘵嘵乎？但門戶既分，則欲攻朱者必竊陸王之形似，欲攻陸王者必竊朱子之形似，朱子之形似必繁密，而陸王之形似必空靈，一定之理也。自來門戶之交攻，俱是專己守殘，束書不觀，而高談性天之流也。」這番話，正是當年呂祖謙、陳同甫、葉水心的觀點呢！我倒希望談國學的，先把章實齋的《文史通義》看一看。

全祖望論南宋以後學術思想：「學派分而為三：朱學也，呂學也，陸學也，三家同時皆不甚合。朱學以格物致知，陸學以明心，呂學則兼取其長，而復以中原文獻之統潤色之。門庭徑路雖別，要其歸宿於聖人則一也。」浙東學派就是這麼一個開端。他又說：「乾淳之際，婺學最盛。東萊兄弟以性命之學起，而悅齋則為經制之學。考當時之為經制

者，無若永嘉諸子，其於東萊同甫皆互相討論，臭味契合。東萊尤能並包一切。而悅齋獨不與諸子接，孤行其教。」（東萊兄弟便是呂祖謙、祖儉，同甫即陳亮，悅齋即唐仲友。唐氏之學卓然有以自立，被朱熹所攻擊，乃為時人所冷落。）

在我們心目中，全祖望章實齋自是浙東史學的大師，其所以能超越皖學吳學，而更富有時代意義，正在於着重史學。章實齋論浙東學術，有云：「朱陸異同，干戈門戶，千古桎梏之府，亦千古荊棘之林也。究其所以紛綸，則惟騰空言而不切於人事也。知史學之本於《春秋》，知《春秋》之將以經世，則知性命無可空言，而講學者必有事事，不特無門戶可持，亦且無以持門戶矣。浙東之學，雖源流不異而所遇不同，故其見於世者，陽明得之為事功，蕺山得之為節義，梨洲得之為隱逸，萬氏兄弟得之為經術史裁，授受雖出於一，而面目迥殊，以其各有事事故也。彼不事所事，而但空言德性，空言問學，則黃茅白葦，極面目雷同，不得不殊門戶以為自有見地耳，故惟陋儒則爭門戶也。或問：事功氣節果可與著述相提並論乎？曰：史學所以經世，固非空言著述也。且如六經同出於孔子，先儒以為其功莫大於《春秋》，正以切合當時人事耳。後之言著述者，舍今而求古，舍人事而言性天，則吾不得而知之矣。學者不知斯義，不足言史學也。」

章實齋的史學，要建立一種「通史」，貫注着一種歷史哲學。他在〈答客問〉中說：「史之大原本乎《春秋》，《春秋》之義昭乎筆削。筆削之義，不僅事具始末文成規矩已也；以夫子『義則竊取』之旨觀之，固將綱紀天人，推明大道，所

以通古今之變而成一家之言者，必有詳人之所略，異人之所同，重人之所輕，而忽人之所謹；繩墨之所不可得而拘，類例之所不可得而泥；而後微茫秒忽之際，有以獨斷於一心；及其書之成也，自然可以參天地而質鬼神，契前修而俟後聖，此家學之所以可貴也。」（他〈上錢大昕書〉云：「學誠從事於文史校讎，蓋將有所發明，然辨論之間，頗乖時人好惡，故不欲多為人知。」）這一點，正和王船山所說：「所貴乎史者，述往事為來者師也。為史者紀載徒繁，而經世之大略不著，後人欲得其得失之樞機以效法之，無由也，則惡用史為？」彼此若合符節。在今日看來，經世之學，從史學上落實，也正是清學的路向。

用現代語來說，皖學長於分析，戴東原和王念孫、引之父子考證名物，其細密精審，和歐洲十九世紀大科學家相比，毫無遜色，只是研究的對象不相同就是了。浙東之學長於綜合，如章實齋的博大深邃，卓然自成一家言，也和斯塞爾相伯仲。章氏在家書中說：「吾於史學，蓋有天授，自信發凡起例，多為後世開山。至論學問文章，與一時通人全不相合。蓋時人以補苴襞績見長，考訂名物為務，小學音畫為名，吾於數者皆非所長，而甚知愛重，咨於善者而取法之，不強其所不能，必欲自為著述，以趨時尚，此吾善自度也。時人不知其意而強為者，以謂舍此無以自立，故無論真偽是非，途徑皆出於一。吾之所為，則舉世所不為者也。如古文辭，前人尚有為者；至於史學義例，校讎心法，皆前人從未言及，亦未有可以標著之名。愛我如劉端臨，見翁學士詢吾學業究何門路，劉則答以不知。故吾最為一時通人所

棄置而弗道，而吾於心未嘗有恨。且未嘗不知諸通人所得亦自不易，不敢以時趨之中不無偽託，而並其真有得者亦忽之也。」這正是他對於皖學、吳學乾嘉當時學風的總批評。因此，他對於戴氏的學問，也和當時學人的看法大不相同。他說：「凡戴君所學，深通訓詁，究於名物制度而得其所以然，將以明道也。時人方貴博雅考訂，見其訓詁名物有合時好，以為戴之絕詣在此。及戴著〈論性〉〈原善〉諸篇，於天人理氣，實有發先人所未發者，時人則謂空說義理，可以無作，是固不知戴學者矣。」他指出纂輯與著述不同，一語道破了清代學人的病根。他在〈原學中〉篇說：「王伯厚氏搜羅摘抉，窮幽極微，其於經傳子史，名物度數，貫串旁騖，實能討先儒所未備。其所纂輯諸書，至今學者資衣被焉。然王氏諸書謂之纂輯可也，謂之著述，不可也；謂之學者求知之功力，可也，謂之成家之學術，則未可也。今之博雅君子，疲精勞神於經傳子史，而終身無得於學者，正坐宗仰王氏，而誤執求知之功力以為學即在是爾。學與功力實相似而不同。學不可以驟幾，人當致攻於功力 [3]，則可耳。指功力以為學，是猶指秫黍以為酒也。」這番話，不獨指示後學以治學的目標，也指示了治學的門徑。

因此，章氏論學指出了考訂、辭章、義理三者互相為用之要：「考索之家亦不易為，大而《禮》辨郊社，細若《雅》注蟲魚，是亦專門之業，不可忽也。人生有能有不能，耳目

3　編者注：篇名應為〈博約中〉篇，「人當」句中「攻於」應為「攻乎」。

有至有不至，雖聖人有所不能盡也。立言之士，讀書但觀大意；專門考索，名數究於精微；二者之於大道，交相為功。……要之，文易翻空，學須摭實。今之學者雖趨風氣，競尚考訂，多非心得，然知求實而不蹈於虛，猶愈於掉虛文而不復知實學也。」（〈答沈楓墀論學書〉）章氏又說：「天下有比次之書，有獨斷之學，有考察之功，三者各有所主而不能相通。」此意極可體味。

第九講

一　揚學

　　讓我先說一段閒話。有人問我：「在新中國，研究國故、國學的，還有沒有如錢賓四這樣博通的人？」我聽了，不覺大笑。「且不說馮友蘭、馮沅君、陸侃如、顧頡剛，他們都在北京、上海繼續他們的研究，即如關鋒的諸子學，張須的通鑑學，都有了新的境界，而張舜徽先生的經史研究，也在錢賓四之上。」張氏，二十年前，他在蘭州教書，主講「中國近二百年學術史」，着重闡述揚州學派。（清代揚州府治，領二州：高郵、泰州。六縣：江都、甘泉、儀徵、興化、寶應、東台。）他說：「余嘗考論清代學術，以為吳學最專，皖學最精，揚州之學最通。無吳皖之專精，則清學不能盛，無揚州之通學，則清學不能大。然吳學專宗漢學遺說，摒棄其他不足數，其失也固。皖學實事求是，視夫固泥者有間矣；而但致詳於名物度數，不及稱舉大義，其失也褊。揚州諸儒，承二派以起，始由專精匯為通學，中正無弊，最為近之。夫為專精之學易，為通學則難。非特博約異趣，亦以識有淺深巨細不同故也。鄭康成之所以卓絕，以此耳。清儒專門治經，自惠（棟）戴（東原）開其先，天下所從而響和者，大體皆能盡精微而不克自致於廣大。至於乾隆

之季，其隘已甚，如非揚州諸儒起而恢廓之，則終清之世，士子疲老盡氣以從事者，雜猥而已耳，破碎而已耳。末流之弊，不知所屆，且不止是不能昌明經訓已也。」這段話也正可以包括浙東之學來說的。

張氏又云：吳派學人，由好古、信古，乃至佞古、媚古；這種弊病，只有揚州學者能夠大膽地加以批判，如焦循和王引之都對惠氏治學方法指責過。戴震治學範圍比惠氏寬闊得多，方法也比較縝密，有實事求是的精神。他的優點，也由揚州學人們繼承下來，還加以發展。揚州學者的治學特點，在乎能「創」。如焦循之研究《易經》，黃承吉的研究文字，都是前無古人，自創新例。其次在於能「通」，如王念孫的研究訓詁，阮元的研究名物制度，汪中的辨明學術源流，都是融會貫通，確能說明問題；這都是吳、皖兩派學人所不敢觸及的，而是揚州諸儒所獨具的精神和風格。他們這一種治學精神與方法，如拿今天的尺度來衡量，誠然有他們的缺點和錯誤，但對當時那樣篤信謹守，褊狹拘隘的學術氣氛來說，仍然有着客觀上的進步作用。在今日，我們對揚州學派加以重視，正在於此。還有一點，特別該指出的，乾嘉學人，絕大多數從事考證名物、訓詁、典章制度，取得了很大的成果，有它的歷史意義，但失掉了十七世紀的學術思想弘偉活潑的氣象，談不上個性的發展和見解的開闢，這應該說是十八世紀的晦塞的一面。揚州學派，在這方面，正彌補了這一缺恨。如汪中、焦循、阮元他們都能大膽地對一些問題，特別對倫理方面，提出了自己的看法，給宋明唯心主義的理學以嚴厲的批評，便值得我們予以讚許的。

一九二三年，那年是戴東原誕生二百周年紀念，梁啟超、胡適之二氏，都寫了《戴東原哲學》來紀念他。他們都說：戴東原的思想，有一部分是受了顏李學派的影響，雖然在他的著作中一點實證也找不出來。梁氏試尋了一些線索：（一）方望溪的兒子方用安為李恕谷門生，望溪和恕谷論學不合，用安常私自左袒恕谷，是桐城方家能傳顏李之學的人。戴氏和方家人素有來往，方希原即其一。所以他可以從方家子弟中間接聽到顏李的緒論。（二）恕谷很出力在江南宣傳他們的學說，當時贊成或反對兩派都有其人。即如仲明那人，恕谷曾和他往復論學。《仲明年譜》，也有批評顏李的話。（三）程綿莊是當時江南顏李學派的大師，綿莊和程魚門是摯友，魚門又是東原的好友，東原可以從二程聞顏李學說，得見顏李的書。張舜徽先生談到了揚學，否定梁胡二氏之說，說顏李之學，在江南並無影響。他肯定揚州學派受了戴東原學說的影響：「（一）戴東原留在揚州四年多，早將他的議論主張帶到了揚州。（二）揚州幾位學者，如王念孫是戴氏弟子，任大椿是戴氏同事，焦循雖出生略後，但一生最推尊戴學。我們只看他的〈由戴〉篇[1]，可知他的治學是私淑戴氏的。」他肯定揚學是從戴氏之學發展起來的。

　　張氏說：「大抵清代樸學家治學的規模次第，莫不奉顧亭林為大師。這可從三方面說明問題：（一）顧氏宗仰朱熹，樸學家如吳之惠棟，皖之江永，都繼承這一傳統。戴東原問

1　編者注：〈由戴〉應為〈申戴〉。

學於江永，宗尚相同。（二）顧氏平日強調『讀經自考文始，考文自知音始』。後來乾嘉學人無一不從文學音韻入手，戴氏更提倡最力。（三）顧氏在〈答施愚山書〉中云：『古之所謂理學，經學也。』意思是說：古人所謂理學是從經學中提煉出來的。應該從群經中找尋義理的舊解。如戴東原的《原善》、《孟子字義疏證》，便是沿着這條道路而取得的成功的作品。揚州諸儒，如焦循的《孟子正義》、《論語通釋》，阮元的《論語論仁》、《孟子論仁》，都是遠師亭林，近法戴氏，用歸納的方法，引據群經舊義來說明問題的。也都是從經學中推見古代義理之源，使不為宋明以來後起之說所雜的。所以揚州學派的思想體系，實原出於戴氏。」

揚州學派其治學方法，也是衍戴氏之遺緒而進一步發展起來的。劉師培氏說：「戴氏弟子，舍金壇段氏，以揚州為最盛。高郵王氏，傳其形聲訓詁之學。興化任氏，傳其典章制度之學。儀徵阮氏友於王氏、任氏，復從凌氏廷堪，程氏瑤田問故，得其師說。甘泉焦氏，與阮氏切磋，其論學之旨，謂不可以注為經，不可以疏為注，干近儒執一之弊，排斥尤嚴。」清代學術思想到了揚州學派。才可以說是整然自成一家言了。

從隋唐以後，揚州一直是中國的經濟中心，所謂「天上三分明月，二分獨照揚州」是也。（那時淮河流域也是東南最富庶的地區，一條橫貫的運河，把東南的糧食運到洛陽西安去了。）十八世紀的中國社會，正是階級矛盾和民族矛盾相互交織的時期，由於封建經濟的發展形成了清帝國統治相對穩定的局面。同時，資本主義的幼芽，小市民的力量，農

民的反抗活動，一直不可阻遏地上升着。當時的揚州，又是淮鹽的運銷中心區；揚州的繁榮，有着鹽商的痕跡。江都薛壽〈讀《揚州畫舫錄》書後〉中，有云：「吾鄉素稱沃壤。國朝（清）以來，翠華大舉。江淮繁富，為天下冠。士有負宏才碩學者，不遠千里百里，往來於其間。巨商大族，每以賓客爭至為寵榮。兼有師儒之愛才，提倡風雅。以故人文匯萃，甲於他郡。」這便是孕育揚州學派的社會經濟環境。這樣的經濟條件，反映到思想界來，便產生了如汪中、焦循、阮元這些學者比較先進的思想議論。揚州既為東南人文薈萃之區，大家通過了切磋研究，學術風氣也就展開了。他們治學的規模次第和方法，集吳皖二派之長，又有他們獨具的特點和風格，遠非吳皖二派所能及。

劉毓崧在〈竹西求友圖序〉中說過：「百年以來，揚郡名儒尤盛。其深於經學者，由名物象數以會通典禮製作之原，而非僅專己守殘，拘墟於章句之內也。其深於小學者，由訓詁聲音以精研大義微言之蘊，而非僅貪常嗜瑣，限跡於點畫之間也。其深於史籍之學者，究始終以辨治亂之端倪，核本末以察是非之情實，而非僅好言褒貶，持高論以自豪也。其深於金石之學者，考世系官階以補表傳遺缺，驗年月地理，以訂記志舛訛，而非僅誇語收藏聚舊拓以自喜也。其深於古儒家之學者，法召公之節性，宗曾子之修身，以闡鄒魯論仁之訓，而非若旁採釋氏，矜覺悟以入於禪也。其深於諸子書之學者，明殊途之同歸，溯九流之源起，以證成周教士之官，而非若偏嗜老莊，崇虛無以失於誕也。其深於駢散文之學者，奉《易·文言》為根底，《詩·大序》為範圍，

《春秋》內外傳為程式,以熔鑄秦漢後之文,而非若詰屈以為新奇,空疏以為簡潔也。其深於古近體詩之學者,循風騷之比興,樂府之聲情,選樓玉台之格調,以化裁隋唐後之詩,而非若淺率以為性靈,叫囂以為雄肆也。」這一段話,正指出了揚州學派在各方面所取得的成就和獨具的精神。(張舜徽先生說:可以用「能見其大,能觀其通」八大字來概括揚州學派的風格。)

揚州學派治學方法的精神,不可能很科學的,但我們不能用今人的尺度來衡量前人,如他們那麼謹慎治學,由研經推廣到整理古代文獻,替我們留下豐富遺產,已經值得稱許了。

二 揚學二談

張舜徽先生作《清代揚州學記》,他歷舉了幾種揚學的特點:(一)對待學術,採取「求同存異」的態度。「封建社會的學人在研究哲學思想和處理經說異同上,爭執最多,門戶最嚴。於是談理學的有朱陸之爭,談經學的,有今古之爭。爭個不休,互相攻擊,形成勢不兩立。揚州學人對待這些問題,不強人以從己,也不屈己以就人。各尊所聞,不相排斥。如王懋竑和朱澤澐是同里好友,並且易子而教,結成了兒女親家。可是他們兩人的哲學觀點頗有分歧,他們展開討論辯難,彼此尊重,從不互相詆毀。又如凌曙和劉文淇,他們是舅甥關係,但凌氏研究《公羊》(今文),劉氏研究《左傳》(古文),各專所學並行不悖。在當時,可說是少見的。」

（二）運用變化發展的觀點來分析事物。「這種分析事物的思想，體現在焦循的著述中，最為突出。他無論在闡明性理，討論經學，教戒子弟各方面都強調會通，強調日新，反對拘守，反對所謂定論。他經常把事物看成是變化不居的，前進不停的。他不獨對古人之說不輕信從，並進一步否定了當時學術界所標榜的考據宋學、漢學等名目；無疑是要打破當時學術界褊狹、停滯不前的局面，走向更廣闊的道路。由於他沒把事物看成一成不變，才能提出一系列的新見。」

（三）推廣了求知的領域。「乾嘉漢學家，絕大部分是在鑽研幾部重要經傳，盡力於箋釋、校勘工作，連一些常見的史書，都很少有人閱讀過。揚州學人卻不如此。汪中首先對儒家傳統思想，進行了批判，他又反對過去儒學排除異端的陳舊見解，自己便集中精力去整理周秦諸子。那時有人罵他為名教罪人，他也毫不顧念。又如阮元的留心金石，把銅器上銘文，看成可與九經並重。江藩着手治史寫成《資治通鑑訓纂》的大書。焦循於治經之外，還研究詞曲、戲劇，他的《劇說》是一部戲曲小史。劉毓崧校書之外，還搜輯古代謠諺。他們的求知確已擴大。至如王懋竑的《讀書記疑》，王念孫的《讀書雜誌》，其中內容博及子史，已經不僅是理學或訓詁學的專門名家了。」（我的談中國學術思想，也正走了這一條新的路子。）

（四）突破了傳注的重圍。「從來幾部傳世的儒家經典，有漢人的傳注，也有宋元人的傳注。明清兩代，以八股取士，純以宋元說解為主。弄成了高頭講章。」陳立夫的《四

書會注 [2]》，也就是新的高頭講章。乾嘉漢學家所鑽研的，又集中到漢人的傳注，卻又各是其是，彼此詆毀。究竟古書本意如何，還是大成問題。揚州學人大膽地擺脫了一切傳注，還從漢代以前，尋找接近古書原意的解釋。替後來整理文化遺產的人們，開闢一條新的道路。

張氏說到焦循的「《易》學」，拋開前人的窠臼，直接從六十四卦中找尋「參伍錯綜」的理路，終於寫成了《雕菰樓易經三書》，雖也有不能條達之處，卻已井然自成一個體系。又如阮元研究群經，直接從周秦故事中找經典本義，寫成了《詩書古訓》、《論語論仁論》、《孟子論仁論》諸書。他們將各時代有關倫理、政治的字義，還原於各時代的本來面目，使不為後起之說所混雜，也正是揚學的特色。

（五）揚州學人不從事聲氣標榜，也是胸襟寬大之處。先前那些講理學的先生們喜歡高樹名義，謬為恭謹，裝成道貌岸然的樣子，以欺世盜名，成為眾所厭棄的假道學。像康熙年間的李光地，在當時位極人臣，成為所謂「主持正學」的柱石；但他的行為比甚麼人都要壞些，骯髒些。這在全祖望的筆下已經加以揭露過。又如嘉道年間，以理學相標榜的大官僚湯金釗，也是一個口是心非的偽君子。揚州學人中，如寶應那一地的學者，從王懋竑以至成蓉鏡，對個人的行為比較檢點些，從來不以「理學」二字相標榜。又如劉台拱、朱彬、劉寶楠，學問很深湛，行為卻也端正。不尚口說，但

2　編者注：《四書會注》應為《四書道貫》。

問躬行，才是孔門的真正弟子。

（六）他們肯承認自己的短處，也是一種進步觀點。如王懋竑自知寫作能力不高，便坦率對方苞自己這麼表白了。焦循刻成《群經宮室圖》，江聲對這書作過嚴肅的批評。焦氏寫了《釋橢》，沈方鍾也提出了不同的看法。焦氏除了接受他們的意見，還將這幾封來信珍藏着，並寫了很長的跋尾。王念孫八十歲時還在校《淮南子》，因為他自己所根據的只是道藏本，沒有看到過宋本，很虛心地向顧千里去求教。像這樣不護短，肯尊重別人意見的謙虛態度，自是揚州學人在學術研究工作中取得成功的重要因素。

揚州學人的視野廣大了，他們之中精通天文算法的，康熙年間便有陳厚耀（泰州人），他的造詣幾乎可以奪梅文鼎之席。後學繼起，如李惇（高郵）、焦循、阮元、黃承吉都精於此學，而焦循的學力尤深。他寫了幾種數學專著，又運用了數學原理去研究《易》學。阮元從事於總結歷代科學成就，曾編成《疇人傳》，這是第一部科學家傳。他們把戴東原的哲學思想加以發展，如汪中、焦循、阮元對宋元以來理學家所堅持的曲說、玄解，作了比較深刻的批判。他們的治學方向，就這麼走上了通博之途，但他們在「博」之中，還有各人的「約」。焦循的《易》學，別開門徑，不待說了；又如劉文淇研究《左傳》，劉寶楠研究《論語》，也有獨到的見解。他們各治一經，也有分工合作的作用。高郵王氏父子自是訓詁專家，阮元、黃承吉也精治名物，任大椿考證古代制度，這就不是甚麼學派的小圈子所能局限的了。

我這個考證學派的門徒，從王船山《讀通鑑論》開頭，

接上了章實齋浙東史學這一脈。有一段時期，我醉心於戴東原的治學方法，對於他的門徒王念孫、引子父子，非常欽仰，真是心嚮往之。到了中年以後，才體會到揚學的博大湛深。他們所寫的《讀書雜誌》和《經傳釋詞》，比以往的經典看得更重要。

王念孫（一七四四——一八三二），江蘇高郵人。他的父親王安國，在京任吏部尚書，他隨侍在京，幼年便從戴震（東原）問學習經，他便成為戴氏的傳人。他的兒子王引之，繼承經學，在少年時，已和父親同為學術界所推重。當時，大學者汪中論次當代通儒僅八人，王氏父子佔其二。（汪中歿於乾隆五十九年，那時王引之只有二十九歲。焦循作《讀書三十二贊》，贊王念孫的《廣雅疏證》和引之的《經義述聞》，有云：「高郵王氏，鄭（玄）許（慎）之亞。借張揖書，示人大路。《經義述聞》，以子翼父。」阮元〈王念孫墓誌銘〉，也說：「高郵王氏一家之學，海內無匹。」連力排漢學的方東樹也說「高郵王氏《經義述聞》，實足鄭（玄）朱（熹）俯首，漢唐以來，未有其比」。）

梁啟超說：「高郵王氏父子者，實毛（萇）鄭（玄）賈（逵）馬（融）服（虔）杜（預）之諍臣，非其將順之臣也。夫豈惟不將順古人，雖其父師，亦不苟同。段之尊戴，可謂至矣。試讀其《說文注》，則『先生之言非也』、『先生之說非是』諸語，到處皆是。即王引之《經義述聞》與其父念孫之說相出入者，且不少也。他們不惟於舊注舊疏之舛誤絲毫不假借而已，而且敢於改經文。此與宋明儒者之好改古書，跡相類而實大殊。彼純憑主觀的臆斷，而此則出於客觀的鉤

稽參驗也。段玉裁說：『不先正底本，則多誣古人；不斷其玄說之是非，則多誤今人。』此論最能說明考證學在學術界之位置及價值。蓋吾輩不治一學則已，既治一學，則第一步須先將先學之真相，瞭解明確；第二步乃批評其是非得失。研究中國古書，以語法古今之不同，與寫刻傳襲之訛錯，讀之而不能通其文句者則甚多；對於未通文句之書，而批評其義理之是非，則批評必多枉用，此無可逃避也。清代考證學家，即對於此第一步工夫非常努力，且所努力皆不虛，確能使我輩生其後者省卻無限精力，而用之以從事於第二步，清代學人之成績，全在此點，而戴段二王之著述，則其代表也。阮元序《經義述聞》云：「凡古儒所誤解者，無不旁徵曲喻，而得其本義之所在，使古聖賢見之，必解頤曰：『吾言固如是，數千年誤解之，今得明矣。』此其言洵非溢美，我們今日讀王氏父子之書，覺其條條皆犁然有當於吾心，前此之誤解，乃煥然冰釋也。」

三　揚學三談

假使真的要通經讀史，王氏父子之學，必須仔細領會得，才可以升堂入室；我再三嘲笑陳立夫輩的「高頭講章」，就因為他們只咬文嚼字，從黨八股、洋八股回到制藝八股中去。他們不懂得文字訓詁，開口便錯。不過，說來話長，我且舉一個王引之在《經義述聞》中的例子：

《詩・終風》篇：「終風且暴。」《毛詩》曰：「終

日風為終風。」《韓詩》曰:「終風,西風也。」此即緣詞生訓,非經文本義。「終」猶既也,言既風且暴也。《燕燕》曰:「終溫且惠,淑慎其身。」《北門》曰:「終窶且貧,莫知我艱。」《小雅·伐木》曰:「神之聽之,終和且平。」《甫田》曰:「禾易長畝,終善且有。」《正月》曰:「終其永懷,又窘陰雨。」「終」字皆當訓為「既」,「既」「終」一語之轉。既已之「既」轉為「終」,猶既盡之「既」轉為「終」耳。解者皆失之。

他把「終」字作語詞解,並博引他篇,證明「終」與「既」一語之轉,凡《詩》三百篇用「終」字處都是作「既」字講的。這真是一個極有價值的重大發現。這一類的發現,保存在《經義述聞》中的還很多。王引之便循用着這一方法,遍搜「九經」、「三傳」以及周秦西漢之書中的虛字,凡百六十字,勒為一書,成《經傳釋詞》十卷,自來與《經義述聞》相輔而行。要讀古書,必須接受這幾部書的知識,這才真正是國學常識呢!

王念孫作《廣雅疏證》,那是他一生精力所寄的大功業。王國維曾在《高郵王氏訓詁音韻書稿敍錄》中介紹得很清楚(文長不錄)。阮元在〈王氏墓誌銘〉中說:「先生撰《廣雅疏證》二十三卷,凡漢以前《倉》《雅》古訓,皆搜括而通證之。謂訓詁之旨,本於聲音。就古音以求古義,引伸觸類,擴充於《爾雅》、《說文》之外,似乎無所不達。然聲音文字部分之嚴,則一絲不亂。此乃借張揖之書以納諸說,實

多張揖所未及知者；而亦為惠氏定宇、戴氏東原所未及。」這便是說王氏作《廣雅疏證》，原不止於解釋疑義。更重要的，在能「就古書以求古義[3]」，引伸觸類，無所不達，把訓詁中的弘綱大例，通過《廣雅疏證》這一書，都提出來了。我們依着《廣雅疏證》去檢查，果然發現許多地方，經常是通過一個字聯繫到若干字，錯綜旁通，說明了不少問題。（例如由一個「般」字，推究到「胖」、「槃」、「幋」、「鞶」、「磐」、「伴」字受義的根源，都是從字群中聲同義近的實例，找出他們彼此相通之跡，而不拘泥於文字的形體，這確是一種比較進步的研究訓詁學的方法。）

究竟王氏父子怎麼能夠引伸觸類，能夠那樣地取用自如，好比散錢在地，他卻用一根索子把它們貫串起來呢？而且，在他們當時，如《經籍纂詁》一類的工具書，還沒有出版。他們所徵引的卻是憑着個人記憶，真是令人驚嘆，佩服不已的。（我在壯歲時期，也曾醉心這一方面的工作，對於讀古書頗有助益。）

清代學人，在文字訓詁上的成就，可說是前無古人，而校勘方面的成就，更是下開來者。校勘看是小事，卻須富有科學精神，運用科學方法。戴東原校《堯典》「光被四表」的「光」字乃「橫」字，謂「《堯典》古本必有作『橫被四表』者，橫被，廣被也，正如《記》所云『橫於天下，橫乎四海』是也；橫四表，格上下，對舉」。先後化了三十多年

3　編者注：「古書」應為「古音」。

工夫，臨死還念念不忘，這是何等冷靜的頭腦！王念孫作《廣雅疏證》，除注釋訓詁外，還做了一番仔細的校勘工作。校正訛字五百七十八，脫者四百九十一，衍者三十九，先後錯亂者百二十三，正文誤入音內者十九，音內字誤入正文者五十七。隨條補正，並且把他的根據和論證說個清楚，於是《廣雅》一書，才漸漸接近恢復原始面貌。清末孫詒讓在《札迻序》中說到校書的流別有云：「綜論厥善，大抵以舊刊精校為據依；而究其微指，通其大例，精思博考，不參成見。其誤正文字訛舛，或求之於本書，或旁證之他藉及援引之類書，而以聲類通轉為鈐鍵，故能發疑正讀，奄若合符。……乾嘉大師唯王氏父子至為精博。凡舉一義，皆確鑿不刊。」

　　王念孫校勘群經諸子時，運用內證法而取得的成就，非常顯著。如他所訂正的《老子》：「夫佳兵者不祥之器」的「佳兵」二字，當為「唯兵」之訛，便是前人沒有說過的有價值的發現。《讀書雜誌餘錄編・老子》下云：「三十一章：『夫佳兵者不祥之器，物或惡之，故有道者不處。』釋文：『佳，善也。』河上云：『飾也。』念孫案善、飾二訓，皆於義未安。古所謂兵者，皆指五兵而言，故曰兵者不祥之器。若自用兵者言之，則但可謂之不祥，而不可謂之不祥之器矣。今案『佳』當作『隹』，字之誤也。『隹』古『唯』字。唯兵為不祥之器，故有道者不處。上言『夫唯』，下言『故』，文義正相承也。八章云：『夫唯不爭，故無尤。』十五章云：『夫唯不可識，故強為之容。』又云：『夫唯不盈，故能蔽不新成。』二十二章云：『夫唯不爭；故天下莫能與之爭。』皆其證也。古鐘鼎文『唯』字作『隹』，石鼓文亦然。」這段

考證，便是文字形體和全書行文通例，綜合比較得出來的結論。儘管沒有別的本子可以對證，這論斷是可以成立的。這分明是一種活的校書法。至於根據舊本，努力去找「外證」，有時將「外證」、「內證」二者錯綜為用，更可解決許多問題。王念孫在這一方面，也取得了很大的成績。（要研究校勘學的人，可以參看王氏的〈讀淮南雜誌敘〉一文。他指出《淮南子》中九百多處文字致誤的原因，歸納為由於不明文字假借，不通聲韻，不辨字體的差別，正字和注文摻雜，妄加、妄刪、脫字、衍字、破句、錯簡等六十二個例子。）

我曾說過，我們用鉛筆鋼筆在拍紙簿上作筆記，已經不能瞭解用毛筆染墨在宣紙上作稿的情況，何況二千五百年前，孔門弟子用刀筆在竹簡上刻字，艱苦之情，如何能體會得。一個孔門的灰孫子把祖父留下的竹簡刻上一句「國之夫人曰少君」的話，陳立夫就把它當作孔夫子的話，豈不是把牛頭搭了馬嘴了？這樣的《會通》，太可笑了！

揚州學派有一通人，便是汪中（容甫），他是江都人，生於乾隆九年（一七四四年），卒於乾隆五十九年（一七九四年），年五十一歲。他出生於貧窮的書生家。七歲時，他的父親汪一元逝世了，有姊有妹，一家四口，就靠他母親替人縫鞋補衣來維持生計，經常食用不夠。到了冬天，真是飢寒交迫。他這麼生活着，更談不到入塾讀書了。他的母親，抽暇替他講授一些啟蒙的文字知識。到了十三四歲，他到一家書舖去做學徒，刻苦自學，因得遍觀經史百家。他的理解力很高，文詞豐富，傾動士林；他父親的朋友，勸他學習舉子業，二十歲成了秀才，三十四歲考取了拔貢。不過，他的一

生，長時期在飢餓中掙扎，處境十分清苦。

汪氏治學，也是依着顧亭林的路子的。他自言：「中少時問學，實私淑諸顧寧人處士。故嘗推六經之旨以合於世用，及為考古之學，惟實事求是不尚墨守。」他的學識為揚州諸大師所推許。王念孫和劉台拱就這麼說：「聞容甫著作益富，此人才學識三者皆過人。在我輩中，且當首屈一指。」他的治學範圍比較廣闊，對於經學、史學以及周秦諸子的鑽研，都有比較深入的功力和新穎的見解。雖說，他的大著作並不曾完成，可是門庭軒敞，和當時那些專守一書，專守一藝的學人截然不同。在揚州學人中，他的文章閎麗淵雅，在時輩之上，最有名的便是那篇〈廣陵賦〉。汪氏痛惡空談心性的陋習，曾闡明「講習」之義。他說：「講，習也；習，肄也；肄，講也。《國語》：『三時務農而一時講武。』《春秋傳》：『大雩，講於梁氏。』又：「孟僖子病，不能相禮，乃講學。』《月令》：『孟冬之月，天子乃命將帥講武肄射御角力。』是也。古之教也以四術。書則讀之，詩樂同物，誦之歌之，弦之舞之；揖讓周旋，是一行禮。故其習之也，恆與人共之。學而時習之，有朋自遠方來，所謂君子以朋友講習也。……後世群居終日，高談性命，而謂之講學，吾未之前聞也。」這番話頗和顏元李塨之學相近，他卻沒機會和顏李相接的，這也是時勢造成的共同趨勢。

汪氏批評宋明理學家，尤其是程朱派重視〈大學〉〈中庸〉的錯誤，認為這兩篇在《禮記》中，和其他諸篇的意義相同，並沒有甚麼特別高明的道理。這話在現在聽來，真是平平無奇，在那一時代，可真震動了一般腐儒了。他批判儒

家傳統思想的同時，竭力提倡周秦諸子之學。他反對宋明理學家，以孔孟並稱，卻着重提出了《荀子》，以為「荀卿之學，出於孔子，而尤有功於諸經」。（我說過，荀子比孟子高明得多。）他引證古書，說明許多經傳，都是靠《荀子》傳下來的。他精究《墨子》，用功很深。他校正了《墨子》，《述學內篇》有《墨子敍》和《墨子後敍》，除了考證墨子年代，還訂正了楊墨並稱的錯誤，他指出孟子說墨子兼愛是無父，絕對錯誤。這些議論，在當時真被人看作是離經叛道呢。（翁方綱便把汪中看作是「名教罪人」）

四　揚學四談

我這個浙東窮鄉僻壤的「土老兒」，當然沒有機會看到汪中的《述學》，也不知有汪中其人。（古代的揚州，有如近代的巴黎，乃是全世界藝術文化的中心。）到了杭州一師，從單師不庵治考證學，才讀到了汪中的《釋三九》。才知道：「古書中稱『三』稱『九』，多係虛數，實際是形容事物。」又云：「古人發言時，有『曲』，有『形容』，曲者不直指其物，只間接去說。『形容』便近於誇飾，和原事物有出入。」道破了古書語法的通例，替閱讀古書的找出了一個極有價值的規律。先前，我不明白，為甚麼孔子弟子三千，孟嘗君食客三千，禮儀也是三千，原來三千只是虛數，不可實指。只是說孔子有許多學生，孟嘗君養了許多食客，古人的酬應儀節十分繁多就是了。後來，我在上海各大學教國文，也用這三篇作為教材，這才是真正的國學常識。

汪中一生從事學術研究，勇於懷疑，不墨守前人舊說，自創新解。不獨在經學方面，有不少的重要發明和發現，即整理周秦諸子，也作出了很大的成績。他對《墨子》、《荀子》的重視和表揚，固已替後來研究兩家學說的，開闢了門徑；即如所撰〈老子考異〉一篇，論證老聃、老子、老萊子三人各不相蒙。五千言作者的老子，是孔子以後的人。正替後來研究中國哲學史的以莫大的啟示。他在《呂氏春秋序》中指出《呂氏春秋》並不出於一人之手，集諸子學說之成，有如後世的「類書」；又是從「辨章學術」、「考鏡原流」的角度來說明問題。老實說：如陳立夫這樣，連科舉時代的圈子都跳不出，還談甚麼中國文化？

　　阮元作《傳經圖記》有云：「有陋儒之學，有通儒之學。何謂陋儒之學？守一先生之言，不能變通，其下焉者，則惟習詞章，攻八比（即八股文）之是務，此陋儒之學也。何謂通儒之學？篤信好古，實事求是，匯通前聖微言大義，而涉其藩籬，此通儒之學也。……吾鄉有汪君容甫者，年長於元，壽止於五十。聞汪君壯年從朱竹君侍郎、畢秋帆制軍游，於海內經師，咸與之上下其議論。所著有《述學》內外篇，如〈釋三九〉、〈釋明堂〉數篇，皆匯萃古訓，疏通證明。而其所最精者，則在《周官經》、《左氏傳》。嘗作〈春秋左氏釋疑〉、〈周禮徵文〉二篇，以證二篇之非偽。蓋以方望溪諸公妄疑經典，故作此以釋其疑。全書雖失傳，然讀此可知一斑，殆所謂通儒之學者矣。」我們雖不敢企及於通儒，至少要自勉，莫作陋儒才是。

　　我壯年時，初讀章實齋《文史通義》，心嚮往之，認為

浙東史學，到了章氏，可說臻峰造極。可是，乾隆五十九年（一七九四年），汪中逝世，王念孫序其遺書，謂「宋以後無此作手矣」。章氏卻對汪氏深致不滿。他說：「江都汪容甫工詞章而優於辭令；苟善成之，則淵源非無所自。無如其人聰明有餘而識力不足，不善盡其天質之良而強言學問，恆得其似而不得其是。今觀汪氏之書矣，所謂『內篇』者，大約雜舉經傳小學，辨別名詁義訓，初無類例，亦無次序，不但不可為『內』，亦並不可得之『外』也。」這使我惶惑了好久呢！

我因為愛好汪中的文詞，認為他的文章，正如章太炎師所說的，有着魏晉文章的風格。幾乎讀遍汪氏的著作，從劉端臨的《容甫汪君傳》中，才知道：汪氏「搜輯三代、兩漢學制，以及文字、訓詁、度數、名物有繫於學者，分別部居，為《述學》之書。屬稿未成，更以平日讀書所得，及所論撰之文，分《述學》內外篇」。才知道汪氏的《述學》，乃是一部系統完整的大書，後來行世的《述學》內外篇，只是極少部分的雜稿。汪氏的兒子汪喜孫，在他父親年譜乾隆四十四年（一七七九年）條下說：「是時，先君撰《述學》一書，博考先秦古籍，三代以上學制廢興，使知古人之所以為學者。凡虞夏第一，周禮之制第二，列國第三，孔門第四，七十子後學者第五；又列通論、釋經、舊聞典籍、數典、世官，目錄凡六。未成書。更取平日考古之學及所論撰之文，為《述學》內外篇。」這麼說來，章實齋以及胡適的批評都落空了。如要知汪中的預定目錄，可看徐有壬的《述學故書跋》，可說是有着廣大規模的「古代學術史」。

在揚州學派之中，最足以代表揚學的精神的，該算是

焦循（理堂）。他是戴東原的私淑弟子，卻是最瞭解戴東原哲學的人。他生於乾隆二十八年（一七六三年），卒於嘉慶二十五年（一八二〇年），年五十八。世居江都黃珏橋，雍正九年（一七三一年），分縣為甘泉人。曾祖焦源，精於《周易》之學，祖父和父親，世傳《易》學。焦循在《易通釋自序》中說：「循承祖父之學，幼年好《易》。」他治《易》三十餘年，所著有《易章句》、《易圖略》、《易通釋》、《易話》、《易廣記》、《周易補疏》、《易餘集》、《注易日記》等書。焦氏原是窮書生，卻是半個書癡子。他自己有如次的追記：「乾隆丙午，連歲大饑，余疊遭凶喪，負債日迫於門。有良田數十畝，為鄉猾所勒買，得價銀僅十數金。時米乏，食山薯者二日，持此銀泣不忍去。適書賈以此書（《通志堂經解》）至，問售，需值三十金。所有銀未及半，謀諸婦，婦乃脫金簪，易銀，得十二金，合為二十七金。問書賈，賈曰：『可矣。』蓋歎歲寡購書者，而藏書之家，急於得值也。余以田去而獲書，雖受欺於猾，而尚有以對祖父，且喜婦賢能成余之志。是夕，餐麥屑粥，相對殊自懌也。」

這不是十足書癡子的勁兒嗎？他幼年跟着他的哥哥焦徵到郡城壽氏家附讀，在那樣艱苦環境中，卻有勇氣和毅力把做學問看成終身之事，不使一日間斷。他的哥哥指示他以讀書方法，有云：「學貴善用思。吾生平最得力於『好學深思，心知其意』八字。學有輟時，思無輟時也。食時、衣時、寢時、行路時、櫛沐時、便溺時，凡不能學時，皆當即所學而思之。」丁未，焦氏館於壽氏之鶴立齋，顧超宗以《梅氏（文鼎）叢書》贈之，曰：「君善苦思，可卒業於是也。」是為

焦氏用力算學之始。清代皖學、揚學，都長於天文算學，這也是很重要的一點。

我特地說到清代學人，他們攻讀的雖是古代經典，所研究的卻是現實的社會問題；有着民族意識的政治問題。而且他們都精通天文、算學，和牛頓、達爾文的西方科學家同一途徑。和今日提倡復興中國文化的腐儒們的觀點絕不相同。我們還該明白蒸汽機在乾隆年間已經製造出來，我們的生產環境，還不夠讓它孕育成熟，倒讓百年後的英國人搶先了一步。在十八世紀，上海的土布，暢銷倫敦，成為紳士們的普遍風氣。僅僅一個世紀，到了十九世紀，英國的蘭開夏洋布，已把太湖地區的土布業全部打垮。這慘痛的記錄，在我們談讀古書者的舌頭，自該喚起年青人的反省呢！我反覆表揚揚學的偉大，他們的路向比浙學還富有時代的意義呢！

那位揚學的集大成的學人，他果然不辜負親友們的期望，在天文算學方面取得很深的造詣。他研究群經，也都卓然有所成就。少年時，他為《毛詩》鳥獸蟲魚之學，十九年中，六易其稿。中年以後治《易》，乃至「自誓於先聖先師，盡屏他務，專理此經。日坐一室，終夜不寐。自立一簿，以稽考其業」。晚年寫《孟子正義》，先寫長編，再加整理。「有不達，則思。每夜三鼓後不寐，擁被尋思，某處當檢某書，某處當考某書。天將明，少睡片刻，日上紙窗，即起盥漱，依夜來所尋思，一一檢而考之。」昔人謂讀書如克名城，焦循實是用作戰的精神來鑽研學術的。

清代學人從顧亭林以下，都是勤於寫筆記的，顧氏的《日知錄》，正是一部典型的讀書雜誌；王念孫的《讀書雜

誌》，也是繼往開來的大著作。（時人已經有兩次，把這一書名作為刊物名詞。）我們覺得焦循研究《易》書，雖說持之有故，言之成理，仍是一個鑽不通的牛角尖。但他治《易》的方法，倒值得我們注意的。他的兒子焦廷琥說：「先君《易》學既成。數年中有隨筆記錄之書，編次之得二十卷，名曰《易餘籥錄》。凡友朋門弟子所問答，及於《易》者取入三書外，多有所餘，復錄而存之，得二卷，名曰《易話》。自癸酉立一簿，稽考所業，得三卷，名曰《注易日記》。又有《易廣記》三卷。」我在四十以前，頗想如焦氏這樣來整理中國學術思想，先寫若干專題，到晚年，再來寫一部中國文化史。我的興趣在教書，教課之餘，再來寫筆記；筆記積累所得，乃寫專題，最後如司馬遷那樣：「欲以究天人之際，通古今之變，成一家之言。」近二十年中，天天寫稿為活，根本做不到如顧亭林、焦理堂那樣累積自己的知識，那只好嘆口長氣說：「我的寫稿，真是事非得已！」不過，我還是希望年輕的人，不要鑽牛角尖，古書是沒有甚麼用處的，我們要把視野放寬，至少比揚州學人更廣大些才行。

五　揚學五談

昨晚，在雜亂的書架上，居然找到了《汪容甫文箋》（人民文學社新版），這是就古直的箋注本的底子加工的新版。（添加的部分，用李詳〔審言〕舊注。李氏比古氏更博通些。）新版扉頁有如次的一段說明：

江中討論經史，榷然疏發，挈其綱維，為當時學術界所推崇，譽為「識議超卓，唐以下所未有」。（王引之語）他自己也以「才力所詣，各成其學，雖有講習，不能依附」自負。寫作方面，他更是獨樹一幟的：「為文根柢經史，陶冶漢魏，不沿歐曾王蘇之派」。而長於諷諭，凌轢一時，論者以為驚心動魄，一字千金。這些評價，有的不免過高。可是他的著作《述學》卻是一生治學的總結，研究經史，確有一些前人所未及的見解。對於某些封建禮教和迷信，敢於大膽駁斥，在那時可說是難能可貴的。

　　至於為文的「狀難寫之情，含不盡之意」，比較一些所謂古文家，模仿唐宋人的義法，實在高出一籌。如今，我們讀起他的文章來，也覺得詞安氣雅，流麗動人，足以說明他在這一方面的成就。

　　古直在《汪容甫文箋敍錄》中，引述了許多前人對汪中的評語，足備考證。章太炎師云：「今人為儷語者，以汪容甫為善。彼其修辭安雅，則異於唐。持論精審，則異於漢。起止自在，無首尾呼應之式，則異於宋以後之制科策論。而氣息調利，意度沖遠，又無迫筰窒吃之病，斯信美也。」那位替汪中文作箋的李詳，也說：「容甫孤貧鬱起，橫絕當世，其文上窺屈宋，下掇任（昉）沈（約）。旨高喻深，貌閑心戚；狀難寫之情，含不盡之意；可謂魏晉一貫，風騷兩夾。」也正如包慎伯所說的：「容甫之文，長於諷諭，柔厚

豔逸，詞潔淨而氣不局促，江介前輩，罕與比方。」

王念孫父子對汪中尤為傾倒。念孫云：「容甫淡雅之才，跨越近代，其文合漢魏晉宋作者而鑄成一家之言，淵雅醇茂，無意摩放，而神與之合，蓋宋以無此作手矣。」引之也說：「儀徵鹽船厄於火，焚死無算，先生為〈哀鹽船〉文，杭編修世駿序之，以為驚心動魄，一字千金。朱文正公提學浙江，先生往謁，答述揚州割據之跡，死節之人，作〈廣陵對〉三千言，博綜古今，天下奇文字也。畢尚書沅，總督湖廣，招徠文學之士，先生往就之，為撰《黃鶴樓銘》，歙程瑤田書石，嘉定錢坫篆額，時人以為三絕。為文卓然成一家言。」從文辭、學識、氣度三者綜合着看，桐城諸名家，不足以與之抗衡。清末民初諸學人，也只有章太炎師可以與之爭一日之長。這些話，也只好與知者言的。

錢賓四氏談近三百年中國學術史，焦循、阮元、凌廷堪合成一章，也就是我所說的揚學。焦循一生，著書數百卷，皆精博。要談焦氏之學，當然不是概論式的小冊子所能評介；我只能把他一生心力所注的，除了《易》學以外的《論語通釋》、《孟子正義》簡介一番；看了焦氏的書，便會明白陳立夫之流所注釋的四書，如土苴耳，值不得一看的。

焦理堂論學極重戴東原，謂東原生平所著書，惟《孟子字義疏證》、《原善》最為精善。又云：「循讀東原戴氏之書，最心服其《孟子字義疏證》。說者分別漢學、宋學，以義理歸之宋；宋之義理，誠詳於漢，然訓故明，乃能識羲、文、周、孔之義理，宋之義理，乃當以孔之義理衡之；未容以宋之義理，即定為孔子之義理也。」嘉慶甲子，焦氏即仿東

原《孟子字義疏證》作《論語通釋》。原書俱在我不想多所稱引。其立說之最明通者，乃在發明性善之旨。他說：「所謂性善，善即靈也，靈即神明也。……人之有男女，猶禽獸之有牝牡也。其先男女無別，有聖人出，示之以嫁娶之禮而民知有人倫矣。示之以耕耨之法，而民知自食其力矣。以此教禽獸，禽獸不知也。禽獸不知，則禽獸之性不善；人知之則人之性善矣。聖人何以知人性之善也？以己之性推之也。己之性既能覺於善，則人之性亦能覺於善，第無有開之者耳。……故非性善無以施其教，非教無以通其性之善。教即荀子之所謂偽也，為也。為之而能善，由其性之善也。」焦氏言性善，以人之有智慧言之，又以人之能進化言之。而人類之自以其智慧而進化者，其一段歷程，焦氏名之曰變通，變通之所得即善也，仁義則善之大者。所以他說：「人性所以有仁義者，正以其能變通，異乎物之性也。以己之心通乎人之心，則仁也。知其不宜，變而之乎宜，則義也。仁義由於能變通，人能變通，故性善，物不能變通，故性不善。」（多少也和達爾文進化論的適應環境說法相合）人類何以必出智慧以求變？他說變化所以為利。他說：「人之所異於禽獸者，在此利不利之間，利不利即義不義，義不義即宜不宜，能知宜不宜，則智也，不知宜不宜則不智也。智人也；不智禽獸也。幾希之間，一利而已矣，即一義而已矣，即一智而已矣。」他以人智之進化言性善，故不喜言赤子之心，因亦不喜心悟心覺。他說：「舍六德六行六藝詩書禮樂而心悟為宗旨，皆亂天下之楊墨也。」

　　焦氏既深心悟心覺之說，謂人智之開通進化，必有賴

於習行，而習行必有所因。故云：「習先聖之道，行先王之道，必誦其詩，讀其書，博學而詳說之，所謂因也。仰觀於天，俯察於地，近取諸身，遠觀於物，伏羲所因也。神農則因於伏羲，黃帝堯舜則因於神農，惟其因乃有所變通。通其變使民不倦，通其所因，變其所因也。神而化之，使民宜之神其所因，化其所因也。……故非習莫知所因，非因則莫知所述。」（焦氏言性善，其主旨之義有二：一曰義之時變。又其一則曰情之旁通。）

　　焦循的思想體系，跟戴東原哲學一樣重要；可是我在這兒又怎樣能一一予以推介呢？讓我且說幾項最突出的論點。《論語·為政》第二，有這麼兩句話：「攻乎異端，斯害也已。」我自幼聽了父師的講解，只知道「異端」便是邪說，指楊墨之徒，有如後世的「佛教」、「耶穌天主教」。後來，到了杭州一師，單不庵師告訴我：孔子時代，楊朱墨翟都沒曾出世，怎麼會是楊墨之徒？」一想，這話對極了，孔子怎麼會對沒出世的人的學說加以攻擊呢？又到了後來，我明白這個「攻」字，可作攻擊批判講，又可作攻治研究講；而這個「已」字，也可作「語助詞」，和「終了」講。這一來，這兩句話就有四種不同的說法，究竟哪一種說得對呢？也可說四種都不對，因為「異端」一詞，並未弄清楚過。（大家弄明白這一點，就可以知道陳立夫之流，並不懂得古書。）

　　我們且看焦理堂對這一問題如何交代。他在《論語通釋》中說：「執其一端為異端，執其兩端為聖人。」「聖人之道至大，其言曰：『一以貫之』；又曰：『焉不學無常師』；又曰：『無可無不可』；又曰：『無意，必固我。』」異端反是，

執一即為異端。聖人一貫，故其道大；異端執大，故其道小。執一由於不忠恕。」理堂所謂不忠恕，蓋謂惟知己之所有，而不知人之亦各有其有也。故曰：「聞見之外有不知，聞見之內，亦有知之有不知。……蓋異端者生於執一，執一者生於止知此而不知彼，止知此而不知彼，知之為知之，不知為不知，則不執矣。知其所知，知也；知其所不知，亦知也。執一者，知其一端，不復求知其所不知，不求知其所不知，非力不足以知之也。以為此不知者不必求知而已知其非也。」不必求知而斷定其非，便是焦氏所說的「執」，他是十分痛惡的。他說：「楊子惟知為我而不知兼愛，墨子惟知兼愛而不知為我，子莫但知執中，而不知有當為我當兼愛之事；楊則冬夏皆葛也，墨則冬夏皆裘也，子莫則冬夏皆袷也。趨時者，裘葛袷皆藏之於篋，各依時而用之，即聖人一貫之道也。聖人之道，貫乎為我兼愛執中者，善與人同，同則不異矣。太史公曰：『人道經緯萬端，規矩無所不貫。』」焦氏既惡執，故言權曰：「易之道在於趨時，趨時則可與權矣。若立法者必預求一無弊者而執之，為不偏不過，而不知其為子莫之執中。夫楊子之為我，墨子之兼愛當其時則無弊。」「國奢示之以儉，國儉示之以禮，可與權，治天下如運諸掌。」「子莫執中，執中無權，猶執一也。執一者，不知有忠恕之道，不能自貶損，則至害道而害人。如執於禮而視嫂之溺而不拯，不欲賤其君而使君止於敵，執一端而至於害人而道亦害，聖人所以重能權也。」焦氏深惡異端執一，乃反而言一貫忠恕。他說：「孔子言『吾道一以貫之』。曾子曰：『忠恕而已矣。』然則一貫者，忠恕也。忠恕者何？成己以及物

也。……貫者通也，所為通神明之德，類萬物之情也。」

六　揚學六談

焦理堂論異端，論一貫，其說都跟前人不相同。因為他論「性」乃重視其異，而不重視其同。他說：「人各一性，不可強人以同於己，不可強己同於人，有所向必有所不同，此同也而實異也，故君子不同也。」又云：「伯夷之清，伊尹之任，柳下惠之和，三子不同道，其趨一也。清、任、和，其性也。不同道，即分於道也。其趨一，則性不同，而善同也。」所以他說：「由一己之性情，推極萬物之性情，而各極其用，此一貫之道，非老氏抱一之道也。」「不使天下之學皆從己之學，不使天下之立達，皆出於己之施，忠恕之道，至此始盡。聖人之仁，至此始大。一貫之指，至此合內外出處而無不通。」他的觀點，可說是宏深圓密，較之章實齋為學必本性情之說，尤為本末兼賅，物我並顧。（焦氏曾說他自己最欽敬戴東原所作的《孟子字義疏證》，於理道、性情、天命之名，揭而明之若天日，而惜其於孔子一貫忠恕之說，未及闡發。他確乎比戴氏進了一截了。）

我們受過歐西哲學的啟發，知道哲學觀點的同異，乃是各家對各個名詞的含義的同異。清代學人着力解釋古代各學派所用的詞義，這是入門的切實工夫。他對儒家所謂「理義」，作如次的解釋：「理者分也，義者宜也，其不可通行者非道矣。可行矣，乃道之達於四方者，各有分焉，即各有宜焉。趨燕者行乎南，趨齊者行乎西，行焉而弗宜矣。弗宜則

非義，即非理。故道之分有理，理之得有義。惟分，故有宜有不宜，理分於道，即命分於道，故窮理盡性以致於命。後儒言理，或不得乎孔孟之恉，故戴氏詳為闡說，是也。說者或並理而斥言之，則亦茫乎未聞道矣。」焦氏認為性不妨歸諸理，即東原生生而條理，人物分於氣化各成其性之說也。他本此極論性分之不同，則非東原所可及。

焦氏既定性分之異同，則進而論為學之一多，其言曰：「聖人重博重多，乃曰：予一以貫之，何也？重多者惡執一也，執其多於己，仍執一也；一以貫之，何多之有？」「多與一相反者也，儒者不明一貫之旨，求一於多之外，其弊至於尊德性而不道問學，講良知良能而不復讀書稽古。或謂一以貫之，即貫其多，亦非也。多聞者己之所有也。己有所聞，即有所不聞；己有所知，即有所不知。則合外內之跡，忘人己之分。藝有六，流有九，學《詩》不學《易》，不知《易》也，學名不學法，不知法也。雖一技之微，不入其中而習之，終不能知，謂明其一即可通於萬，豈然也哉？」這便和章實齋所說，為學必本性情，及其博約之論，完全相同。（我曾答幾位青年的問，他們問：「生今之世，還應該研究佛學嗎？」我說：「我也不反對研究佛學，正如我不提倡研究佛經。魯迅和許壽裳先生有一段時期研究過佛學。不過，弘一大師雖是律宗大師，我卻不研究律宗。今日青年要研究佛經，就得研究比較佛學。那就比研究天台宗、唯識宗更有意義些。」）

我在這兒說一件小事：中環一家舊書店，有一本我四十年前所寫的《國故學大綱》，也就是《中國學術思想講話》

的雛形，也是一家書店老闆要我寫的。其中只有那篇刊在《東方雜誌》的〈國故學之意義與價值〉比較重要。我的書架上，並無此書，不過那書店標價二十港元，我就懶得買來了。可是，那部書出版時，先父大不贊成，他認為年紀輕輕，怎麼可以著書立說？其實，那時只是編書，並未立說。如今，我自以為頗有所見，已在立說；先父已看不見我所著的書了。

清代學人，他們把一生心力放在研究上，著書立說，都是很慎重的，跟我們這些搖筆即來的賣稿為活的大不相同。他們師友之間往來的信件，也是有很重要的意義，因此，許多信件都保留在文集之中。焦理堂能詩文，讀書味其大體，又精於天算，能為嚴密之考核。他頗不喜「考據」一語，曾與孫淵如極論其事，有云：「仲尼之門，見諸行事者曰德行、曰言語、曰政事；見諸著述者曰文學。自周秦以至於漢，均謂之學，無所謂考據也。經學者，以經文為主，以百家子史天文術算陰陽五行六書七音等為之輔，彙而通之，析而辨之，求其訓故，核其制度，明其道義，得聖賢立言之指，以正立身經世之法。以己之性靈合諸古聖之性靈，並貫通於千百家著書立言者之性靈。以精汲精，非天下之至精，孰克以與此？蓋惟經學可言性靈，無性靈不可以言經學。趙宋以下，經學一出臆斷，王伯厚之徒習而惡之，稍稍尋究古說，摭拾舊聞，此風既起，轉相仿效，而天下乃有補苴掇拾之學，不知起自何人，強以考據名之。本朝（清）經學盛興，在前如顧亭林、萬斯同、胡渭、閻若璩；近世以來，在吳有惠氏之學，在徽有江氏之學、戴氏之學，精之又精，則

程易疇名於歙，段若膺名於金壇，王念孫父子名於高郵，錢竹汀叔姪名於嘉定，其自名一學著書授受者，不下數十家。均異乎補苴掇拾者之所為，是直當以經學名之，烏得以不典之稱之所謂考據者混目於其間乎？」這便是揚學的基本觀點。其明年，焦氏又〈與劉端臨書〉云：「國初經學，萌芽以漸而大備。近時數十年來，江南千餘里中，雖幼學鄙儒，無不知有許鄭者。所患習為虛聲，不能深造而有得。蓋古學未興，道在存其學。古學大興，道在求其通。前之弊，患乎不學；後之弊，患乎不思。證之以實，而運之於虛，庶幾學經之道也。乃近來為學之士，忽設一考據之名目，循去年在山東，曾作札與孫淵如觀察，反復辨此名目之非。」也可說是清初經學觀點的再現。

焦氏《論語通釋》有〈釋據〉篇，暢論兩漢以來所謂經學家知據而不知通之弊。惟鄭康成能不專據而求會通，今康成且不當據，況又別據以屏康成，其言可說是廓清摧陷，纖翳不留矣。

昨天，我從一家書店買了一部台灣商務本的《淮南子》（標點，原係「學生國學叢書」，今稱「人人文庫」。）扉頁前，寫着「沈德鴻選注」字樣。我中心在暗笑，假如香港的大中學，用此書作課本，學生向老師詢問「沈德鴻」是誰？那麼多文史教師，他們一定答不出來。自從王雲五老闆重回商務以後，出了許多叢書，其中大部分是上海版的翻印。可是產生了一些妙不可言的奇跡：一位語言學家王力，字了一，於今王老闆欽定為王協；一位湖南訓詁學家，楊樹達變成了楊達；依例，葉紹鈞也變成「葉均」了。沈德鴻當然是

我們的熟人，怕的王老闆也不知其為何許人也。到了一百年以後，那些研究七十年代中國學術思想的專家，就得做一些考證工夫，證明台灣版的某人某人，便是某人某人。這便是清代樸學家的工作，他們不僅要做訓詁工作，還得校勘一番，考證一番，再走清代學人所走的路子。不過，做了這些細密工作以後，斬除了那蒙繞了的葛藤，恢復了本來面目，是不是完成了研究目標了呢？揚州學人認為還不夠，必得把理論體系條貫起來，這才算得是經學，即經世之學。焦理堂的論點，便是如此。

恰好手邊這本沈德鴻選注的《淮南子》，其中有一故事，可以作為揚學的說明。《淮南子》，原是西漢初年淮南王劉安，他幕府中招了一些門客，這是門客們論學之作，大體上是道家的思想。那故事是說春秋時代，有一天，齊桓公在堂上讀書，那位木匠輪扁，在堂下做車輪。這木匠看這位國王翻着竹簡，看得津津有味，他就停下來對國王問道：「大王，你看的是甚麼東西？」桓公道：「這都是聖人之書呀！」「請問那些聖人在哪兒？」「噢！他們都早死了！」匠人拱了一拱手：「請問，這都是前人的糟粕，有甚麼好看？」桓公勃然大怒大聲問道：「我在這兒看書，你這做木匠的胡說八道，亂嘈些甚麼！」匠人道：「大王息怒！請聽我這微賤之人的說法。別的且不說，就拿我做車輪的這一件小事來說。我用斧斫木頭，不能太快太大力，太快了，會斫掉太多；又不能太遲慢，太乏力，又會斫去得太少。不甘不苦，應於手厭於心，而可以至妙者，臣不敢以教臣之子，而臣之子，亦不能得之於臣。是以行年七十，老而為輪。今聖人之所言

者亦以懷其實，窮而死，獨其糟粕在耳。」也正是「大匠能予人以規矩，不能予人以巧」的意思。他又引了《老子》的話：「道可道，非常道，名可名，非常名。」「常道」與「常名」，都不是語言文字所能傳達的。這番話，也正是焦理堂他們所以告後學的。焦氏評論當時成學著書之等次有五：「一曰通核，二曰據守，三曰校讎，四曰摭拾，五曰叢綴。通核者，主以全經，貫以百氏，協其文辭，揆以道理，人之所蔽，獨得其間，可以別是非，化拘滯，相授以意，各慊其衷。」如皖學、揚學諸學人，已經了不得了，可是「其弊也，自師成見，亡其所宗，故遲鈍者苦其不及，高明者苦其太過焉」。這是他的高明之見。

第十講

一　清末今文學

我化了一大段時間，和年青人們談說過去二千五百年間，我國學術思想演進的過程。在西方人士正在注意中國社會文化之際，或許有點用處。不過，我個人的觀點，一直沒有改變過；我認為年青人珍重自己的心力，不必消耗在古紙堆裏。假使對舊時學術思想有興趣的話，千莫落入科舉制藝的陷阱中去，如陳立夫、趙龍文一類人的高頭講章，連看都不必看，丟到垃圾堆中去好了。其次，必須跳出宋明理學漢代今文學的圈子；要研究先秦諸子百家，就得接受清代學人的知識，如皖學、浙學和揚學，經過了考證學的基本工作，再來求其匯通。我繼續着來講清末今文學家的興起，這是維新運動的主流；先說維新運動中心人物梁啟超在《清代學術概論》結尾上的話。

梁氏說：「經過了清代考證學派二百五十餘年之訓練，我國學人的頭腦，漸趨於冷靜縝密，此種訓練，實為科學研究之基本要素，將來必可成為最現代化的『科學人』。⋯⋯所謂『經世致用』，謂學問所當講求者，在改良社會增進其幸福，所謂『國計民生』者是也。故其論點，不期而趨集於生計問題。而我國人對於生計問題之見地，自先秦諸大哲，

341

其理想皆近於今世所謂『社會主義』。……社會日複雜，應治之學日多，學者斷不能如清儒之專研古典；而固有之遺產，又不可蔑棄；將來必有一派學者，用科學方法，將舊學分科整治，擷其粹，存其真。世人治『國家』者，亦得有所憑藉焉。」

梁氏又說：「學問可愛好的至多，（一）吾輩當有所割棄然後有所專精。對於一學，作徹底的忠實研究，不可如劉獻廷所譏刺的『只教成半個學者』。（二）善言政者，必曰：『分地自治，分業自治』；學問亦然，當分業發展，分地發展。（三）學問非一派可盡，凡屬學問，其性質各有專長，萬不可求思想統一，如二千年來所謂『表彰某某，罷黜某某』者。學問不厭辨難，然一面申自己所學，一面仍尊他人所學。庶不至入主出奴，蹈前代學風之弊。」這便是我們對於研究古學應取的態度。

我們再回過去看看，一個世紀以前，社會環境有了劇烈的轉變，面臨三千年來未有之變局。「嘉道以還，積威日弛，人心已漸獲解放；而當文恬武嬉之既極，稍有識者，咸知大亂之將至，追尋根源，歸咎於學非所用。則最尊嚴之學閥，自不得不首當其衝。其次，清學之發祥地及根據地，本在江浙東南一帶。咸同太平軍之役，江浙受禍最深，文獻蕩然，後起者轉徙流離，更無餘裕以自振其業，一時英拔之士，奮志事功，更不復以學問為重。加以鴉片戰役以後，志士扼腕切齒，引為大辱奇戚，思所以自湔拔，經世致用觀念之復活，炎炎不可遏抑了。」

梁啟超，這位維新運動鬥士，他以後來的梁啟超回看

先前的梁啟超，對於晚清今文學派的發展，作如次的評介：「海禁既開，所謂『西學』者逐漸輸入；始則工藝，次則政制。學者如生息於漆室之中，不知室外更何所有，忽穴一牖外窺，則粲然者皆昔所未睹也。還顧室中，則皆沉黑積穢，於是對外求索之欲日熾，對內厭棄之情日烈。欲破壁以自拔於此黑暗，不得不先對於舊政治而試奮鬥，於是以其極幼稚的西學知識，與清初啟蒙期所謂『經世之學』相結合，別樹一派，對正統派公然舉叛旗矣。」這便是清末的今文學派。

今文學之中心在《公羊傳》，而《公羊》家言，真所謂「其中多半非常異義可怪之論」。魏晉以後，已經成為絕學。清儒既遍治古經，戴東原弟子孔廣森，始著《公羊通義》，可是不明家法，不為今文學派所歸依。說到今文學啟蒙大師，咸推武進（常州）莊存與，存與著《春秋正辭》，刊落訓詁名物之末節，專求所謂「微言大義」者，便和皖學吳學殊途了。繼其後者有劉逢祿，著《春秋公羊經傳何氏釋例》，凡何氏所謂非常異義可怪之論，如「張三世」、「通三統」、「絀周王魯」、「受命改制」諸義，次第有所發明。梁氏推為「最有價值」的創作。在我來說：他們有着維新變法的雄圖，卻想借《公羊》的舊瓶來裝他們的新酒，也正是穿了朝服來談變法維新，乃有戊戌新法和那場大政變。

初期談今文學的，重點在談《公羊》學，未及他經。可是由此知道漢代經師家法，今古文兩派判然不同，專攻賈馬許鄭，不足以代表漢學。那時輯佚之風正盛，古經說片語隻字，搜集不遺餘力，於是研究佚文遺說的漸多。清道光末，魏源著《詩古微》，始大攻《毛傳》及《大小序》，指為晚

出偽作，其言博辯可喜。且亦時有新理解，論《詩》不為美刺而止，謂「作詩者自道其情，情達而止，豈有懼愉哀樂，專為無病代呻者耶？」深合文藝以達情的本旨。又論詩樂合一，謂「古者樂以詩為體，孔子正樂即正詩」。皆能自創新見，使古書頓有活氣。他又著《書古微》，指東漢馬鄭之古文說，亦非孔安國之舊。同時，邵懿辰著《禮經通論》，謂《儀禮》十七篇，已為足本，所謂古文《逸禮》三十九篇者，出劉歆偽造。而劉逢祿作《左氏春秋考證》，謂此書本名《左氏春秋》，不名《春秋左氏傳》，與《晏子春秋》、《呂氏春秋》同性質，乃紀事之書，非解經之書；其解經者，皆劉歆竄入，《左氏傳》之名，亦歆所偽創。這就開了康有為大翻案的路子了。

近年來，關於晚清今文學家的研究，如馮友蘭氏的《魏源的思想》，楊榮國氏的《魏源思想初探》，陳勝鄰氏的《林則徐的一生》，都有他們獨到的見解。倒是標榜文化復興的台北學術文化界，連維新運動那一點朝氣，也一筆抹煞了！

我們該先明白，清末的今文學，乃是掛西漢今文學的狗頭，賣摩登的羊肉；反正事無對證，讓他們託古以改制的。有人說康梁的戊戌變法，乃是穿了朝衣朝服談革命，自有他們的一番苦心的。這一運動的先驅戰士，應該先說到替林則徐做過幕友的魏源（字默深，一七九四——一八五七，湖南邵陽人）。他是今文學大師劉逢祿的入室弟子，寫過《書古微》和《詩古微》。這些著作，在十九世紀前期，乃是學術界一件大事。我們不能用現代眼光去看待的。

魏氏對於學術文化的「變」（即辯證的進步），非常重

視。他認為經之《易》，子之《老》，兵家之《孫》，都是「綜常變」的著作。他講求經世致用，曾幫着賀長齡纂輯《皇朝（清）經世文編》；也曾寫了《聖武記》，便是對英外交失敗的記錄；還根據林則徐的《四洲記》，寫成了《海國圖志》；也正是使世人明白世情的新書，有如約翰根室的歐洲、美洲、非洲、亞洲的《內幕》。他的《詩古微》和《書古微》，意在憂憤之際，振發人心，這兒我不想多說了。他所說的「張三世」，由據亂而昇平而太平，這一說，便是康有為的新政理論所依據，不一定合乎科學邏輯的，但肯定了歷史有它的變化發展的軌跡的。他說：「由租庸調而兩稅，兩稅變而條編，即使聖人復作，必不舍條編而復兩稅，舍兩稅變而復租庸調也。」「由邱用變而府兵，府兵變而彍騎，而營伍，即使聖人復作，必不舍營伍而復為屯田而府兵也。」形勢強過了人，連聖王也只能順着情勢去使帆的。他說：「物其有矣，維其時矣！」

魏氏說：「天下物無獨必有對。」「對」即對立物，即是矛盾。它存在於每一個事物中。事物中矛盾不已，於是「一生變」，「一」即「統一體」，統一體發生了變化，於是由「變生化，化生無窮」。這就是說事物的內在矛盾，導致事物本身的變化發展，自然、歷史都是如此。（這正是馬克思建立唯物史觀的時代）他乃進一步說明此意：「逆即生，順則夭矣；道則聖，順則狂矣。」逆即矛盾，順則顯示矛盾停止；矛盾存在，才會有生機，才會獲得智慧；倘矛盾停止了，便是死亡，將來形成了狂妄了。比如草木不經霜雪，則生意不固，人不經憂患，則智慧不成；所以魚逆水，則鱗不頹（淺

紅色），禽逆風，則毛不橫。都是相反而實相成的。他最後說：「大哉，《易》之為逆數乎！五行不順生，相克乃相成乎！」他再從其他方面來說，如天時有從逆，地理有險易，人情有愛惡，機事有利害，即是說矛盾具有普遍性，任何事物都包含着矛盾性的。

他又說：「有對之中必一主一輔，則對而不失為獨。」他說矛盾的雙方，有一方是主導的，而另一方為次要的，次要的可轉變為主要的，主導的可轉化為次要的。同時，對立物中雖分主次，但對立體物中亦各自有它相對的獨立性。這是唯物辯證法的正確理解。魏氏當然並不知道黑格爾、馬克思的理論，但《易經》《老》《莊》《孫子兵法》對他有如此的啟示。

二　再談清末今文學

到了十九世紀初期，封建社會農業手工業經濟面臨着破落的命運。我們不妨從一角看全局：在十八世紀，太湖流域出產的土布，原為倫敦貴族社會所愛好。一進入十九世紀，不獨土布出口路子完全斷絕，蘭開夏的洋布倒流過來，注入東南財富城市，打擊我國的手工業。那時，除了貴族、官僚、豪富、地主勉強可以混過去；中產之家，已經無以自存。魏默深（源）便是破落戶的子弟，確切感受他所處時代的變動。變動來自兩方面：（一）從社會底層發動的人民起義。（二）從海外來的侵略，所謂「海警杳至」。當時，朝廷政治那麼腐敗，真是水深火熱。他在鴉片戰爭過程中，體會

得以林則徐那樣忠君愛國，也難於挽救時艱。對英的軍事外交完全失敗，他便有了深厚的愛國悲憤情緒。他說：「凡有血氣者所宜憤悱，凡有耳目者所宜講求。」（《海國圖志敘》）他是近代史上第一個正式主張向西方學習的政治思想家。

魏氏，他雖說也認「西方」是「夷」，但他深知道，非「師夷」不能「制夷」。他譏笑以前的「儒者著書，惟知九州以內。至塞外諸藩，則若疑若昧。荒外諸服，則若有若無」。「徒知侈張中華，未睹寰瀛之大。」他認為研究外洋始知宇宙之大。研究外洋可擴萬古之「胸」。他認識研究外國情況，（他到了廣州，便開始讀報，知道甚麼是輿論。）他說：「夫制馭外夷者，必先洞悉夷情。……設館粵東專譯夷書夷史，則殊俗敵情，虛實強弱，恩怨攻取，了悉曲折，於以中其所忌，投其所慕，於駕馭，豈小補哉！」（《聖武記》）這便是洋務派的先河。他所編的《海國圖志》，先後擴充為一百卷，他自言：「此書與昔人海圖之書不同。彼皆以中土人談西洋，此則以西洋人談西洋也。」在當時，這是一部講外國歷史地理的大書，它的影響，遠及日本。（其中記述英國情況，至為詳盡。）他瞭解英國人「四海之內，其帆檣無所不到。凡有土有人之處，無不睥睨相度，思脧削其精華」。他也是第一個揭穿英帝國主義的面目。他這部書，乃是「為以夷攻夷而作，為以夷款議而作，為師夷之長技以制夷而作」。他在開首有〈籌海〉篇。他提出對付外人的方案：（一）議守，（二）議戰，（三）議款，分三大項目。

魏氏認為必須「不必仰賴於外夷，才是師夷的成功要點」，正如我們所說的自立更生，自足自給。他已經跳過了

買辦思想，進入民族資產階級的觀點。他說：「人但知炮為西洋之長技，而不知西洋之所長，非徒船炮也。」他主張不但學習西洋人設廠造炮，還要學習西洋人選兵練兵養兵，這都比後來的堅甲利兵派看得深遠些，他覺得那時朝野人士所謂「剿夷撫夷」，都是可笑的，他提出一個「不亢不卑」的「款」字。

用一句現代語來說，自從魏默深、龔定庵出來，今文學派已經擴大他們的世界觀，非復常州學派的經生之舊視野了。錢賓四氏說：「常州之學，起於莊氏，立於劉（逢祿）宋（翔鳳），而變於龔（定庵）魏（默深）。然言夫常州學派之精神，則必以龔氏為眉目焉。何者？常州言學，既主微言大義，而通於天道人事，則其歸必轉而趨於論政，否則何治乎《春秋》？何貴乎《公羊》？（《左氏》主事，《公羊》主義，義貴褒貶進退，西漢《公羊》家皆以經術通政事也。）亦何異於章句訓詁之考索？故以言常州學派之精神，其極必趨於輕古經而重時政，則定庵其眉目也。」這段話，說得簡明扼要。

我這個窮鄉僻壤的陋士，自幼不知道有常州學派，連鄭重介紹我們認識王船山的朱芷春師，他也不知道魏默深其人。直到我在杭州一師受單不庵師的訓導，才知道有戴東原、王念孫父子、汪中、段玉裁和焦理堂，後來才知道章實齋和全祖望，這都是我二十歲前後的事。到了一九二八年，我到杭州西湖圖書館任職和曹禮吾兄同事，這才知道龔定庵其人。禮吾，可說是定庵迷，寫了許多定庵詩集句，頗有奇趣。那時，我只知龔定庵是詩人，還不知清末啟蒙期，乃是

襲定庵的時代。如梁啟超所說的：「段玉裁外孫龔自珍（定庵）既受訓詁學於段，而好今文學，說經宗莊劉；自珍性詄宕，不檢細行，頗似法之盧騷；喜為要眇之思，其文辭椒詭連犿，當時之人弗善也，而自珍益以此自喜；往往引《公羊》譏切時政，詆排專制；晚歲亦耽佛學，好談名理。綜自珍所學，病在不深入，所有思想，僅引其緒而止，又為瑰麗之詞所掩，意不豁達。然而晚清思想之解放，自珍確與有功焉。」光緒年間所謂新學家者，大率人人皆經過崇拜龔氏之一時期；初讀《定庵文集》。若受電然，稍進乃厭其淺薄，然今文學派之開拓，實自龔氏。夏曾佑贈梁啟超詩云：「璱人（龔）申受（劉）出方耕（莊），孤緒微茫接董生（仲舒）。」此言「今文學」之淵源最分明。到了後來，我才知道定庵不僅是詩人，而是掌故、史地與金石兼通的百科全書派學人，又是一個政治革命家。定庵《己亥新詩[1]》三百十五首，如次的一首：

> 九州生氣恃風雷，萬馬齊瘖究可哀；
> 我勸天公重抖擻，不拘一格降人才！

這正是啟蒙時代的號筒。龔氏自負才氣，有若干有關軍政之計，如《東南罷番舶議》、《西域置行省議》，都是超時代的遠見，他自己也以為「五十年中言定諗，蒼茫六合此微

1　編者注：應為《己亥雜詩》。

言」。其後李鴻章《黑龍江述略序》中說：「古今雄偉非常之端，往往創於書生憂患之所得。龔氏自珍議西域置行省於道光朝，而卒大設施於今日。」這就證明了他的遠見。

龔定庵生於清乾隆五十七年（一七九二年），死於道光二十一年（一八四一年），距今已經一百三十年了。他的光芒，一直照耀到現代，如朱傑勤先生所說的：「其文章縱橫百家，出入三乘，立意命辭，自出機抒，如行雲流水，來去無蹤，令人不可捉摸，驚才絕豔，曠代一人，遠非桐城派諸人所能及。桐城派文士，只能遠窺史漢，近接歸（有光）唐（荊川），及其末流，平淡杳洩，而定庵已能與先秦諸子相上下矣。吾人讀其文者，玩索既深，則定庵之思想行事之怪特，如在目前，因其文最能代表其個性。」這番話，可以說明定庵詩文對過去這一世紀文士們的感受。我是師法桐城派的，得汪中、龔定庵文字而一變，讀梁啟超《新民叢報》，章士釗的《甲寅》而再變，這也可以代表清末民初啟蒙期中國散文的趨向。

定庵的母親，乃是經學名家段玉裁的女兒；他年十二時，已接受了外祖父的語文學教育；他在《己亥雜詩》之一中說：「張杜西京說外家，斯文吾述段金沙；導河積石歸東海，一字源流奠萬譁。」即說，他的治經，走的是段氏的路子：「解經莫如字，解字莫如經。以小學治經，其經學可信。」他幼年隨父祖在北京，又隨父南來皖南，那時，他已經寫了光芒四耀的詩文。段玉裁替《懷人館詞選》作序云：「仁和龔自珍者，余女之子也；嘉慶壬申（一八一二年），其父由京師出守新安。自珍見余於吳中，年才弱冠，余索

觀所業詩文甚夥，間有經史之作，風發雨逝，有不可一世之
慨。」他已經為長一輩的文士所傾倒了。

龔氏平生師友，以常州派為最多，他曾作〈常州高才
篇〉以送丁若士（履恆），詩云：「丁君行矣龔子忽有感，聽
我擲筆歌常州。天下名士有部落，東南無與常匹儔。我生乾
隆五十七，晚矣不及瞻前修。外公門下賓客盛，始見臧（在
東）顧（子述）來哀哀。奇才我識惲伯子，絕學我識孫季
述。最後乃識掌故趙（味辛），獻以十詩趙畢酬。三君折節
遇我厚，我益喜逐常人游。乾嘉輩行能悉數，數其派別徵其
尤。易家人人本虞氏，荽緯戶戶知何休。聲音文字各窔奧，
大抵鐘鼎工冥搜。學徒不屑談賈孔，文體不甚宗韓歐。人人
妙擅小樂府，爾雅哀怨聲能道。近年算學乃大盛，泰西客到
攻如仇。常人倘欲問常故，異時就我來諮諏。……」這也足
以說明十九世紀前半期中東南的學風。

定庵幼年既受祖、父和母親的薰陶，又接受了外祖父的
啟示，但他一生終不欲拘拘於治小學的小天地；他的精神意
趣，自不甘追隨乾嘉正統派學人的軌跡。他不樂於經生之媚
古生活，不僅見之於己亥之際之著議；後來，他中了鄉試，
再進京師還是發同樣的議論的。

三　三談清末今文學

在香港的上海朋友，每每把蘇北人士看作是孤陋寡聞的
鄉愚，連胡適之都嘲笑陳鍾凡先生是拉車的鄉下人。可是縱
貫一千八百年，淮揚乃代表文化、藝術最高的城市，遠在巴

黎羅馬之上。當年的上海人，只能「小小上海比蘇州」，怎麼敢和揚州爭勝呢？不過，進入了十九世紀，揚州便已衰落下來了。龔定庵有〈己亥六月重過揚州記〉，謂：「天地有四時，莫病於酷暑而莫善於初秋，澄汰其繁縟淫蒸而與之為蕭疏澹蕩冷然瑟然而不遽使人有蒼莽寥泬之悲者，初秋也。今揚州其初秋也歟？」瓶水冷而知天寒，揚州一地之盛衰，可以覘國運。當定庵之世，固一初秋之世也。定庵卒之年，林則徐廣東事敗，不十年洪楊變起，定庵所謂莫善於初秋者，其境乃不可久。湘鄉曾氏削平大難，欲以忠誠倡一世，而晚境憂訊畏讒，惴惴不可終日。異姓之賓，雖掬忠誠以獻其主，其主疑忌弗敢受也。故湘鄉之倡導忠誠，亦及身而歇，無救於一姓之必覆。自是而《公羊》之學，附會於變法，而有南海康氏，然亦空以其徒膏斧鉞，身則奔亡海外，僅全腰領，猶且昌言保王，識出定庵「賓賓」下遠甚。而定庵治《春秋》，知有變法，乃不知有夷夏。其《五經大義終始答問》，乃謂宋明山林偏僻士，多言夷夏之防，比附《春秋》不知《春秋》者也。定庵又言尊史，乃知有乾嘉，不知有順康，故止於言賓賓而不敢言革命。然則定庵之所譏，積百年之力以震盪摧鋤天下之廉恥，既殄既獮既夷者，正彼之所以得夷踞於賓之上，而安為其主者也。向使聖清之列祖列宗，亦效三代神聖，不忍棄才臣智士，而厚豢駑羸，則何以使定庵生初秋之世，酷熱已消，衰象已見，方治《春秋》而猶不敢游思及於夷夏，顧唯以「賓賓」、「尊命」之說自慰藉哉？然而定庵猶知倡「賓賓」之說，要已為一代之奇才矣。（以上節引錢賓四氏語。錢氏論述近三百年中國學術史，時有勝

義。他對於定庵的褒貶，極有分寸。）

揚州衰落，上海繼起，是社會經濟的大變動，影響所及，政治、文化、藝術，都有了全面性的劇變。四十年前，日本漢學家到了揚州，輾轉訪求王念孫、引之這兩位經學大師的後裔，結果，只找了一位七十多歲的老婦人，她是一個文盲，當然不知道她的曾祖祖父是怎麼一個通儒了。

清末學人，還有一種風尚，便是學佛。龔氏自言：「江鐵君（沅）是予學佛第一導師。鐵君乃江艮庭之孫，艮庭師事惠定宇，亦小學名家。鐵君既傳其家學，又師事彭尺木學佛。」定庵有《知歸子贊》，即指尺木。而定庵自號懷歸子，記其心慕尺木也。錢氏說：「余觀定庵之學，博雜多方，而皆有所承，亦非能開風氣。定庵特沿襲乾嘉以來全盛之學風，而不免露其蕭索破敗之意象者也。時人謂十九世紀以來，士大夫誦史鑑，考掌故，慷慨論天下事，其風氣實自定庵開之。」清初雍正帝所要遏止的「天下興亡，匹夫有責」的風氣，到了定庵時代，便又重開了。

當太平軍進入南京建立太平天國時期，楚軍統帥胡林翼曾經和部屬巡視安慶的軍事形勢。他騎在馬上，洋洋自得，認為太平軍不堪一擊，安慶指日可以攻下了。這時候，他忽見長江水面，一艘輪船，嗚嗚駛過，忽而一陣昏迷，從馬上跌了下來。部屬們把他救護回營，在房中休養，親信的進候起居。他慨然道：「太平軍不足平，一切不成問題；倒是江面上的洋船，來日大難，不是我們所及料的了。」這便是代表着湘軍、楚軍、淮軍這些首領們的共同覺悟，這就開始了十九世紀中葉以來的洋務運動。

洋務運動，有一句很明亮的口號，叫做：「堅甲利兵」。即是說洋人的輪船大，鋼板堅，大炮口徑大，所以我們吃虧了；但那一群阿Q覺得物質文明，洋人利害，不要緊，可是精神文明，我們中國行，吃點虧不要緊呀！於是又有了一句響亮的口號，如張之洞所說的：「中學為體，西學為用。」說明白來，清末的今文學派，他們也正是掛了孔聖人的羊頭，賣維新變法的狗肉。

馮友蘭氏說：自清代中葉，中國人慢慢感覺到西洋人的壓力。西洋人勢力之前驅，以耶教傳教師為代表，其後繼之以軍事政治經濟各方面之壓力。這多方面的壓力，在國人心理上，引起了種種問題，其中較根本的，即：（一）西洋人有耶教，何以中國無之？豈中國為無教之國乎？（二）中國土廣民眾，而在各方面皆受西洋之壓迫，豈非因中國本身，有須改善之處？當時的士大夫，為瞭解這一問題，便在思想方面，有了新運動；這一運動的主要目標，便是自立宗教，自變新政以圖「自強」。簡言之，即為立教與改制。其時經學之舊瓶，仍未打破。他的一般思想，都得借經學的舊瓶來裝進去。而西漢盛行之今文經學家之經學，最合上了這一需要。因為今文經學家的經學中，孔子的地位，由師進而為王，由王進而為神。在緯書中，孔子的地位，原已成為宗教的教主了。所以講今文經學，孔子自成為教主，而孔子之教，自成為宗教。今文經學家，又有孔子改制，立三世之政治制度為萬世制法之義。講今文經學，則可將其時人理想中之政治，託於孔子之說，以為改革其時現行政治上社會上各種制度之標準。當時需要一如此之孔子，而如此之孔子，惟

今文經學中有之。中國哲學史中之經學時代，以今文經學家之經學始，亦以今文經學家之經學終。（我這回講中國的學術思想，一開頭便說到今古文學，結尾也說到今文經學家的思想，便是這個意思。）蓋人處於新環境時，最易有荒誕奇幻之思想，而今文家之經學中，有陰陽家學說之分子，其荒誕奇幻，最適宜於處新環境之人之用。周末至秦漢，由列國而統一，為一新環境。近世各國交通，昔之所視為統一者，今不為列國之一國，亦一新環境也。（在當時，一般人的心理中，洋人不管紅黃白黑都是其心必異的「夷」，都是「鬼子」，那是一時期。「鬼子」實在利害，吃了幾場苦，於是敬鬼神而遠之，尊之為「洋大人」，便是洋人月亮格外圓格外亮的時期。到了看清楚鬼子臉孔，才知道那是帝國主義者，乃是近五十年間的事了。）

毛主席說：「自從一八四〇年鴉片戰爭失敗以來，先進的中國人士經過千辛萬苦，向西方國家尋找真理。洪秀全、康有為、嚴復和孫中山代表了在中國共產黨出世以前向西方尋找真理的一派人物。」關於洪秀全孫中山的政治活動，我已在近代史現代史中說過了；嚴復是譯介西方學術思想的開山工作者，也得另外有所交代。康有為是滿清末年維新運動的領袖；他向西方國家尋找真理，同時也從中國的古書裏尋找真理，他糅合了古今中外的學說，創立維新運動的理論，這也是「中學為體，西學為用」這一傾向下的產物。

（我曾說過：太平天國掛的是耶穌教的招牌，他們骨子裏的天父天兄天國，以及一切論調，還是東方的，而且是儒家的。曾國藩、李鴻章提倡了洋務，他們所著眼的，仍是把

西方的堅甲利兵來配合自己的禮教，當然更是東方的。康有為、梁啟超提倡君主立憲，顯然受明治維新的啟發，捧出了孔孟和《公羊》的微言大義來變法維新，自是託古以改制。孫中山這位政治革命領袖，要算帶西方氣息最濃重的，結果，還是要捧出《禮運‧大同》篇來，託孔子來張民生主義的革命膽子。晚清學術思想家，脫不了「中西體用觀」的套子，那是不爭的結論。其實，東方這些國家，最西化的莫如日本；可是一位最東方化的英國人小泉八雲，（他是在日本講學，娶了日本太太在日本成家，改姓小泉歸附了日本籍。）他依然說：「日本的工業化，也還是東方的。」人畢竟是土地的兒子！所以「放腳式」的維新運動，自有其時代的意義，我們不必笑他們的淺陋。）

康有為是舊式的士大夫，他要從所謂「六經」（其實是五經）裏找話題，注入一些新的東西，化腐臭為神奇，建立起他的新的理論來。在這兒，我要插講一段話。以往的儒家，把黃唐時代幻想為黃金盛世，於是一代不如一代，三王不及五帝，五霸又不及三王；到了秦漢以後，連霸業時代都不再到來了。這樣的政治退化論，一直流傳着；連荀卿那樣主張尊今不泥古，都為漢唐宋元明的儒家所厭棄。今文學家卻開始接受西方達爾文派的進化論，認為黃金時代是在將來而不在遠古，實際上是思想上的大革命。孫中山捧出了《禮運‧大同》篇，也是一種烏托邦，和十八世紀流行的無政府主義者的理想相接近。可是，社會革命乃是長時期的階級鬥爭；人類的理想社會，必須從流血中產生的。康有為師徒所提倡的維新變法，一開頭便碰上了一場劇烈的政治鬥爭，他

們的政治史，也是用血寫成。這就不是書生所夢想得到的；而且，在帝與后，維新與頑舊，滿族與漢人的鬥爭後面，就有着帝國主義者的魔影在其間躍動；康梁所以能脫險，依然靠着英日兩國之力呢！

四　四談清末今文學

如上所說，公羊派的今文學說，都是一些非常可怪的議論。可是我要提醒一句，那並不是怪論，西漢的今文學家，把這些議論看得非常認真的，即清末今文學家，也是看得很認真的。我們讀《史記·董仲舒傳》，覺得這位道士打扮的儒士樣兒十分可笑，可是他們自己並不覺得是可笑的。這一個戊戌（一九五八年），我剛巧在北京，在康同璧女士家中參加戊戌六十年紀念會。他們把康有為放在歷史天秤上去估價，我聽了許多議論，而康有為的《孔子改制考》、《新學偽經考》和《大同書》，北京和台北，都刊行了新版。在我手邊，有梁啟超、錢賓四、宋雲彬、馮友蘭諸氏的評介文字，湯志鈞氏也論了康有為，馮友蘭氏也作了康有為、梁啟超的思想評述。我在這兒只節引馮氏的話，其該補充的材料，便收集在《國學小辭典》中。

馮氏說：康有為的經學，一方面攻擊古文經學家的經學，以為都是劉歆所偽造；一方面卻主張孔子改制之說，以為今文經學家的經典，都是孔子所作的。康有為作《新學偽經考》，以為劉歆乃王莽的臣下，其所偽造之經，都是新朝一代之學。康氏說：「歆既飾經佐纂，身為新臣，則經為新

學。名義之正，復何辭焉？後世漢宋互爭，門戶水火。自此視之，凡後世所指目為漢學者皆賈馬許鄭之學，乃新學非漢學也。即宋人所尊述之經，乃多偽經，非孔子之經也。」這些話，在當時該是多麼駭人聽聞的議論，如他所說的，從東漢以後，歷晉唐宋明之經學所講的，都不是孔子的經義；只有西漢今文學家的經學，才是孔子的經義，所講的乃孔子之微言大義。康有為以為孔子之前，茫昧無稽。春秋戰國之際，諸子並起創教，而孔子所創立的教宗，尤為特出，乃為後世所宗奉。孔子所立的教義，其中最重要的，康有為歸之於「三統三世」之說。他說：「孔子之道有三世，有三統，有五德之運，仁義智信，各應時而行運。仁運者大同之道；禮運者小康之道。」他以為仁運所謂「大道」，即「人理至公，太平世大同之道也」。《禮運》所謂「三代之英」，即昇平世小康之道也。以為《公羊春秋》所謂三世之義，即此所說。他又以為《論語》中亦言三世之義。《論語》云：子曰「殷因於夏禮，所損益可知也。周因於殷禮，所損益可知也。其或繼周者，雖百世可知也」。他以為這便是明三統三世之義。〈中庸〉云：「王天下有三重焉，其寡過矣乎？」他以為「重複也，三重者三世之統也」。他發揮三統三世之說，蓋欲以之包羅當時人之新知識，當時之新事實，所謂以舊瓶裝新酒也。他也想以此為其政治上變法維新的根據。這種說法，當然有着時代的意義，那正是無政府主義盛行的時期，所謂太平世，即是大同社會，而昇平世，乃是憲政的時期。孫中山所謂訓政憲政，也有着「三世」的影子。由今說來，新中國踏入社會主義社會，將來進入共產社會，也可以

說是同一種說法。

到了康有為第五次上書，已經到達了光緒帝面前，動了聖聽了；接上來便是百日維新和戊戌政變，康梁倖免於難，他的同志們，殺的殺，充軍的充軍，降職的降職，一場政治性大悲劇。雖說，封建科舉的幽靈，一直在我們眼前漾蕩，到了七十年代的今日，還舉行甚麼大中學的會考，迷戀着狀元榜眼探花這類臭名詞。正如「民」國已經「民」了六十年，臭男女還以影帝、影后相稱，恬不知恥，連武俠也有皇后。可是在七十年前，康梁他們提倡變法，行新政，廢科舉，及八股制藝，興學校，女人放腳，看似輕而易舉的小事，卻都是用血寫起來的。

戊戌新政初行，其中有一條就是要改寺觀為學校。當時，北京城內就有一個賣菜的老頭子，歇着擔子在街頭，揮拳攘臂，破口大罵，道：「寺觀廟宇，從古就有了的，怎麼可以廢掉呢？」這也正是當時士大夫的共同觀點。舊官僚反對新政，說新政「非祖宗制度」，士大夫反對新政，說新政是「非聖無法」。只要是改革，即賣菜老頭子，也掮出傳統的招牌來反對。所以康梁新政，命定非失敗不可的。

康有為在廣州講學時，理學大師朱一新，我們浙東金華人，便反對他的文學主張，以為要影響世道人心。他說：「夫人心何厭之有！六經更二千年，忽以古文為不足信，更歷千百年，又何能必今文之為信耶？竊恐詆訛古人不已，進而疑經；疑經不已，進而疑聖；至於疑聖，則其效可睹矣！」（他的這些話，倒像是預言一樣；到了後來，一一都應驗了。我在這兒談中國學術思想，我的師友們都是疑經疑

聖的人，而我自己的確拿下了孔子的神位牌劈了當柴燒的；這半世紀中，我國社會文化不是大大地進步了。康有為在當年，被世人看作是洪流猛獸，其後不過二十多年，他已經成為時代落伍者了！）

梁啟超在維新運動初期，曾在湖南主辦時務學堂，聲勢非常浩大。那些衛道人士如王先謙、葉德輝輩，便群起而攻之。葉德輝作《翼教叢編》，專攻擊康有為有云：「寧可以魏忠賢配享孔廟，使奸人知特豚之足貴；斷不可以康有為擾亂時政，使四境聞雞犬之不安；其言即有可採，其人必不可用。」又說：「康有為其貌則孔，其心則夷。」他們口口聲聲，說「夷夏之分，正邪之辯」，這是舊時期士大夫的共同觀點。那時在野的舊士大夫，對於新政作文字上的詛咒；在朝的權貴們便進行實力上的反擊。那一群官僚以慈禧為勢力中心，挑撥帝后間的感情，說：「新政既行，將去母后。」說：「新政既行，漢人排滿。」慈禧乃以榮祿主持軍機處，牽制新政的施行，並決定了廢立大計。八月六日，下了太后垂簾訓政之詔，光緒帝碰上了硬釘子，憂鬱以去，新政也就告終結了。

中國舊士大夫階級，都是千年狐狸，九煉成精，你看他們嬉皮笑臉，和氣得很；落在他們手中，毛骨無存。康有為的維新運動，實在是沒有根的，從那以後，也只留下了一根辮子，做他的政治生命的特徵。他記憶力特強，也善於口辯，作詩寫字也頗有氣魄，這也是中國士大夫的典型。

大同世界共產主義社會的理想，在東方，也和柏拉圖的《理想國》一樣，早在二千三百年前，見之於儒教的經典

中，除了《禮運·大同》篇，還有《周禮》的具體施政方案。新莽建國時，也曾頒佈了「六莞」之令，「五均」賒貸，和「王田」的政治經濟方案。把社會主義政治作第一回試驗。因此，康梁維新變法，有着《大同書》這麼一套烏托邦式的方案，也在意想之中。（「公妻」也是柏拉圖的理想之一；「公妻」者，乃是國家決定男女的婚姻結合，並非如一般人所誤解的「公有妻」之意。）

康有為把大同世界當作孔子的理想社會制度，乃衍其條理如次：（一）無國家，全世界置一總政府，分若干區域。（二）總政府及區政府皆由民選。（三）無家族，男女同棲不得逾一年，屆期須易人。（四）婦女有身者入胎教院，兒童出胎者入育嬰院。（五）兒童按年入蒙養院，及各級學校。（六）成年後，由政府指派分任農工等生產事業。（七）病則入養病院，老則入養老院。（八）胎教、育嬰、蒙養、養病、養老諸院，為各區最高之設備，入者得最高之享樂。（九）成年男女，例須以若干年服役於此諸院，若今世之兵役然。（十）設公共宿舍，公共食堂，有等差，各以其勞作所入自由享用。（十一）警惰為最嚴之刑罰。（十二）學術上有新發明者，及在胎教等五院有特別勞績者得殊獎。（十三）死則火葬，火葬場比鄰為肥料工場。（這些辦法有着烏托邦和無政府主義的濃厚氣息）

梁啟超說，全書數十萬言，於人生苦樂之根原、善惡、標準，言之極詳辯，然後說明其立法之理由。其最主要關鍵，在毀滅家族。有為謂佛法出家，求脫苦也，不如使其無家可出；謂私有財產為爭亂之源，無家庭則誰復樂有私產？

若夫國家，則又隨家族而消滅者也。有為懸此鵠為人類進化之極軌，至其當由何道乃能致此，則未嘗言。其第一眼目，所謂男女同棲當立期限者，是否適於人性，則亦未能自完其說。」「有為雖著此書，然秘不以示人，亦從不以此義教學者；謂今方為『據亂』之世，只能言小康不能言大同，言則陷天下於洪水猛獸。其弟子最初得讀此書者，惟陳千秋、梁啟超，讀則大樂，銳意欲宣傳其一部分，有為弗善也，而亦不能禁其所為；後此，萬木草堂學徒多言大同矣。而有為始終謂當以小康義救今世，對於政治問題，對於社會道德問題，皆以維持舊狀為職志。自己發明一種新理想，自認為至善至美，然不願其實現，且想全力以抗之遏之，人類秉性之奇詭，度無以過是者。」

那一時期，無政府主義在我國也很流行；但他們之中，如吳稚暉、蔡元培、李石曾諸信徒，也都說無政府主義乃是三千年以後的事，目前還是推行三民主義時期；甚至於和共產黨相對敵，他們都是反共的急先鋒呢！

五　五談清末今文學

康有為的詭異學說，《孔子改制考》、《新學偽經考》，已經驚駭流俗；《大同書》更是震動了當時的士大夫。那位守理學門戶的朱一新，曾作如次的批評：

> ……足下自處甚高，凡所論撰，皆為一世人
> 心風俗計。然冀足下鏟去高論，置之康莊中，使坐

言可以起行，毋徒鑿空武斷。原足下之所以為此者無他焉，蓋聞見雜博為之害耳。其江洋自恣也，取諸莊；其兼愛無等也，取諸墨；其權實互用也，取諸釋；而又炫於外夷一日之富強，謂可以旋至而立效也。故於聖人之言，燦著六經者，悉見為平淡無奇，而必揚之使高，鑿之使深。

他揭出康氏以幻想為遊戲，也頗抓着癢處。

不過今文學說，如《孔子改制考》、《新學偽經考》所說的，康氏所以震世的，並非他自己的創見，而是從廖平那兒抄襲而來的。廖氏一生治學善變，先後凡六變，廖氏已經變了，拋棄了，康氏乃據之為精神上的財富，這就有了欺世盜名之嫌。關於這件公案，廖氏曾作如次的記述：「廣州康長素，奇才博識，精力絕人，平生專以制度說經。戊己間，從沈君子豐處得《學考》，謬引為知己。及還羊城，同黃季度過廣雅書局相訪。余以《知聖篇》示之。馳書相戒近萬餘言斥為好名驚外，輕變前說，急當焚毀。當時答以面談再決。後訪之城南安徽會館，兩心相協，談論移晷。明年，聞江叔海與俞蔭老書而《新學偽經考》成矣。甲午，晤龍濟齋大令，聞《孔子會典》已將成。……然則《王制義證》可以不作矣。生公說法，求之頑石，得此大國，益信不孤。長素刊《長興學記》，大有行教泰西之意。長素或亦佛門之達摩，受命闡教者乎？」「己丑在蘇晤俞蔭甫先生，極蒙獎掖，謂《學考》為不刊之書，語以已經改易，先生不以為然曰：『俟書成再議。』蓋舊誤承襲已久，一旦欲變其門戶，雖蔭老亦疑

之，乃《闢劉》之議，康長素逾年成書數冊。」「外間所祖述之《改制考》，即祖述《知聖篇》，《偽經考》即祖述《闢劉篇》，而多失其宗旨。」「戊子以前，尊經友人撰《王制義證》，稿已及半，後乃散失。繼聞康長素《會典》，即是此意，即決意不作。」這段經過，梁啟超也不為康師諱的。

廖氏曾致書康氏，爭論此事；他說：「……昔年在廣雅，足下投書相戒，謂《今古學考》為至善，以攻新莽為好名，今足下大名，百倍鄙人，以子之矛，攻子之盾，久宜收斂。……又吾兩人交涉之事，天下所共聞知。余不願貪天功以為己力，足下之學自有之可也。然足下深自諱避，使人有郭象之謗。每大庭廣眾中，一聞鄙名，足下進退未能自安，淺見者又或以作俑馳書歸咎；鄙人難於酬答，是吾兩人皆失也。天下之為是說，惟我二人，聲氣相求，不宜隔絕，以招讒間。其中位置，一聽尊命；謂昔年之會，如邵程也可，如朱陸也可，如白虎石渠亦可。……今日之急務，不可不深思而熟計之也。」

因此，談清代今文學派的思想，除了康梁，得把譚嗣同、廖平的論點說一說。廖平，四川井研人，生於清咸豐二年（一八五二年），卒於民國二十一年（一九三二年），年八十一歲。

廖平的學說，一生凡六變，自稱六譯。第一變為「今古」，那時在光緒九年（一八八三年）。他以為：「今古兩家所根據，多同出於孔子，於是倡為法古改制，初年晚年之說。因孔子有初年晚年之主張，孔子歿後，宗孔子初年之說者為古學，宗孔子晚年之說者為今學。『魯學為今學正宗，

燕趙為古學正宗。』以後今學古學，相爭不已。」廖氏認為：
「就制度言，今學改者少不改者多，今所不改，自當從古。
凡解經，苟今學所不足，以古學補之可也。」故今古二派，
如水火陰陽，相妨而亦相濟也。

　　廖氏再變為「尊今抑古」，時在戊子（一八八八年）。
他認為：「古文家淵源，皆出許鄭以後之偽撰，所有古文家
師說，全出劉歆以後，據《周禮》《左氏》推衍。又考西漢
以前，言經學者皆主孔子，並無周公。六藝皆為新經，並非
舊史。」於是以尊經者作為《知聖篇》，闢古者作為《闢劉
篇》。這便是康氏《孔子改制》、《新學偽經》二考的藍本。
（那時，廖氏以為春秋時主張改制的只有孔子一人。）

　　其三變乃講「小大」之學，時在戊戌（一八九八年）。
他的觀點，用了北宋的邵康節之學；他分政治為皇帝王伯四
種，以為王制春秋，乃孔子王伯之制，乃所以治中國者。但
孔子並非一隅之聖人，所以王制之而外，還有皇帝之制。孔
子的皇帝之制，以《周禮》為根基，《尚書》為行事，也如
《王制》之於《春秋》。那是孔子所以「經營全世界」者。〈中
庸〉所謂「洋溢乎中國，施及蠻貊，凡有血氣莫不尊親」，
《禮運》所謂大同之說，即是此意。他認為孔子之學，實為
全世界之政治及社會立一整個的辦法，世界進化，必依之而
行。（他又立了一個《聖經世運進退表》）

　　到了壬寅（一九〇二年）以後，廖氏之學，又四變為講
天人了。他以為自天人之學明，儒先所稱，詭怪不經之書，
皆得其解。如《楚辭》、《山海經》、《穆天子傳》中，荒唐
不經之言，皆說別一世界，皆天學也。佛經亦屬天學。將來

世界進化，歸於眾生皆佛。他說：「佛出於道，道出於孔，孔經所包，更益廣矣。」（那一時期，康有為的時代已經過去，梁啟超的《新民叢報》到來；他們的世界觀已經擴大了，改變了。孫中山亦已接受了社會革命的新潮，和馬克思主義碰了頭，而同盟會志士也進入民族革命的實際行動，不再如廖氏這麼鑽牛角尖了。）

黃熔（廖氏弟子）說：「戊午（一九一八年）廖師改去今古名目，謂之小大，專就六經分天人大小。」視前之專就《春秋》《尚書》《詩》《易》分天人大小者又不同。六經中分人學三經，天學三經。人學三經中有《禮經》，天學三經中有《樂》及《大禮》。（天學三經中，第三種當為《易經》，但廖氏未說及。）

在戊戌維新變法運動中，有一位急進的思想家，他便是《仁學》的著者譚嗣同。馮友蘭氏在《中國哲學史》下卷述清末今文學那一章中有譚嗣同的專目，近十多年中，馮氏又有譚嗣同專論。譚嗣同，字復生，湖南瀏陽人，參與新法運動，政變既起，他便與於斯難，年三十三歲。譚氏在經學方面雖不及康有為的煊赫，在思想方面所著《仁學》，發揮大同之義，較康氏為精密。

譚氏的主要著作是《仁學》，其主要目的在沖決網羅；他說：「網羅重重，與虛空而無極。初當沖決利祿之網羅；次沖決俗學，若考據若詞章之網羅；次沖決全球群學之網羅；次沖決君王之網羅；次沖決倫常之網羅；次沖決天之網羅；次沖決全球群教之網羅；終將沖決佛法之網羅。然其能沖決，亦自無網羅。真無網羅，乃可言沖決，故沖決網

羅者，即是未嘗沖決網羅。循環無端，道通為一。凡誦吾書者，皆可於斯二語領之矣。」（《仁學·自敘》）馮氏說：「譚氏所謂『沖決網羅』，就是跟封建社會的決裂。」（他不僅要求在經濟上和政治上施行資產階級性的改革，並且在倫理道德方面，也要求樹立資產階級性的新標準。他對於封建統治階級的道德標準和社會秩序的批判和攻擊，在當時說是最猛烈和最尖銳的。他和封建傳統思想的決裂，在當時的進步分子中是最徹底的。）但是，實際上，就他所代表的階級說，就他的個人家庭出身和他所受的教育說，他是不能徹底決裂的。所以他自己又說：「故沖決網羅者，即是未嘗沖決網羅。」這就暴露了他的思想的改良主義本質。（戊戌變法失敗後三個月，譚氏的《仁學》才在日本東京正式出版，但參與戊戌維新運動的人們，早已受了這部書的影響。）

譚氏在《仁學》中，首先用了「以太」這一從西方輸入的新名詞。當時的物理學家認為光的傳播必須有一種媒介，這種媒介，便是「以太」。「以太瀰漫於宇宙的空間，太陽和其他星球的光，依靠這種媒介，傳到地球上來。」（後來的物理學家，卻否定了「以太」的存在。）這一觀念傳到中國時，當時的思想家，便稱之為「氣」，譚氏稱之為「原質之原質」。「一個物體之所以能聚為一個體，一團體之所以能聚為一團體之原因，亦即此物之所以能通於彼物之原因。」他認為孔氏所謂「仁」，亦即「以太」之作用。也正發揮程明道王陽明所謂「仁者以天地萬物為一體」之意。程明道所說：「醫書言手足痿痺為不仁，此言最善名狀。」《易》言「乾元亨利貞」，譚氏也以「以太」之作用來解釋。譚氏又以為

一切物皆為化學中之原質所聚合而成，故一切物皆無自性。原質之質為不增不損，故宇宙間只有變易沒有存亡。這就合上了張橫渠所謂「氣聚則離明，得施而有形」之意。「以太」雖不生不滅而有「微生滅」，個體的物，無時不在變易之中，亦即無時不在生滅之中，此個體之生滅，即「以太」之「微生滅」也。萬物無時不在變易生滅之中，亦即萬物無時不在日新之中。這也可說是新的宇宙觀。

第十一講

一　啟蒙期之思想進路

　　到了晚清今文學派全盛時代，一方面由於西學東來的刺激，以及內憂外患所激成的新需要，產生了啟蒙運動，而以梁啟超為代表人物。另一方面，民族自覺運動的主潮，種族革命的主要目標，在推翻清朝政權。維新派主今文學，民族革命派便主古文學，而以章太炎師為代表。康有為要保皇，章太炎要排滿；康有為說孔子是「素王」，章太炎說孔子是教育家、歷史家，六經皆史，並沒有甚麼微言大義。在那時是一場火辣辣的政治鬥爭。

　　維新派巨頭之一梁啟超，後來他寫那部《清代學術概論》，結末一段，便說到章太炎師，說他是清代學術正統派最後的一位大帥。章師少受學於俞樾，治小學極謹嚴，受全祖望章實齋的影響極深。（章氏浙西餘杭人，梁氏說他是浙東人，那就是錯的。）

　　梁氏說：「太炎究心明清間掌故，排滿之意念日烈。他是一個條理縝密之人，其早歲所作政談，提倡種族革命論（光復會的首領之一），使群眾易於接受，鼓吹革命的號召力極大。中年後，究心佛典，治俱舍、唯識二宗，頗為深入。以革命入獄，出獄後亡命日本，主《民報》筆政，以新知附

369

益舊學，日益宏肆；其治小學，以音韻為骨幹，謂文字先有
聲然後有形，字之創造及其於孳乳，皆以音衍。所著《文
始》及《國故論衡》中論文字音韻諸篇，其精義多乾嘉諸
老所未發明，應用正統派之研究法，擴大其內容，延闢其新
徑，乃太炎的一大成功。太炎用佛學解《老》《莊》，極有
理致。所著《齊物論釋》，雖間有牽合處，確能為研究『莊
子哲學』者開一新國土。其《菿漢微言》（章氏的語錄，便
是研究國故的雜話。）深造語極多。嘗自述治學進化之跡，
云：『少時治經，謹守樸學。所疏通證明者，在文字器數之
間。……繼閱佛藏，涉獵華嚴、法華、涅槃諸經，義解漸
深，卒未窺其究竟。及囚繫上海，專修慈氏世親之書，此一
術也，以分析名相始，以排遣名相終。……為諸生說《莊
子》，日夕比度，遂有所得。端居深觀而釋《齊物》，乃與
《瑜伽》《華嚴》相會。……自揣平生學術，始則轉俗成真，
終乃回真向俗。秦漢以來，依違於彼是之間，局促於一曲
之內，蓋未嘗睹是也。』」梁氏說章師的自述，絕無誇大之
處，因為太炎中年以後的成就，已非清學所能局限的了，對
於清末民初學術思想界的影響極大。北京大學文史系教師，
差不多都是章門弟子：周氏兄弟、錢玄同、朱希祖、黃季剛
諸氏，最為著稱。

　　章師的學術思想，集中在《國故論衡》一書，而以《檢
論》、《文始》輔之。《論衡》上卷小學（即語言文字學），
中卷文字，下卷諸子學（即哲學），內容精深豐富，可作談
國故的依據；我所筆記的《國學概論》，只是章氏的通俗講
話而已。我原想替《國故論衡》作箋注，這件工作太重大

了，只好另起爐灶，說說我自己的微見。

梁啟超在《清代學術概論》結尾，有一專目，記述他自己在今文學運動的貢獻，也是實情。梁氏年十三，與其友陳千秋同學於學海堂，治戴、段、王之學，千秋是這一方面的益友。過了三年，康有為以布衣上書被放歸，舉國目為怪士。他們二人好奇，上門去訪謁，一見大服，遂拜門為弟子；共請康氏開館講學，即所謂萬木草堂。他們問學了幾個月，乃以所知聞的回到學海堂去高談闊論，詆訶舊學，跟長老輩長日辯論，有如一場暴風雨。康氏並不輕易把所學的授人，他們在草堂的常課，除了研讀《公羊傳》，便是點讀《資治通鑑》、《宋元學案》和《朱子語類》等。康氏原要他們演習古禮，他們並不樂意，於是相與研治周秦諸子及佛典，也涉獵清儒經濟書及譯本西籍，和康氏討論疑滯之點。又過了一年，他們才聽得康氏的「大同義」，那真興奮極了，一意要加以宣傳，康氏認為今非其時，卻也不阻止他們。再過二年，陳千秋病卒（年二十二），梁氏乃獨力自任。他治《偽經考》，也時時不慊意於康氏的武斷，後來也就擱了開去。康氏又好引緯書，以神秘性來裝點孔子，梁氏也不表示苟同。

梁氏認為：「孔門之學，其後衍為孟子、荀卿兩派；荀傳小康，孟傳大同。漢代經師不問為今文家、古文家，皆出荀卿（用汪中說）。二千年間，宗派屢變，一皆盤旋荀學肘下，孟學絕而孔學亦衰。於是專以紬荀申孟為標幟，引《孟子》中誅責『民賊』、『獨夫』，『善戰服上刑』、『授田制產』諸義謂為大同精意所寄，日倡道之。又好《墨子》，誦說其『兼愛』『非攻』諸論。」梁氏屢遊京師，漸交當世士大夫，

而其講學最相契合的朋友，有夏曾佑、譚嗣同。夏氏也在研究龔劉今文學，每發一義，輒相視莫逆。其後梁氏亡命日本，夏氏贈以詩，中有句云：「……冥冥蘭陵（荀卿）門，萬鬼頭如蟻；質多（魔鬼）舉隻手，陽烏為之死。祖裼往暴之，一擊類執豕；酒酣擲杯起，跌宕笑相視；頗為宙合間，只此足歡喜。……」可以想見當時他們的「排荀」運動，實有一種元氣淋漓氣象。譚氏正在研究王船山的學說，喜談名理、經濟（經邦理國之學），和梁氏一交往，也就盛言大同，如《仁學》中所昌言的；而梁氏也受了譚夏二氏的影響。（我個人頗受夏氏的影響）

其後，譚梁諸氏的文學運動，帶着更濃重的政治色彩。梁氏在上海辦了一份《時務報》，自撰《變法通議》，批評秕政，而救敝之法，歸諸廢科舉、興學校，也時時發「民權論」，未敢昌談。其後不久，譚嗣同和黃遵憲、熊希齡等，設服務學堂於長沙，聘梁氏主講席，唐才常任助教。梁氏在校中以《公羊》《孟子》教學生，叫學生寫筆記，學生只有四十人，如李炳寰、林圭、蔡鍔，都是豪傑之士。因此每日在講堂四小時，夜則批答諸生劄記，往往徹夜不寐。這便是維新派的思想搖籃。

梁啟超等維新志士，在課室裏昌言革命，譏訶時政；其論學術，自荀卿以下的漢唐宋明清的學人學說，掊擊無完膚。那時生徒都住在校中，跟外界不往來，因此課室中空氣日日激變，外間毫無所知。到了年假，生徒回了家鄉，出劄記示其親友，湖南人士為之大譁。其先譚嗣同、唐才常等設南學會聚講，又設《湘報》（日刊）《湘學報》（旬刊），所

談的雖不如學堂中那麼激烈，實陰相策應；又私印《明夷待訪錄》、《揚州十日記》等書，加以案語，秘密分佈，傳播革命思想，信奉者日眾，於是新舊派鬪爭日劇。洋務派頭子張之洞在《勸學篇》中攻擊「民權說」，說是「無一益有百害」，如果讓「民權之說一倡，異民必喜，亂民必作，綱紀不行，大亂四起」。葉德輝（湖南地主豪門）寫了《翼教叢書[1]》，也攻擊民權學說：「徒速亂耳，安得不亡。」戊戌政變，卒興大獄；學堂被解散，譚嗣同被殺，梁啟超亡命海外。思想鬪爭，一變而為政治鬪爭，寫下了悲慘的一頁。

梁氏作《變法通議》，大聲疾呼：「變亦變，不變亦變。變而變者，變之杖操諸己[2]，可以保國，可以保種，可以保教；不變而變者，變之權讓諸人，束縛之，馳驟之。」這是他們那一群士大夫的共同覺悟。馮友蘭氏說：「中國與西洋交通後，政治社會經濟學術各方面，都起了根本的變化。此西來之新事物，其初我國學人，仍以之附會於經學，仍欲以此絕新之酒，裝在舊瓶之中。清末的康有為、譚嗣同、廖季平、梁啟超，都是代表人物。他們所講之經學，可謂已將其範圍擴大至於極點。其牽引比附，有許多可笑之處，牽引比附而至於可笑，也可說舊瓶擴大已極，有着破裂的可能了。歷史上時代之改變，不能劃定在某日某時，前時代之結束，與後時代之開始，常相交互錯綜。在前時代將結束之時，後時代之主流，即已發現，所謂『貞下起元』，此正其例也。」

1　編者注：書名應為《翼教叢編》。

2　編者注：「變之杖操諸己」應為「變之權操諸己」。

梁氏既亡命住在日本，不久，又到美國、南洋各地走了一轉。庚子那年（一九○○年），唐才常等在漢口起兵失敗。梁氏乃復以宣傳為主要工作，他先後創辦了《新民叢報》和《新小說》暢其旨義，風靡一時。清廷下令嚴禁，反而助長他們的聲威，過去半世紀的知識分子，都受了他的影響。梁氏本不喜桐城派古文，幼年為文，學晚漢魏晉頗尚矜練。到了辦《新民叢報》，自行解放，務為平易暢達，時雜以俚語、韻語及外國語法，縱筆所至不檢束。年青知識分子，爭相仿效，號新文體。老一輩表示痛恨，議為野狐禪。可是，他的文章條理明晰，筆鋒常帶情感，對於讀者，自有一種魔力！這也就埋伏着新文學革命的種子了。

梁氏自三十以後，已經絕口不談「偽經」，也不多談「改制」，和他的老師康有為分道而行了。到了晚年，他也就拋開政治活動專事講學了。

二　前瞻

過去一年間，替朋友們幾個孩子講點中國學術思想的常識，我手邊也有一大堆藍本，我做出的菜式，是一個一品鍋，並不是大拼盤。最好的辦法，是讓他們自己上菜場去採購原料，回到家中，上廚房去做出來。在此時此地，已經不大可能。我就自己動手做出這麼一個一品鍋，一邊吃，一邊告訴他們怎麼做，還告訴他們怎麼吃。前天，有人在某報大捧雲南宣威腿，帶着把金華火腿貶了一陣，說是浪得虛名。其實，這位「專家」根本不懂得做火腿，也不懂得鑑別火

腿，他連三籤二籤的區別都不明白。我並沒替金華火腿爭門面，我也從來不褒貶江西安福、雲南宣威火腿。我也不說金華人懂得吃火腿，乾隆皇帝帶到北京去的張廚子是蘇州人，並非金華人。我也不相信那位「專家」會烹調火腿。這是現成的好例子：像陳立夫那樣的人談國學，正如那位專家談火腿一樣，不僅不會做火腿，也不會鑑別火腿，又不會吃火腿，這才是真正的垃圾！

在我的一連串閒談中，我曾舉了《論語‧先進》篇的例子。對於這部書的注解，朱子化了三十多年工夫，可是說錯的還是很多。即如〈先進〉篇一開頭便說：「先進於禮樂，野人也；後進於禮樂，君子也。如用之，則吾從先進。」孔子自來敬慕君子，「君子哉若人」，乃是一句贊語；何以他忽然要說：「則吾從先進」，輕君子而尊野人呢？這句話，從來包括二千多年來的學人都沒說通過。前代學人的說法，都是強作解人，和孔氏本意不相合的。原來，姬周建國以來，周民族處於統治地位，那是「君子」；而殷商民族處於被統治地位，乃是「野人」（在野的人民）。但從「禮樂」講，即從政治、藝術、文化說，殷商民族比周民族早了幾百年，也進步了一大截。所以，孔子這位殷民族的後裔，他覺得「野人」高明得多，所以他說：「如用之，則吾從先進。」而殷墟地下所發見的古物和甲骨文字，替孔氏這句話，作了最有力的證明。周民族還在農業生產階段，商民族早已進入商業社會。昔日的邯鄲文化，正如西方的巴黎呢！

我們這個世代，覺悟了的士大夫，從反封建反科舉開頭，進入反讀經反儒家的新文化運動。我這個劈孔子神位的

五四時代的人，處在尊孔復古，要青年在新的科舉圈子討生活的環境中，卻要我對年青的人們談中國學術思想的內情。我用的是解剖的刀，把那些殭屍一一剖解開來；我勸他們不必浪費心力於「國學」、「國故」這些廢物上頭，他們只要知道國故是甚麼，就夠了；「國故」跟裹小腳、抽鴉片是同一類東西，實在沒有甚麼價值，值不得研究的。

我開講之初，朋友們的本意是要我替他們的孩子應「會考」之急，會考中所見的「國學」試題那麼冷僻，足證香港教育當局的頑舊，真是不可救藥。我的講話，倒引起一些覺悟了的文史教師的注意，倒使我覺得說了這麼久，也不算得枉費心力了。

毛主席說過，先進的中國學人中，向西方求真理的，嚴復（幾道）也是很重要的一人。近二十年中，我讀過的回憶錄，總在五百種以上，他們很少不受赫胥黎《天演論》的影響，那是嚴氏的譯介本。他們到了上海也很少不被四馬路青蓮閣所迷幻，那是殖民地的風景線；青蓮閣是上海的「野雞」窠，卻又是第一家電影院，又是一家宣傳革命的書報站。如胡適那樣皖南山谷中的孩子，他為甚麼以「適」為名，即從《天演論》的「適者生存」而來。孫中山手下大將陳炯明，名「陳競存」，即從《天演論》的「物競天擇，適者生存」一語而來。魯迅也說他的世界觀，就是赫胥黎替他開拓出來的。那是從「洋鬼子」一變而為「洋大人」的世代，優勝劣敗的自然律太可怕了。

嚴幾道，福建福州人。他的青少年時期，從一八六二至一八九四年，正是洋務派的自強新政盛行及其破產的時期。

一八六六年，洋務派在福建設馬尾船政局並附設海軍學堂「求是堂藝局」。一八六七年，嚴氏考入海軍學堂學習英語和駕駛術。在那裏，他初步接觸到西方的一些自然科學，包括數學、動靜重學、地質學和天文學等。一八七七年，他由洋務派保送到英國學海軍。他在英國留學時期，以一個海軍大學生，居然對西方社會政治學說和英國社會制度發生了濃厚的興趣，想從其中找尋救中國的路子。他曾對郭嵩燾（那時，湘軍系的進步分子）說：「英國與歐西諸國之所以富強，公理日伸，其端在此一事。」他以為英國的司法制度乃英國富強的基礎。其他地方，他還讚揚英國的行政機構。後來，他在〈原強〉一文中，依據孟德斯鳩的三權分立說，認為三權的精神即「以自由為體，以民主為用」。其次，他力圖辨析「西學」與中學的異同。並依據西學對中學進行了理論批判。一八七九年，他回國後，長時期擔任北洋水師學堂總教習中，也一直探索這兩個問題。他也開始對洋務派的新政表示懷疑。中法戰爭的失敗，對他是一個極大的刺激，他陷入苦悶之境。

中國應該往何處去？他為了尋找答案，懷着虔誠的心情注視着西方。一八九四年中日甲午戰爭的失敗，宣告了洋務派新政的徹底失敗。西方帝國進入劃分勢力範圍的瓜分中國陰謀，我國的民族危機嚴重極了。那時，康梁改良主義派提出了政綱，組織了學會，發展成為政治運動；他那時便在天津《真報》發表了幾篇震動一時的政論：〈論世變之亟〉、〈原強〉、〈救亡決論〉和〈辟韓〉。他同時又着手翻譯《天演論》，一八九八年出版。他認為「真正的命脈，是於學術

則黜偽而崇真，於刑法則屈私以為公」。他認為要救國，只有維新，依據後者，他又認為要維新，只有學西方，從西學着手。這話集中地反映了那個歷史階段的時代精神。中國需要「變」落後為先進，「變」是不可避免的，「變」是歷史的必然趨勢。

嚴復，他從軍事而注視到歐洲各國的政治經濟，從物質文明而着眼文化建設，在當時確乎高人一等。在他看來，英國的資本主義文明，便是一個最好的樣版，於是，他便從西方搬來了一件思想武器：亞丹斯密[3]（一七二三——一七九〇）的政治經濟學。一八九七年，他着手翻譯《原富》，一九〇〇年全部譯完。他認為其中的經濟自由論，有如哥白尼、牛頓的天文學，具有不可抵抗的規律性的作用。他又搬來了達爾文的進化論，「天演」也被認為不可違抗的規律性。他說：「達爾文者，英之講動植之學者。數十年而著一書，曰《物種探原》。自其書出，泰西之學術政教，一時丕變。其一曰物競，其一曰天擇；物競者物爭自存也。天擇者擇其宜種也。」他強調物競天擇的規律，說：「動植如此，民人亦然。民人者，固動物之類也。」又說赫胥黎《天演論》，「於自強保種之事，反復三致意焉」。他是想借用達爾文的進化論去闡明一個中心問題，即中國只能順應天演規律，實行變法維新，才會由弱變強，否則將要淪於亡國滅種而被淘汰了。《天演論》所以風靡一時，成為士大夫的中心思想，即在於此。

3　編者注：亞丹斯密（Adam Smith，1723-1790），蘇格蘭哲學家、經濟學家，現譯「亞當·史密夫」。

如嚴氏這樣的進步分子，他們都是借鏡於西方自然科學和資產階級社會政治學說，加以改造製作，才和解決中國現實問題的要求聯繫起來。這一類的改造製作在理論上往往是貧乏的，甚至是錯誤的。但改造製作的工夫，恰好證明了，並不是甚麼西方的影響引起了中國的革命，事實上是帝國主義的侵略和封建主義的統治強迫着要求進步的人們去尋求改變中國現實社會的武器。嚴氏介紹了進化論，在維新志士們心頭引起了強烈的影響，其主因即在於此。

在那個西風吹動的情況中，中國士大夫圈子中，有着兩種情況：（一）在文化思想領域中，他力圖把他所理解的自然科學（包括進化論在內），提到哲學方法論的高度，並和中學對立起來，形成了戊戌變法時期「西學」對「中學」批判鬥爭的高峰，在這一方面具有重要的啟蒙意義。（「進化」是把理想國推到很遠的將來，這和一向的「黃唐盛世」觀點完全相反，對於封建思想是最有力的批判。）（二）生物進化論終究不能解決社會歷史問題，於是在現實政治問題的領域中，嚴氏又轉向斯賓塞的社會有機論了。他翻譯了《群學肄言》。稱道斯氏的生物社會學為「精闢宏富」。斯氏說：「民之可化，至於無窮，惟不可期之以驟。」所謂「不可期之以驟」，就是溫和改良主義。在嚴氏的「鼓民力，開民智，新民德」的綱領中，浸透着英國紳士派「不可期之以驟」的精神。他除了在《原強》中簡略地提到設議會的主張而外，其他地方甚至認為設議會在中國還不能「驟行」，因為中國的「民智不開」，那只好就在「開民智」這一點上緩緩地爬行着了。這是改良主義者的共同觀點。那時，嚴氏又譯介了霍布

斯（一五八八——一六七九）和盧梭[4]（一七一二——一七七八）的學說。

三　又瞻

　　嚴幾道借用歐洲自然法學派的若干理論，對封建君主專制制度進行了批判，帶着法學的（法理的）世界觀傾向，其中也有中國改良派的觀點。我們且用嚴氏的《闢韓》作為例證。這一論文集中批判了韓愈的〈原道〉一文。（這篇文章，在舊士大夫群有着權威的地位。）韓氏從神化君主出發，說：「古之時，人之害多矣。有聖人者立，然後教之以相生相養之道，為之君，為之師。」既然君主從其產生時，就是「聖」和「師」，那麼，君主專制制度之下的階級關係也被認為是理應如此的，即：「君者，出令者也。臣者，行君之令而致之民者也。民者，出粟米麻絲，作器皿，通貨財以事其上者也。」（在過去，這是一種權威的論點是不容懷疑的。）嚴氏卻借用格老秀斯和霍布斯的社會契約論，認為君主和人民是本於通功易事的原則而確立的一種契約關係，人民「出什一之賦，而置之君，使之作為刑政、甲兵，以鋤強梗，備其患害」。又由此推論出一些主權在民的民主思想，「君也，臣也，刑也，兵也，皆緣衛民之事而後有也」，「斯民也，固斯天下之真主也」。他在論證中，引用了盧梭天賦人權論

國學十二講

4　盧梭（Jean-Jacques Rousseau，1712-1778），法國哲學家、政治理論家，現譯「盧騷」。

說：「民之自由，天之所畀也。」他又說：「夫自由一言，真中國歷古聖賢之所深畏，而從未嘗立以為教也。彼西人有言：惟天生民，各具賦畀，得自由者乃為全受。故人人各得自由，國國各得自由，第務令毋相侵損而已。侵人自由者，斯為逆天理，賊人道。其殺人傷人及盜蝕人財物，皆侵人自由之極致也。故侵人自由，雖國君亦不能，而其刑禁章條，要皆為此而設耳。」他認為「天賦人權」要有相應的政治法律制度以為保證，在他心目中，資產階級的形式民主（人民在法律面前的平等），就能起這樣的作用。這樣的論調，在十九世紀末期，該算是十分大膽，簡直等於叛逆了。

總而言之，維新志士們為了抵禦外國侵略，為了宣傳變法維新，必須找到一些理論武器。舊的頑固的封建主義思想已經不能擔負這個任務。嚴氏乃從帝國主義老家，即西方資產階級革命時代的武器庫中找來了進化論、天賦人權論。他們運用這些理論武器在一定程度上批判了封建制度，並表達了人民救亡圖存的願望。不過，嚴氏在具體地分析中國現實社會問題時，又從進化論、社會契約論轉入「開民智」的溫和的社會改良論中去了。他本來比梁啟超進步，後來又落在梁後面了。

有一點，我們要鄭重提及，嚴氏高舉西學旗幟對舊學進行理論批判，是很有份量的。他的理論批判工作帶有兩特點：範圍極為廣泛，涉及舊學的全部，從哲學認識論和方法論的高度批判舊學，而他自己所運用的武器則是自然科學經驗歸納法的方法論。

我們知道嚴氏的老莊研究，站在《天演論》的自然哲學

來推論，自是高人一等。一方面，由於老莊哲學的西行，激發了歐西的自然科學，嚴氏的論點，恰好找到了娘家了。

我們在今天，回看七八十年前，那位從英國學海軍歸來的思想家嚴幾道，他對於中國學術思想（即今日所謂國學或國故），作如何評價，這是值得看一看的大事。我是在三十年前，看了他的老莊研究，其深度不在魏晉玄學家之下，表示了敬意。直到最近，讀了《嚴氏文集》，更覺得他是遠遠超過維新志士的同儕，只有黃公度和夏曾佑可以結伴同行的。（他並不像康有為那樣在今文學中打觔斗的）

嚴氏對當時的「舊學」，宋學義理、漢學考據和辭章都加以全面的批判。首先，他譴責了辭章和漢學考據，說：「自有制舉以來，士子除了想升官求榮祿，便不知道為甚麼要讀書，這些蠢豬，不必去提了。超俗之士，厭惡八股制藝的便去學甚麼桐城古文，討厭試帖詩的就寫甚麼古今體。看不起館閣體的，就寫些漢魏的碑隸書法，無視高頭講章的（如陳立夫的《四書箋注[5]》，便是摩登講章），就標出漢學考據的旗幟。於是此追秦漢，彼尚八家（唐宋古文）。寫詩的，唐祖李杜，宋追蘇（東坡）黃（山谷），七子優孟，六家鼓吹，魏碑晉帖，南北派分。東漢刻石，北齊寫經。……諸如此類，不可殫述。我得一言以蔽之，曰無用。」（這段話，我是用今語來引述的。）

他對於宋明理學家，又如何論斷呢？他說：「……侈陳

5　編者注：書名應為《四書道貫》。

禮條，廣說性理。周程張朱，關閩濂洛，學案幾部，語匯百篇；『學部通辨』，『晚年定論』。關學刻苦，永嘉經制。深寧東發，繼者顧黃，《明夷待訪》，《日知》著錄。褒衣大袖，堯行舜趨。訑訑聲顏，拒人千里。灶上驅虜，折箠笞羌，牢籠天地。夫如是，吾又得一言以蔽之，曰無實。」寫到這兒，我不禁莞爾微笑。這裏是兩幅針對中國封建傳統文化的諷刺畫，那些祖述古文辭賦和唐宋八大家的古文家們，那些宗奉許慎、鄭玄的漢學家們，那些承繼程朱而廣說性理的義理考辯之士們，在嚴氏的筆下都成了「侏儒小丑」一類的人物。最後，他又歸結為對科舉的批判，揭出了制藝八股的三大罪狀：「錮智慧，壞心術，滋游手。」他主張立學校，講西學以培養人材。這正是針對着當時守舊派舊學營壘的實際情況而發的。二十世紀七十年代的今日，還要我來對「頑固」的文化復興者說嚴氏說過的話，真是時代的諷刺。

（在嚴氏的對面，十九世紀七十至九十年代的舊學營壘中，朱一新和王先謙是代表性的人物。王先謙主張義理、考據、辭章三者不可一闕：「義理為幹，而後文有所附，考據有所歸；故其為文，源流兼賅，粹然一出於醇雅。」朱一新認為：「若漢學，若宋學，皆求道之資。」他們又都認為制藝八股在維護綱常名教與義理相表裏。）

如王先謙所說的：「以制藝取士，四書命題，然後斯世尊奉一致，口復心研不能自已。其智者隨所之而入道，魯者緣習生悟，亦能馴致義理之途。達則窮事變，充器識，為國家純臣；窮則抱遺經，亦不失為鄉里好修之士。」朱一新說得更妙：「功令三場取士法至周密。四書文，義理之學

也。二三場，經史諸子，考訂詞章經濟之學也。今日書院中，所課者，初不出科舉法制之外。四書即宋學，經藝即漢學。」他們把書院看成是保存舊學的基地，而科舉則是從制度上保證了舊學的統治地位。所以戊戌年間，「西學」與「舊學」（考據、義理、辭章）之爭，學校與科舉之爭，正是當時文化思想戰線上的全部內容。嚴氏不僅認為舊學「無用」和「無實」，而且進一步指出舊學之所以無用、無實，因為它並不是從考驗事實出發的，而是從古書成訓的教條出發，不問理之然否而盲目對之崇信之故。他說：「且中土之學，必求古訓，古人之非既不能明，即古人之是，亦不知其所以是。」又說：古書成訓是「心成之說」（先驗的），不足以作為推理的大前提之用。他說：「舊學之所以多無補者，其外籀（即演繹法）非不為也，為之又未嘗不如法也；第其所本者，大抵心成之說，持之似有故，言之似成理。媛姝者以古訓而嚴之，初何嘗取其公例而一考其所推概者之誠妄乎？此學術之所以多誣，而國計民生之所以病也。」

嚴氏指出了舊學所據以進行演繹推理的大前提是先驗的，似是而非的，所以其結論也是錯誤的。他認為作為演繹推理出發點的大前提必須是從科學中歸納得出的可靠知識，例如數學「公論」（即公理），決不是「心成之說」，而是經由「內籀」（歸納法）研究了個別的、具體的事物而抽出其中的共性所得到的，因而數學中依據「公論」進行演繹推理所得出的公式，才是可以確信的科學知識。

他把陸（九淵）王（陽明）的主觀唯心論，看作是「心成之說」尤多的典型，加以如次的批判：「夫陸王之學，質

而言之，則直師心自用而已。自以為不出戶可以知天下，而天下事，與其所謂知者，果相合否？不徑庭否？不復問也。自以為閉門造車，出而合轍，而門外之轍，與其所造之車，果相合否？不齟齬否？又不察也。向壁虛造，順非而澤，持之似有故，言之若成理。……蓋陸氏於孟子，獨取良知不學，萬物皆備之言，而妄言性求故，既竭目力之事，唯其自視太高，所以強物就我。……」在這裏，他採取了自發的素樸的自然科學的唯物觀點，強調知識要經過事實的證驗，人的主觀認識應當符於客觀實際，而不應當倒轉過來，強使客觀實際遷就主觀認識；因此，他堅決反對「師心自用」，「強物就我」。這一鐵鎚，份量相當重，便把封建傳統打碎了。他說：「西學格致，一理之明，一法之立，必驗之物之事而皆然，而後定之為不易。」

四　三瞻

我再重述我們的看法：整理國故乃是專家之業，把中國古代經子整理好來，讓後代的人可以接受那些文化績業，也是一部分人該做的工作；可是，年青一代的學生，用不着在古書堆裏枉費心力。最近有人認為要提高年青一代的語文程度，說是非讀古書不可，其人的「古書」知識，實在很有限的。另一句話，在今日要讀古書，得把科舉時代的觀念拋開，把漢學宋學的病根切斷，首先要接受清代樸學所已整理了的績業。不讀清儒所已整理了的經子古籍，尤其是諸子，那就不必讀古書。對於皖學、揚學、浙學沒有瞭解的人，就

不配讀古書。

可是，幫助我們瞭解古代文化的，近八九十年，還有若干重要的發現。這些地下古物，連二千五百年前的孔夫子，都沒看到過；這些古物，也正是孔氏所說的夏禮與殷禮。清光緒二十四五年間（一八九八至一八九九年），河南安陽西北小屯村，就是《史記‧項羽本紀》所稱的殷墟，發現了一大批甲骨。「甲」便是龜甲，「骨」即是牛骨，都是殷商世代占卜之用；在甲骨上刻着的文字，讓我們知道殷商的古代文字。從王懿榮、劉鐵雲（《老殘遊記》作者）到羅振玉的先後收集，連同彰德長老會牧師明義士所得，到清末約共四五萬片。到了民國十七年（一九二八年），中央研究院開始作系統的收集發掘，迄今共有十多萬片，所認識的古字，有一千三百多，其中大多數是卜辭，也有一部分是記事。如董作賓所說的：「甲骨之學，至王國維而大盛，殷商之史因此益明。」其後如羅振玉、郭沫若、李濟、董作賓、徐中舒、程仰之諸氏，都有極大的貢獻。二千五百年前，那位孔夫子，他時常嘆息文獻不足徵，因此，他想談談夏商文化思想，卻無從談起。於是我們比孔氏幸運得多，我們已有機會談殷商文化，把文化史拉長到四千年前去了。孔子所不曾解決的問題，我們已有了答案了。

董作賓作《甲骨文斷代研究例》，分為十個標準：（一）世系，（二）稱謂，（三）貞人（古代史官），（四）坑位，（五）方國，（六）人物，（七）事類，（八）文法，（九）字形，（十）書體。依時期說，王國維《古史新證》謂：「盤庚以後，帝乙以前，皆宅殷墟。」其間就有二百多年前人所未

夢見的史料。治古史的，從王國維作《殷卜辭所見先公先王考》及《續考》，斷代研究的標準漸次成立，我們知道貞人即史官，從同時的史官，定同一的時代，在斷代研究上，添了一個最確實的有力憑證。貞人既是史官，史官的人名，隨着時代而有變化，所以由這一依據，可以看出這是甚麼時代的人，或是甚麼時代的事。這樣，一部《尚書》，得借甲骨文字的光，重新加以理會。在今日，我說讀古書，要接受甲骨文字研究所得的知識，並非虛語吧！

王國維生前對弟子們說，如今還不能讀古經典，因為經過了清代樸學家的研究，我們所能瞭解的不過十之四五呢！即如〈大學〉開頭引用湯之盤銘曰：「苟日新，又日新，日日新。」已成為常用語，可是郭沫若氏卻說：「日新乃是古代人名，並無教訓的意義」呢！

幫助我們瞭解古代文化制度的，除了甲骨文以外，還有兩宋以後的金石學。王國維〈宋代金文著錄序〉說：「趙宋以後，古器愈出。秘閣太常，既多藏器，士大夫如劉原父歐陽永叔輩，亦復蒐羅古器，徵求墨本，後得楊南仲輩為之考釋，古文之學，勃焉中興。案宋以來研究古器物之書，有歐陽修之《集古錄》，呂大防[6]之《考古圖》，以及《宣和博古圖》，趙明誠《金石錄》，黃伯思《東觀餘論》，王俅《嘯堂集古錄》，薛尚功《鐘鼎款識》，王厚之《復齋鐘鼎款識》等。」在那以後，到了清初乾隆年間（一七三六至一七九六

6　編者注：《考古圖》著者應為呂大臨（著名古器物學家），而呂大防即是呂大臨之兄，與呂大忠、呂大鈞合稱「藍田四呂」。

年），刻了《西清古鑑》四十卷，《寧壽鑑古》十六卷，《西清續鑑》甲乙編各二十卷。而同時的翁方綱著《兩漢金石記》，錢大昕著《潛研堂金石跋尾》，阮元《積古齋鐘鼎款識》，都是金石學專著。其後吳榮光著《筠清館金文》《石文》稿本，吳式芬《攈古錄》，潘祖蔭著《攀古樓彝器款識》，吳大澂著《愙齋集古錄》，也都是此學精品。

且說，小屯殷墟，這二三千年的古都，南距朝歌（河南淇縣），北據邯鄲及沙邱（邯鄲有如後世的東方巴黎），皆為離宮別館。那時的殷民族，能採南國之銅錫，與東海之蚌貝，游獵於大河南北，儼然為一方之雄，從事於征伐、文字、禮樂等事。小屯為殷代都城的中心，宮室宗廟所在。小屯附近，洹水兩岸，凡有殷人遺跡的文化層，都屬殷墟範圍。其間出土古物，除甲骨卜辭外，最重要的是銅器，其製作之精美，為舉世所讚嘆。

我國古代金工冶鑄技術，集中全力在銅錫合金，即所謂青銅器；大約創始於夏代，全盛於殷周二代；殷商時期，一切禮器、用器、兵器、裝飾器，都用青銅製成。傳世的銅器，大別為食器、酒器、常用雜器、樂器、兵器等五類。食器包括烹飪器與盛器，前者有鼎鬲等，具有三足或四足，足間可以置薪。後者有簋、敦、簠、豆等，大都有耳有蓋，有圈足。酒器包括容器、溫器（煮酒用）與飲器。飲器有爵、角、觚等。容器有尊、彝、觥、壺、罍等。常用雜器，重要的有盥洗用的盤、匜，盛冰或鑑容用的鑑，盛物用的瓿，置化妝品的奩，照明用的燈。樂器有鐘、鎛、鉦、鐃、鈴、鐸等。兵器有斧、矛、戈、戟、刀、劍與匕首、弓矢等，有了

這些實物的印象、知識，古代經籍中的觀念便明確起來了。

我們有了地下古物的知識，「古」的世代拉得更遠，比三皇五帝遠得多，但對古代先民的生活，瞭解得更清楚了。黃唐盛世的西洋鏡都拆穿了。孔子離開山頂洞北京人的年代，實在遠得很，遠得很，比之我們，差不了多少。這也是前代人所夢想不到的。人類有文字的世代，最古不會超過一萬年，但人類有語言的世紀，該以百倍計。可是在生物生存的世代中，一百萬年又算得甚麼呢！我們的宇宙觀之「大」與「久」，也非邵康節、張橫渠所敢夢想的了。

從二十世紀開始，幫助我們瞭解中國古代文化思想的，除了甲骨學以外，還有一九〇〇年所發見的敦煌石室寶藏，我們稱之為敦煌學。孔子嘆為不足徵的殷禮，我們有了實證。而宋明學人所不曾看見的古本，都擺在我們眼前了。

敦煌，在玉門關外，河西走廊的西端，那是一個缺少雨水而多風的沙漠地區，地區乾燥，容易保存文物，千佛洞藏經的發見，那是一九〇〇年（光緒二十六年）五月二十六日清晨的事。詳細經過請看敦煌學，我在這兒也不多說了。

石室中所貯藏的，以寫本卷子為主，其次是木版印刷本和石刻拓本。另外還有一些佛教畫，有的畫在絹上、紙上，或繡在絹子上。這些卷子，大多是帶軸的，那石室中，堆了兩萬件卷子，該說是多麼豐富的寶藏！那些卷子，內容以佛經為最多，其他儒道各教經典，公私文件以及諸子、史籍、韻書、賦詩、小說、契據、度牒、星曆等等，份量也很不少。這些經卷上的文字，除了漢文外，還有西藏文、梵文、于闐文、龜茲文、粟特文以及突厥文等。

寫本卷子中，有許多是和現存印本不同的古書，非常珍貴。印本方面，如咸通九年（八六八年）王珍所刊的《金剛經》及中和三年（八八三年）樊賞家刻曆本，皆唐刻傳世僅見之本。拓本，如初唐時的《溫泉銘》拓本也是現存拓片中時代最早的。至於寫刊本卷子也都是隋唐五代的古物。從文化史料來看，可以說是比羅馬廢墟、埃及古金字塔所存的，還豐富些。

　　我生平有過二次出玉門關的機會，總想在那兒住個長時期，結果，一次都沒去成。如今暮境迫人，此願沒有希望實現了。我所要告訴年輕一代人的，即不說西出玉門關，乃是今日青年實現壯志的理想去處，就拿敦煌石室這一景，就值得我們去巡遊一番了。

　　我們撇開敦煌石室的文化史料來說，單說其中所保留的古籍，有的在國內久佚，有的是文字和現存本頗有異同之處，都值得談國故的加以注意。經部有《尚書釋文》殘卷、《毛詩故訓傳》（存巴黎法國圖書館）、《毛詩音》（一部分在倫敦，一部分在敦煌）、《春秋穀梁傳集解》、《孝經》（都在敦煌）、鄭注《論語》（分存倫敦、巴黎）。史部有《漢書》蔡謨《注》（存巴黎及倫敦）、《春秋後語》、《帝王略論》、《貞觀氏族志》（存北京圖書館）、《貞觀十道錄》（存巴黎）、《大唐西域記》（存倫敦、巴黎）、《唐律述義[7]》（存巴黎）。子部有《算書》（存倫敦、巴黎）、五代及宋初殘曆（存倫

7　編者注：書名應為《唐律疏義》。

敦、巴黎）、《易》殘卷（存倫敦）、《鶡冠子》（存傅家）、《劉子新論》（存羅家）、《太公家教》（存巴黎的一卷，存羅家一卷）、《老子注》殘卷（存倫敦、巴黎）、《莊子》郭象《注》、《釋文》、《抱朴子》（存巴黎）、《摩尼教經》、《景教經》（存北京、巴黎及日本）。集部份量更多。總之，根據這些古書的史料加以整理，許多清儒所不曾解答的疑案，有了着落了。這有待於後人了。

五　述學

十多年前，章太炎師講演，我所筆記的《國學概論》，將由創墾社重版時，我曾看了兩種日文譯本，武田熙的那一種，已經有了注解。我原想翻檢《章氏叢書》，也作一回箋注工作；可是動起手來，非三五年不能完成，便用滬版付印算了。這一部《概論》，從滬版到渝版，已經刊了三十二版，港版也印了五回，最近還有幾種翻印的版子，總在十萬部，該算是最銷行的一種。三育書店要我另寫一種，供一般青年的課外讀物。一開頭，我就準備替章師的《國故論衡》作箋注，輔以《菿漢微言》，一動手就知道這工作太不容易，因為我對佛家唯識宗沒有根底，說得不好，會鬧笑話的。二則我對語言文字音韻學，也不是專家。《國故論衡》三卷，只有中卷可以作較好的注解，似乎也算不得完整的工作。因此，索性另起爐灶，跳出章師的圈子。

我初讀古代經典，對經典當然不夠領會，後來也算讀得不少，卻也不夠來批評。近二十年，才借了新考證的光，懂

得怎樣實踐「古為今用」的路子。因此，這回「述古」，是從「疑古」開頭的，用批判的眼光來接受文化遺產，和新中國的學人同其步驟。我不是河水鬼，站在河岸上，要拖落年青一代去投河的。我是要指點他們不要戀古、迷古、信古，要明白古代文化遺產，其中「國糟」多於「國粹」，吳稚暉、魯迅他們勸人莫讀古書，那才是金石良言。

當我開始和年青人談國故之初，他們離開科舉式的會考，還有七八個月；如今，這一期的會考，已經過了一個多月了。我們且看看這一期國學常識測驗題，以及中國文史試題顯得那麼冷僻，足證香港教育當局的頑舊，食古不化。我曾對幾位朋友的兒子們說：年輕人應該起來說話，向教育當局提出要求，要他們把全港中小學的文史教師集合在一起，把這一回試題，讓他們下答案，假使這批文史教師都考試不及格的話，那麼，教育當局應該滾蛋。他們不能不對這種科舉式的會考負完全責任。這是我的建議，合理的建議。

有人問我：「你是怎麼讀古書的？」先父是清末最後一科的秀才，他從杭州應鄉試回來，便受康梁維新運動的感召，主張廢科舉、興學堂，女人放腳學蠶桑了。先父幼年在私塾讀書，只是跟着塾師唸書讀字，並不講解。他對我們，便着重講解以明文字意義為主。這是我們最受益之處。我三歲新春，便讀了〈大學〉全篇，而且字字會寫，句句會講。這是我一生入門第一課，我不曾讀過《三字經》、《千字文》、《百家姓》和《千家詩》，卻會講大學之道，也算翻出了「科舉八股」的觔斗了；因此六歲那年，就會寫三四百字的文章，在鄉間也算是「早慧」。我並沒說：「早慧」有甚麼

了不得的好處。

到如今，我已經記不起先父當年怎麼對我講解四書的了，因為鄉間只有朱熹的《四書集注》，而他又是篤信程朱的學人，一定依朱熹的說法。我讀了〈大學〉，接下來，並不叫我讀〈中庸〉，也不是讀《論語》，而是讀《孟子》。幼年時期，我把《孟子》讀得熟透，可以從任何節背起。接下去，先父叫我讀《朱子小學》，便是《禮記》節本。這一來，就有了一個小問題。我們那三家村，只有我們姓曹的一家，和我同祖的曹族，遠在二十五里外的金華洞井。因此，我們這一房，三百多年的祖先，我們都得依年節來祭祀，因此，我家的舊屋以外，就有那後進的堂樓，那兒有一排神位櫃子，先父告訴我們：「櫃中得依左昭右穆來安排。」我們每逢祀祖，把神位的昭穆次序弄錯了，就得挨先父一頓教訓。為甚麼孫要繼祖，子不要繼父？先父說是依《禮記》，《禮經》是這麼說的，所以錯不得。後來，我到杭州一師去讀書，向單不庵師去請教，他也只說《周禮》如此，也說不出一種道理。我回家仔細向先父探問，他也只說詞堂裏左昭右穆，就是這麼一種成規。我敢說，在香港那些熟讀四書五經自以為博古的遺老遺少們，直到今日，也未必有人懂得此中原由。因為，那些博古的人，根本就不知道莫爾根 [8] 在原始民族中說過甚麼，所謂群婚制是怎麼一回事呢？

讀古書，如四書五經一類，對於中國語文程度的提高，

8　編者注：莫爾根（Lewis Henry Morgan，1818-1881），美國人類學家、社會理論家，現譯「摩爾根」。

我是不十分相信的。周氏兄弟魯迅和知堂老人，他們都說，在他們幼年，死啃那些古書，並沒甚麼好處。幫助他們開竅的，乃是《三國演義》、《水滸傳》，後來是《聊齋志異》，他們一生受益的是雜學。我呢，六歲以後便開竅了，得益之處乃在替先父抄狀子。先父在鄉間，彷彿《四進士》中的宋士傑。讀了那些狀子，比較韓、柳、歐、蘇的古文，不知好了多少倍。因此，那年，我也會寫書信，寫狀子，還寫姑母五十歲壽序。總而言之，用文言作文，在我是稀鬆的事，跟今日爬格子差不多。

就在十歲那年，育才小學來了一個文史教師朱芷春師，這對我的一生是極重要的轉折點。我的家鄉在金華山腳，和聞名海外的黃大仙是鄉鄰。而朱師是浦江城中人，剛在金華七師畢業，他有一回，從金華回來，昏夜在我家投宿，跟先父談得很投機，答應畢業後到育才來教書。他在金華七師唸書，他的老師給他看了一部王船山的《讀通鑑論》，他實在太愛好了，所以對我們這些年青小孩子來談《讀通鑑論》，每逢上歷史課，他一定抄一段王船山的話在黑板上。我相信，我們同學之中，只有我勉強接受得多少。上一代的讀書人，大多受過呂東萊《東萊博議》的影響，而我呢，一腳就跨過了《東萊博議》，把呂東萊踢在一邊了。誰也想不到，一個山谷間的十歲孩子，會成為王船山的門徒呢！

打開窗子說亮話，我這個「非聖無法，離經背道」的孔門叛徒，雖不像吳虞那樣，隻手打孔家店，卻是宗道墨名法而輕儒家，在儒家，也是宗荀而非孟的人；我是浙東史學的後代，對程朱陸王都不信仰。說得明白一點，我走的是王

充、鄭樵、顏元、李塨和王船山的路子；我接受唯物辯證觀點，正是從王船山的史論中來。《讀通鑑論》，乃是引渡到彼岸的踏腳石。我最贊成這麼一句話：「要是古不為今用，那就用不着一切的『古』。」我是從來不買「古董」的，我們要研究甲骨文字，也只是為了要劈掉黃唐盛世的玄談，建立一個新的古史觀。

且說，我帶了先父的理學觀點到了杭州，在杭州第一師範，師事單不庵師；他也是理學先生，但他的治學方法，正是清代樸學（皖學）路子，我才懂得如何校勘，如何辨偽，如何考證法門。從單師那兒瞭解段玉裁、王念孫引之父子，以及焦理堂的考證學。有一時期，我很醉心章實齋的《文史通義》，我一向看不起文人（弄筆頭的人），自許為史人，直到今日，我還是覺得「空頭文學家」毫無道理。

替章太炎師寫《國學概論》筆記時，我並不十分瞭解章師的學問。但章師卻引導我走「魏晉文章」路子。單師教我體味桐城派祖師歸有光的小品文，章師卻教我們蔑視唐宋古文，對濃馥的魏晉文章有所欣賞。一般人在那兒讚嘆韓退之文起八代之衰，章師卻說韓柳歐蘇戔戔不足道，對我真是當頭棒喝！

啟發我的有關歷史的智慧的，乃是房龍的《人類的故事》。有人以為房龍算不得是大史家，可是如卡萊爾那樣的大史家，對我並無多大的啟發。房龍在鹿特丹（荷蘭）的老聖洛崙斯教堂的塔尖上，瞭解了歷史的教訓。他們到了第二層，再上一層，又上一層，一直到了無數層，再上一層，忽然他們的眼前大放光明。那一層與教堂的屋頂一樣高，人

們將它當作一間儲藏室用的。那裏擺着一些丟棄的可尊敬的信仰的符號，這種信仰在許多年以前為那些都市裏的好百姓丟棄了的，上面都蓋着幾寸厚的塵土。從前我們的祖先以為生死繫之，視為最重要的東西，如今卻變為垃圾廢物了。那隻勤勉的耗子，在這些泥塑木雕的空隙中，築起了牠的巢穴；而那隻永遠注意的蜘蛛，在一尊和藹的聖像的支撐開的兩臂之間，設了一爿店舖。──這一段喻詞，我們一看眼前實事，便可以明白了。在父與祖的世代，今文學乃是學術思想界的爭論中心，可是，僅僅半個世紀之隔，年輕人已經不知甚麼是古今文學了。但，科舉幽靈卻仍在所謂會考制度蕩漾着呢！房龍說得好：「歷史乃是經驗的一個大塔，為時間在無窮的過去時代中所建成的。」我該把開門的鑰匙交給年青人。

六　又述

德國大哲學家康德，他的淵博與深邃的學識，那是世所共仰的，可是，他一提到中國的問題時，就皺着眉頭說：「中國的問題！中國的問題！」他實在還沒法來理解這一串屬於東方的問題。而那些代表西方的智慧的巴黎人，他們也老是把那些麻煩的不能解答的問題，稱之為「中國式的問題」。替中國問題找答案，似乎該是我們東方人的責任。也只有東方人，才能瞭解東方人的問題。馬克思在他的經濟研究中，也稱東方的農業社會為「亞細亞生產方式」。從唯物觀點來瞭解東方的社會意識形態，也正有待於毛澤東思想的

興起呢！

我還記得三十年前，我在桂林西郊某處逃警報，和一位著名政論家在一起閒談。這位政論家，正在和朋友們討論中央集權與地方自治的問題，觸到了省區的重行劃分問題。我就問他：「甚麼叫做省？『省』字怎麼講？」他想了老半天，終於答不出來。同時，那幾位在座的社會科學家，也都不知道「省」的來由。後來，我知道那位政論家說過這樣的話：「不知『省』制的來由，不明白『省』字的含義，並無礙於政制的討論。」我就間接告訴那位朋友：「雖說，不知道省制的來由，並無礙於成為一個知名的政論家。但在中國的政論家，似乎該有知道省制來源及其沿革的必要，因為元代的『行中書省』（『行中書省』即代替執行中書省的職權之意），便有中央集權的意向。而秦代的郡縣制，卻包含着地方自治的作用。今日要討論省制的改革，就有瞭解這兩種制度的必要了。」這便該說到對中國學術文化如何瞭解的基點了。

梁啟超曾經說過：「史跡有以數千年或數百年為起訖的，其跡每度之發生，恆在若有意若無意之間，並不見其有何等公共一貫之目的；及綜若干年之波瀾起伏而觀之，則儼然若有所謂民族意力者，在其背後。治史者遇此等事，宜對千百年間若斷若續之跡，認為筋搖脈注之一全案，不容以枝枝節節求也。」即如土地改革問題，乃是縱貫二千五百年，橫達二萬里，竭古今才智之士所欲解答。儒家門徒，在戰國時代所設想的井田制（蔣百里氏卻認為這是古代的民兵制），西漢末年那位奉《周禮》為典範，見之於實行的王田

制[9]，以及北魏所推行的均田制，無論推行的得失成敗如何，都是後代學人所依據的實際資料。但農村土地制度的徹底改革，地主土豪的徹底剷除，仍待新中國的全面推行，直到人民公社組成，才實現了千百年來政治家的理想。而城市人民公社如何推行，還待一段時期的研究與試驗。台灣人士一直誇說國民黨的「耕者有其田」的成績，但土地兼併的事實在城市中出現，階級鬥爭尖銳化，也是不可掩的事實呢，這都是擺在我們面前的實際問題。

一位讀者來信問我：「你勸年青人不要讀古書！你自己為甚麼又讀那麼多的古書呢？不讀古書，還能寫文章嗎？」在他看來，我的論點是自相矛盾的。我且請他聽聽我的說法。清末，那位到英國去學海軍的福州青年嚴幾道，他在倫敦，並沒讀中國古書（四書五經之類），他讀的是斯賓塞、赫胥黎、穆勒他們的書。可是，他所譯的《天演論》，連桐城派古文大師吳汝綸都說他的文筆有先秦諸子的風格。林琴南翻譯了小仲馬（法）、狄更斯（英）的小說，看起來那麼古雅，原文卻是英法的市井口頭語。洋人並不要讀甚麼「四書五經」，卻產生了莎士比亞、大小仲馬、左拉、托爾斯泰、屠格涅夫這樣偉大的文學家。所以，不把心力浪費在古書，尤其是所謂「四書五經」中，乃是青年的幸運。我不承認我們會寫文章，跟讀古書有關的。不過，年四十以上的人，我倒勸他們多看點中國的古代典籍，因為思想成熟了，

9　編者注：此句所指的應是王莽。

消化能力強了，也可以找到一些「日光之下並無新事」的實例，也可以明白前人對社會人生的實際問題如何交代。

我是反對「會考制度」的，正如維新志士反對科舉八股一樣。香港的教育當局在開倒車，這是不足為訓的。反對科舉制度，並不是十九世紀末年才開始的，明末清初學人如顧亭林、黃梨洲他們都已有此覺悟。那位寫《儒林外史》的吳敬梓，便是從科舉制度中翻出觔斗來。書中有位周進，他考了幾回秀才，都中不了；可是他捐了監生去應考，便中了舉人，入京中了進士，點了翰林，到廣東去做主考了。在他主考那一場，他就提拔了一位埋沒已久的范進，中了舉人，也是聯科拔上去的。不過，這不是小說中的傳奇，清初古文名家 —— 康熙年間的狀元韓菼，他在蘇州家鄉，連秀才都考不取，他的文章，給主考貼出來，當作笑話看的。哪知徐乾學（相國）賞識了他的文章，帶他入京應試，中了進士，殿試第一名便是狀元，他的文章乃開了一代的風氣。你看，科舉取士，所謂「好壞」的尺度原是靠不住的。會考成績的好壞，和學業本身的優劣，不一定是相符合的。

甲午年間，中日戰爭爆發了，有位貴州學台（今日的教育廳長），他向皇帝上奏章，說：「日本北邊，有兩個國家，一個叫暹羅，一個叫緬甸；叫他們出兵攻日本之北，中國兵攻日本之南，那一定旗開得勝，馬到功成了。」這位飽讀詩書，科甲出身的提學使（學台非科甲出身不可的），他在貴州做官，跟雲南廣西相鄰，連暹羅緬甸都不知道在哪兒，你看，博讀古書又有甚麼用？辛丑和約訂立以後，北京要施行新政，在馬路兩邊裝起電燈來。有一位御史便上奏諫阻，說

他家祖先世世代代，晚上都不點燈，如今街燈照到他家的窗口，有違祖訓，請皇上明令拆除，結果給皇上訓斥了一頓，勒令滾蛋了事。這樣讀古書的人，又有甚麼用處？

我平心靜氣地，勸年青人莫讀古書；中年人呢，有興趣的話，不妨多讀點諸子百家之書。在我看來，這是很「邏輯」的。邏輯之學，乃是西方之學，也稱為論理學。在印度，則為「因明學」，中國古代則為「名學」。借了「邏輯」之光，我們看清楚《墨辯》、名學的脈絡；在這一方面，荀子也有極高明的推論。只有孟軻不成，他只是作演繹式的推論，不懂得歸納，也不懂得辯證法。可是他開口便說是要闢楊墨，反楊墨，才是聖人之徒。其實他根本不懂得楊氏的「為我」，更不懂得墨氏的「兼愛」。他所說「無父無君」的考語，只是武斷，並不合理。至於《墨辯》的精微，更不是孟子所能領會。（在今日看來，「無君」才是進步的政治，我們所追尋的乃是「民主」。這都是腐儒們所不敢夢想的。）

進一步，我們也明白要瞭解古代的風俗文化，必得有人類學的新知才行。即如男女婚姻關係，是不是一夫一妻制最為理想不在我們討論之列。我們要明白：一夫多妻制、一妻多夫制、群婚制，以及三日婚制，古今中外，同樣存在着的。《禮經》所謂「左昭右穆」，乃是群婚制的遺跡。而女子守貞婚日食豬，和初夜必須讓喇嘛來破貞的兩極端習慣，也擺在我們的眼前。如沒有人類學的知識，又如何能瞭解中國古代的文化？這都是我們這一代必須瞭解的常識。

在我的一生中，友人呂叔湘先生，譯介了路威（R. H. Lowie）的《文明與野蠻》（原名：《我們文明了嗎》），對

於我真是極大的啟發，他給我們指示文明的真實歷史。他告訴我們：人類是既笨且懶的。在文明的進步上無所謂「必要」。守舊是人類的本性，弗伊哥人赤身露體在冰天雪地裏捱凍，羅馬人已經有了整潔的城市，而十七世紀的柏林市民還在大街上養豬。文明的歷史是人類的愚蠢的冷酷註腳。自始至終，人類在胡亂摸索，倔強的騾子似的咬住了不合用的方法，不肯放棄。「機會」佔了極大的作用，望遠鏡，最初只是兒童們的玩具；火藥，開頭也只用來放煙火；裸麥初入歐洲，當它是一種無用的莠草。文化就是這麼偷偷地打後門溜了進來的。

路威教授又告訴我們：文明是一件東拼西湊的百衲衣，誰也不能誇口甚麼是他們獨家製造的。「轉借」乃是文化史中的重要因子。他要我們摒除種族的和時代的自大心，用遠大的眼光來觀察文明的全史。他要我們知道，陸地交通上的真正劃時代的發明，不是一分鐘一英里的火車；先陶器時代的徒步旅行之改良，陶器時代人之始用牲口，銅器時代人之始用牲口，銅器時代人發明車輪。這些發明，使後來的一切發明相形見絀。他要我們知道：我們儘管有土壤化學和畜牧學，我們都沒有能在古代文化傳給我們的農作物和家畜之外，增加一個重要的新種。看了他的書，我們才懂得中國的先民文化。我們只有真正通了「今」，才可以「博古」。

第十二講

餘話一：插說一段閒話

我在這兒寫讀書隨筆，有一天，我不禁失笑，要談中國古代學術思想的事，別人會問我：「你又算老幾？」真的，我又算老幾呢？幾個月前，我寫完了《秦淮感舊錄》，原準備寫另一歷史小說，題名《百年彈指錄》。那時，陳寅恪先生在廣州逝世的消息傳來，我忽然有「老成凋謝，文不在茲乎！」之感，我已迫近暮年，還是把自己所瞭解的這一角上知識多說一點吧！因此，就寫了這一連串讀書隨筆。且說，一九二五年，北京清華大學的國學研究院成立時，清華的校長曹雲祥氏，他是外交家，不懂得辦教育；把籌備研究院的工作，託胡適博士代為設計。胡氏便斟酌前代書院講學，及英法學院制，寫成一套中西合璧的研究院計劃，以科學方法整理中國古代學術思想；專任教授稱講師，年青些稱講師，辦公室設主任一人，管理雜務。制度既定，曹校長請胡氏主持院務，胡氏謙遜不遑，說是不夠格。他推薦了梁啟超、王國維、羅振玉和章太炎師四人。章師不就，梁王二氏就了，這便是清華國學研究院的由來。一九二六年春天，梁啟超推薦了陳寅恪先生，這是一位最夠格的導師。（後來，有世界聲譽的李濟博士，那時，還是院中的講師。）

當梁啟超向曹校長推薦陳寅恪先生任研究院導師時，曹問：「他是哪一國的博士？」梁答：「他不是學士，也不是博士。」曹又問：「他有沒有甚麼著作？」梁答：「也沒有甚麼著作。」曹說：「既非博士，又沒有著作，這就難了。」梁笑道：「我梁某不也沒有博士學位，著作算是等身了，卻還比不上陳先生寥寥幾百字有價值。好吧，你不要請，讓他留在國外吧！」接着，梁氏便提出了柏林大學、巴黎大學的幾位名教授對陳氏所推譽的話，曹校長也就聘陳氏回國在研究院任導師了。如今，哲人其萎兮，假如國學研究院還得聘導師，是不是會讓我去佔一席呢？我決不是這樣的妄人。我只想到研究院初創時，夠格上那兒聽課的學生實在太少了。那時在那兒聽講的，如朱自清師、吳宓（雨僧）兄（他是研究院主任），還有一位北京大學的洋教授鋼和泰，都是一時之選。我今天就是自己在反省，如我這樣一個算是研究過中國學術思想，讀了一些古書，實在還不配到那兒去聽講，做學生呢！（香港這一臥虎藏龍之地，自有夠格的學生或講師，如錢賓四、周法高諸教授；若說能代陳寅恪先生去繼任導師，怕的不會有人了。）

陳捷三先生說：「聽陳先生講課，同學們顯得程度都很不夠。他所懂的業已死了的文字，拉丁文以外，如梵文、巴利文、滿文、蒙文、藏文、突厥文、西夏文及中波斯文，都已熟習；歐洲各國文字，除英法德俄希臘文以外，他還懂匈牙利的馬札兒文。上課時，我們常常聽不懂。他一寫，哦，才知道那是德文，那是俄文，那是梵文，但要問其音，叩其義，才能完全瞭解。……他講佛學校勘，發現以前玄奘之

翻譯，錯誤很多，不如鳩摩羅什找幾個懂他意思的中國人譯得好。原因是玄奘都用意譯，而鳩摩羅什於意譯困難時則用音譯。因為先生能運用梵文、巴利文、藏文、滿文、蒙文，故於佛經之勘誤貢獻甚大。他曾說王維字摩詰，在梵文中，『維』是降伏之意，『摩詰』則為惡魔；那麼王維便是名王降伏，字叫王惡魔了。俄人在外蒙發掘到三個突厥碑文，學者紛紛研究，卻莫衷一是，不懂不通，後來，經過了陳先生的翻譯解釋，才渙然冰釋，各國學者同聲嘆服了！」讀了這番話；我更覺得連做陳先生的學生都不夠格呢！

我說我一生研究文史，着力整理中國學術思想，即所謂「國故」，到了垂暮之年，自己看看，連自己本國文字，除了漢文以外，滿蒙藏文一些也不識，中古的學術文化，和印度的關係，那麼密切，卻連梵文也不識。自愧要做陳寅恪先生的學生，也還不夠格。另一方面，我要研究我國的邊疆文化，自愧比不上拉鐵摩爾（Owen Lattimore）。要研究大西北的史地，又跟不上斯文赫定（Hedin）。談到關外滿洲文化，更及不上日本的鳥居龍藏（鳥居還懂得西南少數民族的語文）。暮景迫人，又有甚麼辦法呢？

陳捷三先生說到他在陳寅恪先生家中請益時期的瑣事，頗可發人深省。他說：「平日講書，字字是精金美玉，聽講之際自恨自己語文修養太差，不配當他學生。每到他家，身上總帶幾本小冊；傭人送上茶果，有時先生也叫我們喝葡萄酒；我們便問其來歷。他於是把葡萄原產何處，原名甚麼，葡萄酒最早出現何處，稱甚麼，何時又傳到何處，又變成何名；如此這般，從各國文字演變之跡，看它傳播之路徑。這

些話我們都記在小冊子裏，日久之後，積了不少小冊子；可惜九一八事變起，我隻身入關，那些小冊子和藏書，便全部淪陷了，至今想起，感到無限痛惜！」

陳氏又說：「我們常看到梁啟超先生的詩詞，因為他一寫，助教就拿給我們看，卻從未看陳先生作詩填詞。（寅恪先生正是詩人陳三立的兒子）民國十六年（一九二七年）夏，王靜安先生死了，暑假結束，我自吉林返校，見到桌上有陳先生寫的輓詩，我剛讀『曾賦連昌舊苑詩，興亡哀感動人思』，覺得只是老生常談，繼續往下讀：『豈知長慶才人語，竟作靈均息壤詞。』才佩服得五體投地，近代詩人能做出這種詩的，實不多見。先生極其幽默。有天，我們在坐，他說：『我有個聯送給你們：南海聖人再傳弟子，大清皇帝同學少年。』當然是說我們是梁任公、王靜安的學生，是康有為的再傳人，是溥儀的少年同學，大家哄堂大笑。更妙的是北伐成功，全國統一後，政府派羅家倫接長清華，羅先生去看陳先生，我們同學也在座。羅先生送給先生一書，是他編的《科學與玄學》，記敘張君勱、丁文江他們辯論科玄的一段文壇舊事，陳先生翻了一翻便說：『志希，我送你一聯何如？』羅說：『甚好，我即刻去買上好宣紙來。』陳說：『不用了，你聽着：不通家法，科學玄學，語無倫次，中文西文。』羅一擺手，大笑不止。陳先生又說：『我再送你一個匾額：儒將風流。』又說：『你在北伐軍中，官拜少將，不是儒將嗎？你討了個漂亮的太太，正是風流。』他才思敏捷，詼諧風趣，大率類此。」

陳氏又說到寅恪先生在清華時：「不論天氣多冷多熱，

他常乘車到大高店軍機處看檔案。清時機密事都以滿文書寫，先生一本一本看，那是最原始的史料，重要的就隨手翻譯。暑假了，我要回家，他交給我一張單子，上頭全是滿文，他說：『這些字字典查不到，而都是關鍵字，若不能譯，譯出來的也都無用了。你回吉林，遇到懂滿文的滿人向他請教一下。』我回京時替他解釋了，九十個字，他如獲至寶，幫助極大。他若不失明，大高店的滿文檔案全譯出來，對清代史之研究，該有多大的貢獻；失明後，他只能在文學史學上留下一點點東西，只是先生學問的九牛之一毛呢。」在重慶時我和傅斯年一起吃飯，傅說：「陳先生的學問近三百年來一人而已！」

我曾經說過魯迅生前一件小事，他寫文稿，總是用毛筆在土紙上寫成的；但他勸年青人用不着用毛筆在土紙上寫字，因為這是時間與精力的浪費。這便是我們對於中國文化的態度。我們這一代的人，着力把古書古物整理起來，這是專家之學，這就夠了，用不着叫年青一代的人也來鑽這一牛角尖的。我們正是時代的門板，躺在泥濘途中，讓年青人在門板上踏過去；用不着如河水鬼一般，要過路人去投河找替代的。這便是我們整理國故的人該有的態度。我自愧不能如陳寅恪先生一樣，懂得滿、蒙、藏、梵這些文字，卻並不希望年青人也跟陳氏那樣埋首去研究死亡了的文字的。

魯迅晚年，他曾替日本《改造》雜誌寫了一篇〈在現代中國的孔夫子〉，曾說：「孔夫子到死了以後，我以為可以說是運氣比較的好一點。因為他不會嚕囌了，種種的權勢者，便用種種的白粉給他來化粧，一直抬到嚇人的高度，但比起

後來輸入的釋迦牟尼來，卻實在可憐得很。誠然，每一縣固然都有聖廟即文廟，可是一副寂寞的冷落的樣子。一般的庶民，是決不去參拜的，要去則是佛寺，或者是神廟。……總而言之，孔夫子在中國是權勢者們捧起來的，是那些權勢者或想做權勢者們的聖人，和一般的民眾並無甚麼關係。然而，對於聖廟，那些權勢者也不過是一時的熱心，因為尊孔的時候已經懷着別樣的目的，所以目的一達，這工具就無用；如果不達呢，那可更加無用了。……孔子這人，其實自從他死了以後，也總是當着『敲門磚』的差使的。」（袁世凱、孫傳芳、張宗昌、陳濟棠，當他們覺得近於末路時，也用他敲過另外的幸福之門，然而幸福之門，仍然對誰也沒有開。如今台灣在提倡文化復興，陳立夫要寫《四書會通》，也正說明了這一種動機。）「但我想，能像中國的愚民那樣懂得孔夫子的，恐怕世界上是再也沒有的了。不錯，孔夫子曾經計劃過出色的治國的方法，但那都是為了治民眾者，即權勢者設想的方法，為民眾本身的，卻一點也沒有。這就是『禮不下庶人』；成為權勢者的聖人，終於變了敲門磚，實在也叫不得冤枉。和民眾並無關係，是不能說的，但倘說毫無親密之處，我以為可怕要算是非常客氣的說法了。」這便是我們對儒家對孔老夫子的態度，這也正是王充的態度。在台北提倡中國文化復興，香港大中考試要填充國學常識答問的今日，我一面要把中國學術思想是甚麼說給年青的人聽，一面又要勸年青人，不管「國粹」也好，「國糟」也好，都不妨擱在一邊再說；不讀古書，把傳統思想踢開，這才是現代做人的正路。

我所要介紹陳寅恪先生的學問給大家知道的：我自己是樸學大師的弟子，但我卻認為清代三百年間，吳學皖學的成就雖了不得，浙東史學和揚州學派的成就更了不得。以往談中國學術思想的，只知道談漢學、宋學，那只是局促在儒家思想小圈中的玩意兒；章太炎師的魏晉之學，陳寅恪先生的隋唐學，那才了不得。現在整理國故的人，視野放寬了，給歐西現代精神所照明的思想，有着荀卿那樣「古為今用」的新精神，才值得我們去發揚呢！

　　接在先秦諸子百家的思想之後，我要談魏晉隋唐時代的思想，那是玄學佛學中心思想時代，也可以說是「反儒家時代」；在先前，那是一張白紙，簡直無從談起；如今，我們就從章陳諸氏的研究，可以開始談談這一段時代的學術思想了。

餘話二：談讀古書（答趙建成先生）

建成先生：

　　接來信，要我說說我所談的關於中國學術思想的常識，出於哪幾種書，這就說來話長了。

　　坊間，關於《國學概論》、《國學常識問答》這一類書，我手邊搜集了的，已有七十多種，其間短長得失，也真一言難盡。滿清末年，廢科舉制藝文，改用策論取士；上海書坊，曾編刊了一部《經策通纂》，石印本，也可說是最早的「國文史地試題答案彙編」，份量很多，約三十多萬字。我知道有人寫中國通史，便是從這一部大書，找出史料的。當

時，西學初盛，文士們主張「中學為體，西學為用」，那位自負「風雅一手提學子」的兩湖總督張之洞，曾叫幕士編了一部《書目答問》，也可說是指引讀古書的門徑了。

那時，今古文學家的爭辯正在高潮中，今文家皮錫瑞編寫了《經學歷史》，在當時該算是一部常識書。這部書，經過了周予同先生注釋，在現在，還不失為一部很好的參考書。（周氏還注釋了一部江藩的《漢學師承記》，相為輔翼。）古文家方面，劉師培編寫了《經學教科書》，章太炎師著了《國故論衡》、《檢論》，晚年在上海講演《國學概論》，那是我的記錄本，日文譯本附有注釋。這是近四十年間最通行的參考書。五四運動以後，新考證學興，關於經、史、子方面的討論、研究，彙集在《古史辨》中，也是一部大書。其間，梁啟超、胡適之，都曾替青年學生開過古書必讀書目，依我看來，還是太繁重一點。

其後，朱自清師編了《經典常談》，周予同編了《經子解題》，鄭鶴聲、鶴春兄弟編了《中國文獻學概要》，錢賓四也編了《國學概論》；都是入門書。可是「一部十七史，浩如煙海」，實在無從說起。我這回講「中國學術思想史話」，起因於十五年前；那時，章師《國學概論》的港版新刊，友人要我詳加注釋。我便把章師的《國故論衡》細看一遍，覺得值得注釋的還是《國故論衡》、《檢論》和《菿漢微言》，可是，這份工作，只能讓周予同先生去做。我要做的話，還是另起爐灶為上。

我要告訴讀者……我是一直勸年青人莫讀古書的；我只是一個病理學者，我要對年青人說明白，所謂「古書」是

怎麼一回事；我們要跳出科舉制藝的圈子，用批判的眼光來認識中國學術思想的真面目。朱自清師說：「我國舊日的教育，可以說整個兒是讀經的教育。經典訓練成為教育的唯一的項目，自然偏枯失調；況且從幼童時代就開始，學生食而不化，也徒然摧殘了他們的精力和興趣。我國經典，未經整理，讀起來特別難，一般人往往望而生畏。……理想的經典讀本，既然一時不容易出現，有些人便想着先從治標下手。顧頡剛先生用淺明的白話文釋《尚書》，又寫了《漢代學術史略》，用意便在這裏。」我講國學常識，也是如此。

三十年前，許地山先生在香港大學任文學院長，他病逝前的最後一篇文章，題名〈國學與國粹〉，刊在香港《大公報》上。我們對於讀古書的態度，可以說是完全相同。許氏說：「中國學術不進步的原因，文字的障礙也是其中最大的一個。我提出這一點，許多國學大師必定要伸出舌頭的。但，稍微用冷靜的頭腦去思考一下，便可以看出中國文字問題的嚴重性。我們到現在用的，還不是拼音文字，難學難記難速寫，想用它來表達思想，非用上幾十年工夫不可，讀三五年書，簡直等於沒讀過。繁難的文字束縛了思想，限制了讀書人的視線，所以中國文化最大的毒害，便是自己的文字。」這話說得平實極了。叫年青人讀古書，尤其是讀四書五經，便是要現代人用二千五百年前的語言文字來表情達意，豈非自己開自己的玩笑？

三十年前，我曾先後寫了三篇文章：（一）〈要通古書，再等一百年〉。我所謂「古書」指「五經」及「先秦諸子」而言。「通」的程度，指「看懂文句，看通義理」而言。「再等

一百年」是一句真實的話，並沒有半點誇張的意味。所謂「古書」，經過了清代三百年間樸學家的考訂整理，才算斬去了葛藤，五經粗粗可通，諸子也漸漸可通。又經過近三十年間新考證家的整理，若干疑難問題，也都找到了答案。即如那三篇《盤庚》，殷代的公告文字，經過了顧頡剛先生的翻譯，也可說是文從字順了。但「古文字」的金鑰匙，還操在地下發掘與甲骨文字的考訂家手中。我們讀了王國維的《古史新證》，顧頡剛的《古史辨》，郭沫若的《古代社會研究》，徐中舒、董作賓他們的甲骨文字研究；清代樸學家的《尚書》今古文注疏又成為土苴，無足輕重了。如今地下發掘的收穫愈多，古史跡古文字的整理愈有頭緒，再過半個世紀，「五經」及「先秦諸子」這一類古書，便可以理會得了。（古埃及史，也是依靠考古家的發掘與整理，才顯出本來面目的。）

另一篇，題為〈無經可讀〉。我生長在一個比較特殊的文化圈子中：先父是程朱派理學家；單不庵師乃是正統派樸學大師；又曾師事古文派經師章太炎師；新的考證學家，很多是我的師友；可以說是從國故圈子裏出來的人。我覺得：「今日的問題，不在青年該不該讀經，而在有沒有甚麼經可以讀。」《易經》是一部天書，且不去說它。（通《易經》的如容肇祖、李鏡池、高亨的畢竟太少了。）就《尚書》來說，王國維的研究，已非閻若璩、孫星衍、魏源所敢夢想；而顧頡剛、李濟的研究，更非清代學人所能企及。一個世紀以後，或許會有一部嶄新面目的《尚書新注》出來，如今卻還沒有呢。說到《詩經》，毛鄭的《箋注》簡直要不得，朱熹的《集傳》，也要不得。清代學者加以考證

注釋，如陳奐的《毛詩傳疏》，已為完善的注本。若以文學的眼光來看《詩經》，那又十分差勁了。我們還得等到新的《詩經箋注》呢！

至於《春秋》這一部門，我已指出這部史書，只是魯國的舊史，跟孔丘沒有甚麼關係；孟子所說「孔子作《春秋》，筆則筆，削則削」的話並不可靠。兩漢今文家要大家讀《公羊傳》，其後古文家，要大家讀《左氏傳》，彼此爭訟得很利害，很久遠。依我所知，這一部魯國的斷爛朝報，不一定有甚麼微言大義。而漢劉歆採用《國語》中史事，依着年月編排出來的古代編年史，原是一部好的史書，卻和《春秋》不相干。我贊成把《春秋》當作古史，不必稱之為經的。

說到《禮經》，在今古文家心目中，又是一件大糾紛。今文家把《儀禮》看得那麼重要，說《周禮》是偽書，而古文家奉《周禮》為至寶，笑今文家失之固陋。其實今古文家的說《禮》解《禮》，都是空泛失實的。依民族學、風俗學、社會學來整理《禮經》的，如江紹原、周作人、顧頡剛諸氏所着手的，還只是開了個頭，離開完成還遠得很。連第一流大學者，都承認對《禮經》難於讀通，如何可以叫年青人去讀呢？（古有「左昭右穆」之說，何以要昭穆分明；就沒有一位說《禮經》的人說得明白了。）

此外，《孝經》乃是西漢文士所偽造的，其中雜亂無章，一開頭就說錯，不獨和孔丘不相干，和儒家也未必有關。又如《爾雅》，是一部漢人的訓詁彙編，亦非經書，備研究古書的人檢查之用則可，怎好叫青年人來誦讀呢？（幼

年時，我曾讀過《爾雅》，可是教我讀《爾雅》的父師，他們就不曾讀通。後來，我受單師的指導，才讀懂《爾雅》。）至於《論語》《孟子》，保留一些儒家的觀點，中年人研究哲學思想的，不妨用作史料。至於年青人，又何必讀這樣談社會人生的書呢？在我看來，所謂十三經者，並沒有一種值得讓年青人來記誦的。科舉時代，已經死亡了，我們再不必讀甚麼「四書五經」或「十三經」這類古書了。

當年，我對提倡讀經、讀古書的人；今日，我對提倡中國文化復興的人們，提出如次的三點：

（甲）你自己讀過經書嗎？你看過《清經解》、《續經解》嗎？你能說明白古文家、今文家、宋學、漢學的異同得失嗎？

（乙）你做過樸學考證工夫嗎？你懂得宋明理學的源流嗎？你懂得陰陽五行的理論體系嗎？

（丙）你研究過甲骨文字嗎？你知道近六十年來古史研究的途徑嗎？你知道所謂「五經」這一名詞並不正確嗎？假使你們不能給我一個正確的答覆，你就不配提倡讀經、讀古書，更談不上甚麼中國文化復興！你自己既莫名其妙，還是免開尊口，不要遺誤青年！

因此，我當年寫了第三篇文字，題為「勸世人莫讀古書文」。第一莫讀五經，第二莫讀四書，第三莫讀古史，第四莫讀正史，第五莫看古書，第六莫尊古人。直到今天，我還是要這麼說，古書好比鴉片煙。「鴉片」、「小腳」和「八股」（古書），乃是毒害中國文化的三大患呢！

餘話三：孔子作《春秋》問題（答榮欣先生）

榮欣我兄：

接奉來教，承指示孔老夫子跟《春秋》的關係，且感且佩；這一筆舊賬，在十九世紀後期，是討論得熱烘烘的大問題。今文學家，認為孔子筆削《春秋》，其中微言大義，乃是他們的政治綱領所寄。古文學家，認為《春秋》只是魯國的舊史，正如王安石所說的斷爛朝報，跟孔老夫子不一定有甚麼關係。這樣就要回溯到二千年前的事，今文學家主《公羊傳》，古文學家主《左氏傳》；東漢以前，當時學人很少讀過《左傳》的。這樣的爭論，一直沒有結論，到了二十世紀以後，今文學派的弟子梁啟超，也說《春秋》只是一部舊史；而新考證學派，如錢玄同、顧頡剛諸氏，都認為《春秋》這部魯國舊史不可能由這位鄒人之子來筆削的。在考證學的尺度下，原不必隨便下結論，存疑可也。但我還是左祖古文學家的說法。（我和兄還有一點不同的觀點，兄認為「井田」決不可靠；弟倒以為這種豆腐乾式的土地制度，在西周時代，一定存在過的；儒家用作為社會政策的依據，見之於《周禮》，那是戰國時代的事。這又說來話長了。）

在二千五百年以後的我們，要來肯定二千五百年以前的生活，實在有點不可能的；好在我們有了許多地下史料發現，可以比孟子更瞭解古代史事。對於孔子的生活，孟子得之於傳聞，他的話可靠性頗成問題。我不一定跟北宋的李覯一樣專門和孟子作對頭（漢王充也曾「問孔」「刺孟」），但對於孟子所說「孔子作《春秋》，筆則筆，削則削」，這一點不禁表示懷疑。

何以呢？史官、貞卜和天文官一樣崇高，史官世襲，如孔丘這樣一位殷民族流亡貴族的私生子（要否認孔子是私生子，怕的也有點不可能了），說是可以進入史館任職，怕的不可能吧？他曾為魯相，這個「相」字，乃是跟着魯公幫着料理外交儀式的贊禮官，也和政治不相干的。孔丘是把他們殷商民族的貴族知識，教導西來的新興貴族聽，不曾參與魯國的實際政治的。魯國史官，奉命記述朝廷政務，有那麼一本編年賬目，便是那本《春秋》。記錄的人，當然有他自己的觀點，卻不一定有甚麼微言大義。所以《春秋》和《乘》（《晉》）是一類的史書，本來沒有甚麼了不得的道理的。

且說：自來尊經，把《春秋》說得天花亂墜的，真正去讀《春秋》的，絕少其人。我和您，讀的都是《左氏傳》，兩漢學人，讀的都是《公羊傳》，即算有微言大義，跟我們毫不相干。孟子所謂「孔子作《春秋》，亂臣賊子懼」，那才是大笑話。試問古今大英雄，有誰怕史官的褒貶呢？司馬昭從孤兒寡婦手中取得了皇帝位，他就笑道：「舜禹之事，吾知之矣！」拿破崙當年，連教皇都不在他眼中，他會怕史人的褒貶嗎？這都是讀書人自己騙自己的大話，託之於孔子而已。兄以為如何？

崔東壁《考信錄》提要中說：「人之情，好以己度人，以今度古，往往徑庭懸隔而其人終不自知也。以己度人，雖耳目之前而必失之；況欲以度古人，豈有當乎？」前天，談論孔門師徒言行，正如茶館中茶博士談講《三國演義》，替二十八歲的諸葛亮，插上了長鬍子，穿上了八卦衣，手搖一把鵝毛扇，簡直變成一個妖道了。那位生在孔丘以後百二十

年的孟軻，他先後說了三回：一說：「世衰道微邪說暴行又作，……孔子懼，作《春秋》。……《春秋》，天子之事也，……孔子成《春秋》而亂臣賊子懼。」二說：「王者之跡熄而《詩》亡，《詩》亡，然後《春秋》作。……其事則齊桓晉文，其文則史；孔子曰：『其義則丘竊取之矣。』」三說：「春秋無義戰。」這都是他託之於孔丘的話，跟孔子毫不相干的。（託古改制乃是古人要取信於人的一種手法，戰國人寫了醫書，而要託之於黃帝，便是這個道理。）

我們且從一種寫作上的常識來看這一問題。前人說孔子作《春秋》，筆則筆，削則削。二千五百年前根本沒有「紙」，也不用「帛」；筆呢，便是一種刀筆。要記錄，就用刀刻上去，刻在哪兒？小事刻在木片上，大事刻在一連串的竹簡。孔子讀《易》，韋編三絕，上千片竹簡用皮帶綴連起來。假使，他要刻一部《春秋》的話，三千片竹簡是不可少的。試問魯國史官能讓他把魯國所藏的記事記言的竹簡搬回家中去，慢慢地看，慢慢地刻起來嗎？《論語》中，孔門師徒從來沒提過刻《春秋》的事，這樣的工作，本來不可能會有的。用漆作墨，寫在絲帛上，那是孔子死後五百年間才有的事；可是，直到魏晉之間，隸書才變成更簡便的楷書、行書，要孔子在竹簡上刻篆文的書，即算是聖人，又如何去周遊列國，一車兩馬，能載得幾多竹簡呢？大家這麼一想，該明白孟軻的話，簡直是胡話了！

我覺得錢玄同先生所說：「《春秋》只是一部魯國的『斷爛朝報』，不但無所謂『微言大義』等等，並且是沒有組織沒有體例，不成東西的史料而已。孔丘的著作究竟是怎麼樣

的？我們雖不能知道，但以他老人家那樣的學問才具，似乎不至於做出這樣一部不成東西的歷史來。」顧頡剛先生也說：「《論語》中無孔子作《春秋》事，亦無孔子對於『西狩獲麟』的嘆息的話。……如果處處有微言大義，則不應存『夏五』、『郭公』之闕文。存闕文乃是史家之事。《春秋》為魯史官所書，亦當有例，所以從《春秋》中推出一些例來，不足為奇。《春秋》中稱名無定，次序失倫，可見其出於歷世相承的史官之手。」我們要把古代史事，看得十分平實，毫無神奇之處，那就對了。

我認為編寫《左傳》（《國語》）的魯史官左丘，倒是一位了不得的史家，他的時代，比孔丘早了一點。《左傳》（《國語》）和《春秋》，並沒有甚麼血緣關係，但其中保存史料之多，那是任何古代著作所不能比並的。二千五百年前的事，爭論得也這麼久，要想找一個完全正確的答案幾乎是不可能的。不知榮欣兄又以為何如？

後記

　　幾位朋友，要我對他們的兒女講點國學常識，我就寫這麼一連串讀書隨筆。有人問我：是否還嫌太深了點？我說：這不是太深或太淺的問題，而是中學會考，或大學入學考試，要不要國學常識測驗的問題。我手邊恰好有一份一九六〇年香港中文中學會考中文試題，中有：

　　（一）何謂文氣？試評述《典論・論文》及〈答李翊書〉兩篇文章中關於文氣之意見。

　　（二）儒墨兩家之學說，其相異之點為何？何故不能相容？

　　（三）言孝首言養志，其故安在？試從《論語》論孝及《曾子・大孝》兩篇引證說明之。

　　（四）略述《史記》在文學及史學上之地位，並說明司馬遷作自序之意。

　　（五）李後主之後期作品多江山故國之思，風晨月夕之感，試就課程內容擇錄一首，並略加解釋，以說明其故。

　　（六）試述《經解》如何論列六藝之得失，並與太史公所論者作一比較。

　　（七）主敬何以能存誠？此與〈大學〉之毋自欺，〈中庸〉之慎獨有無互相關係？

　　（八）述兩漢之經學與情況。

（九）〈中庸〉謂「凡為天下國家有九經」，試舉其目，並論述其效驗及其所以行之者之方法。

這樣的試題，如召集香港大學、中文大學文科畢業生來試答，能及格的會有幾人？把香港大中學文史教員集中起來，作一回測驗，能及格的能有幾人？可是，中文中學會考竟提出了這樣的測驗題呢！當然，若干國文會考中文試題，見之於坊間的答案集中，比這樣的試題更混蛋，還很多；這一批試題，已經夠混蛋了！

坊間已出版的有關於國學國故的著作，如章太炎師的《國故論衡》、《菿漢微言》；劉師培的《經學教科書》；皮錫瑞的《經學歷史》；都是一家之言，珠玉在前，可以傳世的。顧頡剛、朱自清、周予同、錢賓四、許地山諸先生談國學的文字，富有時代氣息，對年青一代或許有點用處，但在香港提倡讀古書的都是腐儒，他們對舊考證學毫無所知，對新考證學，更是扞格不相入；但香港的大中學國文教育，都落在這一批沒有頭腦的頑舊人手中。我們只能一面批判那批腐儒的固陋，一面灌輸年青人以新知，這便是我這回串講中國學術思想的本意。我希望有點頭腦的父兄救救自己的孩子，莫再讓孩子們讀古書了。

也許有人會問我：你所說的，都是年青人該知道的文史常識嗎？非也。我並沒說我所談都是青年人該明白的常識。我明白指出，關於中國古代的學術思想問題，大都是專家之學。我要把他們研究的成果向大家轉說一遍。我的宏願，是要把海外的文史教師喚醒起來，要大家向頑舊的教育當局去抗議，把這種不合理的國學常識測驗的制度除掉，救救年輕的小孩子吧！

曹聚仁生平年表

年份	生平事項
1900	6 月 26 日，生於浙江浦江蔣畈村（今金華蘭溪市梅江鎮）。
1904-1911	就讀父親曹夢岐創辦的育才學堂。
1915-1921	就讀浙江省第一師範學校。五四運動期間，擔任學生自治會主席。
1922	到上海創辦滄笙公學。 春季，隨《民國日報》主持邵力子參加章太炎的國學系列演講，期間將內容筆錄整理後刊登，獲章太炎高度讚賞。 **出版**：章太炎《國學概論》（記錄整理）
1923	5 月，與柳亞子等人合辦「新南社」。 正式成為章太炎入室弟子。
1925	受上海暨南大學校長邀請，擔任中學部國文教師，其後於大學部任教。
1927	4 月，「四一二事件」後，受老師單不庵邀請，到浙江省立圖書館西湖分館文瀾閣參與《四庫全書》的編修工作，長達半年。 12 月 21 日，筆錄魯迅於上海暨南大學的演講〈文藝與政治的歧途〉。其後於翌年 1 月 29 日至 30 日，以筆名劉率真將講稿刊登於上海《新聞報》。
1930	**出版**：《中國史學 ABC》
1931	8 月，於上海創辦《濤聲》週刊。
1932	兼任上海群眾圖書公司編輯。
1934	與陳望道等合編《太白》半月刊，並擔任同名月刊編委。7 月，主編《社會月報》時為「大眾語」論戰發

表公開信，徵求關於大眾語的意見並提出問題，隨即獲得魯迅響應支持，且回擊汪懋祖等人復興文言的立場。秋天，到上海市立務本女中（今上海市第二中學）擔任國文教師，結識時為學生的第二任妻子鄧珂雲。

1935　3 月，與徐懋庸合辦《芒種》半月刊。12 月 29 日，加入上海文化界救國會。
出版：《筆端》

1936　獲魯迅所託，於《海燕》第二期負上發行人的名義。其後因怕責任襲身，2 月 22 日於《申報》發出〈曹聚仁否認海燕發行人啟事〉，導致《海燕》夭折，但事後獲魯迅諒解。
出版：《國故零簡》、《文筆散策》

1937　淞滬抗戰爆發，開始戰地記者生活。翌年因戰場報道出色，受中央通訊社聘任為戰地特派記者。
出版：《文思》

1938　3 月下旬與鄧珂雲到徐州，共同見證台兒莊戰役的勝利，但後來共赴洛陽時，鄧氏染上嚴重傷寒，惟暫時分開。

1939　與鄧珂雲於寧波重聚，同往贛北戰地採訪。

1941　受蔣經國委託，創辦《正氣日報》，並任總編輯。後來轉任《前線日報》總主筆，直至抗戰勝利為止。

1945　9 月，從杭州回上海逗留三個月後，便往南京、九江、蕪湖作短期旅行，為往後一系列行記文集作準備。

1946　年初，國共談判瀕臨破裂，受邀到台灣參與十天環島採訪。
夏天蝸居上海虹口區溧陽路 1335 弄 5 號，埋頭撰寫《中國抗戰畫史》，舒宗僑配圖，經半年時間完成編撰工作，翌年出版。其後本書被用作虹口開庭審判日本戰犯的佐證資料。

1950　7-8 月，隻身移居香港，擔任香港《星島日報》編輯和主筆。

1952　與徐訏、朱省齋與李微塵創辦創墾出版社，在此多次

印行個人著作。

出版：《到新文藝之路》、《中國剪影一集》、《中國剪影二集》

1953　9月16日，與李輝英、徐訏創辦《熱風》月刊，屬於創墾出版社旗下。

出版：《火網塵痕錄》（1954年改回原名《文壇三憶》）、《中國近百年史話》

1954　轉任新加坡《南洋商報》駐港特派記者。

出版：《酒店》、《魚龍集》、《書林新話》、《文壇五十年》

1955　**出版**：《文壇五十年續集》

1956　該年7月至1959年間，受邀回內地採訪，並多次面見毛澤東、周恩來等多位中國領導，期間於海外發表相關文章。

出版：《山水・思想・人物》、《魯迅評傳》

1959　與林靄民合辦《循環日報》、《循環午報》、《循環晚報》，後來三報合為《正午報》。

1960　向周作人約稿，發表其個人自傳《知堂回想錄》（原名《藥堂談往》）。

出版：《北行二語》、《北行三語》

1964　**出版**：《小説新語》

1967　因慢性肝炎牽及膽囊炎突然惡化，於香港入住九龍廣華醫院治療休養，期間撰寫《浮過了生命海》，以表其所思所感。

出版：《魯迅年譜》、《現代中國通鑑甲編》

1969　**出版**：《浮過了生命海》

1970　病痛交纏下，替周作人《知堂回想錄》校對稿件，同年於香港三育圖書文具公司出版。

1971　**出版**：《秦淮感舊錄（第一集）》

1972 ・ 7月23日早上，因脊柱骨癌病故於澳門鏡湖醫院。
出版：《我與我的世界：未完成的自傳》、《秦淮感舊錄（第二集）》

曹聚仁作品集

策劃編輯　梁偉基
責任編輯　許正旺
書籍設計　陳朗思
書籍排版　吳丹娜

書　　名　國學十二講

著　　者　曹聚仁

出　　版　三聯書店（香港）有限公司

　　　　　香港北角英皇道四九九號北角工業大廈二十樓

香港發行　香港聯合書刊物流有限公司

　　　　　香港新界荃灣德士古道二二〇至二四八號十六樓

印　　刷　美雅印刷製本有限公司

　　　　　香港九龍觀塘榮業街六號四樓 A 室

版　　次　二〇二三年七月香港第一版第一次印刷

規　　格　特十六開（145×210 mm）四三二面

國際書號　ISBN 978-962-04-5309-0